Charles
de Gaulle

シャルル・ドゴール

民主主義の中のリーダーシップへの苦闘

渡邊啓貴
Hirotaka Watanabe

慶應義塾大学出版会

目次

第一章　フランス崩壊への道　1

1　揺籃期のドゴール　2

幼年時代——尊大さの片鱗／世紀末のフランス——ブルジョワジーとカトリック的価値観／青年時代の思想形成／兵士ドゴールの誕生

2　雌伏の時代　18

傲岸な青年将校／終生の伴侶イヴォンヌとの出会い／神の与えた試練——次女アンヌの誕生とコロンベ・レ・ドゥ・ゼグリーズ／『剣の刃』——軍人ドゴールの警鐘／新しい軍隊——機械化部隊の創設

3　多党分立政治の混乱と第二次大戦　33

ナチス・ドイツとフランスの宥和政策／第二次大戦勃発とドゴールの戦車部隊／フランス第三共和制の崩壊

第二章　レジスタンスの英雄——ロレーヌ十字の下に　45

1　「六月一八日の男」——英雄伝説の始まり　46

ロンドンからの呼びかけ／ドゴール一家、ドーヴァー海峡を渡る

2 「自由フランス」の戦い 52
「自由フランス」の出発とレジスタンス神話／ヴィシー対独協力政権／孤独と苦悩の亡命家族／対独協力時代の「ひとつの青春」／チャーチルのリアリズム——英国のフランス艦隊襲撃／アフリカ植民地との連帯
3 レジスタンス運動の統一とアフリカの戦い 66
惨殺されたジャン・ムーラン／連合国米英との角逐と連合軍の北アフリカ上陸／第二戦線か、トーチ作戦か／北アフリカ上陸作戦とヴィシー派フランス軍
4 ドゴールの権力掌握 74
ドイツ軍のフランス全土占領／「戦うフランス」とジローとの角逐／国民解放委員会の設立と米英連合国との確執／ドゴールの権力掌握と孤独

第三章 「砂漠の横断」——政治家への道 87

1 終戦とドゴール臨時政府 88
「パリは燃えているか」——フランス解放の光と影／臨時政府による復興の試み／戦争の犠牲と経済再建——混合経済体制の導入／一九四五年選挙と政界再編成／ドゴールの辞任
2 英雄から政治家への道——冷戦下フランスの再出発 99
鄙びた村の「一市民」ドゴール／政党政治への抵抗——エピナルの集会／第二次大戦後の国際環境とフラ

ンス
3　ＲＰＦの創設と挫折　109
フランス国民連合（ＲＰＦ）の誕生――「ドゴールを権力の座へ」／ＲＰＦの躍進／社会危機と「第三勢力」――不安定な中道政治（一九四八年―五一年）／「第三勢力」の後退とＲＰＦ／政党政治の中での改革の挫折／カリスマ・ドゴールの政党ＲＰＦとその終焉／「砂漠の横断」――孤独と次女アンヌの死／第二の雌伏の時代――救国の「政治家」へ／欧州防衛共同体（ＥＤＣ）構想とドゴール

第四章　アルジェリア独立をめぐる内戦の危機と第五共和制　139

1　フランス帝国の終焉　140
ヴェトナムからの撤退と北アフリカ植民地／アルジェリア紛争の拡大／スエズ紛争と宗主国意識の残存／ドゴール待望論――カリスマ化の始まり
2　ドゴールの復活――機は熟した　152
一九五八年五月一三日の危機――第四共和制の終焉／ドゴールの政界復帰／第五共和制の誕生
3　アルジェリアの独立と政治家ドゴール　165
「フランス共同体」の挫折――植民地再編成の試みの失敗／ドゴールのアルジェリア政策／アルジェリア人のアルジェリア――「バリケードの一週間」／「将軍たちの反乱」の鎮圧／アルジェリアの独立――エビアン協定とＯＡＳ／プティ・クラマール狙撃事件とテロ

4 頂点のドゴール体制 188
「君主制的共和国」と呼ばれたカリスマ体制／国民投票による大統領選挙——真に正統化された権力の追求

第五章 同盟も自立も 195
1 「偉大さ」を求めた外交 196
フランスについての「あるひとつの考え」
2 アメリカに挑戦したドゴール 202
ドゴール政権発足時の米仏関係／アングロ・サクソン「支配体制」への挑戦の始まり——アイゼンハワーへの書簡／緊張緩和の中の「調停者」をめざして——パリ四カ国首脳会談の挫折／核兵器開発をめぐる米仏関係／多角的核戦力構想（MLF）と核不拡散条約の拒否／対米姿勢の硬化へ——ケネディ時代の期待と角逐／大西洋を渡った「モナリザ」——文化外交がもたらした緊張緩和／ジョンソン時代の米仏関係の冷却／NATO軍事機構からの離脱／離脱後の後始末／ドゴールにおける「自立」と今日的解釈／ドルへの挑戦／米仏対話の再開
3 「自主外交」の現実 242
緊張緩和の世界と「自立」の論理／フランスの核抑止論の「虚構性」／「演出された自立」——米仏核兵器開発・NATO軍事作戦協力協定の存在／フランス的ナショナリズムとしてのドゴール外交／「行動の

自由」外交の模索

4　「自由なヨーロッパ」とフランス　256
ヨーロッパ統合とドゴール外交／米ソ対立の中で揺れるヨーロッパ／ドゴール政権誕生前の独仏関係／ドゴールとアデナウアー――独仏関係と西欧軍事協力／フーシェ・プランの失敗――アメリカに翻弄されるアデナウアー／イギリスＥＥＣ加盟拒否とエリゼ条約／米欧関係の中の独仏関係の論理／エリゼ条約以後のフランスのヨーロッパ政策

5　緊張緩和政策――ソ連・東欧諸国との接近　285
列強間の均衡政策／東西対立時代の対ソ外交／モスクワへの訪問／ソ連・東欧諸国との緊張緩和政策の限界

第六章　ドゴール時代の全盛と終焉　299

1　フランスの近代化とドゴール時代の頂点　300
フランス社会の近代化――高度経済成長とその歪み／消費社会の到来――人口増・教育の普及・住宅・都市計画／「シトロエンＤＳ」が疾駆した時代／一九六五年大統領選挙と六七年総選挙――ドゴール時代のかげり

2　ドゴール的共和国の終焉　310
五月危機の背景／一九六八年五月危機――学生の反乱から社会騒動へ／ドゴール失踪事件／一幕劇の真相／ドゴール政治の終わり――正統性の喪失／国民投票の敗北から退陣へ／現代フランスの父の死

おわりに　345
現代史に生きるドゴール／ドゴール研究の概観／誤解されるドゴール像／民主的リーダーシップの模索／ヴィジョンと意志の人／孤独な「追放された王様」、ドゴール

あとがき　357
主要参照文献一覧　368
索　引　382

第一章

フランス崩壊への道

1　揺籃期のドゴール

幼年時代――尊大さの片鱗

シャルル・ドゴール（Charles André Joseph Marie de Gaulle）は、父アンリと母ジャンヌの間の四男一女の次男として、一八九〇年一一月二二日、北フランスのリール市プランセス通りで生を享けた。ドゴール家はシャルルの四代前からパリに住み始めていたが、アンリとジャンヌの長男と次男がリールで生まれたのはジャンヌが実家での出産を望んだからである。

ドゴール家はもともと一三世紀初頭にまで遡る下級貴族の家系であった。パリ古文書学校出身であったシャルルの祖父ジュリアン・フィリップの資料発掘によって軍人や法律家の多い家系であることがわかっているが、最も遡った記録では、一二一〇年にリシャール・ドゴールがフィリップ・オーギュスト国王から封土を拝領したことが明らかになっている。一四〇六年には、市の総督であり、騎士であったジュアン・ドゴールは、五〇〇〇人の兵士を率いてセーヌ川を渡り、シャラントンを奪還することをオルレアン公から命令されたという。

シャルル・ドゴールは気難しく利かん気な少年だった。そしてそこに後に「孤独な王様」とあだ名されるようになる片鱗が見られた。一歳上で、五人兄弟の唯一の女の子であったマリー・アニエスは、「シャルルはむしろ厄介な子供でした」と語った。父はシャルルに対して威厳をもって接したが、母親の方は全くそうしなかった。だから、幼いドゴールは彼女の言うことを全然きこうとはしなかったようである。シャルルが七歳の頃のことであるが、マリー・アニエスは叔父の家でのちょっとしたシャルルのわがままをその後もよく覚えていた。

「ママ、子馬（ポニー）に乗りたいよ」

と、せがむシャルルに対して

「だめよ。あなたは昨日乗ったのですから」と母親が諭した。

「じゃ、僕は意地悪になるよ」

と、言うや、シャルルはもっていたおもちゃを地面に叩きつけ、地団駄を踏んで泣き叫び始めたのだった。別の時には、シャルルは四男で末っ子のピエールに本を投げつけ、部屋の戸に鍵を掛けて閉じ込めてしまった。ピエールを案じた母親でさえも入れようとしなかった。「私が一〇歳の時には、私はシャルルから弟たちを守る姉でした。三男ジャックはシャルルよりも三つ下、ピエールは六つ下でしたから。彼は喧嘩好きで、乱暴で、悪ふざけが好きでした」と子供時代のシャルルのことをマリー・アニエスは回顧している。

両親はこうしたシャルルにお灸を据えることもあった。ドゴールが五歳になったばかりのクリスマス、シャルルにだけプレゼントはなかった。彼は兄弟たちが「馬のペチコート cheval-jupon（馬の背中に穴があってそこに足が入るようになっている）」と呼んでいた玩具をずっと以前から欲しがっていた。両親は、シャルルが素直に言うことを聞かないことを理由に、懲罰の意味を込めてシャルルにだけ何もやらなかったのである。その代わりに椅子の上に置かれた手紙には、「あなたはプレゼントをもらう資格がないのです」と子供には非情な言葉が記されていた。小さなシャルルが「辱め」を受け、意気消沈してしまったのは言うまでもない。

シャルルは活発な子供であった。夏になると、大西洋岸の北フランスの小都市ブーローニュ・スュル・メール郊外に祖母が借りた海辺の家に家族で出かけた。近くの草原にはブランコが据えられていたが、それは朝最初に漕いだ者のもので、それはいつもシャルルのものだった。朝起きるや、最初に聞こえるのはいつもシャルルの叫び声だったという――「僕だよ。僕がブランコをとったよ」(Lacouture 1 21-22)。

シャルル・ドゴールの利かん気な性格はこうした一連の子供時代の行状によく表れている。シャルルは、ディアボロ(空中独楽)、クロケット、凧上げ、球技、目隠し鬼ごっこなど、遊びはなんでも好きだったが、とくに兄弟と一緒にやる「兵隊ごっこ」が大好きだった。長男のグザヴィエは英国王、従兄弟のコルビィはロシア皇帝であった。そして、フランス国王はいつもシャルルであり、「フランス軍隊」に命令を下したのである。

少年時代のエピソードには、未来の救国の英雄を予見させるものがある。一一歳のとき中学校の創作音楽劇「小姓と宮廷楽人」で国王、フィリップ・オーギュストの役を演じたのは幼いシャルルであった。王冠を被り、大きなマルタの十字架を胸に飾った、尊大な眼差しで威厳を保とうとしている少年の写真が残っている。

一五歳のときには、『不吉な出会い』という戯曲を出版した。この作品でリール市の文学コンクールで月桂樹賞を獲得したドゴールは懸賞金の代わりに自分の作品が出版されることを望んだ。これはアレクサンドラと呼ばれる韻を踏んだ文章で書かれた政治フィクションだった。一九三〇年という近未来にドイツ軍からの侵略に対抗して祖国防衛に臨む二〇万人のフランス軍隊が立ち上がるという筋書きであり、その中で金持ちと強盗の出会いを描いた作品だった。シャルル少年の作品は来るべきフランスの悲劇を予言していたのである。そして彼は常に主人公でなければならなかった。そしてそれは危機に瀕した祖国の救済という名において正当化された。

この作品は当時人気のあったシャンソン歌手兼詩人のギュスターヴ・ナドーの作品のテーマとエピソードを、表現を変えて書かれた作品と見られているが（ホフマン 四九‐五二）、すでにドゴールの嗜好は明らかだった。「偉大さ」「闘争」「孤独」「栄光と運命」など、後にドゴールが自ら体現しようとしたテーマがそこには見られた。とくに「偉大さ」という言葉は繰り返し使われていた。

ドゴールはこのころ、すなわち一四歳のときにサンシール（陸軍士官学校）への入学を決めたといわれる。ドゴール家には軍人はいなかったが、愛国的な家庭環境が彼を軍人の道へと導いたのであった。またドゴール家は敬虔なクリスチャンの家庭であった。一九〇五年第三共和制は画期的な法律を成立させた。政教分離法である。ドゴールの父親アンリにとってこの法律は憂うべきものであり、国家と教会が「対立」する事態が現出したように思われた。そこで、アンリはシャルルをベルギー・アントワンのジェズイット派のコレージュに留学させたのである。

第一次大戦への出征に際して、ドゴールは尊大にも、「私は幼年時代には未知の冒険を恐れもせず思い描き、あらかじめ歓迎していたのだと言わねばならない。つまり、フランスは途方もなく大きな試練に曝されること、生命を賭すことはいつの日か、フランスに何らかの大いなる貢献をもたらし、そして私はその貢献のための機会に恵まれるだろうことを疑っていなかった」（De Gaulle c2）という感想をもっていたという。彼は危機時のヒーローを自らの未来の姿に托していた。

祖国愛と同時に、フランスと自分の運命を一蓮托生と見るある種の傲岸さは、終生ドゴールの心を支配していた。ナチスからの解放や植民地解放時の動揺という国難に際しては、そうしたドゴールの性格や信念は強いリーダーシップとして迎えられた。しかし時局が平静を取り戻すや、それは独裁と頑迷として人々の眼に映り、国民の離心を招いたのであった。まさに、ドゴール的なものが、フランス国民を魅了し、そして倦ませることになるのである。

世紀末のフランス――ブルジョワジーとカトリック的価値観

私たちはすべからく自分が生まれ育った時代の風潮や価値観から免れることはできない。人の生き方や考え方は時代に拘束される。

ドゴールが生まれたのは、フランス大革命以来の封建特権階級との戦いに一応の終止符を打ったブルジョワジーが、時代を謳歌していた時代だった。ベル・エポック（「よき時代」）と称された時代である。一九世紀、イギリスは第二次産業革命によって世界に雄飛し、その影響を受けて、資本主義がヨーロッパを席巻していった。

ドゴールが生まれた世紀末とはそういう時代だった。この時代、フランスは「鉄の時代」を迎えた。鉄道が交通手段の主役となり、重厚な鉄道駅が作られた。また、セーヌ県知事オスマンの指揮の下にパリ市は整備され、それとともにエッフェル塔（一八八九年第四回パリ万博時に建設）をはじめグラン・パレ、鉄製のアレクサンドル三世橋（いずれも一九〇〇年第五回パリ万博の時に建造。前者は鉄筋吹き抜けの壮大な催物会場）やパリのメトロをはじめ多くの「鉄の時代」の建造物や施設が造られた。

一九世紀後半から二〇世紀初頭にかけての万国博覧会は、フランス資本主義にとって、パリが世界における重要な産業・経済の中心のひとつであることを内外に宣伝する絶好の舞台となった。そして、一八三〇年アルジェリアの保護国化以後海外に発展したフランス資本主義は、ようやくこの時代、帝国主義政策を本格化させていった。インドシナ三国（ヴェトナム・ラオス・カンボジア）を併合し、イギリスに対抗して植民地帝国を誇ろうとした。フランス帝国主義は「文明の伝播者」の美名の下に機械化された圧倒的な軍事力を背景に、植民地住民にフランス語とフランス文明を強制していったのである。こうしてフランス帝国はあまたの植民地を従え、世界的規模で膨張していくヨーロッパ植民地主義という時代の波に帆を膨らませて走っていた。

政治的には、フランスでは真の共和制が到来していた。旧貴族階級と新興ブルジョワジー（産業資本家階級）のバランスの中で成立した大ナポレオンの甥であるルイ・ボナパルトの第二帝政が一八七〇年の普仏戦争（フランスとプロシアとの戦争。プロシアは勝利し、それを契機にビスマルク宰相のプロシア帝国が誕生する）の敗北で倒壊し、第三共和制が誕生した。この第三共和制はブルジョワジーが旧王党派勢力を排除して、共和主義の理念の下に築き上げたものだった。それは「権力についたブルジョワジー」が謳歌する時代だった。アール・ヌーヴォーという贅を尽くした装飾的な建築や家具調度の様式が隆盛だった。華美と繊細、女性的な柔らかな曲線が建物や家具に具象化され、ガス燈や電気照明が様々な切り子ガラスを通して人々に光を投げかけていた。他方で、この世紀の後半は労働運動の高揚の時代でもあった。フランスはもともとマルクス主義よりも街頭行動など直接行動派としての組合主義運動が盛んであった。その象徴ジャン・ジョレスは二〇世紀初頭に組合主義やマルクス主義などの社会主義諸派をまとめ、フランス社会党を結成した。そうした時代の息吹の中でシャルルは生まれたのである。

フランス語の共和主義という言葉は、広く日本人の普通の感覚で言えば「デモクラシー」と同義と言ってもよい。議会制民主主義、政党政治、政教分離（世俗化＝非宗教化）、教育の機会均等などフランス革命が謳った自由・平等・博愛の精神に基づくすべての事象が含まれる。一八八〇―八一年の公教育の原理（教育の非宗教化・無料初等教育の義務化・中等公教育の女子への適用）、一九〇五年の政教分離法などはまさにこの世紀末の変わり目における文字通りの転換を表現していた。

しかし、王党派がようやく政治の第一線から力を後退させたとはいえ、旧制度への郷愁は思想的・文化的にカトリックの伝統が支配するこの国では依然として根強かった。しかも、それは一方でナショナリズムや排外主義と結びついていた。周知のように、一八七〇年に普仏戦争に敗北したフランス国民には「対独復讐」の気持ちが強く、イヨネスコの有名な戯曲『最後の授業』ではドイツ帝国に併合されることが決定したアルザス地方で公用語としてのフランス語を失うフランス系住人の哀切が語られていた。アイデンティティの喪失である。陸軍大臣を務め、「対独復讐将軍」と渾名されたブーランジェ将軍を頭目とする一連のナショナリスティックな運動（ブーランジスム）はよく知られている。将軍は退役後八八年ブーランジェ党から選挙に出馬、大勝し、クーデタが計画された。しかし、将軍がクーデタ決行の決心のつかぬうちに不穏な空気を察知した当局によって彼自身が逮捕の危険に曝され、元来小心な将軍はベルギーに逃亡した。まもなくその人気は低下し、ブーランジスムは衰退の末路を辿った。二年後将軍はブリュッセルの愛人の墓前で自殺した。

その一方で、ユダヤ人将校ドレフュスがスパイ容疑で捕らわれた事件は激しい人種排外論争にまで発展した。文豪ゾラが『オリオール』紙において「私は弾劾する（J'accuse）」というあまりにも有名な一文を草したのもこの頃であった。それは軍の排外主義に対する厳しい指弾であったが、他方この事件を契機に「アクシオン・フランセーズ」という右翼団体が結成された。この団体の創立者であるシャルル・モーラスはカトリックの伝統とナショナリズムを融合させ、その後右翼陣営において大きなイデオロギー的影響力をもつようになった。

しかし、ドレフュス事件（一八九四年）当時、激しい反ユダヤ主義の風潮の中で、カトリックであるにもかかわらず、シャルル・ドゴールの父アンリはユダヤ人ドレフュスの無罪を主張した。彼は自由な独立自尊の精神をもち合わせていたのである。この父の姿勢は、イデオロギーや時々の状況に左右されないドゴール一流の歴史認識と独自の国際認識に基づくフランスの自立外交という発想の源となった。

まさにドゴールは、ブルジョワジーが隆盛を極める一方で、カトリック的な祖国愛を強く標榜する伝統的な価値観がまだ勢力を保ち、両者がせめぎ合いを続けている並存の時代に生を享けたのである。ドゴールがリベラルで開放的な無私の人であると同時に、歴史的伝統に拘泥した保守的で権威的な秩序観の持ち主であったことは偶然ではない。そして彼がある意味で「気難しい人」という印象を終生人々に与えつづけたことも偶然なことではなかった。ドゴールは文字通り時代の申し子だった。

青年時代の思想形成

ドゴールの人となりについて、その生い立ちと思想形成にまで踏み込んで見てみよう。

シャルルの曾祖父にあたるジャン・バプテスト＝フィリップ・ドゴールはパリ高等法院の弁護士であったが、その父もルイ一五世の下でパリ高等法院の代訴人であった。曾祖父フィリップはフランス大革命中の恐怖政治の時代に投獄され、その後ナポレオン麾下の軍隊の軍事郵政省局長という高職に就いた。祖父のジュリアン・フィリップは小学校を設立、『仕事、忍耐、節制によって立派になった人々』という書物を著した教育者であったが、同時に文人の世界にも通じており、『パリおよびその近郊の歴史』という作品には著名な詩人シャルル・ナディエが序文を書いている。

シャルルの父親アンリ・ドゴールは、こうした人文的な教養豊かな家庭に育った。そして普仏戦争に志願兵として出征し、一八七一年一月にはパリの攻防に少尉として加わり負傷した。祖父と同じく教育者として身を立て、仏語、ラテン語、ギリシャ語を教え、パリのイエズス会系の私立中学で文学、哲学などの教授を務めた教育者だった。

ドゴールは『大戦回顧録』の中で、「父は思索、文化、伝統の人で、フランスの誇りが染みついていた」と語っている。家族でラテン語で作文したり、旧跡をしばしば訪ねた。父アンリはフランスの伝統を重んじた愛国主義者だったといわれており、ドゴール研究の第一人者ジャン・ラクチュールは「君主制愛惜者」とみなしている。同時に先に述べたようにドレフュス事件に見せた時代の風ともいえるリベラリズムも理解していた。母親についても、ドゴールは「私の母は宗教的信心と同じく妥協の余地のない祖国への情熱をもっていた」と語っている（Rosoux 44–45）。母親は保守主義的性格が父親以上に強い人だったといわれている。ドゴールの言動に見られる保守と自由の両面は文字通り両親から継承したものであった。

こうした両親の性格や家庭環境がドゴールの人一倍強い愛国主義、また「追放された国王」と後にあだ名される独立不羈の精神形成に大きく寄与したことは明らかだった。子供の頃ドゴールが親しんだ作家は、直観と生命の飛躍を論証し、同時に国際平和のための活動家でもあった著名な哲学者ベルクソン、右翼団体アクシオン・フランセーズの創立者である愛国主義者シャルル・モーラス、『半月手帳』の作家として有名で、社会主義者からカトリックへ、ドレフュス支持（排外主義反対）から民族主義へと転身した詩人シャルル・ペギーなどであった。彼は、これらの作家の作品を通して、「フランスをひとりの人格と見、フランスの歴史はひとつの全体である」（ドゴールａⅢ 六）という連続性の中において祖国を捉えるようになったのである。ドゴールという名前はゴール人（フランス人がガリアと呼ばれていた時代の先住民たちの呼名でフランス人の古称）と結びついていた（ドゴールの「ド」に意味はなく、貴族の尊称として苗字の前に付けられる言葉である）。

従来ドゴールの思想形成については、彼が敬虔なカトリック信者として育てられ、保守的な教育を受けた点が強調される。とくにナショナリズムとカトリック的な考えを結びつけたペギーの影響力は大きかった。ペギーは、マルクス主義とは一線を画すフランスの無政府主義者プルードンにみられる人間的な社会主義、すなわち神秘的で非政治的な社会主義をも併せて標榜した。ドゴールはペギーの作品の中に祖国フランスの神秘性を見出したのであった。

ベルギーの女性ドゴール研究家ロズーが指摘するように、ペギーとドゴールには共通の三つの表現が発見できるという。すなわち「歴史の中のフランスの一体性」「何世紀も前から続くフランスの偉大さ」「フランスの運命の中での軍の重要性」という概念であるが、たしかにこの三つの表現は後に指摘するように終生ドゴールが語り続けた言葉であった（Rosoux 46）。

ドゴールがアクシオン・フランセーズの薫陶を受けていたことから、ドゴールが国粋的な心情をもつようになったことは確かである。またそういった時代でもあった。しかし彼は単純な国粋主義的な右翼の人物ではなかった。ドゴールが大いに影響を受けたと考えられる、アクシオン・フランセーズの理論家、アルベール・ド・ムュンは『労働界の仕事』『キリスト教的社会秩序と社会政策のアフォリズム（警句・格言）に向けて』という書物を出版したが、そこに披瀝された思想は社会カトリック、あるいはカトリック的なコーポラティズムであった。カトリック的なコーポラティズムはファシズム、国家社会主義的なコーポラティズムとは異なっている。一般的な意味でのリベラリズムや個人主義とも違う。前近代的な概念とも言えるが、宗教的な世界観を前提として、社会秩序を重視し、慈悲の心をもった協力と相互依存の世界を理想とする。

しかしドゴールはモーラスを無批判的に受け入れたわけではない。両者は「国民（ナシオン）の高揚」「自立」「国家の力の証」という点では一致するが、ドゴールの考えにはモーラスとは異なる面もあった。モーラスが分権主義を主張し、フランス史の中ではルイ一四世までしか評価しないのに対して、ドゴールはフランス大革命を大いに評価していたのであった。繰り返しになるがドゴールはブルジョワジーの時代の申し子だったのである。

そして直感による「生命の飛躍」を主張した平和主義者ベルクソンの感覚的な理解力はドゴールの特異な感受性や状況認識の育成に大きく貢献した。人はひとつのことを真に理解し、決断するまでに長い精神の葛藤を経験する。それは長くなかなか解答に至らないものだが、あるときすべてが統合されたものとして「ひらめき（直感）」によって理解できるようになる。この時間をベルクソンは「飛躍」と呼んだ。「生命の飛躍」は「フランス精神の刷新」となってドゴールの思想の中でよみがえったが、それはダイナミズムと未来への直感をドゴールの思想に吹き込んだのである。

最後にしばしば見逃されていることであるが、ドゴールの精神形成にはマルク・サンニエの影響が大きかった。サンニエは一八九四年に『ル・シヨン』という社会主義的傾向をもつカトリック系の雑誌を発刊した。後にピウス一〇世によって発刊を禁止されるが、一九一二年には『若い共和国』という雑誌を新たに発刊した人物である。前者の発行元は後にドゴールが通うようになる聖スタニスラス中学であった。サンニエは教会と民主主義の和解に努めたが、ドゴールのキリスト教的民主主義、あるいは民主主義的キリスト教的な心情の育成に影響があったと考えられる。

ドゴールは硬直的な思想をもったひたすら廉直な軍人ではなかった。彼は軍人でありながら、堕落した権力や権威に立ち向かう反骨精神の持ち主であり、社会の秩序を大切にしつつも、自由と人間性を重んじた。しかしその秩序観には宗教的な制約があったのは否めなかった。それこそドゴールが成長した時代の「時代的拘束」性であった。

戦後高度成長を成し遂げて豊かな社会に突入した第五共和制は、ドゴールの思想を超えて未知の新しい世界へと向かっていった。ドゴールは彼なりに時代の行方を察知して新しい「自由な社会」を提唱したが、それには限界があった。しかしアンリ・クロードは、ドゴール主義は経済学的に見ると、資本主義、それも自由資本主義であったとする。ドゴールの政策にリベラリズムの性格を見て取ったのである。しかしドゴールは一九六八年の五月暴動に象徴されるキリスト教的社会秩序観を否定する新しい世代には結局ついていけなかったのである（クロードa・b）。

兵士ドゴールの誕生

ドゴールは一九〇九年から一二年にかけて陸軍士官学校（サンシール）に在学した。入学時の成績は二二一人中一一九番目だったが、卒業時には二一一人中一三番目で少尉の位であった。「入学以来常に進歩してきた。活力、情熱、志気、そして決断力という多くの資質に恵まれている。間違いなく優秀な士官になるであろう」という絶賛の言葉が卒業時には贈られた。

その飛びぬけた背の高さ（一八七センチ）ゆえに、同僚はドゴールのことを「アスパラガス（ひょろ長い人）」とか「七面鳥」「木偶《でく》の坊」などと呼んだ。しかし、実際にはその態度・知性・情熱などに対する評価はいずれも高く、乗馬だけが二〇点中八・六であった。士官学校時代のドゴールは大変勉強家であったが、それはいかにもドゴール一流の独特のものだった。ドゴールは当時ようやく名前の知られ始めたペギーに熱中し、まだ試射の段階の機関銃や誕生したばかりの航空術に強い関心を抱いた。もちろん、士官学校の教官たちはこの新しい航空術などは軍事的には何の意味ももたないと頭から決めつけていた。時流や権威に迎合することなく、追従よりも独立不羈を貫く精神はこの頃に芽生えていた。授業以外の読書に多くの時間を費やし、日曜日ごとに父親と議論をしてすごしたが、それはデカルトやベルクソンの影響を受けたものであったことは改めて言うまでもない。

卒業後、ドゴール少尉はアラスの第三三歩兵連隊への配属を希望した。そこでは新任の連隊長ペタン大佐との邂逅が待っていた。周知のように、ペタンはその後第一次大戦で勇名をはせることになる。当時ペタンは、機動作戦と銃剣を重視する軍の旧套墨守の公式戦略に対して火器の威力の優先を主張した。ドゴールはこのペタンの戦略を支持していた。

およそ一年後、ドゴールがアラスを後にするに際して、ペタン大佐はドゴールを評して「当初より将来最も大きな期待をもたれる真に価値ある将校であることは確かである。（中略）きわめて聡明。情熱をもってその仕事を愛している。あらゆる賞賛に値する」と述べた。ドゴールの哲学はまさに次代を担う若い将校にふさわしいものだった。「攻めの精神を先ずもたねばならない。そのことは、唯一の考え、すなわちどこでも何時のときも前に進まねばならないということだ」(Germain-Thomas 13) とドゴールはメモ帳に書き記している。

人並みはずれた職業意識に加えて、ドゴールは演説家として弁舌の才能にも恵まれていた。ドゴールは危機に遭遇するバルカン半島や愛国主義について語った。彼が祖国について述べるとき、それは一八七一年、普仏戦争の敗北を痛恨の気持ちで語っていたのだった。一九一四年四月には、ドゴールは「フランスはなんら案ずるには及びません。なぜなら、ひとつの武器は士気の力によって威力を発揮するからです。士気を育むのは、われわれ幹部の仕事なのです」(Lacouture 1 51) とその演説を締めくくったのである。

しかし、その年サラエボの銃弾が文字通り世界を震撼させた。民族独立主義運動の一青年がオーストリア皇太子夫妻を暗殺、これに対して強硬に出たオーストリアとセルビア間の交渉は難航し、ついに戦端が開かれた。第一次世界大戦の勃発だった。八月三日、ドイツはフランスに対して宣戦布告したのである。

ドゴールは八月一日以来手帳を携帯し、行動や印象を盛んにメモしていた。その朝発せられた動員令はすぐには開戦に至らないまでも、早晩独仏開戦は必至だというのがドゴールの見方であった。このとき、ドゴール中尉は第三三歩兵連隊第一大隊の第一一中隊第一小隊の指揮官であったが、翌八月二日北東方面軍に合流する。

八月三日独仏間で戦端が開かれた後、同月一五日に、ドゴールはディナンの橋の手許《たもと》で右腓骨に銃弾を受けて負傷した。戦場での最初の「名誉の負傷」だった。この緒戦における砲火の洗礼がいかに凄まじいものであったか、そしてまさにペタンが主張し、ドゴールが支持した火器理論(それまでの白兵戦主流の考えに対して火砲を徴用する戦略)がいかに正しかったか。ドゴール自身の言葉がそれを明らかにしている。

「弾丸がいまや風を切って飛んでくる。初めは散発的で、ためらうように、ついで断続的に、そして一つの隊が姿をさらすたびごとに、そこへどっと集中して飛んでくる。銃弾は榴散弾ほど兇暴ではないが、しかし音もたてずに兵隊を打ち倒し打ち殺す様はすさまじい。(中略)突然、敵の射撃は狙撃に変わる。集中射撃となる。銃弾の雨あられと榴散弾の雷電は一秒ごとに激しさを増す。生き残ったものたちは、生きた心地もなく、負傷してうめくものと哀れな死骸の間に身を伏せる。立ったままで死んでゆく将校たちの見てくれだけの沈着、不撓不屈の小隊の銃の先につけた銃剣、突撃の合図を吹くラッパ手、孤立した勇壮な兵士たちの最後の突進。それも、なんの甲斐もありはしないのだ。この世のいかなる勇気も銃火をしのぐ力はない。そのことは一瞬にして明白なのである」（ボヌール　三一－三二）――太鼓を叩き、ラッパを鳴らして進む白兵の突撃に抗しうるものは何もないという通説の迷妄は、いまやうち捨てられたのである。そして、うんざりするような塹壕戦。

「翻る軍旗も、鳴り響くラッパの吹奏も、陽光にきらめく武器も、もはやない。時と場所とを問わず、あるのはただ、泥土と塹壕の隠れ穴と重荷だけ……（中略）攻撃も防御も、情け容赦なく、陰惨で、壊滅的である。消耗戦とはそういうものだ。そして、それにもかかわらず、戦線は執拗にも動かず、いくたび攻防を重ねても決定的な決着はなく、犠牲は増すばかりで勝利はなく、それはいつまでたっても旧態依然のままであって、人が努力すればするほど終わらなくなる仕事なのだ」（ボヌール　三一－三六）。

翌一五年三月にはメニル・レ・ユリュの戦闘でドゴールは左腕に弾丸を受けた。そして、この年大尉に昇進したドゴールは一六年には中隊長（第一〇中隊）としてヴェルダン防衛戦に参加、ここでドゴールは人並み外れた勇気を示し、部下たちを心服させた。ドゴールは戦場の兵士たちの偶像だった。三月にドゥオーモンの戦場で三度目の負傷。左腿に銃剣の一撃を受け、捕虜となった。行方不明となったドゴール大尉は、官報では戦死と発表された。ペタン将軍（当時）は勇敢なるドゴール大尉を絶賛する弔意を込めた表彰状を送った。

「中隊長ドゴール大尉は、その知的道徳的な高き価値により平素より名ありたるところ、自隊が怖るべき砲撃をうけ、その兵員の十分の一を失い、敵軍に完全に包囲されたるとき、配下の兵士を励まして、猛烈な突撃と果敢な白兵戦に突入せしめたり。けだし、彼はこれこそ、軍の名誉の感情と両立しうる唯一の策と判断したるためなりき。大尉は白兵戦中に斃れたり。あらゆる点においてならぶ者なき士官なりき」とペタンは記したのである（Lacouture I 14, 33; Germain-Thomas 14）。後に反目することになったが、ドゴールの才能を認め、彼を取り立てたのは他ならぬこのペタンその人だった。

しかし、実際にはドゴールは重傷を負いドイツの捕虜になっていた。傷の回復のためにマインツで入院し、ウェストファリア、そしてリトアニアで拘禁された。一六年の八月、最初の脱走、すなわちドゴールはロシアに向けて逃亡を企てたが、失敗。バイエルン地方のインゴルシュタットにある第九要塞捕虜収容所に送られた。名うての「脱走犯」を集めたこの堅固な城砦で作られた収容所は「脱走クラブ」とあだ名されていた。ここでも、ドゴールは二回逃亡を企て、連れ戻されている。一度は夜間行軍で二〇〇キロも逃れた後捕縛された（Ratte 24）。

この幽閉時代、ドゴールはギリシャの歴史やギゾーの近代史の書物に親しみ、スタンダールの『赤と黒』やフロベールの『感情教育』などを読んだ。カトルー将軍や赤軍指導者トハチェフスキー元帥（三七年スターリンによって粛清された）に出会ったのもこの捕虜時代だった。この当時のドゴールのノートにはたくさんの言葉が残されている。

「決して心からだまされることのない精神の持ち主は、欺かれた責務を負わされることもない」

「再起しよう。われわれには控えめという理性が欠けている」

「人は情熱から原則を作り出すものだ」

ひとりの虜囚が失意の底で学んだ人生訓である（Germain-Thomas 15）。

ここでドゴールは捕虜たちに対して講義を行なっている。ドゴールは自分の地位や立場を超えて歴史的な大指導者の識見について論じたのである。カエサル、ナポレオン、フリードリヒ二世など歴史のヒーローたちについてだった。たかだか二七歳の中隊長の政治と戦略論に対して、一〇〇人の上級士官たちは注目し、その判断力、論法の力、思考の確実性に瞠目したのであった。

翌年七月には西独南部フランコニア地方ローゼンベルクに移されたが、二度の脱走に失敗した（一〇月に脱走、一〇日後に逮捕、その次はその日のうちに逮捕）。列車の車掌が伸び放題の髭を生やした汚い風体を認めて足がついた。翌月には再びインゴルシュタットの捕虜収容所に戻されたが、そこでも二度脱走を試みている。さすがに、気丈夫なドゴールも一八年一月には、「私は生き埋めになっている」と記している。

一八年四月、軍事法廷は凌辱罪でドゴールに二週間の独房入りの刑を言い渡した。青年シャルル・ドゴールにとって自らの未来もなければ、フランスの未来もなかった。

2　雌伏の時代

傲岸な青年将校

第一次世界大戦休戦条約は一九一八年一一月一一日に調印されたが、その二カ月前の九月の覚書の中で、ドゴールは、「古いヨーロッパの人々は、政治家たちが〈協商の平和〉と呼ぶことになる〈平和〉に最終的に調印することになるが、この平和は現実には〈疲労困憊の平和〉となろう。しかし、各々の人々は、この平和が、満たされない野心やかつてないほどの激しい憎悪、消えることのない民族の怒りに対して投じられた間違ったカムフラージュにすぎないと感じていることを知っている」と述懐し、すでにその後のヨーロッパの不幸な歴史を予見している（Morelle 31）。そして、この年一二月三日、悔悟と屈辱、そして希望――様々な思いの錯綜した幽囚の地を後にしてドゴールはリヨンに帰還した。ドゴールは第一次大戦で負傷し、捕虜にまでなったが、その期間が長く、連合軍の勝利には軍人として直接の貢献はそれほどできなかった。ドゴールの気持ちは晴れなかった。彼には取り返さねばならないものが残ったのである。

一九年一月、ドゴールはサンメクス士官学校の中隊長講座に派遣された。四月には志願してポーランドに赴き（フランスで編成されたポーランド師団に配属）、参謀本部所属アンリ将軍の第一二四歩兵連隊に配属された。三年あまりの捕虜時代の無活動の後である。軍人ドゴールの心には戦場への執着、自らの職分を果たす強い義務感があったであろうことは容易に想像できる。この時ドゴールはポーランド将官に対して「フランス・ポーランド同盟」に関する講演を行なった。この年七月にはドゥオーモンでの軍功に対してレジオン・ドヌール勲章（シュバリエ賞）がドゴールに授与された。このときドゴールの勇敢さを称えた表彰状に署名したのは他ならぬペタンであった。

翌年五月に帰国後、一旦陸軍大臣官房に抜擢されたが、六月には新たにポーランド参謀本部に配属され、歩兵大隊司令官としてブーディエニのソビエト軍との戦闘やホービィエツァウ奪取の戦いに加わった。ソ連に勝利したポーランドは幹部養成学校を開設した。そこで歩兵小部隊の戦術の講義を行なったのは他ならぬドゴール大尉であった。ドゴールは当時としては画期的な理論を披瀝し、彼の声望は全ワルシャワ軍に知られた。彼は航空機部隊との密接な連携をとりながらいかにして歩兵部隊と戦車部隊を用いるかを語ったのである。

二一年二月、ドゴールはサンシール（士官学校）の特別軍事学校の戦史担当教官に任命され、帰国した。二二年一一月からは陸軍大学校（陸軍上級学校 École superieure de Guérre）の生徒となり、二三年一〇月には出向の形であるが参謀の資格を与えられた。二四年に陸軍大学校の修了試験でドゴールは公式戦術を無視し、直観に頼った戦術を採用したため低い評価（「可」）を受けた。ドゴールはこの実地試験で、定位置で射撃の態勢を整え、敵の攻撃を待つというモワラン大佐による「先験的な」常套戦術を完全に無視し、敵陣内に奇襲をかけ、敵を完全に撃破した。モワラン大佐はドゴールを激しく非難したが、ドゴールは「それでも私は勝ったのです」と傲然と答えたのである。ドゴールには既存の通念にとらわれない創意工夫の才があった。

そのときにドゴールを弁護し、「評点の奇妙な誤り」と主張し、「良」に修正させたのはペタンであった。モワラン大佐の評価では、「利発かつ教養豊かで真面目、優秀で才能にきわめて恵まれた士官。（しかし）残念なことに、その過度の確信、他人の意見に対する厳しさ、《追放された国王》の態度がその議論の余地のない資質を損ねている」とされたのである（ラクチュール 四四）。

この資質に恵まれた不遜な青年将校は、それにもかかわらずその前年には、初めての著作『敵陣の中の不和』を出版していた。二五年三月には『フランス軍事評論』四五号に「先験的なドクトリンか、時宜に適ったドクトリンか」という論文を発表したが、その中でドゴールは教条的な型に嵌った精神に対して応用精神を強く支持した。陸軍大学校で教わった理論とは反対のことを主張したのである。

当時、ドゴールがメイヤー大佐に送った手紙の中にその頃のドゴールの新しい時代への予感が示されていた。ドゴールは、「おそらく、新しい時代の曙を迎える夜にいます。いずれにせよ、われわれの知っている時代の終わりにいます。しかし、生きていかねばなりません。生きていくためには、何日間も戦わねばなりません。つまり、一丸となって敵と対抗し、敵にわが軍の強さを知らしめねばなりません」と力を込めて語ったのである。ドゴールの本質は決して頑迷固陋な頭の固い人物ではなかった。進取の気性を持った硬骨漢だった。その感受性と知性は新しい時代の「見識」を構築する準備をしていたのである。

そして、この年七月、ドゴールは最高戦争会議副議長のペタン元帥特別参謀（元帥付副官）の一人となった。かつて自らの教官と対立したドゴールに対する評価は当然低く、こうした処置に憤慨した彼の理解者であるペタン将軍は陸大に「ドゴールの意見を聞く会」の開催を命じた。ドゴールは軍首脳、陸大校長、幹事、教官を前にして三回にわたって講演した。第一回目の講演は二七年四月に行なわれたが、この時司会をしたのはペタン自身であった。ペタンはドゴールのつむじ曲がりの能力を密かに買っていたと見られる。三二年にはペタンの推薦でドゴールは国家最高会議事務長になっている。ドゴールも砲火による攻撃の重要性をかつて主張したペタンを高く評価した。二〇年代前半の頃、ドゴールはしばしばペタンの自宅を訪問した。ドゴールの長男フィリップの名付け親はペタンであった。

しかし、その後の運命は二人の関係を引き裂いてしまう。すでに、この時期ドゴール自身、ペタン元帥に違和感を感じていたようである。弟子がいつの間にか師を超えて、師の限界に挑戦する日が来たのである。それがひときわ自信家で、不遜な人物であれば、それは露骨な形となったであろう。

八月に、ペタンは政府の不興を買っていたリョーテイ総督に代わってモロッコに赴任することを承諾したが、このことをドゴールは認めなかった。ドゴールにとってペタンが権力に従順な一軍人にしか見えなかったのである。後に、彼は「元帥は一九二五年に死亡したように私の目には見えた」と語った。両者の反目は二八年には明白となった。ペタンはドゴールに自分のために『兵士』という教科書を書くようにドゴールに要求し、アンデ大佐に修正させ完成させることを望んだが、ドゴールが激怒して、それを拒否したことによって両者の関係は決定的に冷却した。ドゴールは、「一冊の本。それはひとりの人間である」と主張したのである。

終生の伴侶イヴォンヌとの出会い

二〇年秋、ランベルト歩兵実習学校でドゴールは何度か講演を行なった。ドゴールが最愛の妻となる女性イヴォンヌと出会ったのはこの時期だった。

――一九二〇年秋――恋愛、そしてロマンス。秋のサロン（展覧会）の会場で、イヴォンヌ・ヴァンドルーはヒロインだった。瞑想で覆い尽された、北部地方の風景の話題が二人を引き寄せた。彼女は両親と一緒だった。従兄弟の一人がその若い大尉を知っており、彼を紹介した。皆で食事に出かけることになった。ドゴールはその大きな体を窮屈そうにして、ケピ（将校が被る円筒形の帽子）、手袋、ステッキ、紅茶茶碗を膝の上に乗せていた。そして、起こるべきことが起こった。彼はお茶をその娘のドレスの上にこぼしてしまったのだ。

フランスの女流ジャーナリスト・ジュヌヴィエーヴ・モルの書いたイヴォンヌの伝記『イヴォンヌ・ドゴール』によると、ドゴールはイヴォンヌの前でとても緊張していた。彼女に対して話しかけるときには、その声は優しく、情熱を帯び、日頃のざらざらした声音が失われていた。展示会場のビュッフェではドゴールは小匙を落としてしまい、紅茶の雫がイヴォンヌのドレスを台無しにしてしまいそうになった。大きな体軀の軍人としての勇気の持ち主が、イヴォンヌの前では小心者に変わってしまった。彼はあやまり、彼女はやさしく笑いかけていた。ドゴールが彼女を生涯の伴侶として選んだのはこの時だった（Moll 18）。

サロンでの最初の出会いの後、イヴォンヌはドゴールから陸軍士官学校でのダンスパーティーの招待を受けた。彼女は母親と一緒にこの舞踏会のために淡青色のデシン（フランス縮緬）のロングドレスを買い求めた。宝石は身につけてはいなかったが、その必要はまるでなかった。彼女自身の美しさに勝るものはなかった。舞踏会が始まってもドゴールは彼女にダンスの相手を求めなかった。ドゴールは彼女をホールの片隅に誘い、シャンペンのグラスを勧めた。そして、この若い将校は、イヴォンヌが山や彼自身とても好きな北部の海岸の話を情熱的に語るのに耳を傾けていた。「あの晩、君は生き生きしていて、優しく、朗らかで、理知的で、率直だった。全く僕の思った通りの人だった」と後にドゴールは彼女に言ったことがある。

ドンカン・フェラン夫人を通して、ドゴールが求婚の意志を伝えたとき、イヴォンヌは「（結婚相手は）

あの方よ。でなければ、他の誰でもないわ」と言った。彼女はドゴールに人並み外れた強靭な精神とその剛直そうな外観に隠れた優しさを感じ取ったのである。この無骨な軍人の中に、文才に優れたもうひとりの繊細な人格をイヴォンヌは認めたのであろうか。その意味ではイヴォンヌは精神的にドゴールと相通ずる性格の持ち主であったのだ。

秋のサロンから五カ月後の翌年四月にカレー市のノートルダム寺院で愛の虜となった若い二人は結婚した。ドゴールとイヴォンヌの仲をとりもったのは、ドゴールの父アンリの代母人であるドンカン・フェラン夫人だった。彼女はイヴォンヌの実家ヴァンドルー家の友人でもあった。結婚後五カ月たって二人はパリに居を構えた。一二月には長男フィリップが誕生した。

イヴォンヌは、一九〇〇年五月、カレー市の名士の家系ヴァンドルー家の四人兄弟の次女に生まれた。ヴァンドルー家は、もともとデルフト地方の富裕なタバコ製造業者であったが、ルイ一四世時代のフランドル戦争から逃れてダンケルクでヴァンドルーの一家を構えた。その後、カレー市に移り、同市の港付近に居を移した。当時この一家は地元のビスケット製造業者であるとともに船主、英国領事の任にあった。洗礼の際には、メアリ・ステュアートの所有した英国製のヴェールを掛けていた。祖父の代にはケルンに八ヘクタールに及ぶ広大な別荘を構え、週末はそこで家族揃って過ごした。母方のフォレスト家はアルデンヌ地方の企業主であり、公証人を務めた裕福な家庭であり、「七つの噴水」と呼ばれる城と一五〇ヘクタールの地所をもっていた。

イヴォンヌは第一次大戦中に少女から大人の女性への移行期を過ごすが、戦火を避けて地方のカトリック系の学校で教育を受け、静謐で恵まれた環境の中で青春期を過ごした。一八歳のときの写真は、彼女が調和のとれた優しげな面影を宿した輝くばかりの女性であったことを示している。利発そうな真っ直ぐな視線を向け、率直な微笑を浮かべたポートレイトの中の彼女の表情はいかにもその人柄を物語っている。イヴォンヌはピアノを弾き、料理を得意とした。定番となっている写真の一枚に第二次大戦中の四二年、英国亡命時代に鍋に視線を落としてスプーンを口に当てソースの味見をしているエプロン姿の写真がある。古いタイプの良妻賢母を象徴する一葉である。

しかし、内に秘めた勇気・情熱・冒険心は母親譲りのものがあった。実母マルグリット・フォレストは、フランスで自動車運転免許証を取得した最初の女性の一人であったし、第一次大戦中にはカレーの病院を運営し、傷病兵の看護に努めた。イヴォンヌ自身も母親に連れられて、病院で看護の手伝いをした。他方で、イヴォンヌは登山を趣味とし、大変な健脚としても知られていた。したがって、彼女には献身と誠実を旨とする軍人と結婚することに何の抵抗もなかったのである。

神の与えた試練——次女アンヌの誕生とコロンベ・レ・ドゥ・ゼグリーズ

しかしこの幸せな若い二人に神は試練を与えた。

一九二八年一月一日、赴任地のトレーブでドゴール夫妻にとって三人目の子供が誕生した。長男フィリップ（一九二一年一二月二八日生）、長女のエリザベート（一九二四年五月一五日生）、に次ぐ、次女アンヌだった。

しかしその喜ばしいはずの愛娘の誕生は一転して悲劇に変わった。この娘は普通ではなかった。それは生後数カ月でわかった。産科医も一般医も希望はほとんどないことをドゴール夫妻に告げた。顔は丸く、ほとんど平たいほどだった。まぶたは少し膨らみ加減だったが、次第に伸びていった（De La Gorce 114）。

アンヌは生まれつきの知能障害者だった。イヴォンヌは頭を枕に埋めて、「神様、あなたは何ということをして下さったのでしょうか」と泣いた。そしてシャルルはイヴォンヌの手を握り、優しく抱きしめた。シャルルは、彼女のそばにいた。

「私たち家族でアンヌを守ってあげよう。私たちで出来るかぎりの愛情で彼女を包んであげようじゃないか。この試練のために神がわれわれを選んだとしたら、私たちは特別だと思われたのだよ。しかし神は同時に私たちが何者なのか、ということを思い出させてもくれた。それは私たちが神の全能を前にして、何ももたない哀れな存在だということだ」

とイヴォンヌの夫は自らに諭すように語った（Moll 50）。

イヴォンヌの日常はアンヌの誕生で大きく変った。この娘には細心の注意が必要だった。何しろアンヌは熱いものと冷たいもの、火と水の区別がつかなかった。肉体的な苦痛に対する感覚がなかったのである。イヴォンヌはアンヌに掛りきりとなった。イヴォンヌは気持ちを平静に保とうと努め、終始口唇に笑みを浮かべようと努めたが、疲労困憊した肉体と精神は彼女の肉を削いでいった。頰はこけ、皺の溝は深くなっていった。

シャルルはアンヌのことではイヴォンヌと苦しみを分かち合おうとした。シャルルはいつもこの娘を「私の可愛い娘アンヌ」と呼びかけた。シャルルは家に戻るとすぐにアンヌの部屋に向かった。そしてアンヌを抱き上げ、彼女に話しかけ、数え歌を歌ってやった。しかしアンヌはわずかの言葉と短いフレーズを幾つか口にすることができるだけだった。アンヌが姿勢を真直ぐに保ち、歩いたり、話したりするには限りない時間を要するであろう。しかし、彼女は大変愛された。両親の限りない愛情で、アンヌは最後にはきっと彼女が閉じ込められていたその測り知れない心の深い闇から少しは救い出されるに違いない（Ollivier 15–22）。

ドゴール夫妻はアンヌを不憫に思い、常に手許に置いて、彼女が一九四八年に短い生命を閉じるまで愛し続けた。ドゴールとアンヌが写った有名な写真がある。ドゴールがアンヌをひざの上に抱いてあやしている様子が、遠く懐かしい海岸風景を背景にして撮られた写真である。ドゴールは仕事先から戻ったばかりなのであろうか。海岸のリゾートのような背景とは似つかわしくない、背広姿のままである。取るものもとりあえず、アンヌのところに飛んできたのであろうか。愛娘の手をとって注意を自分にひきつけようとする、救国の英雄の在りし日の日常生活の一こまでもある。アンヌを笑わせることができたのは、勇猛の武将ドゴールだけだった。

アンヌの死後、ドゴール夫妻は資産をはたいて知能障害児のための「アンヌ財団」を設立した。家族に見守られつつ、短く無辜のなすすべもない生涯を終えたアンヌについてドゴール一家は恥じ入ることはなかった。アンヌのことを隠したりはしなかった。ともすれば、ドゴールの伝記などで触れられていないケースもあるが、それはこの家族愛に満ちた一軍人に対するそれぞれの著者なりの思いやりであろう。

夫婦の間でのこの次女をめぐる数々の日常的な葛藤や重苦しさは想像に難くない。どんな小さな家庭の不幸も、それが夫の仕事や妻の家事一切に影を投げかけないわけはない。まして一人の人間の異常さが日々の生活の中で眼前につきつけられているのである。挫けようとする気持ちが、家庭でさらに増幅されることも度々あったはずである。運命と戦う強い意思こそすべてであった。そしてそれは二人で支え合ってこそ、維持されるものであった。今では誰も語ることはできないが、ドゴールにとって、家庭の中での日常的な葛藤は、フランスの救国の歴史とは異なった、もうひとつの運命との戦いの歴史であったであろう。

ドゴールがパリから乗用車で約四時間もかかる北東部オート・マルヌ県のコロンベ・レ・ドゥ・ゼグリーズ（以下コロンベと略）という村に居を構えるようになった第一の理由はこのアンヌの不幸な健康状態があったからである。主治医がアンヌの健康を配慮して自然に恵まれたこの地域を指定したといわれる。

コロンベ村には、筆者が一九九九年春に初めて訪れたときには最寄りの駅からタクシーでのアクセスがあるだけだった。タクシー業者はひとつだけで、経営者夫婦が運転する二台のタクシーがあるだけだった。コロンベ村は淋しい、小さな村である。ドゴール一家が住み着いたということでこの寒村の名は世界に知られる村となったが、ドゴール一家が一九三四年に移り住んできたときには、三二七人しか住人はいなかった。

自然に蔽われたこの村は人々の気分を平穏に保ち、健康を回復するにはうってつけの場所であることは確かだった。それに、この場所は首都パリと、軍人ドゴールが当時勤務していた第五〇七戦車連隊の駐屯地メッツとの中間にあった。ドゴールにとっても好都合の場所だった。

一九三三年までドゴール一家は夏休みをイヴォンヌの実家であるアルデンヌ地方の、ヴァンドルー一家の所有する「セット・フォンテーヌ（七つの噴水）城」で過ごしていた。家を求めてドゴール夫妻はバール・フィル・オーブの入り口付近にある家に一旦決めかけたが、鉄道が近くにあったため、考えを変えた。

コロンベ村は一二世紀の古文書にすでにその名が記載されている村である。ドゴールの一家が住居とした館は一八一〇年に建造され、一九世紀の末にコロンベのビール醸造業者の家族が持ち主となったことから、「ビール醸造工場（ラ・ブラスリィ）」と呼ばれたが、土地の人々はドゴールの代になってもそう呼び続けていた。

家族の前では、一人ひとりを慈しみ、心を砕く一家の長の顔があったであろう。しかし、この家父長を演じようとするひとりの軍人が、一旦思いを祖国に向けるや、大きく開いた眼差しは、コロンベから遠くパリを望み、祖国フランスの行く末に鋭く向けられていたに違いない。ドゴールの書斎の庭に面した開いた窓のまっすぐ向こうにはパリがあった。

『剣の刃』――軍人ドゴールの警鐘

ドゴールはこの時期二冊の本を出版した。『剣の刃』（一九三二年）と『職業軍隊のために』（一九三四年）であった。

前者は、ドゴールの思想や性格をよく表した作品であった。そして、今日読むと、ドゴールのその後の生き方そのものを語っている点も少なくない。この作品は第一次大戦後のフランス軍の士気低下に対して警鐘を鳴らし、新しい時代に備えるべきことを訴えていた。ドゴールはもともと新しい考え方に敏感な精神の持ち主であった。

二〇年代前半のフランスは軍縮の気運が隆盛を占め、マジノ陸相による提案で、フランス北東部の国境線にそって三二二キロメートルに及ぶ屈強な要塞が構築された（仏伊国境からスイス・仏独国境・ベルギーとルクセンブルクとの三角点国境まで及ぶ）。「マジノ線」という頑強な要塞群の構築による「専守防衛」の風潮が時代を支配していた。つまりは防衛体制さえ整っていれば、領土保全は可能であると当時の多くのフランス人が考えていたのである。平和への盲信が支配的だった。

ドイツ赴任中の二九年六月（ドイツのトレーブに一九二七年に赴任）、ドゴールは友人のリュシアン・カシヤンに送った手紙で、「ああ、今日軍職に身を置くことは何と辛いことか。いずれ数年の後には祖国を救うために、人々はわれわれの制服の裾にしがみつくようになることであろう」（Germain-Thomas 22）と、認めた。この文章はすでに当時ドゴールが来るべき時代を予見していたことを示すものとして夙に有名である。

したがって、ドゴールが『剣の刃』の中で主張したのは、まず第一次大戦後の平和の時代において地に堕ちた軍人の社会的地位と威信の回復であった。

「現代の風潮は、人々がこぞって軍人の良心をさいなもうとするところにある。軍隊の残虐性を身をもって体験した民衆は、感情的にこれに反発する。戦争を呪い戦争を過去の遺物と信じる神話がいたるところに広まっている。（中略）ある者は歴史から戦争の存在を抹殺せんとして、事実まで歪曲せんとしている」祖国への忠誠を誇りとする一二年後の解放の英雄は、痛恨の気持ちで、「軍事力をもたない国際法など一文の価値もない」（ドゴールb 四）と慨嘆した。

しかし、ドゴールは他方で旧態依然たるフランス軍の教条主義に対しても鋭い批判を行う。

「なんと多くの理論派指揮官が実践で欠陥を暴露したことか。また、なんと多くの者が平時には現われることのなかった本能的才能を試練に際して発揮したことか」

ドゴールはこのことを、ベルクソンの論理を展開しながら正当化する。つまり、知性による原則論的アプローチを否定し、本能と知性の結合体である直感力が必要であることを説いている。

「知性の物に対する認識は理論的であり、原則的であり、抽象的である。一方、本能のそれは物の特質を先ず捉えるものであり、実際的であり、具体的である」

と、述べている（ドゴールb 一四）。自分自身がかつて陸軍学校の演習で教官の指示に従わなかったときの苦い経験をドゴールは語っているかのようでもある。

「知性は戦争の流動的性格を等閑に付して固定的、専断的法則を適用したがる。戦争とは、特殊状況の生ずる度に不測多様な事実の中から明快な断を下していかなければならないものである」

というのがドゴールの実践的な戦争観である。同時に、そこにはフランス人の気質に対する批判も含まれていた。ドゴールは、こうした抽象的観念論を好むフランス人の特質そのものに警鐘を鳴らしていた。

「好奇心旺盛で理解力にたけたフランス人は論理を求め、事実ひとつに理屈をつけることを好み、経験よりも理論を信頼する。（……）教育特有のドグマチズムによって強化されたこのいかにもフランス的性向は他国に見られないほどに〝教条主義〟を開花させた。思索的ではあるが頑ななこのフランス人的性格は魅力的であるが、危険であり、かつてフランス人に極めて高くついたものである」（ドゴールb 一九）と、ドゴールは指摘する。これはフランス人に対する鋭い洞察である。しかしそれをわかっていながら、ドゴールの運命はそうしたフランス人気質に翻弄されることになる。

ドゴールはこうした現実感覚を強く擁護して、「すべての戦争行動を現実から遊離した型にはめるということはきわめて危険である」というペタン大佐の言葉を引用して、戦場における柔軟姿勢を強調した。この頃のドゴールには、ペタンに対する敬意はまだ強かった。

後の政党・政治家嫌いの片鱗はこの作品の中にもすでに見られる。政治家とは、ドゴールによれば、「移り気、演出好き、人間を力量よりも世論に対する影響力によって評価する態度」をとるが、これに対して軍人とは、「厳しい任務、滅私奉公、任務貫徹を習慣づけられ」、「形式主義、断言癖、厳格さ」という性向をもつ。したがって、相容れない性格の二つのグループは反目することを避け、「理解の場をもつべきであり、協力していかねばならない」とドゴールは力説する。後にドゴールは政党に対して強い不信をもつようになるが、この当時はまだ両者の協力に期待をもっていた。

ドゴール一流の英雄主義もこの小著を貫いている。平和主義的風潮の下、「国民精神の復興」をドゴールはしきりに説いた。そして、一種の英雄的指導者像を求めていた。「『難局に立ち向かう精神力の人』は自分だけを頼みとする」（中略）「職分の蔭に逃避せず、原則論に韜晦せず、一片の報告書に身を取り繕うことなく、彼は敢然と立ち上がり、身がまえ、大胆に立ち向かっていく」（ドゴールb 三五）という表現には、後の「六月一八日の男」のイメージが重なる。ここにはドゴールの生涯を貫く「意志の力」の片鱗が見られた。

新しい軍隊――機械化部隊の創設

『職業軍隊のために』は、フランス軍の近代化を標榜し、ドゴールの先見性と軍事面での世界観・見識を示した著作として後に有名となった。三三年五月『政治議会雑誌』に掲載された「職業軍隊のために」という論文が叩き台となっていた。

すでに述べたように、当時支配的であったのは、第一次大戦における退くに退けない陣地戦の経験から、フランスの防衛は消極的な陣地防衛にありとする思想であった。しかし、ドゴールは将来の戦争は戦車と航空機による機動戦になると予測して譲らなかった。

この著作でドゴールは、フランス軍の機械化、戦車・装甲車団の設立を提案した。前半部では、北東部国境の防御、機械化への即応体制、迅速かつ適切な事態への対応が強調され、後半部では電撃攻撃を目的として機械化軍六個師団の編成と指揮官の率先的決断、すなわち自主的指揮権の確保が指摘されていた。しかし、来るべき新たな時代は常に難産の結果でしかない。このいわばドゴールの次代への警世の書は七五〇部しか売れなかった。フランスでは不評だったのである。軍内部の重鎮や政治家の反応は思わしくなく、ペタン元帥もドゴールの提案には反対した。「マジノ線」という専守防衛による平和主義の風潮が蔓延していた。アンドレ・マジノ陸相の名に因むフランス北東部国境に構築された要塞線は、一九二九年から三四年にかけて一〇億フランを投じて建設された。モーゼル河とライン河の間、そして次にライン河に沿って構築されることになっていたが、予定の三四年までには完成しなかった。この要塞線は政府の財政難のために、フランス＝ベルギー国境にまで届かなかったのである。後にヒトラーはこの部分に眼をつけ、ベルギー国境を越えて、電撃戦によってフランスに侵入した。マジノ線を重視するペタン元帥は断固として軍の機械化を認めようとしなかったのである。

フランスが勝利するための秘訣はこの本にあった。しかしドゴールの主張はむしろ英国やドイツで反響があった。ドイツでは、ドゴールのこの著作が翻訳されるや大変な評判になった。グーデリアンなる人物はドゴールの本を基に軍の機械化を主張し、そのスペシャリストとして名前を馳せた。そしてドゴールの提案を採用したのはドイツの方であった。ナチス・ドイツは軍の機械化を急ピッチで進め、三〇年代後半にはフランスは自ら軍の劣性を認め、戦意喪失と宥和的姿勢に終始することになった。そして、ヒトラーは際限なく増長していくことになったのである。

その意味では、フランス本国ではまだ一部の人間にしか知られていなかったドゴールの名前は、むしろドイツで有名になっていた。フィリップ・バレス（当時『ルマタン』紙駐独記者）が、新任のリッベントロープ外相と会談したとき、バレス自身がそのことに驚かされた。

「われわれの要塞はあなたがたを閉口させていますか」

と、まだマジノ心理ともいうべき強固な要塞防衛戦略に固執するバレスに対して、

「いや、とんでもない！　マジノ線だって、われわれは戦車で突破してしまいますよ。それは物量と意志の問題です。わが国の専門家グーデリアンがそれを証明した。また、貴国の専門家の第一人者も彼と同意見であるとさえ私は思っています」

とリッベントロープは応じたのである。

「というと、こちら（フランス）の専門家の第一人者というのは誰のことですか？」

と、問うバレスに、

「ゴールです、ドゴール大佐ですよ。すると、あなたの国では彼があまり知られていないと言うのは本当なのですね」

とリッベントロープは答えたのであった（Barrès 8）。

このエピソードは有名でいろいろな本で紹介されている。しかし、ドゴールの提案が全く無視されたわけでもなかった。実現の努力は一応払われた。数少ないドゴール理解者の中に第三共和制最後の首相となるポール・レイノーがいた。この年の一二月、ドゴールは友人の仲介でポール・レイノーをその自宅に訪ねた。『職業軍隊のために』をめぐる両者の意見交換の往復書簡は数を重ねた。ポール・レイノーは翌三五年三月、装甲師団六個師団によって構成される特殊部隊編成を求めた法案を提出した。しかし、これは軍上層部の圧力でその一年後になってようやく議会で討論され、結局機械化師団設立への反対派が勝利することになった。こうして機甲化師団による機動作戦を主張したドゴールの提案はついに採用されなかった。

当時の陸軍大臣はその前年に就任したペタンだった。しかし、このときペタンはドゴールを支持しなかった。かつて火器の威力を高く評価したペタンであったが、ドゴールが提唱した機甲化軍団、近代化軍の意義については理解することはできなかった。ペタンも歩兵戦を主体とする地上戦が陸戦の中心だとする固定観念の呪縛から逃れることはできなかった。

3　多党分立政治の混乱と第二次大戦

ナチス・ドイツとフランスの宥和政策

フランスの歴史を研究する者として、フランス政治の展開は日本が戦争へと邁進した混迷の道と重なって見える。もちろん軍国主義時代の日本と大革命以後の近代民主主義精神を体現するフランスの共和制とは比較すべくもない。しかしこの理念と目標の合意のないフランス政治・社会の混乱は、一方で今日の日本の政治・社会状況にも相通じている。

三三年にドイツではヒトラー・ナチス政権が誕生し、瞬く間に社会主義・自由主義勢力を放逐し、独裁制を確立した。それは文字通り力による支配ではあったが、ナチスは、ケインズ経済の理論をいち早く取り入れ、有効需要政策の推進による大規模な計画経済を実現させた。ナチス体制は表面的には投資と生産を拡大させ、雇用を吸収していくことに成功した。警察国家体制ではあったが、結果的には表面上ヒトラーの諸政策は国民的高揚感をもって迎えられたのである。

このナチス・ドイツの対外政策は周知のようにゲルマン民族の生存圏を主張した際限なき膨張主義と反共主義であった。ヒトラーは政権に就くや軍備平等権を主張し、それが受け入れられないと判断して国際連盟を脱退した。その後三五年には仏ソ相互援助条約締結に反発してついに再軍備を宣言、ワイマール共和国時代から徐々に行なわれていた再軍備を公然化させた。そして、三六年三月にはロカルノ条約を侵してラインラント（ライン河左岸）を軍事占領した。同条約では、ドイツ西側国境方面の安全保障を確保するためこの地域は非武装化されていた。

三六年に、独伊の後押しを受けたフランコ反革命勢力は人民戦線派を武力で攻撃し、いわゆるスペイン内戦が始まった。このときも、社会党ブルムを首班とするフランスの人民戦線内閣は英国などとともに不干渉政策（スペイン人民戦線政府派を擁護しない政策）を支持し、隣国の同胞である人民戦線派を見殺しにした。三〇年代のフランスは三四年二月の右翼暴動の反動からフランスの左翼勢力が勢を得て三六年には社会党・急進派・共産党による人民戦線政府が成立していた。人民戦線政府は有給休暇や週四〇時間労働制や団体交渉権など当時最も先進的な政策を導入し、今日においてもその社会主義的政策によって歴史に大きな足跡を留めている。

軍靴の音を後にしながら、有給休暇を楽しむために人々はヴァカンス地に向かった。スポーツ用具や大きな荷物を抱えて駅のプラットホームに鈴なりになっているフランス人労働者とその家族の嬉々とした屈託のない様子を撮った当時の写真が沢山残っている。何しろ人類はその歴史上初めて有給の休暇をかちえたのである。しかしこれらの多くの写真を当時の時代背景を考えつつ改めて今見ると、それらはまさしく歴史の皮肉でしかない。ライン川を挟んだ向こう岸では軍備が着々と進められていたのである。このフランス人民戦線政府は結果的に国内の政治的社会的混乱の中で明確な舵取りをなしえないままだったのである。

この間、ドゴールは三六年から三七年にかけて軍事高等研究センターの講師の地位にあった。ブルム首相臨席の下、首相府で講演し、機甲化軍隊の創設や国防の組織化を唱えた。三七年七月には、ドゴールはメッスの第五〇七戦車連隊へ配属され、一二月には大佐に昇進した。翌年九月には新たな著作『フランスとその軍隊』を出版した。このメッスの時代、ドゴールは「動力大佐」と呼ばれた。彼は機械をフル活用し、操縦兵、射撃兵、整備兵などを駆使した。彼の司令官はドゴールを苦々しく思いながらも、その評判を認めていた。この司令官こそ後にドゴールのライバルとなるジローであった。

三八年三月には、ヒトラーは独奥合邦（アンシュルス）を実行し、その夏にはチェコのズデーテン地方の併合を要求するに至った。この事件はチェコと安全保障条約を締結していたフランスがその安全保障上の責任を果たす意志があるのか否かを計る試金石となる重要な事件であった。同年九月末のミュンヘン会談の結果ドイツ軍がこの地方を軍事占領することが決定し、工業中心地域を失ったチェコスロヴァキアはドイツの実質的支配下におかれることとなった。この会談は一連の英仏宥和政策（独伊の膨張政策を許す政策）の中でも最も象徴的な出来事として歴史にその名を留めたが、この時の首相ダラディエの苦衷はその後のフランス外交の悲劇を予見させるものであった。もちろんボネ外務大臣をはじめとして軍部においてもガムラン将軍など多くが宥和派であった。ダラディエ首相、ゼイ教育相、レイノー蔵相など対独強硬派も存在したが、全体的には当時のフランス外交は宥和の傾向を示し、フランス国内では三〇年代後半以後各政治勢力内部に横断的に存在する宥和派と強硬派の角逐が激しくなっていった。結局国民全体の合意形成はできなかった。そして、ドイツの力による専横の前になす術もなく、混乱の中でフランスは敗北していったのであった。

このフランスの後退的姿勢はしばしばイモビリズム（退嬰主義）と呼ばれる。それは人々が目前の事態改善に積極的に取り組む意思をもたず、現状に甘んじる気持ちの停滞感であり、うしろ向きの国民的集合心性である。大国やひとつの文明が慢心とおごりから凋落していく過程に見られる傾向である。

フランスは両大戦間期軍縮に力を入れ、国軍の育成を怠った。すでに指摘したように軍人に風当たりの強い時勢に対するドゴールの嘆きはそれを示していた。そうした風潮は結果的にヒトラーの軍事行動に対して自ら立ち上がる気概をフランス国民から失わせた。ドイツが三六年三月、ラインラント非武装地帯に駐留したときも、後の評価では物理的軍装備ではフランス軍の方が優越していたという。いわゆる三八年のミュンヘン会談において象徴的なフランスの宥和姿勢は、自ら信頼に足る軍事力を失い、抵抗する意欲も欠いたまま、甘んじてドイツに屈する同盟国英国に心ならずも追随していくフランスの姿があった。この無念と惨めさをフランス人は後々まで共有した。ドゴールの独立不羈の行動がフランス国民に称賛されて迎えられたのはこのためである。ドゴールはこの頃友に宛てた手紙に以下のように書いていた。「私たちは戦わずして、ドイツ側の突飛な要求に屈してしまいました。私たちは私たちの同盟者であるチェコ人たちを敵に引き渡したのです。このところドイツとイタリアのお金が流れ込んでいます（『ル・ジュール』、『グランゴワール』、『ジュルナル』、『ル・マタン』などの新聞）。そして私たちの惨めな人々にあきらめるように説いています。われわれは少しずつ、退き、辱しめを受けることに慣れていっています」（Berstein 37; De Gaulle aI 474）と語った。ドゴールは宥和政策の本質と目先の安寧だけに走っていくフランスの末路に大いなる不安を抱いていたのである。

ドゴールが終生議会政治を軽侮し、政党勢力の角逐から超然としていようとしたのは、「議会万能」と言われ、実際には政治は機能不全を起こしていた第三共和制の時代の苦い経験からであった。第三共和制における内閣の平均寿命は一年に満たなかった。しかも同じ大物政治家を首班とする組閣が何度も行なわれた。ドゴールが祖国のために勇敢に戦う軍人であろうとすればするほど、党利・党略による政党間の合従連衡が政治や社会を停滞させていくように見えた。彼にはそれは耐えがたかったのである。

第二次大戦勃発とドゴールの戦車部隊

ミュンヘン会談直後の三八年一〇月一日、ドゴールは夫人に宛てた書簡の中で、「われわれにはそれが第二の性質であるといえるほどまで、徐々に後退と屈辱が習い性になっている。私たちは試練を最後まで耐え抜いていくだろう。ロレーヌ十字架旗の下に――」と述べた。翌月一三日の義弟カイヨーに宛てた書簡でも、ドゴールは「われわれこそが、破滅に貧しているフランスそのものである」と悲観論を展開していた（Germain-Thomas 29）。

この英仏の宥和政策は成功しなかった。三八年―三九年冬には、経済協力をはじめとする独仏両国の歩み寄りがみられた。しかしそれは束の間の平和に過ぎなかった。三九年三月にはドイツ軍はついにプラハに進駐し、チェコスロヴァキアは名実ともに瓦解した。次のドイツのターゲットはポーランドであることは明らかだった。慌てた英仏は急遽ソ連との軍事協力に乗り出したが、ソ連に対する英仏の態度は最後まで煮え切らず、時間だけが無為に過ぎ去った。そして、思いもよらぬ形でそれは新たな展開を見せたのだった（渡邊a・b・g・h：大井）。

ドゴールは英仏がドイツに宣戦布告する前日の三九年九月二日、アルザス・ロレーヌ地方の第五軍戦車部隊長代行に任命された。ドゴールはこうして二つ目の大戦を迎えることになった。そして、その年一〇月には低アルザス軍戦車部隊長、翌年四月には第四装甲師団代理司令官に就任した。

五月中・下旬にかけてフランス軍は至るところで後退していったが、ドゴールの率いる師団は北部フランスのモンコルネ、クレシー・スュル・セール、ラオン市の北の地域で、勇名を馳せた。第一装甲師団をはじめとしてその他の装甲師団が壊滅した中で、ドゴールは唯一残った第四装甲師団を率いてドイツ軍に反撃を加える命令を受けていた。竜騎兵も七五センチ砲隊もないまま、軽戦車二大隊と重戦車一大隊をドゴールは指揮し、予想を大きく上回って三日間ももちこたえた。簡素な戦車兵の革の上着をまとい、双眼鏡を下げたドゴールは陣頭指揮にあたり、塹壕から塹壕へと苦もなく戦車隊を動かしていった。人々は白地に赤の二本線の入った十字架、ロレーヌ十字架の小旗――かつてジャンヌ・ダルクの槍先に翻ったのと同じもの――が戦車に翻っているのを目の当りにした。この旗はレジスタンス以後今日に至るまでドゴール派の象徴として生き続けている。ドゴールが居を構えたコロンベ・レ・ドゥ・ゼグリーズ村の丘には大きなロレーヌ十字架の記念碑が周囲ののどかな田園風景を見下ろすように聳えている。

五月末には、英仏海峡にまで侵入したドイツ軍に対抗してフランスはピカルディー地方ソンム県アブヴィルで激しく交戦した。イギリスが「嵐の男」と名づけたドゴール大佐は、同月二五日には将軍（正確には少将）に昇進し、一五ないし三〇トン戦車百数十（二〇〇とする説もある）台を擁した第四装甲師団を率いて二日でアブヴィルの橋頭堡を破壊し、ドイツ軍を潰走させた。戦車と大砲数十門を破壊し、四～五〇〇人のドイツ兵を捕虜にした（ラクチュール 八三；ワース 六九）。

しかし、結局ソンム川の防御線はもちこたえられなかった。ドゴールが予測したとおり、フランスはドイツ軍戦車部隊に蹂躙された。ドゴールは五月二一日、ソヴィニー・スュル・アルドゥルで初めてラジオ演説を行なった。「五月一〇日以来始まったのは、まさに機械化戦争であります。空軍と陸軍では、機械動力、すなわち飛行機と戦車が軍の第一の要素となっています。敵軍はわが軍よりもはるかに大きく優れています。なぜでしょうか。それは、私たちよりも早くかつ完全にこの真実を有効に実現したからに他なりません」と熱心に語った（De La Gorce 204; Lacouture 1 313）。

フランス第三共和制の崩壊

首相の差し向けたリムジンがドゴールを迎えに来たのは、事態がもはや決定的となった六月六日真夜中であった。この年三月にダラディエから政権を引き継いだポール・レイノーはドゴールを改造内閣の国防次官に任命したのである。レイノーが早くからドゴールの戦略思想のよき理解者であったことは先に指摘した。

それは七〇年来続いてきた議会制民主主義に立脚するフランス共和制の末路の瞬間でもあった。歴史学者でもあったダラディエ首相はミュンヘン協定の歴史的意味をよく理解していた。一時は動員令も出されて緊張した国民は戦争回避の報に接して浮かれた。しかし痛恨の面持ちで英独仏伊四国会談が行なわれたミュンヘンから帰国したこの首相はパリ郊外のブルジェ空港で国民の歓呼の声に迎えられ、驚愕と失意の錯綜する気持ちを隠すことができなかった。フランス国民は真実を理解していない。戦争は回避されたが、それはチェコの犠牲によってであって、決してヒトラーが英仏に屈したからではない。英仏国民は浮かれてはならない。戦争の回避は英仏の卑屈な態度の結果にすぎないのである、と。道義を失っても、平和と安寧に身を任せることがもはや習性となったフランスの指導者と国民心理の前に、なす術はなかった。レイノー首相もその例外ではなかった。ナチスとつながっていたと言われるその愛人、ポルトー夫人の影響を拭い切れなかったレイノーという指導者の限界でもあった（Barré 80–81）。

　このドゴール任命について、レイノーは、その日記の中で「その（ドゴール国防次官への）任命は、（中略）ペタンの不興を買った。さらに、そのことはウェイガンをも不愉快にした。私がウェイガンに対して「あなたは彼に対してどんな不満をもっているのか」と聴いたところ「子供だよ」と答えた。同夜私はドゴール将軍（少将）に質問した。「あなたは幾つですか」「四九歳」。ウェイガンの不満は不思議なことではなかった。なぜなら、当時ドゴールはフランス軍の中で最も若い将軍だったからである。しかし、ナポレオンが頂点に達したのはすでに彼の年よりも四歳前のことであった」とレイノーは自分の判断の正しさを主張した（Barré 43–44）。


　五月一五日にオランダが降伏し、次いで同二八日ベルギーが降伏した。潰走する英仏の軍隊は兵力を温存するため英国本土へと脱出するしかなかった。これが史上有名なダンケルクの脱出劇である。二六日から英仏軍はドーヴァー海峡を渡る撤退作戦＝「ダイナモ作戦」を開始し、独軍の猛追から逃れて六月四日までに奇跡的にその作戦に成功した。この作戦で英仏軍三三万八千人（そのうち約三分の一がフランス兵）が救出された。しかし、イギリス軍が大陸から撤退したために、以後フランスは単独でドイツ軍と戦わなければならなくなり、文字通り「フランスの戦い」がここに始まった。

　ヨーロッパ大戦史研究のひとつの大きな問題として戦前・戦中を通じた英仏の協力と不和がある。フランスは第一次大戦の失敗に鑑みて、伝統的に大陸に対する孤立主義をとってきたイギリス軍の大陸派兵を早い時期から要求していた。そのためにイギリスの徴兵制の導入が議論の対象となっていた。英国でようやく徴兵制導入が決定したのは四〇年三月である。またこの三月二八日には両国の単独不講和を約した英仏協定が締結されていた。

しかし、実際にはドゴールとチャーチルとの間の齟齬は大きかった。英仏両軍の共同作戦行動に対する実質的議論・作業はほとんど進められておらず、空軍の協力体制もなかった。これも大戦原因論の中で歴史家たちの研究課題となった。レイノーが一〇回以上も電報で、七回にわたって電話でチャーチルに英空軍の支援を要請したことがブリッドアメリカ大使によって伝えられている。英仏軍事協力が事前に確立されていたなら、独伊の兵力にヨーロッパが席巻されることはなかっただろうと後世の多くの歴史家は悔やんだ。

六月七日から一〇日にかけてフランスは敗退し、政府はトゥールに移された。六月九日にドゴールが英国に渡ったのは、英国軍がフランス領土で戦闘を続けていくようにチャーチル英国首相を説得するためであった。地上部隊の一部協力は確約されたが、ロワール川南方地域にせめて英国空軍の一部でも両国共同作戦のために移動することを切望したドゴールの提案をチャーチルはあっさりと拒否した。フランスが軍事的に優位を回復するとは到底考えられなかったからである。一一日にはウェイガン将軍の総司令部のあるブリアールで、一三日にはトゥールでレイノーとチャーチル両国首脳が主催する英仏最高戦争会議が開催された。ここでは、三月二八日協定によってフランスが単独講和をすることができないため、ドイツに対して休戦の条件呈示を要請し、その内容いかんによって政府が態度を決定することをイギリスが認めるかどうかということ、ドイツとの休戦の場合にフランス艦隊がドイツに併合されて英国の脅威となることを回避することなどが討議された。この会議への参加は、チャーチルにとってこの年四回目の訪仏を意味した。会議終了後、庭でドゴールを見かけたチャーチルが「運命の人（man of destiny）」と述べたことは夙に有名である。

歴史の激しい鼓動は頂点に達しようとしていた。そして、ドゴール自身が混乱と怒濤の歴史の奔流に孤独のまま放り出されることになるのである。「運命の人」はまだそのことを知らない――六月一〇日、パリを離れたレイノー政府はトゥールを経て同月一四日にはボルドーに移転していった。

この間ドゴールは政府と行動を共にし、先の二度の英仏戦争会議にも出席していた。しかし徹底抗戦を主張するドゴールにとってこの政府の移転は決して納得できるものではなかった。ドゴールは英仏海峡沿いブルターニュ地方のキャンペールに政府機関を集結させて抵抗の根拠地とするつもりであった。有名な「ブルターニュの隠遁」と呼ばれる待機策であった。ドゴールにとって、フランス本土での敗退は決してフランス全体の最終的な敗北を意味するものではなかった。広大なフランス植民地（アフリカ）からの反攻の試みが念頭にあったからである。そのために本土の外への脱出の可能性を考えると、政府が居を定めるのは内陸の地であってはならなかった。トゥールでも、「(トゥールは）敗北した政府の昔からの移転先ボルドーへ落ち着くまでの仮住まい」と考える休戦派とドゴールは全く見解を異にしていた。しかしフランス政府はブルターニュの要塞で籠城戦を試みるどころか、潰走し始めたのである。

六月一五日、ドゴールは駆逐艦「ミラン」で再びロンドンに向かった。北アフリカでの戦闘継続に必要な運搬手段をイギリスに要請するためであった。ここに至って、レイノーは再びドゴールが進言した青少年層のアフリカへの輸送を真剣にとりあげたが、その輸送のための船舶がなかった。ドゴールは「船を求めて」ロンドンに立ったのである。翌日日曜日、ドゴールはチャーチル首相とイーデン外相と昼食をともにし、戦後「欧州統合の父」となるジャン・モネの発案である英仏同盟（ユニオン）を承認させることに成功した。ひとつの市民権、ひとつの政府、ひとつの憲法の下に共同の軍隊が共同でひとつの戦争を行なうのである。言葉だけのユニオンであったが、戦後の欧州統合への先駆けであった。この同盟は二つの公権力をひとつにし、資源を共同管理し、両国の運命の完全なる結合を目的とした。

ドゴールがこの同盟案をモネの意図したように国家統合の試みとして文字通り捉えていたかというと、疑問が残る。ドゴールは『大戦回顧録』の中で、この同盟はすぐに実現されるものではないが、この提案によってレイノー内閣に活力が生まれるであろうと考えていたという。レイノー首相はこの提案に肯定的であったと伝えられるが、実際にはレイノー首相もその実現性については懐疑的であった。そしてボルドー政府はこの案を最終的に棄却した（De La Gorce 231–235）。

しかし、この夜半九時三〇分にドゴールが一縷の望みを抱いてボルドーに帰国したとき、すべては終わっていた。ポール・レイノー内閣は辞職し、ペタンの下に新たな内閣が組織されようとしていたのである（六月一七日成立）。ボルドーから逃れ、北アフリカの仏領植民地で対独抗戦を継続する意志をみせたレイノーは初志を貫徹できず、ついに政権を放棄した。

七〇年におよんだフランス第三共和制はこうして幕を閉じた（正式には四五年一〇月二一日）。そしてドゴールは、副官ジョフロワ・ド・クールセルとともに翌日六月一七日、ただちにボルドーからイギリスに飛び立った。――運命の六月一八日はこうして準備された。

第二章

レジスタンスの英雄——ロレーヌ十字の下に

1 「六月一八日の男」——英雄伝説の始まり

ロンドンからの呼びかけ

一九四〇年六月一八日一八時。——BBC海外局の協力者のひとり、ギブソン・パーカーは将軍を狭いスタジオに招き入れ、マイクの前に座るように言った。彼は、三〇年配のブロンドのイギリス人で、フランス語をそのオックスフォードなまりと同じぐらい完璧に話した。

「音声のテストをお願いします。将軍」

ドゴール将軍（少将）は呼びかけのフレーズを読む代わりに、ただ一言言った。

「フランス」

「完璧です。準備ができました」とギブソン・パーカーが答えた。

——モーリス・シューマンの『ある六月一八日』の一節である（Germain-Thomas 36）。

同盟国であるとはいえ、敗軍の一将官であるに過ぎないドゴールの存在は風前の灯だった。しかも、ドゴールはレイノー内閣で初めて閣外相（次官）として入閣したに過ぎず、中央政界ではほとんど無名の人物である。不安と孤独の中で誇りと救国の信念が辛うじてこの人間を支えていた。

ドゴールは『大戦回顧録』の中で、この時の心中を以下のように告白している。

「(……) 出発点においてはなにものでもなかった。私のかたわらには、名ばかりの兵力も組織もなかった。フランス国内には、いかなる保証人も、いかなる名声もなかった。(……) しかし、こうして無一物であることそのものが、私のために行動方針を定めてくれたのである。なにものを顧慮することもなく、国民救済のためにつくすことによってこそ、私は権威をみいだすことができるだろう。(……私は) 制限され、また孤独であったからこそ、頂上に達さねばならず、達したらもはやけっしてそこからくだってはならなかったのである」

と語っている。そして、ドゴールという人間の波瀾に富んだ生涯の中でも最大の冒険の一頁が開かれたのである。ドゴールは同書でさらに綴っている。

「一つの生涯が、すなわち私がこれまで堅固なフランスの、また不可分な軍隊の枠内でつづけてきた生涯がこれで終わるのだ、と。私は四九歳にして、運命の手によっていっさいの系列の外にほうりだされた人間として、冒険のなかへ入っていったのである」と (ドゴールａＩ 六九)。

そして、ドゴールはロンドンでＢＢＣのマイクに向かって語りかけた。

「(休戦条約を結んだペタン元帥の) 政府はわれわれの軍隊の敗北を理由にして敵と連絡をとり、戦闘を停止してしまいました……だが最後の言葉は失われてしまったのでしょうか。(略) そうではない……フランスはひとりではないのです。この戦争はわが国の不幸な国土に限られたものではありません。この戦争はフランスの戦いで決着が着いたのではありません。この戦争は世界戦争なのであります。……なにごとが起ころうとも、フランスのレジスタンス (抵抗) の炎は消えてはならないし、また消えることはないでしょう」

(De Gaulle al 3-4; ドゴール a I 一七〇)

そして、ドゴールはロンドンの地にあって、イギリスにいるフランス人士官と兵士、軍事産業の専門家に自分の下に結集するよう呼びかけたのである。

ドゴール研究の第一人者ジャン・ラクチュールは、このドゴールの演説の中には、その後の訓示やビラで有名になった「フランスは戦闘に負けた。しかしフランスは戦争に負けたわけではない」というフレーズはないことを指摘している。しかし、ドゴールが屈辱にまみれたフランス人に贈った迸る祖国愛と抗戦の不退転の決意はだれにも否定できない(Lacouture 1 372–373)。

翌六月一九日、ドゴールはフランス本国ならびに植民地に対してフランスの名において語りかけた。ドゴールは声をふりしぼって語った。「われわれはフランス軍隊である」「われわれはフランスなのだ」と。そして、七月には、六月以来のドゴールの訴えが、ロンドン市街の壁に貼り出された。

「すべてのフランス人へ。『フランスは戦闘に負けた。しかしフランスは戦争に負けたわけではない』――その時々の政府は、パニックを避け、名誉を忘れ、国を隷属に委ねることによって降伏したのでありま す。しかし、何も失われてはいません。何も失われたわけではありません。なぜならこの戦争は世界戦争なのだからです。自由な空間で巨大な軍隊はまだ負けたわけではありません。いつの日か、その軍隊は敵を粉砕することでしょう。フランスはその日には、勝利の場にいなければなりません。そして、フランスは自由をふたたび見出すことでしょう。そのことが、私の目的、私のたった一つの目的です」(Germain-Thomas 39)

他方、六月一八日と一九日には、ペタン元帥がドゴールに対して本国に帰国するように命令を送った。ドゴールはもちろんこの命令を無視する。七月四日第一七軍管区軍事法廷は、本人欠席のまま、これに対して命令不服従のかどでドゴールを四年の実刑（禁固刑）と一〇〇フランの罰金の刑に処したのである。さらに、八月三日には、第一軍管区常設軍事法廷はドゴールに対して背信行為の罪で死刑、官位剝奪、財産没収の厳刑に処する判決を下した。後に救国の英雄と崇められるドゴールは反逆者の汚名を着せられたのだった。

その後ロンドン亡命政権とペタン対独協力政権との間では激しい応酬が続けられた。こうしてドゴールはかつての師と決定的に袂を分かち、対決してしまうのである。彼の活動が真の意味で合法的であったか否か。これには問題が残る。当時入閣の批准に与えられた法的権限は限られたものでしかなかったはずである。またドゴールの呼びかけがなくともフランスの解放はいずれ実現したかもしれない。今となってはわれわれはそのことをよくわかっている。しかし、その場合には現在あるような形とは別なフランスをわれわれは今日見ているかもしれない。しかし、良くも悪しくも、あの時ドゴールがロンドンに居り、孤独の中で戦いの雄叫びをあげたからこそ、今日のフランスがあることは誰も否定しえないことであった。

ドゴール一家、ドーヴァー海峡を渡る

六月一九日の朝、電話のベルがひときわ大きく鳴り響いた。クールセルが受話器を外すと、女の声が聞こえた。そして、受話器はすぐに将軍の手に渡された。

「将軍の奥方からです」

「ああ！」

と将軍は眉ひとつ動かさずに素気なく言った。そしてドゴールは、「おまえたちか。シーモワ・グローブ通り八番地に会いに来てくれ。明日待っているから」と続けた。後にイヴォンヌは、必死の思いでドーヴァー海峡を渡ってきた自分たちにやさしい言葉のひとつもかけることのできない夫の無骨ぶりに少し傷ついたと

語っている。それは短く素朴な表現で、まるで面倒くさがっているようないつものぶっきらぼうな夫の話しぶりだった（Moll 102)。

ドゴールはたいていのことでは驚きを表さない。しかし、表面には出さないが、ずっと気にかけ、おそらくは永久に再会できないと思っていた妻子が英国本土、ファルマスに上陸したことを知って心底喜んでいた。ドゴールは「妻子が助けに来てくれた」と言ったことをクールセルは記録している。

――本当ならこのころ妻子はブルターニュ地方のドーヴァー海峡沿いのサン・ナゼールにあるグザヴィエ・ドゴールの家に避難していたはずであった。結婚以来、夫との連絡が途絶えたことは初めてだった、とイヴォンヌは述懐している。夫は三日も消息不明だった。こんなことは二人が結婚して以来一度もなかったことだった。

それに先立つ約一カ月前、長男フィリップはモントレ城の軍司令部に呼ばれた。前線に赴く前の父シャルル・ドゴールに呼び出されたのである。フィリップは国難にあたって死を覚悟した父に会いに行った。ドゴールは長女エリザベート、不憫な次女のアンヌ、そして最愛の妻イヴォンヌに会えないことを残念がった。父と息子の惜別の会合であった。

そこで、ドゴールはコロンベ村に妻のイヴォンヌが残っているのは危険だから、オルレアン市近くのマルティリエールにある、妻の姉で、フィリップの伯母に当たるスザンヌ・ヴァンドルー夫人のところに身を寄せるように命じた。こうしてイヴォンヌは五月一八日朝コロンベを離れたのである。しかし彼女が道すがら見たものはフランスという国家がまさに崩壊していく現実であった。スザンヌの家に辿り着くまでに彼女が眼にした光景は、ドイツ軍の侵攻の前に逃れていくフランス人、家屋と土地を捨てて、今や難民と化して落ち延びる同朋の惨めな姿であった。フランスは壊れかけていた。

しかしその後、彼女はどうすればよいのか。崩壊しかけた国家の中で夫のいない家族とどのように過ごせばよいのか。どこに行ったらよいのか。確たる答えは何もなかった。おそらく、さらに西へ。つまりドーヴァー海峡の方に向かうしか道はないであろう。サン・ナゼールの夫の親戚の家が考えられた。しかし肝心なことはアンヌの健康が許される旅行であり、彼女が安住できる土地であった。

そんなとき、偶然なことから英国領事部の前を通ったイヴォンヌが、一九一四年八月に英国で過ごしたことを思い出したことがイギリス行きのきっかけとなった。このときイヴォンヌは夫がどこにいるのか知らなかった。イヴォンヌはイギリス滞在のヴィザを申請し、六月一六日、ヴィザはイヴォンヌのところに届けられた（ドゴールの回顧録では、旅券の手配はドゴール自らが指示したことになっている。ドゴールaⅢ 六五）。こうしてイヴォンヌは嫌がる叔母スザンヌを説得して車を運転させ、イギリスに向かうことになった。ドーヴァーを臨むブルターニュ地方のブレストの町は爆撃によって火の海だった。イヴォンヌのかばんの中には夫から預かった書類、先祖代々の宝石、アンヌの薬が入っているだけだった。そして間一髪、イヴォンヌはブレストを出発しようとする最後の貨物船に子供たちと一緒にうまく乗り込んだのであった。

電話の翌日の六月二〇日朝、フォルマウス駅からイヴォンヌたちはロンドンに向かった。ロンドンのヴィクトリア駅に着いたイヴォンヌたちをホームでドゴールは待っていた。彼はすぐさま腰をかがめてアンヌをかまい始めた。「シーモアグローブのアパートは小さすぎるからバッキンガム宮殿の厩の前のルーベンスホテルに部屋を取ってある」と、ドゴールは家族に告げた。イヴォンヌ、粗末なかばんをもった長男フィリップと長女エリザベート、アンヌとその世話係のポテル嬢のイギリスでの亡命生活の始まりだった。

そしてドゴールは六月一八日BBC放送での呼びかけに至るまでの経緯についてイヴォンヌに語った。しかしイヴォンヌには夫の言うことがよく理解できなかった。彼女は夫が、「誰かがフランスの名誉を守らなくてはいけない」と言うのを聞いた。「フランスの名誉?」彼女は恐ろしくてすぐには言葉を発することができなかった。敗北は夫の頭を狂わせたのか。夫はひとりだ。外国に一人だけ。しかもフランスにとって長い間敵だったイギリス人たちの中にいる。それに夫の英語はかろうじて用が足せる程度のものである。彼女にはロンドンで「フランスの名誉を守る」と一人執拗に繰り返す夫をどうしても理解することができず、夫の顔をしげしげと見つめるばかりであった。

しかし煙草を探す夫のか細い指を見ているうちに、彼女のうちに抗しがたい新たに熱いものがふつふつとわきあがってきた——「夫は私を必要としている。私は夫の心の港(拠りどころ)になろう」(Moll 95–107)。祖国を離れた一組の名もなきに等しい男女の絆は改めて強く確認された——そして一人の勇気ある軍人、ドゴールが救国の英雄「ドゴール」になっていく、真の門出はまさに妻と共にあった。救国の英雄ドゴール伝説の始まりだった。

2 「自由フランス」の戦い

「自由フランス」の出発とレジスタンス神話

ペタン政府は、六月二二日独仏休戦協定、二四日仏伊休戦協定を締結した。こうして「フランスの戦い」はわずかの間にあえなく潰えた。二五日に発効した独仏休戦協定によって、フランス全土はパリを含む北部と大西洋沿岸部分のドイツ占領地域(全土の三分の二に及ぶ)と非占領地域=自由地域に分割された。ドイツ占領地域の範囲は対英攻撃を仮想したものである。そして南東の一部の地域をイタリアが占領した。

しかし、英米連合諸国にとっては、フランスの休戦は時間稼ぎになった。ドイツ軍の早急な北アフリカ進撃はなく、フランスに対する緊急の支援義務から免れたイギリスは本土防衛の準備に力を注ぐことができた。

他方、六月一八日の呼びかけを終えたドゴールは、抵抗勢力の結集と組織化に専心せねばならなかった。その最初の試みが「自由フランス」の出発であった。六月二八日、英国政府はドゴールを「いかなる場所にいるにせよ、連合国の大義を支持して将軍のもとに結集するすべての自由なフランス人の長」＝「自由フランス国民」の首長として承認した。その結果、ペタン政権に対抗する「亡命政府」の存在が承認された。ペタン政府はボルドーからクレルモン＝フェラン、そして七月初めには中南部の保養地ヴィシーに逃れ、そこで対独協力政権である「ヴィシー政府」を樹立していた。七月一〇日には国民議会はほとんど議論をすることなく、ペタン元帥に全権限を委任した。

ドゴールはロンドンでフランスを「代表する」自らの臨時行政機構をあえて「政府」とは呼称しなかった。単に「自由フランス」と呼称するグループにとどめた。それは、しかるべき時にドゴールの行政機関が公式の政権をあらためて組織する妨げとなることを恐れたためである。

いずれにせよ、「自由フランス」は早急に組織を形成する必要があった。ドゴールは対独宥和協力者として有名となったウェイガン将軍にもドイツに抵抗するために立ちあがるように懇請している。ウェイガン将軍はドゴールが繰り返し行なった抗戦のための進言を受け入れなかった。ドゴールは六月二〇日の手紙で、ウェイガンに抵抗の先頭に立つことを要請し、その場合にはドゴール自身はウェイガンに服従する旨を伝えていた。ウェイガンの返事はやはり抵抗を拒否し、休戦を受け入れるものであった。ドゴールはその後もウェイガン将軍の翻意を迫った。

仏領植民地における反攻の狼煙をあげるには北アフリカ植民地などのフランス軍の結集が不可欠であった。しかし、この点でもドゴールは孤立していた。ドゴールは北アフリカ方面総司令官・モロッコ総監ノゲス将軍に対して、将軍が休戦を拒否するなら、自分はその配下につくと打電した。それ以外にも、ドゴールは電文やラジオを通じて各植民地責任者に対してドイツへの抵抗を呼びかけた。植民地防衛組織を設立し、ドゴール自身がロンドンとの連絡を担当することを意図したのである。しかし、大部分の人々はドゴールの呼びかけに応じようとはしなかった。インドシナ総督カトルー将軍とソマリ海岸部隊司令官ルジャンティヨム将軍だけがドイツに対する非難を続けた。

ドゴールは実際に孤独であった。ドゴールに対する信頼の欠如は明らかだった。多くの影響力のある政治家や知識人はヴィシー政府を支持したり、海外へと去っていった。駐英大使コルバン、ジャン・モネ、ルネ・マイエルら国際派はドゴールを支持せず、アンドレ・モーロワやアンリ・ボネ外相、右翼の大物政治家ケリリスらはアメリカへ渡った。残ったのはピエール・コット元空相、カッサン教授、プレヴァンやシューマンら戦後欧州統合で活躍する保守派政治家たちだった。軍人では、後にドゴールに反旗を翻すことになるミュズリエ提督、ダルジャンリュー提督らがいた。

他方、ドゴールの動きとは別にダラディエ元首相を含む国民議会議員二六名と上院議員一名はマシリア号でボルドーからモロッコのカサブランカに向い現地で抵抗政府を樹立しようとしたが、うまくいかなかった。フランス人の間での無名の将軍（少将）ドゴールに対する不信はその正統性にあった。そして、その点を克服するためにはドゴールは戦うための実力をもたねばならなかった。実際、六月一八日の呼びかけから一週間後、ドゴールを支援した志願兵の総数は最初わずかに数百人に過ぎなかった。軍の組織化は急務であった。

八月七日の英仏協定は、自由フランス軍の組織化に大きく寄与するものだった。この協定によると、自由フランス軍は陸海空三軍の他に、科学技術部門を含み、イギリスとの共通の敵に対抗するものとされた。ドゴールはその地位を一応認められたが、英国軍の「一般命令」に従うことを義務づけられた。フランス軍の編成・活用・勤務条件などの取り決め、それらをイギリスが協力・支援すること等が定められた。イギリスからの財政的援助がこの協定の真の意味だったが、イギリス政府の関係各省は当分の間フランス軍の維持のための支出を負担した。それは前貸しで行なわれ、返済義務があった。この協定によって自由フランスは物質的供給を安定させることができた。ドゴール自身は『大戦回顧録』の中で、前貸し分は抗戦継続期間に完全返済したことを強調したが、英国からの支援がドゴールの抵抗運動にとって甚大であったことは否めない。

自由フランスの立ち上げ当時、英国に逃れたアルプス軽装師団の諸部隊、一〇万トン余りの海軍艦艇と一万人ほどの水兵がイギリスにいたが、これらはヴィシー政府の支配下にあった。六月一八日以後、ドゴールの呼びかけに応じ、ロンドンでの自由フランスの軍隊を形成した兵員の実数は当初より増えたがそれでも七、〇〇〇名に過ぎなかった。

後年、ドゴールの呼びかけと抵抗運動はフランス現代史を語る上で欠くことのできない英雄的叙事詩となるが、同時代の人々の捉え方は必ずしもそうではなかった。第一にドゴール自身についてのフランス国民の評価はほとんど無に等しかった。フランス国民の多くは、大戦勃発前にはヒトラーの膨張主義に断固として対抗するよりは、屈辱的で居心地の悪い平和の方を選んだ。三九年九月、ドイツとの戦端を開いた後ですら、「奇妙な戦争」と呼ばれた、実質的には戦闘が行なわれなかった時期が八カ月近くも続いた。そして、ペタン元帥の下での降伏（休戦）の後、ドイツとの協力が行なわれたのである。

大戦が終結した後、フランス国民は対独抵抗のために一丸となって戦ったという、いわゆる「レジスタンス（抵抗）神話」が生まれた。それは当時のフランス人にとって対独協力の忌まわしい過去を糊塗するための誇張されたレトリックであった。戦後復興を急務とするフランス国民にとって過去は厳しく断罪されない方がよかった。対独協力という過去の罪状に頬被りもやむなしとする心理が支配していた。休戦協定を結んだヴィシー対独協力政権はしかるべき反攻の機が熟すまでの時間稼ぎであったという自己正当化の論理は戦後になっても生きていた。もちろん、形勢が連合軍に有利に展開するようになってから対独抵抗運動の力は市民の日常生活レベルでも日増しに強まっていった。しかし、休戦直後の段階では、ドイツに対する協力は、生存のための便法であれ、反攻のための時間稼ぎであれ、抗い難い現実であったことは否定できない。

ヴィシー対独協力政権

四〇年六月一七日に成立したペタン政権は、同日駐仏スペイン大使を通してドイツに休戦の条件を照会した。六月二二日パリから一〇〇キロメートル北上したコンピエーニュの森（公園）の一車両の中で独仏休戦協定が調印された。かつて第一次大戦休戦協定が締結されたのもこの森の同一の場所であった。同一の場所での協定の調印はドイツ側からするといわば意趣返しの意味があり、先の大戦に従軍し、ドイツの敗戦を痛恨の気持ちで迎えたヒトラーの巧みな演出であった。ヒトラーはこの休戦協定調印がよほど嬉しかったようで、後に公開されたフイルムなどではヒトラーがカメラに向って百面相よろしくおどけた表情とポーズをとっていたことを知ることができる。現在、この車両は歴史記念館内に保存されており、訪れる人も多い。しかし、それは専らフランスにとって勝利者としての立場からの第一次大戦の休戦協定調印の場所としてである。この車両が同時に第二次大戦において、フランスが降伏した後、ドイツと休戦協定を調印した場所であったことは、館内のパネルをよく見ないとわからない。

この休戦協定調印にドゴールは心底屈辱を感じた。「この夕べ、誰かが言わなければならないから言おう。善良なフランス人の心には何という屈辱と憤りがこみあげてきていることか。それだけは言っておこう」。そしてペタン元帥に言葉を返した。「この休戦は不名誉である。従属と同じ意味をもつ条約を受け入れるには何もヴェルダンの勝者でなくてもよいではないか」(De Gaulle al 7–8)。

ペタン元帥の政府は、ボルドーからクレルモン・フェランに立ち寄った後、内陸の湯治場であるヴィシーに落ち着いた。田舎の小さな温泉町が選ばれたのは宿泊と通信施設が整っていたためだった。七月一〇日ヴィシーで上下合同議会は、圧倒的過半数でペタンに新憲法を公布するための全権を委任した。しかし新しい憲法は、時代に逆行するもので「労働・家族・祖国」をスローガンに掲げた復古的なものだった。大革命の「自由・平等・博愛」の精神は否定された。その後、ペタンはルブラン大統領を更迭し、国家元首の地位に着いた。

ヴィシー政府は八四歳のペタンを首長とする時代錯誤の家父長的な権威主義国家を模索した。カトリック的伝統と牧歌的な精神に支えられた戒律的秩序を重んじた精神教育の重視、強いナショナリズム、統制・管理経済などがこの政体の特徴であった。共和制憲法は骨抜きにされ、議会は事実上停止された。労組・フリーメーソン・経営者団体の解散、人種・宗派に対する誹謗禁止の政令の廃止、修道会の教育権回復、ユダヤ人身分の規定など極端な排他的な権威主義が顕著だった。

しかし、この政府がいわば急場凌ぎの寄せ集めの集団であることには変わりはなく、当初副首相でペタンの後継者に指名されたラヴァルは、四〇年一二月に解任、逮捕された。その後を受けたのは海軍の指導者ダルラン提督だったが、四二年四月にはドイツの支援を得て再びラヴァルが権力に返り咲いた。ヴィシー政権の後半はこのラヴァルが首相の座についた時代であった。連合軍の攻勢が強まるにつれてドイツの占領政策は露骨かつ圧制的なものへと変化し、それをラヴァル政府は下支えした。排外主義の傾向が強くなったのもこの後期であった。

孤独と苦悩の亡命家族

「自由フランス」の最初の本部は、ヴィクトリア河岸通りにある聖ステファン・ハウスという、暗くて老朽化した不潔な建物の三階の小さな一部屋であった。ここがロンドンにおけるフランスの代表部だった。それは実に控えめな出発だった。

ドゴールの一家はケントのペッツウッドにある美しい庭付きのチューダー朝様式の家に住んだ。食堂の壁にはスコットランド・ゲール人の牧歌的絵画が一様に貼りつけてあった。イヴォンヌが見つけた家だった。毎朝ドゴールとイヴォンヌは英国式ではない朝食を二人で食べた。食事の後、夫は妻に刻々と変化する情勢について話して聞かせた。イギリスではイヴォンヌは夫の名が日刊紙の一面トップに出ているのを見た。彼女は英語がほとんどわからなかったが、それでも六月一八日の夫の呼びかけの意味するところはわかった。イヴォンヌは異国の地でもドゴールが落ち着きを失ってはいないことに安堵した。これから祖国を回復させるために頼りになるのは、イギリスの好意だけであることをドゴールは深く心に刻み込んでいたからである。

孤独の亡命者ドゴールを追いかけるようにして入ってきたのが、ドゴールの母の訃報だった。七月一六日にブルターニュ地方のペイポンの小さな家でドゴール夫人は死んでいた。ドゴールはひときわその死を悲しんだ。イギリスに渡る前に挨拶にも行けなかったからである。ドゴールの悲しみと苦悩は一層深かった。

イギリスに到着してすぐに、イヴォンヌはイギリスでは肉を焼きすぎることを知った。フランスから一緒についてきたアンヌの世話係のポテル女史がスプーンで与えた牛乳をアンヌが顔をゆがめて呑み込んでいた。長男フィリップと長女エリザベートは何も口に出さなかったが、イヴォンヌは祈っていた。「神様、御礼を申し上げます。私たちは食事をとることができますし、家族が一つになることもできました」と。

しかし配給に頼る限られた食糧事情の中、耐乏生活はやむをえなかった。イヴォンヌは家族の衣類は自分の手で都合した。イヴォンヌは自由フランスのための社会奉仕活動に従事し、長女エリザベートは看護婦となってロレーヌ赤十字の創設に尽力した。海を渡った経験からフィリップは海軍をめざして海軍学校に入った。ヴィシー政権成立後、七月四日、フランスはイギリス政府との公式の外交関係が断絶した。その直後先に述べたいわゆるドゴール裁判において彼は死刑判決を受けたが、その判決理由は祖国フランスへの裏切り行為であった。

正式にフランスと国交断絶した後、チャーチルの自由フランスに対する待遇は俄然よくなった。ドゴールは自由フランスの本部として、ロンドンの美しい街区、カールトン・ガーデン四番地にある七階建ての、少なくとも七〇部屋はある大きな建物全部を月々の家賃八五〇ポンドで借り受けることができた。そこはパーマストン卿の私邸の跡地であった。

九月七日と八日、ドイツ空軍はロンドンの町を爆撃した。「大ブリテンの戦い」が始まった。耳をつんざく爆音で人々は眠れず、緊張から疲弊していった。かわいそうなアンヌは、空爆後すっかり落ち着きを失った。意識は眠っているのだが、その身体は痙攣を起こして激しく動揺するのである。ポテル嬢は痙攣を起こすアンヌの小さな額の汗をぬぐった。長男フィリップはロンドン市街に移り住むようになった。フィリップが出て行った後、大家のプメル夫人が様子を見に行くと、イヴォンヌはアンヌを案じて泣くばかりであった。アンヌは一二歳になっていたが、依然として小さな赤ん坊と変わらない。イヴォンヌは思った——ここでは暮らせない。

空襲から二週間後、イヴォンヌはシロップシャーにある、エリザベートが寄宿するシオン派修道院近くの古い家に移った。バーミンガムとリバプールの間にあるロンドンから二五〇キロメートルも離れたガドラス・モールという田舎であった。そこでようやくアンヌは気持ちを静めることができたようだった。眉をしかめて空を見上げ、親指を口によくくわえた。ろうそくに火をつけてやると、じっと炎を見続けた。しずかな生活が戻ってきたが、ロンドンからこんなに離れていてはドゴールは毎夜帰宅することができなかった。夫婦は離れて暮らすようになった。自然に囲まれ、時間のできたイヴォンヌはコロンベ村でのように園芸に励み、近所の猫に餌を与えた。

この頃、ドゴールは妻に宛てた手紙の中で、「それは歴史の中のもっとも大きなドラマなのである。あなたの哀れな夫は逃れようのない激しい力で、舞台に立っている人々に抵抗する、その最前列に放り投げられたのだ。がんばろうではないか。どんな嵐も際限なく続くことはないのだから」と書いていた(Moll 121)。

それでもイヴォンヌの孤独と苦悩は日に日に深まっていた。夫は側にいない。アフリカや海外に出ることも多いし、危険の中で仕事をしている。海軍に志願した長男フィリップの安否は彼女にとって常に心配で仕方がない。彼女は緊張のあまり面窶れし、衰弱しきっていた。

フランスを離れて一年がたとうとしていた四一年五月一〇日、その夜のロンドン空襲では一晩で一、四三六人もの人間が犠牲になった。妻の孤独と心の安定を求めて、その年の九月、ドゴールはイヴォンヌにロンドンの近くに戻ってきて一緒に暮らさないかと提案する。ドゴールには彼女と離れて暮らすことが辛かった。彼には妻が必要だった。ロンドンから六〇キロメートルしか離れていない、ハートフォードシャイア州のロッディングヘッドのチューダー朝様式の屋敷でドゴールの家族は暮らし始めた。大きな公園に囲まれた自然はアンヌの健康にもよいはずだった。

嵐のようにドゴールの心をかき乱す苦悩の日々の連続であったはずだが、表向き亡命家族がここでできることは限られていた。耐えることしかなす術はなかった。

対独協力時代の「ひとつの青春」

実は多くの若者たちがヴィシー体制に協力した。『ひとつのフランスの青春』という自伝的書物が一九九五年に出版された（Péan）。これはミッテラン元大統領が晩年になってヴィシー政権で対独協力に働いた時代のことをいわば告悔したものである。ペタン元帥とともに写った写真をミッテラン自ら提供し、それまで極右や政敵から事ある毎に対独協力者として批判されてきていた自らの過去を告白し、死を前にして清算しようとしたものである。

いずれにせよ、対独協力時代というミッテランの青春は、実は同世代の多くの人々が共有した歴史的経験の一こまであった。同書の表題が、どこにでもあった「ひとつの青春」とされた所以である。

ミッテラン自身、一時的な対独協力の時代の後には、「モルラン」と称し、対独国内レジスタンスの指導者の一人として活躍した。戦後、ファシズムからの「解放」とレジスタンスの栄光をドゴールが「ひとり占め」にしたことに対する強い反発をミッテランは終生抱き続けていた。ミッテランは、毎年挙行されるノルマンディー上陸作戦記念日の大統領演説において一度たりともドゴールの名前に言及しなかった。

四三年一二月にミッテランとドゴールは初めて会見している。不幸にしてこの一度の会見で両者の冷たい関係は決定してしまった。この時、ドゴールは脱走捕虜のためのフランス国内にある三つのレジスタンス・グループの統合を望んでいた。ミッテランはこの唐突な提案に反発した。不遜で高慢に見える野心的な青年に対してドゴールは命令的な口調で言った。

「私は命令を出したのだよ。規律が必要だ。他のグループとの統合に同意しなければ、あなたには資金も武器もないのですよ。それに、シャレット（別グループのリーダーの偽名）氏がこの統合のリーダーとなるには最もふさわしいように私は思う」

と語るドゴールに対して、

「この点でわれわれが同意するとしたら、それは驚きでしょう。おわかりでしょうか」

とミッテランは答えたのである（日本では正義感の強い人物として語られるミッテランの伝記は多数あるが、保守派ジャーナリスト・カトリーヌ・ネイのものが批判的論点を含んでいて面白い。Nay, 1984; 渡邊e 二六－三二）。筆者自身、ドゴールとともにロンドンでレジスタンス運動に参加していた古参の社会党上院議員に一九八〇年代、インタヴューしたことがある。この社会党議員は「何度呼びかけてもミッテラン氏はロンドンに来てくれなかった」と述懐した。

生前、ドゴール的なあらゆるものに対して「ノン」を言いつづけたミッテランであったが、結局ミッテラン自身が政権に就いたのは、ドゴールが逝き、ドゴールなきドゴール主義の勢いが後退した八一年のことであった。ドゴールの死後一〇年以上の歳月が流れていた。そして、実際にはドゴールに反発しつつも、ドゴール主義的な外交と権謀術数を最もよく継承したのはミッテランその人であったのは歴史の皮肉だった。しばしば「左翼のドゴール」としてミッテランの外交をドゴールのイメージと重ねてみる向きがあるが、それは外見のみで判断した造られたイメージに過ぎない。それぞれの政治家としての志や生き方は全く対極的であった。

チャーチルのリアリズム――英国のフランス艦隊襲撃

ドゴールを迎え入れたとはいえ、チャーチル英首相にとってドゴールの影響力とフランス代表としてのその正統性に対する懐疑は常につきまとっていた。米英両国はドゴールに対して全幅の信頼をおくことができなかった。イギリスは、この時期「自由フランス」を支持すると同時にヴィシー政権との関係も維持するという、いわば二股外交をとっていた。ドゴールにとっては精神的に針の莚のような毎日であったであろう。特にローズヴェルト大統領との摩擦は日毎に大きくなっていった。米英頼みの「自由フランス」はアングロサクソン両大国に振り回されるのは避けられなかった。ドゴールがフランスの存在を示そうとすればするほど両大国との軋轢も増加した。

休戦条約調印直後、イギリスにとって大きな懸念は海外に残されたフランス艦隊であった。独仏休戦協定の第八条では、フランス艦隊は指定された港に集合し、ドイツ・イタリアの管理の下で武装解除、動員解除される。独伊はフランス艦隊を戦争に利用しないと表立っては規定されていたが、フランス艦隊は武装解除以前にドイツの管理下に入るのであるから、ドイツがこのフランス艦隊を利用してイギリスに攻撃を仕掛けてくる危険性は十分にあった。実際には、六月下旬にヴィシー政府の海軍大臣ダルラン提督はドイツの動き次第では自沈するか、アメリカに脱出するかを選ぶようにフランス艦隊に命じていた。

フランス艦隊の戦艦二隻、軽巡洋艦四隻、潜水艦数隻、駆逐艦八隻、掃海艇・対潜水艦艇約二〇〇隻の大部分がポーツマスとプリマスに、他に戦艦一隻、巡洋艦四隻、小型艦艇若干隻がイギリス支配下にあった。加えて、アルジェリアのフランス軍港メール・エル・ケビルはモロッコのオラン港とともにフランス艦隊の主力基地となっていた。そこには、フランス艦隊屈指の新型巡洋艦ダンケルク号、ストラスブール号、その他に戦艦二隻、軽巡洋艦数隻、駆逐艦と潜水艦多数が配備されていた。

七月初め、イギリス海軍がメール・エル・ケビル港のフランス艦隊を攻撃した（カタパルト作戦）。そして停泊中のフランス艦隊の大部分が活動不能となった。英艦隊サマーヴィル海将は七月二日、フランス艦隊が英艦隊に加担し独伊軍との戦闘を続けるか、英国の指揮の下に英国の港に向うかするならば終戦後にはフランス艦隊を本国に返還する。さもなくば、仏領西インド諸島で武装解除するか、仏艦隊をアメリカに委託し、乗組員を本国に帰還させるか、六時間以内に自沈するか、などの選択をせまっていたが、最終的に交渉は決裂し、その日の夕方砲火が開かれた。一、三〇〇名に上る死者と三五〇名の負傷者が出た一大惨事となった。

この事件は、ドゴールにとって大変な衝撃であった。大戦回顧録中でも、ドゴールは「この国民（英国民）のつねづね抑圧されている本能は、ときとしてかような衝動によっていっさいの障壁を打ち破ってしまう……」と怒りをぶちまけている。この事件直後、この悲報に接したドゴールは真っ青になっていたとイヴォンヌ夫人は語っている。七月四日ピッツラードに戻ったドゴールはこの情報が予め知らされていなかったことが自分にとってどれほどの屈辱であったかをイヴォンヌに告白した。しかし、他方でドゴールはこの事件の意義を正確に理解していた。イギリスでは、この事件の結果、英国艦隊が制海権を確保したことによって、議会は安堵とともに賞賛を政府に対して示した。ドゴールは、憤りつつもイギリスの行動に対して平静と自制心を維持し、政治戦略的配慮を失わなかった。「イギリス側のやり口によって、（……）苦悩と怒りのなかに突きおとされはしたのだが、私はそれにもかかわらずこう判断した。フランスの救済はすべてを、フランスの艦船の運命をさえたち《ママ》超えているのであり、そして戦闘を続けることにこそあいかわらず義務は存するのである」と後に記している（ドゴールａＩ　七六）。

アフリカ植民地との連帯

一九四〇年九月二三日から二五日にかけて仏領西アフリカ・ダカール軍港の支配をめぐって自由フランス・イギリス連合軍とヴィシー政府軍との間の攻防が行なわれた。ダカールは良好の軍港であると同時にこの地域の中心都市であり、この軍港を支配することはモロッコ・アルジェリア・チュニジアの北アフリカ仏領植民地の掌握をはじめとして仏領アフリカ全体への影響力行使につながる。しかし、自由フランス軍とイギリス艦隊の共同作戦は奏功せず、その結果、自由フランスの西・北アフリカ植民地に対する影響力の可能性は失われた。同時に、チャーチルのドゴールに対する信頼も薄らいでしまった。このダカール攻撃作戦の失敗はドゴールにとって大きな衝撃であった。消沈したドゴールは一時は自殺まで考えた。

一八三〇年にアルジェリアが保護国化されて以来、北アフリカはフランスの実質的植民地であった。このフランスと歴史的に因縁の深い土地は、フランス帝国にとって重要な市場であり原料供給地だった。自由フランスは北アフリカの抵抗運動の有力な海外拠点の形成に失敗したのである。

この年一〇月二七日、このような悲劇的な状況の中でドゴールはコンゴのブラザビルでフランス植民地・海外領土に呼びかけた声明＝「ブラザビル声明」を発表し、「帝国防衛評議会」を設立した。そして中東・アフリカ（北アフリカ、レバント、シリア）での自由フランスとの連帯と抵抗を呼びかけたのである。

この頃、ドゴールは北アフリカ・レバント（シリア・レバノンなど地中海東岸地方）などの「自由フランス」との連帯を呼びかけていた。ドゴールはその年の大晦日のロンドンからのラジオ放送では「明日には希望のときが訪れるのだ」と演説し、翌年一月下旬のリビアでの「自由フランス」軍の勝利の後には「地中海の戦い」の重要性を強調した。そして、文字通りアフリカ諸国の連帯のために三月からドゴールはロンドンを離れ、九月までおよそ半年余りアフリカ・中東地域を歴訪した。チャド、フォール＝ラミー、エリトリア、カルツーム、カイロ、ブラザビル、ダマスカス、ベイルート、トリポリなどを訪れた。

ドゴールの周囲には次第に人が集まり始めていた。一介の准将は次第に救国のリーダーとしての相貌を見せ始めていた。この間、四一年三月に「自由フランス」は英国と財政・経済通貨協定に調印し、六月には「自由フランス」第一師団は英国軍とともにシリア作戦を行ない、ヴィシー派の軍隊と矛を交えた。シリア・レバノンなどレヴァント地域は英仏が長い間抗争してきた地域であったが、地力に劣る「自由フランス」にイギリスとの協力はやむをえない選択であった。英・「自由フランス」連合軍はシリアではヴィシー派の軍隊を駆逐し、ダマスカスに入城した。

七月一四日には一旦休戦協定が結ばれたが、チャーチルはこのときまだドゴールを真の意味で認めていたわけではなかった。イギリスとドゴールの間の軋轢は依然として続いていた。この協定では、ヴィシー側の軍需品・軍事輸送がイギリスの管理下に置かれることとなっていた。これを不服としたドゴールは自らカイロに乗り込んで、リトルトン英国代表と交渉し、最終的には、ヴィシー側の軍需物資をフランスの財産とみなすことなどイギリス側の譲歩を約した協定が改めて締結された。こうして、シリア（九月）、レバノン（一一月）は相次いで独立し、カトルー将軍が「自由フランス」レバント方面代表兼総司令官となった。

3　レジスタンス運動の統一とアフリカの戦い

惨殺されたジャン・ムーラン

九月にロンドンに戻ったドゴールの自由フランスは抵抗運動へ新たな発展をめざした。ドゴールの傍には今度は五万人もの支持者がいた。ところが、イギリスはドゴールに反発する人々を支援して新たな民主的委員会の設立を画策した。ミュズリエ副提督は自由フランスの創立メンバーで、海軍編成に尽力した有力者だったが、ドゴールとは相容れず、ドゴールを実質的に退陣させ、自らが新委員会委員長になろうとした。ミュズリエは主張が通らぬ場合には艦隊を独立させ、イギリス海軍に着くとまで提案し、脅しをかけた。この対立はドゴールとの徹底的な対立を懸念したチャーチルの配慮によって、最終的にはドゴールの勝利するところとなった。ドゴールは米英大国ばかりではなく、味方であるはずのフランス人との軋轢とも戦わねばならなかった。ドゴールの権力の正統性は認められていなかったのである。

こうして、四一年九月二三日、自由フランスを代表する権力機関としての新たな組織となるフランス国民委員会が結成された。ドゴールは自由フランス人民代表兼国民委員会議長に就任した。委員は閣僚的な職務をもったが、実際には委員はドゴールが任命し、議長は絶対的な権力をもった。翌月には英国政府もこれを承認した。ドゴールは危機時のリーダーとして、ようやく組織的権威を背景にもち始めたのである。

一方ヴィシー政権の政情は不安定であった。国内でヴィシー政府の威信が衰退していた。その傀儡政権の実態が露呈するにつれて、フランス国内でもようやくレジスタンス運動の動きが始まっていた。

一九四〇年九月にはほぼフランス全国で抵抗運動が組織されていたことがわかっている。とくに、ドイツ軍のバルバロッサ作戦（ソ連侵略作戦）がこの年六月に開始されると、共産党が対独抵抗運動に参加してきた。四一年八月、共産党はドイツ陸軍大尉をパリの地下鉄駅を出てきたところで殺害したのをきっかけに、ドイツ軍人を次々と殺害したが、ドイツ軍はその報復措置として何百名もの人質を銃殺に処し、数千名の愛国者たちを投獄した。こうして国内レジスタンスは萌芽の段階から、次第に激しさを増していった。ドゴールは四一年一〇月二三日のラジオの声明で、「ドイツ人がフランス人に殺されるということは全く当然なことであり、完璧に正当化されます。もしドイツ人がわれわれの手によって殺されることを欲しないのなら、彼らは自国に留まってさえいればよかったのであります」（De Gaulle al 122）と語った。

レジスタンスには二つの種類の活動があった。「地下組織網（reseaux）」と「運動（mouvements）」である。また、活動の実態としては北部のドイツ占領地区と南部の自由地区では活動の緊張感や性格は異なっていた。北部のレジスタンスがドイツ軍とのより直接的な戦闘そのものになりがちであったのに対して、南部の場合はむしろヴィシー政権に対抗した政治論争的な性格が強く、活動も不統一であった。占領地区では「民・軍組織」「北部リベラシオン」「抵抗派」「解放派」「フランスの防衛」が有名であった。自由地区ではフルネー陸軍大尉が率いた、最大の運動「戦闘（コンバ）」、さらに「リベラシオン」、「義勇兵（フランティルール）」などが活発な活動を展開していた。ドゴールを中心とする国外でのレジスタンスはこうした国内レジスタンス活動の外にあった。

当初、ドゴール自身は国内レジスタンスにそれほど関心はなかったと言われている。実際に四一年までの段階で国外の自由フランスから責任者がフランス国内に派遣されるというようなことはなかった。国内レジスタンスはドゴールの運動とは別個に開始されたのが実情である。しかし、レジスタンス運動の国内外での統一が不可欠であることはだれの眼にもあきらかであった。そして、その役割を担ったのが、ナチの司直クラウス・バルビーの手で拷問の末虐殺されたレジスタンスの英雄ジャン・ムーランだった。

ドゴールは四一年の一二月、ウール・エ・ロワール県知事であったジャン・ムーランとロンドンで会い、国内レジスタンス運動の統一を要請した。ジャン・ムーランはかつてドイツ占領軍によって暴行を受け投獄された経験があった。そのとき彼はドイツ軍の捏造した供述書への署名を強要され、暴力の前に自ら屈することを恐れてガラス片で喉を掻き切ったが、辛うじて命を取り止めた経験をもつ、筋金入りの抵抗主義者である。ソフト帽をやや斜めに被り、遠くを見るような大きなやさしい眼差しで石壁にもたれかかった、ムーランの一枚のスナップ写真は有名だ。ムーランは長いスカーフをいつも巻いていたが、首の傷跡を隠すためだった。ドゴールも大戦回顧録のなかでジャン・ムーランを勇気ある人として絶賛している。他方で親友ピエール・ムニエによると、ムーラン自身は、ドゴールについていき、祖国のために闘う、と繰り返し述べていたという。戦後（六四年）、惨殺されたジャン・ムーランをフランスの国家的英雄を祀るパリのパンテオン（フランスの偉人のための廟所）入りすることを決定したのはドゴールである。

ムーランはもともと、フランスの空軍強化を主張したピエール・コット空相の大臣副官房室長だった。ヴィシー政権に反対したコットの影響を大きく受けていた。人民戦線派であり、急進党系の改革派のムーランが、反人民戦線派でカトリックの保守的な人物であるドゴールと馬が合うはずはない。彼らを結びつけたのはひとえに祖国のために闘うという正面からの情熱だった。

ムーランは自由フランスの国内代表として自由地区を中心に活動し、各抵抗運動の間の調整と連絡に腐心した。様々な運動や政党や労組をまとめた全国抵抗評議会（ＣＮＲ）の組織化に成功し、四三年五月にパリ、フール街四八番地でＣＮＲの初会合が開催されたことはムーランの功績であった（ムニエ）。

連合国米英との角逐と連合軍の北アフリカ上陸

独ソ戦での膠着状況や四二年一月一日の連合国宣言（正式な連合軍の結成）などの追い風を受けて四二年半ばごろから戦局が連合軍の方に次第に有利になってくると、戦争終了後を見越したつばぜり合いが激しくなっていった。

とくに、戦前以来のフランスの権利を頑強に主張してやまないドゴール率いる自由フランスを正統な政府として承認することを、ローズヴェルト大統領は執拗に拒みつづけた。ローズヴェルトは後々までヴィシー政権とその関係者を支援したのである。

四一年一二月二四日エミール・ミュズリエ副提督の指揮する自由フランス海軍は大西洋ニューファンドランド島近くのサンピエール島・ミクロン島に上陸した。この二つの島はヴィシー政府の属領であり、サンピエール島には無線電信局があり、ドイツ潜水艦の誘導に利用される心配があった。無線電信設備をドイツが利用することをおそれて、カナダはアメリカの同意を得てサンピエール島の電信設備を確保するため、要員の派遣を決定した。自由フランス軍の上陸はその機先を制して既成事実をつくりあげるためであった。

ドゴールの主張は明瞭だった。これらの島の統治はフランス、それも自由フランスの主権の範囲にあるというのがドゴールの主張であった。ドゴールはこの点では強硬な姿勢を崩さなかった。対独抵抗運動の一環として両島が自領となることは不可欠であり、そのことを島民も望んでいた。しかし、イギリスはそれにはアメリカの同意が必要であるという立場をとっていた。当然、ドゴールはこれに反発した。そして翌年一月二二日には、英米加三国はやむなくドゴール政府に対して、自由フランスによる両島の保有を認めたのである。米英のこうした姿勢に対するドゴールの抵抗はその後も続いた。ローズヴェルトに対する反感とチャーチルのリアリズムに対するドゴールの愛憎相半ばする感情はこうして育まれていった。

ドゴールの対英米姿勢の基本は、ドゴールのチャーチルとローズヴェルトとの関係を書いたアグリオンによると、「イギリスへの依存、バランス役としてのアメリカ」という位置づけであった（Aglion 28）。祖国の存亡の危機に直面したリーダーは大国間のバランスの中でかろうじて命脈を保っていくしかなかった。それは大戦終了後のフランスの姿でもあった。後のドゴールの独自の核戦力保有戦略は、この対戦の経験から痛いほど学んだ生き残り戦略の一端であった。

ドゴールのアメリカに対する姿勢には不遜なところが見られたが、実際には強い親近感をもっていたことは事実である。これはローズヴェルトとチャーチルに対するドゴールの姿勢、また米英両首脳のドゴールに対する姿勢のニュアンスの違いであった。一九四一年五月一六日にはドゴールはプレヴァンをアメリカに派遣した。プレヴァンの渡米の目的は、第一に自由フランスの組織化を進めること、第二に、自由フランスをアメリカに認めさせること、第三にアメリカ国務省との間の懸案事項、すなわち自由フランスの再編成のための軍事物資の直接・間接的購入、アメリカの軍港に足止めされたままのフランス海軍艦船の使用、アメリカで凍結されたままのフランスの債権、アメリカにあるフランスの金のストックなどについてであった。あまり知られていないことであるが、こうした働きかけに呼応してアメリカ国内でもフランス人による組織が設立された。そのなかでもユージェンヌ・ウードリ（アメリカ国籍のフランス人エンジニア）を中心とする「永遠のフランス（France Forever. 仏語では France quand même ないし France toujours）」であり、その設立はアメリカの独立を記念してフィラデルフィアの独立公会堂で行なわれた。

しかし四二年一月、反枢軸連合国協定締結に際して、締結国二七カ国の中に自由フランスは含まれていなかった。これにドゴールが大いなる不満をもったことは改めて言うまでもない。

第二戦線か、トーチ作戦か

こうした米英間との角逐が最も顕著な形で表れたのが四二年一一月八日に実施された連合軍の北アフリカ上陸作戦をめぐる論争であった。周知のように、独ソ戦はソ連の甚大な被害を伴っていた。ドイツ軍の攻勢を東側に引きつけることによって、ソ連はいわば膠着した西側戦線の負担を一身に肩代わりしていた。当然スターリンは早い時期から西側における「第二戦線」、すなわちノルマンディー上陸作戦（オーバー・ロード作戦）の早期の実施を米英に要請していた。

四二年五月、ソ連外相が訪英し、対独戦での相互協力や単独不講和を約束した英ソ条約を締結したが、このときドゴールはモロトフソ連外相と会談している。ドゴールはフランス上陸作戦というかたちで早期に第二戦線を展開させることを米英に要求することを言明した。さらに、同月駐英アメリカ大使ワイナントとドゴールは会見し、すみやかに第二戦線の実現を要求した。ドゴールによると、アメリカが北アフリカ上陸作戦とドーヴァー海峡を経たフランス上陸作戦のいずれを優先するかでフランスの立場は全く違う。すなわち、フランス上陸作戦を優先した場合には、戦闘における協力者としての自由フランスの対独抵抗が不可欠であろうし、その際にはドゴールとの緊密な協力は避け難い。これに対して、アメリカ国務省のもともとの作戦である北アフリカ上陸作戦の場合には、北アフリカ現地当局との協力が先決となり、ドゴールは蚊帳の外の扱いを受けることになる。そして、後者が現実となった。アメリカが自立した一個の独立した政治主体として「自由フランス」を見ていないことはあきらかだった。

米英連合軍の北アフリカ上陸作戦はドゴールには事前に知らされていなかった。これを率先してすすめたのは、最初ローズヴェルト大統領であったといわれる。ローズヴェルトはダカール作戦のときのようにフランスを通して機密が漏洩することを恐れたといわれる（Aglion 173）。チャーチルはむしろトーチ作戦（北アフリカ上陸作戦）を進めるにあたっては自由フランスの協力は不可欠と考えていたが、四二年六月アメリカにフランス上陸を先送りするように要請し、北アフリカ上陸を承認させた。イギリスにすれば、トブルク（リビア）やエル・アラメイン（エジプト）、北アフリカでの形勢不利な状態からアメリカの梃入れによって立ち直ることが優先された。さらに、自由フランス兵を含む米英連合軍が北フランスの英仏海峡沿いの都市、ディエップ攻撃作戦で失敗したことは、北フランスでの第二戦線の形成が容易でないことを改めて確認させたことでもあった。

北アフリカ上陸作戦とヴィシー派フランス軍

北アフリカ上陸作戦では、米英はドゴールではなく、ヴィシー派のダルラン提督、その暗殺以後はジロー将軍を支援した。そのため、ドゴールは国外でのフランス人の間での支持の確保に奔走せねばならなかった。

四二年一一月八日連合軍は上陸を開始した。これに対してペタンは「わが領土」の防衛のために北アフリカのフランス軍に対して抗戦命令を出した。一方ドゴールは、米英のドゴールに対する処遇に不満ではあったが、ロンドンにおいてその晩、ラジオで連合軍への協力を呼びかけていた。「北アフリカにいるフランス人の指導者、兵士、水兵、飛行士、官公吏、入植者」に対して、ドゴールは「立ちあがってください！　わが同盟諸国を助けてください！（……）さあ！　いまや大いなるときがきました。良識と勇気とを発揮すべきときがきました……。北アフリカのフランス人よ、あなたがたの力で、われわれが地中海の端から端まで戦列に復帰せんことを。そうすれば、フランスのおかげで戦争に勝てるのです」（ドゴール a Ⅲ 四二）、と檄を飛ばした。こうして、ロンドンを根拠地とするドゴールの自由フランスとヴィシー政府との間の、いわばフランス人同士の争いが北アフリカでも行なわれたのである。

この状態に終止符を打つのに大きく貢献したのはジョワン将軍であった。この時ヴィシー政府を現地で代表したダルランの副司令官を務めたこの将軍は、連合軍との戦闘がいかに愚かであること、他方で独伊軍が攻勢に出てきた場合の被害を憂えて、ダルランに「停戦」を諭したのである。結局ダルランはこのジョワンの進言を入れ、一一月一一日にはヴィシー派フランス軍と連合軍の戦闘は終了した。ダルランはアメリカとの協力へと一八〇度の大転換を行なったのである。一一月一三日、ダルランは現地でフランスを代表する北アフリカ高等弁務官に就任し、ジローとジョワンは、それぞれ総司令官と地上軍司令官に着任した。しかしドゴールの名前はそこにはなかった。そして、アメリカはこのダルランの現地権力を承認した（一一月二二日ダルラン・クラーク協定）が、ペタンはこれを認めず、ドゴールの国民委員会もそれを拒否した。一二月七日には、ダルランは連合国の合意を得た上で北アフリカのフランス国家元首兼陸海空軍部隊総司令官となった。

4　ドゴールの権力掌握

ドイツ軍のフランス全土占領

一方、ドイツはその対抗手段として非占領地区＝自由地区を占領し、フランス全土を占領した。そして、ドイツ軍のフランス本土全体の占領は南仏トゥーロン港にあるフランス艦隊の奪取を意味した。北アフリカで停戦を実現したダルランはこのフランス艦隊に連合軍に加わり、戦列に参加することを要請した。しかし、一一月二六日にはドイツ軍が停泊中のフランス艦隊を拿捕するためトゥーロン港に押し寄せ、爆撃機を配置し、機雷を敷設した。フランス艦隊は動けなかったというのが実情であった。そして、このフランス艦隊はあえなく自沈することとなったのである。ダンケルク号、ストラスブール号、プロヴァンス号の戦艦三隻、巡洋艦八隻、駆逐艦一七隻、水雷艇一六隻、潜水艦一六隻、通報艦七隻、哨戒艇三隻、輸送艦・タンカー・掃海艇・曳船総計で約六〇隻が命令一下海の藻屑となった。

しかし、実際にはドゴールのレジスタンスに対する支持は日増しに勢力を強めつつあった。ドイツにフランス全土を支配されたことは多くのフランス国民のペタンに対する信頼を揺るがせた。ドゴール自身後に語ったように、まさにこのときペタン自身がアルジェリアに逃れてレジスタンスの指揮をとっていたなら、事態は一変して、ドゴールの英雄神話は生まれなかったであろう。しかし、ペタンは動かず、依然としてドイツとの協力を唱えるばかりであった。

この時、アメリカはフランス現地政権としてダルランを担ぎ出したが、これは結果的には失敗となった。ダルランはペタンの名において北アフリカを掌握し、その上で独伊と戦おうとし、それを米英は支援した。米英にとって、それは現実的対応策であるとも言えたが、対独協力者ダルランに対する支援は結局のところ多くのフランス人に道義的反発を引き起こしただけだった。

そして、一二月二四日、ダルランはアルジェでフェルナン・ボニエ・ド・ラシャペルという青年に暗殺された。この暗殺の政治的背景については今日まで解明されていない。ドゴールはその後継者となったジローの陰謀説を後々まで主張した。それはこの青年に対する裁判と処刑が異例のスピードで行なわれ、その際のジローの断固たる姿勢があまりにも印象的であったからである。

ダルランの死後、ヴィシー派「海外領評議会」はジローをその後継者に任命した。しかし、ダルラン自身は、生前ジローを軽蔑しきっていた。アメリカ総領事マーフィに対して、「あいつは君たちの男ではないよ」、さらに「政治的にはまるで子供だ。師団長としてはよいが、それ以上ではない」（ワースa 一一五）とダルランは語っていた。暗殺の真相は藪の中だが、ジローの統治は前任者よりもはるかに強圧的な警察テロだった。アルジェのドゴール派抵抗運動グループの「コンバ」の構成員と現地のドゴール派のシンパ数十名がすぐさま逮捕された。

「戦うフランス」とジローとの角逐

四二年七月二九日、ドゴールはそれまでの「自由フランス」を「戦うフランス」という呼び名に変えた（従来の「自由フランス」の呼称も併用された）。

ロンドンで旗揚げした無名の准将の「戦闘グループ」は次第に形をなしてきたが、トーチ作戦以後、ドゴールにとって最大の政敵はアメリカに支持されたジロー将軍であった。ジローは、第一次大戦中捕虜となった後逃亡、第二次大戦勃発後の四〇年五月再びドイツ軍の捕虜となったが、四二年四月にケーニッヒシュタイン要塞を脱走し、その後ヴィシー政権に帰依した。ペタンに忠実な軍人として知られていた。終始、ドゴールの指導者としての資質およびそのアメリカに対する姿勢に不信を抱くローズヴェルトは、ドゴールに対抗する人物としてこのジロー将軍を担ぎ出したのであった。ジロー自身ヴィシー政権下の兵力を自らの配下にあるものと考え、アメリカの要請に積極的に応じたのであった。

結果的には、このジローの考えは単なる思い込み以上のものではなかったし、アメリカはジローという人物を見抜くことができなかった。ジローはアフリカのフランス軍を統率することができなかったのである。このジロー担ぎ出しを現場で指揮したのが、アルジェ駐在アメリカ総領事ロバート・マーフィーであった。マーフィーは当初ド・ラ・ローランシー将軍を、ついでウェイガン将軍を担ぎ出そうとしたが、いずれも失敗に終わっていた。

当初ドゴールは軍の指揮官としてのジローを買っており、その回顧録によると、すでに四二年五月の記者会見の席上ジローと会談を望む旨を表明していた。しかし、その段階ではジローからの反応は何もなかった。両者の会見が実現するのは、四三年一月カサブランカ会議の際、その近くのアンファでローズヴェルトとドゴールの会談があったときのことである。ジローとの会見は、ドゴールによると、「米軍の鉄条網の背後」という屈辱的なものだった。ドゴールはジローに対して「ドイツ脱走後どうして自由フランスに加わらなかったのか」と詰問し、休戦以来戦ってきたフランス人は、自由フランス軍だけであることを指摘した。

会見は友好的とはとても言い難いものだった。米英の援助を受けたジローの提案は、ジローを最高指揮官とし、ドゴールを次席とする体制の構築であった。ジローに優位な地位を与えることはローズヴェルトの考えであった。しかも、軍は実質的にはアメリカに掌握されることになっていた。ドゴールは言うまでもなく、これに強く反発し、ドゴール自身がアルジェにおいて臨時政府を組織し、それはしかるべき時に共和国政府へ改編されるはずだと主張したのであった。

しかし米英はジローと協定を締結して、ジローをフランス軍最高司令官としてその権限を認めた。米英のドゴールに対する嫌悪は歴史の必然を見抜くレンズを曇らせてしまっていた。ジローとの会談で、アメリカの援助を受けて充実した装備をもつ一二個師団の軍隊を保持し得ることを誇らしげに語るジローに対して、ドゴールはそうしてもち得た権力は米英の権威を後ろ盾とするものにしか過ぎず、フランス国民の統一という差し迫った問題の解決にはならないと、突っぱねたのであった（ドゴールaⅢ 七八）。

ドゴールにとって重要なことは「自立したフランス」であった。どんな仕打ちにさらされようとも、安易な「傀儡政権」では意味がなかった。それは真に祖国を救ったことにはならないからである。それは大いなる見識であった。そして歴史はドゴールの慧眼を証明しただけであった。米英の判断は誤っていた。いや、むしろドゴールという一人の人物が歴史をそのように仕向けたのかもしれない。ドイツに屈したフランスは、米英連合大国の前では存在感を失っていた。それほどまでにフランスは落ちぶれてしまったのか。孤高の軍人、ドゴールの心中を駆けめぐった屈辱感は想像に難くない。劣勢の中、救国の一人の英雄は危機時のリーダーとしての試練から一つ一つ学んでいったのである。後は意志の力をどこまで保てるのか。それだけだった。

しかしローズヴェルト大統領は執拗にドゴールを嫌った。二人が初めて直に会談したのは、先に述べた一九四三年一月二二日のアンファでのことであった。これに先立って、チャーチルはドゴールに忠告した。チャーチルは「ローズヴェルトの言うことに耳を傾け、おとなしく聞いておくべきです」と口添えしたのであったが、それに対してドゴールは「私は議会に受け入れられる内閣を維持するために匙加減を行なう政治家ではありません」と辛らつな言葉で答えたのであった。

ローズヴェルトとの初会談は通訳を介してのことでもあり、まったくの失敗となった。ローズヴェルトはドゴールの組織が選挙によって選ばれたものではないので、正当なものと認めるわけにはいかないことを強調した。これに対して、ドゴールは「(百年戦争時の救国の英雄) ジャンヌ・ダルクも選挙で選ばれてはいません」と反駁した。もはや国家元首レベルの会談としてまともな議論とはいえないが、両者の関係が最悪となったことは明らかであろう。ローズヴェルトは「(ドゴールと) ジロー将軍の関係がよくないことは残念です」と冷たい言葉を浴びせたが、外見上はアメリカの国民感情を配慮して二人一緒に写真に収まったのであった (Aglion 181)。

会談後の同年五月、チャーチルに対して、ローズヴェルトは「私は彼にはがっかりした。未来の妻 (ドゴール) の行動は日に日に悪くなっている。その態度は我慢ならないものになっている」と書いた。フランスを米英で占領してしまおうとまで言い放ったのであった。翌月になってもローズヴェルトの憤りは収まらなかったようで、やはりチャーチルに対して、「私はドゴールにはもううんざりだ。ドゴールと一緒に仕事をすることはないだろう」と伝えている (Aglion 185)。

国民解放委員会の設立と米英連合国との確執

実際のところ、ジローは連合軍の北アフリカ上陸時にフランス軍を掌握することができなかった。それに、四二年一一月から翌年秋にかけてドゴールはアメリカへの対抗意識からソ連との接近を図った。ドゴール自身、ボゴモロフ大使と会談し、ドゴールの側近ガローもモロトフ外相はじめ多くの要人に会っていた。

連合軍のアルジェリア上陸によって戦争の行方が次第に明らかになるにつれて、ヴィシー政権の命運は尽きかけていた。米英連合国もジローを支持するなら路線の変更は不可欠であった。ジローがヴィシー政権の政策を踏襲しようとしていたのは明らかだった。強制キャンプやヴィシー立法は実際には何ら改められなかった。こうして四三年三月、ジャン・モネはアメリカの要請を受けてアルジェに向い、ジローを再教育するとともにドゴールとの和解を画策するようになった。その後ジローは、反ヴィシー政権の行動をとるようになる。三月五日、ジローは「フランスには人種差別的な偏見はない」ことをラジオを通して言明、ヴィシー政権を批判し、共和制への敬意を明らかにしたのである。そして、統合の実現のためにドゴールを迎え入れる覚悟のあることを明言し、ヴィシー政権の法律を廃止する一連の布告に署名した。

アルジェでは、四三年に入って民衆のドゴールに対する支持は急速に高まっていた。しかし、その後もドゴールには連合国から大きな圧力が様々な形でかかっていた。たとえば、三月には、英国マクミラン、さらにはアメリカ大統領の意を受けたニューヨーク大司教のスペルマンがドゴールとの接触をもった。ジローを主席とする三頭政治を受諾することをドゴールに要請してきたのであった。四月には、ドゴールはチャーチルからもジローとの相互理解を実現することを強く求められたし、イーデンやワイナントもドゴールの頑固さに警告を発する始末だった。カトルー将軍はドゴール宛ての電報でジローに政治的優先権と軍事指揮権を委ねるように提案した。しかし、ドゴールにとって米英の後ろ盾による政権は論外であった。ドゴールにとって重要なのは、「フランス国民の統合」だったからである。

ドゴールはこの年の五月末、アルジェに到着した。そして、四三年六月三日、国民解放委員会（CFLN）が創設され、その主席にドゴールとジローが就任した。しかし、こうした展開もドゴールの権力掌握過程の一こまでしかなかった。事態の趨勢はドゴールの方にすでに傾いていた。

九月にコルシカの解放に成功したのはジロー将軍であった。そして、これを契機にドゴールは一気にジローを委員会から追出しにかかった。ジローのコルシカ解放が共産主義者を主体とする現地のレジスタンスの助力を得て成功したことがドゴールの危機感を増幅させたのであった。ドゴールは、コルシカの解放が国民委員会とは別個に行なわれ、共産主義者が島全土におよぶ行政機構を樹立、支配しているとして、その責をジローに帰した。ドゴールは急遽コルシカを訪れ、知事を任命した。そしてアルジェに戻るや国民委員会の主席はドゴール一人であることを定めた政令を起草し、ジロー総司令官を委員会の管轄下に置いた。やむなく、この政令に署名したジローは、その六カ月後には国民委員会から追われることになる。

ドゴールの権力掌握と孤独

アルジェでは四三年夏のころには支援集会が開催されるまでに、ドゴールに対する支持は高まっていた。七月一四日、アルジェで挙行された閲兵式は、「国家の復活と国民統一の回復とを示威する行事の場」（ドゴールaⅢ 一一六‐一一七）となった。広場に参集した多数の群衆の面前でドゴールはフランスの「新たな道、新たな運命」について語り、「フランス軍は誰の雇い兵でもない」と断固として熱弁をふるった。

ドゴールは語った。

「三年にわたる言い知れぬ試練ののちに、フランス国民がふたたび現れたのであります。（……）そうです。わが国民は団結しています。（……）ある戦場でたたかうフランス人が、交戦するフランス領土が、国民の意志を自由に表明することのできるフランス人の声が、なにごとにもめげず、いつも存在したのです」

ドゴールは自らの抵抗運動が常にフランスの存在を証明してきたことと、いまや国民がレジスタンスに結集しようとしていることを強調した。そして、フランス軍を利用しようとする米英とそれに与する人々に対する痛烈な非難を以下のように行なった。

「四年前からであれ、八カ月前からであれ、結集して戦っている、あるいは戦おうと身構えているフランス市民は、フランスの呼びかけに応えて、フランスの目標に到達せんがために、フランスの望んでいることと心をあわせて、そのようにしているのであります」。そして、「フランスは前もって新しい道を選んだのであります（……）」

と熱く未来を語るドゴールは、第三共和制に代わる新たな政体＝第四共和制をも意識していた。ドゴールの愛国的な弁舌は軍隊に対して大いに説得力をもった。軍内部のヴィシー派がドゴール派へと、つまりレジスタンスへと身を転じるケースが増えてきたのである。国外の四〇万人のフランス軍隊の大半はもともと自由フランスではなく、ヴィシー派であったと言われた――「真の指導者」はドゴールであることが明白となってきたのである。

八月六日モロッコのラバトを訪問したドゴールは、アルジェにおいてと同じように熱狂的支持によって迎えられた。カサブランカでも同じく旗や幟によって鳴り物入りで迎えられた。こうして緒戦の段階で勢力圏にすることができず、苦戦の大きな要因となったマグレブにおけるドイツ支配からのフランスの解放が実現した。フランスの危機を救う真のリーダーの誕生であった。翌四四年三月にはギアナがヴィシーから自立した。そして、仏領西インド諸島でレジスタンス勢力の結集が進み、翌年の四四年五月から七月にかけて、マルチニック島とグアドループで解放が成功をおさめた。

それをいち早く認めたのはソ連であった。八月にソ連はこの国民解放委員会（ＣＦＬＮ）を承認した。ドゴールはすでにフランス歩兵師団のロシア派遣、モスクワ＝アルジェ間の直行便の開設などを提案していた。一一月には、ドゴールはこのＣＦＬＮを改組した。クイユら何名かの第三共和制の閣僚経験者、ピエール・マンデスフランスら国民議会議員数人、ダスティエら国内レジスタンスの代表、それに共産党員が二名加わった。ドゴールが反共的であったことは周知の事実であったが、この時には国内レジスタンスの主流を占める共産主義勢力に対する配慮からの宥和の意図があった。ジロー派のジョルジュ将軍は外された。

同月制憲議会も設立された。この議会は都合五〇回会合をもち、そのうち二〇回にドゴールも出席した。多数派の意見は、大統領の権限をさらに弱くし、再び議会権力を強化することにあった。これに対して、ドゴールは行動力と責任ある制度を望み、各権力から独立した調停者としての権限をもつ大統領を国民投票によって選出することを望んだ。この時点ではまだ憲法論議は喧しくはなかったが、議会制度を酷評してきたドゴールの面目躍如たるものがあった。

四三年一二月一四日には国内抵抗全国評議会（Conseil National）は全会一致で国民解放委員会を真のフランス政府として承認した。ジローで失敗した後にもなお、米英は四四年にはまだ公式には辞任していない第三共和制最後の大統領ルブランを極秘にアルジェに連れてこようと画策したり、パリ解放直前にはヴィシー政権のラヴァルや第三共和制の古参の政治家エリオに国民議会下院の召集を行なわせて、英雄ドゴールのパリ入城を阻もうと画策した。

したがって、ドゴールは四三年一二月のテヘラン会談と翌年一月のカイロ会談の際には、連合国に無視された。四五年二月のヤルタ会談にもお呼びがかからなかった。

ドゴールは、回顧録の中で痛恨の気持ちを込めて述懐している。チャーチルとローズヴェルトはカイロとテヘランに赴くのに、前者は仏領北アフリカ上空を通り、後者はその海岸の沖合いを通ったというのに、ドゴールには一切接触をもたなかった。前者は明確なことは言わず、「気休め的な言明」を行なうばかりだった。とくにローズヴェルト大統領はドゴール政権を認めようとしなかった。イギリスはドゴールの立場に理解を示しはしたが、アメリカに従った。ドゴールにとってこれは屈辱以外の何物でもなかった。彼にとって、ドゴールが解放政権たる資格をもつか否かはローズヴェルトの決めることではなかった。ドゴールの推測ではアメリカ大統領はフランス国内にアメリカ大統領自身の専制を敷こうとしているとしか思えなかった。そのことはドゴールの眼には、「わが国の独立を侵害しようとするかのような意図」にしか映じなかったのである。ずっと後に第五共和制の下でドゴールが執拗にアメリカからの自立を主張し続けた背景が、そこにはあった。

それまでに、何度も繰り返された両者の会見の段取りがまた試みられた。チャーチルは四月には側近のダフ・クーパーを使ってドゴールとローズヴェルトの会見を整えようとして、ドゴールが訪米の意志のあることをアメリカ大統領に通達し、それが快く受け入れられる旨を伝えてきた。しかし、ドゴールはこの提案には応じなかった。問題となっているのは、目先の利益ではなかった。戦後処理問題にまで関わる正統性の問題だった。ドゴールはこの点戦略的思考に長けていた。いわば一種の神経戦を長く耐え忍んできた敗戦の少将はこのチャーチルの申し出を断固として拒否した。ドゴールが訪米するのは、「事実が議論にけりをつけたときであり、本国領土のまっさきに解放された地帯に私の政府の権威が異議なく樹立されたときであり、（中略）フランスが単一にして不可分なることが決定的に認められたとき」（ドゴールａⅣ　六七）でなければならなかった。

五月末にはアメリカ駐在海軍代表部長フェナール提督がアメリカからやってきてローズヴェルト大統領がドゴールの訪米を望む旨を伝えてきた。ドゴールはここでも結局申し出を断っている。実は、こうしたアメリカのドゴールに対する姿勢の変化はフランス上陸作戦が近いためであった。六月四日にはドゴール自身がアルジェリアからチャーチルによって専用飛行機でロンドンに呼び戻された。同日フランス軍を含む連合軍はローマへの進駐を行なった。六月三日には、フランス国民解放委員会（ＣＦＬＮ）はフランス共和国臨時政府となっていた。

この六月四日初の米仏会議が行なわれた、その後二回目の米仏会談が開催されたのは同年七月ノルマンディー上陸作戦が成功し、フランスが解放されてからのことであった。六月八日から二〇日の間にベルギー、ルクセンブルク、ノルウェー、ユーゴスラビア、ポーランドなどがドゴールの臨時政府を承認していた。ドゴールがフランス国民を掌握していたことは自明であったが、それでもなおローズヴェルト大統領はドゴールの政権を認めたがらなかった。七月六日にワシントンに到着したドゴールを祝砲が迎えた。しかし祝砲の砲撃の数は一七発にとどまった。国家元首を歓迎する時の二一発ではなかった。

しかし、フランスを解放し、実質的な元首であるドゴールに対してローズヴェルトは強硬に出ることはできなかった。「両国と両者の間には全く問題はありません」と、この時は慎重かつ丁重なローズヴェルトの姿勢が特徴的であった。ドゴールは戦後構想をフランスを除外した四カ国で進めることには反対し、フランスはヨーロッパの均衡には不可欠であることを強調した。フランスは平和と世界秩序の維持に重要な役割を果たしうることをドゴールは繰り返し主張した。これはローズヴェルトにも響いたようで、フランスが国連常任理事国の一角を占めるきっかけとなる発言となった。

しかしローズヴェルトのドゴールに対する気持ちは終始変わらなかった。第二回会談の後の記者会見でも、「ドゴール委員会を臨時政権とみなすことはできない。フランス政府の首班にだれがなるのかは、アイゼンハワー将軍に任せてある」とローズヴェルトは断言していた。

六月四日のドゴールとローズヴェルトとの最初の会議に戻ってみよう。チャーチルはドゴールに対して、「こちら側（ヨーロッパ）にようこそ。大変大きな軍事的事件が始まります。私は自分の車輌にあなたを迎えることができれば幸いです」と自らのメッセージを伝えた。ポーツマスのガレージにある車輌の中で昼食を一緒にした後、アイゼンハワー将軍の司令部に行くことを告げた。

アイゼンハワーはそこから遠くない森の奥のバラックの建物の中にいた。アイゼンハワーは「上陸作戦」

を明かした。「六月三日と七日の間の攻撃（上陸作戦）のために、すべてが準備されています。干潮のときこそ、敵の仕掛けた罠を発見するのに適しています。その時期が過ぎると月と潮の干潮の関係で作戦はおよそひと月延長しなければならなくなるでしょう。不運なことに天候は良くありません。上陸平底舟艇や大型ボートは海の状態と天候にさらされるでしょう。上陸を開始するのか、延期なのか、遅くとも明日には決めねばなりません。ドゴール将軍、あなたはどう思われますか」とアイゼンハワーはドゴールに決意を促したのである。

これに対してドゴールの答えは米仏間のこれまでの関係に拘わらないアイゼンハワーの意を尊重したものだった。「（作戦決行の）決定は何と言っても断然あなたが下すべきものです。無条件で私はそれをあらかじめ受け入れます。私の意見はあなたの意図を妨げるものではありません」とドゴールは答えた。しばらくアイゼンハワー将軍はまるで虚脱したかのようにじっと考え込んでいた。そして「私は最善を尽くす義務があるのです」とようやく口を開いた。こうしてついに上陸作戦は決定した。翌日、その一方でフランス解放軍のロレーヌ十字の旗がローマでたなびいていた。「フランス軍はローマの解放で大きな役割を果たした」とドゴールは意気軒昂に語っている（Lacouture 1 768–774）。

そしてアイゼンハワーは上陸作戦最終決定を下した。それは翌々日、六月六日だった。ドゴールにはそれがわかった。そして西欧各国の代表者がラジオで連合軍の攻撃に呼応した決起をそれぞれの国民に呼びかけることになった。ノルウェー国王、オランダ女王、ルクセンブルク公爵、ベルギー首相、そして最後にアイゼンハワー、その直前がドゴールという順番だった。これはドゴールには屈辱だった。ドゴールがラジオで語るときはいつも一人だったからである。しかも順番はアメリカ以外の連合国の代表としては最後だった。それも朝ではなく、夕方六時だった。

そしてノルマンディーの村の隅に自由フランスの最後のパラシュート部隊がついに降り立ったのだ。ドゴールはその夕六時BBCで語りかけた。四年前に彼がフランス国民に檄を飛ばしたのはまさにその場所だった。「最後の戦いが始まりました。もちろん、これはフランスの戦いです。フランスの戦いなのです」史上最大の作戦が始まったのである。

そして六月一四日明け方、ドゴールはついに祖国の大地に立った。解放された領土の共和国委員としてすぐさまフランソワ・クーレをバイユーに派遣し、ド・シェヴィニエ大佐を暫定軍事師団担当として送ったのである。

バイユーへ向かう道すがら、ドゴールは二人の憲兵と出会った。ドゴールの顔はまだ人々にはあまり知られてはいない。二人の憲兵は秘密に回覧されていたドゴールの写真を持っていたが、それは実物のドゴールとは似ていないものだった。ドゴールは彼らに対して「私がドゴール将軍です」と改めて自己紹介せねばならなかったのである。人々は「ドゴール将軍」と口々に叫んだ。人々が彼を歓呼の声をもって迎え、ついてきた。ドゴールはバイユーの城の前の広場で演説を始めた。マイクを持ったのは、モーリス・シューマンだった。そしてドゴールはマイクに向かって語り始めた――「名誉と祖国。こちらはドゴール将軍です」と(Jackson b 22–44; Bonheur 110–123)。

四年もの苦闘の歴史がその演説の背景となっていた。「意志の力」の結末であった。ドゴールは「勝った」のである。そして救国の英雄としてのカリスマ伝説の始まりとなったのである。

第三章

「砂漠の横断」

――政治家への道

1　終戦とドゴール臨時政府

「パリは燃えているか」——フランス解放の光と影

「パリは燃えているのか」（D・ラピエール、L・コリンズ（下）一九七二）

パリから一五〇〇キロ離れた東プロシアにあるドイツ国防軍最高司令部の掩蔽壕《えんぺい》の中で、ヒトラーがテーブルを叩き怒号した。そして、ヒトラーは繰り返した。

「今、この瞬間、パリは燃えているのか」

——一九四四年八月二五日のことだった。聞かれたヨードル参謀総長は沈黙し、周りの同僚も言葉を失っていた。

言うまでもなく、パリは炎上しなかった。ヒトラーの命令で、鉄道駅、発電所、電話局、リュクサンブール宮殿（上院）、国民議会、四五の橋梁、そしてドイツ軍の占領するホテル・クリヨンに至るまでパリの至るところに仕掛けられた爆弾は作動しなかった。パリは破壊されなかった。ヒトラーのパリ破壊作業の命令は遂に実現されなかったのである。ドイツ軍占領下のパリ防衛の責任者、大パリ司令官フォン・コルティッツはヒトラーの命令を果たさず、永遠の都パリの歴史的文化的遺産を破壊の手から救い、そして降伏した。

この日、同じくパリに執着した男がいた。男は四年もの苦難に耐え、フランスを解放するために戦ってきた。図抜けて背が高く、大きく丸いが眼光の鋭い、この高慢な風貌の持ち主は「六月一八日の男」、シャルル・ドゴールであった。

八月二四日夜、ルクレール将軍が第二装甲師団の先遣戦車師団を率いてパリ市庁前に到着した。喜びを告げるように市内の教会という教会の鐘が鳴り響いた。翌二五日の夕方、ドゴールはパリ市の南からオルレアン通りに入り、市庁舎のバルコニーからフランスの「偉大さ」のための団結を呼びかけた。二六日には、凱旋門下の無名戦士の碑に献花した後、シャンゼリゼ通りを歓呼の声に迎えられながら、群衆の先頭に立ってゆっくりとその大きな体軀を運んだ。四年余ぶりについにパリは解放された。そのときドゴールはフランスの、また自身の人生の頂点にいた。敗残の無名の准将は今や救国の英雄として母国に凱旋したのである。

ドゴールには、「自由フランス」の戦車師団を率いたルクレール将軍の後を追って一刻も早くパリに入城しなければならない理由があった。パリを解放したのは共産主義者を中心とする国内レジスタンス派ではなく、ドゴールなのだということを内外に誇示する必要があったからである。戦後の事態を考えると、共産主義者にイニシアティブを握られてはならなかった。ドゴールは共産主義者ロル大佐（国内レジスタンス）のドイツの降伏文書への署名を回避すべきことを懸命に主張していた。一方、自ら国内レジスタンスに身を投じていたミッテランは、戦後レジスタンスの栄光をドゴールが独り占めしたことに対する強い反発を終生抱き続けていた。しかも、連合軍大西洋方面最高司令官アイゼンハワーは、連合軍がドイツ軍を適当なところまで押し返した後でドゴールがパリ入城を行なうのがよいと考えていた。

解放時のパリは老若男女を問わず、歓喜に沸き返っていた。戦車や輸送トラックの上に兵士と若い娘たちがすずなりに乗って、街路の人々に勝利のポーズを示した数々の写真。このとき、米軍を中心とする兵士たちはいかにも雄々しく、眩しく輝いて見えた。アメリカは、頑迷固陋のヨーロッパ大陸とは違ってヨーロッパを解放させた、力強く、自由と平等、若さと可能性の理想の国であり、世界の牽引車だった。パックス・アメリカーナ（アメリカの平和）の時代を誰も疑わなかった。

解放の喜びの一方で、戦争の贖罪と責任の問題がより極端な形で現われたことは無理からぬことだった。それは、フランス語で「エピュラシオン（粛清・追放）」と呼ばれた。

人々の対独協力者（コラボ）たちに対する日頃の憎悪の暴発は止めようがなかった。解放直後にこのコラボたちが、街頭に引き出され、私刑にあったり、惨殺された光景の記録は写真や映画などに残されている。「ユダヤ人狩り」の協力者や密告者たちに対する制裁であった。ドイツ人将官の情婦となった女たちは、頭髪を剃られ、裸にされて群衆に罵倒されながら街頭を追われた。

事態がエスカレートすることを憂慮したアルジェの臨時政府は、同年六月にオルドナンス（一種の時限立法・政令）を発効して、大戦中の行動に対する「正義のための法廷」を設立したが、実際には正式の手続きを経て「エピュラシオン」が実行されることは少なかった。公式の数字では、一二万六、〇〇〇人が逮捕され、一六万件を超す提訴が行なわれた。実際には、四八年一二月の時点で、約四五％の七万三、五〇〇件以上が罪を免れた。国民的権利剥奪（市民権・参政権剥奪）の処分を受けたのは四万件に上った。

一九四〇年七月にヴィシー政権支持の投票をした議員の数は全体の過半数を占めていたが、その多くはその後にレジスタンスに協力したことを理由に赦免された（三、〇〇〇人が同じ理由で罪を逃れた）。対独協力ヴィシー政権の指導者ペタン自身は、祖国に対する反逆者として死刑を宣告されたが、八九歳という高齢を理由に恩赦（ドゴールは終身禁固へ減刑した）を受けた（一九五一年七月、九五歳で死亡）。ヴィシー裁判で一八名が死刑の判決を受けたが、実刑に処せられたのはヴィシー政権のナンバー2だったラヴァル元首相、海軍元帥でヴィシー政府の元副首相ダルナン、ナチス占領期のヴィシー政府のパリ大使ブリノンの三名だけだった。一度は死刑を宣告された救国の英雄ドゴールは自らの師であり前大戦の英雄ペタンを裁かねばならなかったのである。そして懲罰的措置によって、ひとつの時代の区切りがつけられようとした。しかし、結局対独協力と抵抗（レジスタンス）は一般の国民にとって、戦争という非常事態の中での紙一重の心理によるものであった。一方での裏切り・保身、もう一方での正義・勇気という人間心理の相克に苦悶した心の傷は癒し難かった。忌まわしい過去は封印してしまうしかなかった。フランス人は皆勇敢にレジスタンスを戦った――「レジスタンス神話」に逃げ込むことで、フランス人は未来に向かって進もうとした。

徹底した「エピュラシオン」が酷い仕打ちとなることを人々はおそれた。それよりも、人々は日々の生活に精一杯であった。結局、「エピュラシオン」によって有罪判決を受けたのは全体で国民の〇・〇〇二五％に過ぎなかった。四八年には投獄者数は一万三、〇〇〇人だったが、その後五一年には四、〇〇〇人、五六年には六二人、六四年には九人となっていた。五〇年代半ばには、コラボの処刑は非難の的となり、犯罪視されたほどだった（渡邊f 六－八）。

臨時政府による復興の試み

一九四四年六月三日に、それまでのフランス国民解放委員会（ＣＦＬＮ）に代わってフランス共和国臨時政府がアルジェでドゴール首班の下に発足していた。危機時のリーダーは、今度は秩序構築のためのリーダーシップを求められることになった。

ドゴールにとって、まず取りかからねばならなかった仕事は、これらの内外のレジスタンス勢力や戦前の議会政治勢力などを統合することであった。この年の九月に成立した新たな臨時政府は、二二の閣僚のうち戦前の議員経験者が八人（うち、元下院議員六名、上院議員二名）を占め、拷問の末惨殺されたレジスタンスの英雄ジャン・ムーランの後継者でCNR代表のジョルジュ・ビドー（外相）が入閣したのはこの政府が国内レジスタンスと国外のドゴール派が結びついたものであることを示すためであった。臨時政府は社会党と共産党出身者を含む、いわば、挙国一致内閣であった。

地方では、戦争中に設立された各県の解放委員会（CDL）が大きな影響力をもっていた。パリの中央政府の権威は地方にまで至らず、事実上半独立的な権力を振るっていた。臨時政府は地方の動きを抑えるため、新たに県知事と一種の地方長官として共和国監察官（コミッセール・ド・ラ・レピュブリック）を指名した。そしてドゴールは四四年九月から一〇月にかけて、全国を廻って彼らを激励した。その後、政府の権威は急速に回復されていった。

戦後、最も大きな飛躍を遂げた政党は、五〇万人の党員を擁した共産党であった。国内レジスタンスの先頭に立ち、最も多くの犠牲者を出したことからすれば、それは当然であった。四五年一〇月選挙では得票率二六・一二％を記録し、大幅な勢力増大を示した。各県の解放委員会（CDL）や全国抵抗評議会（CNR）などに共産党勢力は大いに浸透していた。「愛国衛兵（ギャルド・パトリック）」という民兵組織をもっていたことも強みであった。

ドゴールは同年九月フランス国内軍（FFI）を正規軍に編入、一〇月には民兵組織を解放させ、武装解除を命じた。ルイ・サイヤン労働党党首（CGT）を議長とするCNRは、ドゴールのこの政策に対して強く反発した。

しかし、四四年一一月、三九年以来ソ連に逃れていたモーリス・トレーズが帰国したことは共産党にとって大きな転機となった。トレーズ書記長はドゴールとの交渉の末、共産党の民兵組織の非武装化と秩序維持の尊重を約束したのである。トレーズは協力を最優先した。この秋以後共産党は、直接的手段による政権奪取の戦略を放棄して、穏健路線へと方向転換した。四五年六月の第一〇回党大会ではトレーズはドゴール支持を明確にした。内戦と二重権力の状況は避けられたのである。

戦争の犠牲と経済再建――混合経済体制の導入

戦勝国とは名ばかりで、フランスの戦争の犠牲は甚大であった。老若男女併せて六〇万人が死亡した（第一次大戦では一三五万人）。戦後の復興には五〇〇万人の労働力が不足していると言われた。一一五の大きな駅、商業貨物列車の三分の二、一万七、五〇〇台の機関車の八割以上、貨物船の三分の二、タンカーの三分の二、九、〇〇〇本の橋、鉄道・港の八割、四、九〇〇キロメートルに及ぶ道路が破壊された。

一九三八年を一〇〇とした工業生産指数は、四四年にはわずかに三八、四五年でも五〇に留まり、一九世紀末の水準であった。農業生産性は二二％も減少していた。ドイツ占領期、三九年―四四年のフランスの財政赤字累積は四、六〇〇億フランに達し、四五年には四六〇億フランの大幅な入超を記録した。四五年二月にはジャン・モネがアメリカに特使として派遣され、一六億ドルの贈与と九億ドルの借款の約束をとりつけねばならなかった。配給のトラックに群がる人々は荷台のアメリカ兵に手を延ばして物を求めた。それは日本やドイツなどの敗戦国に限られた光景ではなかった。

とくに、インフレの克服は困難を極めた。後に首相となってフランスのヴェトナム戦争を終わりに導くことになる急進社会党のマンデスフランス経済相は緊縮財政政策を支持して、価格・賃金の統制、通貨保有制限、広範な国有化などを提案し、経済構造改革の必要性を訴えた。これに対して、フランス大資本の代弁者で、米英資本と深い関係をもつプレヴァン蔵相は自由主義的な政策を主張した。結局、ドゴールが緊縮政策を排し、プレヴァンを支持したため、マンデスフランスは、ドゴールを非難して辞職した。

しかしドゴールの臨時政府の構造改革政策は、CNRの綱領（レジスタンス綱領）に沿ったものであり、経済・社会の民主主義化、国家計画路線による国民生産の強化、エネルギー・運輸・金融部門の国有化などとなった。とくに、大企業の国有化は最も重要であった。国有化には、戦時中の対独協力に対する懲罰的国有化（ルノー公社、航空機エンジン開発製造公社（SNECMA）、銀行（〈フランス銀行と四大預金銀行（クレディ・リヨネ、ソシエテ・ジェネラル、国立割引銀行、国立商工業銀行——後者の二行は六六年に合併してパリ国立銀行となる)〉、エネルギー部門における独占体制を崩すための国有化（フランス石炭公社・フランス電力会社（EDF）・フランスガス会社（GDF））、航空部門（エール・フランス））などの国家管理体制導入のための国有化があった。

労働組合結成の自由、社会保障（失業手当以外の病気・疾病・老齢・死亡・労災）・家族手当の充実、賃金引き上げ、従業員一〇〇名（後に五〇名）以上の企業では「企業委員会」を設置し、労働者代表の経営参加を認めるなどの措置が定められた。CGTが第一次大戦以来要求してきた政労使「三者管理」方式が実現したのである。

戦後の諸改革によって、フランス経済はかつてのような古典的自由経済ではなくなった。国家が公共部門と財政部門を管理した。それは、四六年一月からのジャン・モネによる「近代化と経済整備」第一次計画が開始されるにつれてますますはっきりしていった。

一九四五年選挙と政界再編成

ドゴールは然るべき抵抗をする気力も力もなく、早々に休戦協定を結んだ第三共和制、つまり政党が合従連衡を繰り返す中で政治的イニシアティブが失われていった議会万能主義の政治を忌み嫌った。そして、フランス国民も、新たな政治体制を希求していた。一九四五年一〇月二一日に行なわれた国民投票は圧倒的多数（九六%）によって七〇余年に及んだ第三共和制の消滅（制度の失効・無効化）を決定した。

この国民投票において初めて婦人投票権が認められ、同日行なわれた総選挙の結果、共産党・社会党（第三共和制時代以来のSFIO（労働者インターナショナルフランス支部））・MRP（人民共和運動）を中心とする三党政治が始まった。三党はそれぞれ二〇%台の得票率を得たが、共産党と社会党は二党だけで過半数を制し、議席数三〇五議席（総議席五八六議席）を得た。とりわけ、共産党は、一五九議席を数え、第一党となっていた。共産党は社会党に対して二党連立内閣の提案を行なったが、かつての人民戦線内閣首相レオン・ブルムは、共産党を「ソ連の手先」「非民主的」と攻撃し、共産党の連立提案を拒否した。フランス政治が社共連合政権へと左旋回する可能性は失われたのである。

MRPは四五〇万以上の票を獲得した。ドゴールはMRPに最も親近感をもっており、「ドゴールの政党」として右翼の巻き返しを狙った人々の支持を集めたのである。しかし、この政治運動は左右両勢力の混合である複雑な性格をもっていた。MRPはもともとレジスタンスに参加したキリスト教徒を主体にして設立された進歩的左翼穏健派で、ビドーら戦前のカトリック系左派（キリスト教人民民主派）の流れを汲み、もともとイデオロギー的には非マルクス主義左翼と言えた。しかし、小ブルジョワ・農民をその支持基盤とする保守的体質ももっており、共産党の勢力拡大を懸念するブルジョワ層の反共の防波堤としての役割も期待されていた。保守派と旧ヴィシー派のかなりの部分がMRPに投票した。

このような諸政党によって構成された最初の憲法制定議会はドゴールを首班とする政府を一一月一三日全

会一致で成立させた。

ドゴールの辞任

しかし、議会の過半数を握る第一党の共産党と社会党を始めとする諸政党の攻勢に晒されて、ドゴールは厳しい状況を強いられた。ドゴールは、政府の中で次第に孤立していった。

第一に共産党との確執があった。第一党となった共産党は組閣にあたって全閣僚ポストの三分の一と外務・内務・国防の主要三閣僚のうちの一つを要求した。ドゴールは対外政策と深く関わるこれらのポストを通してソ連の影響力が浸透していくことを懸念した。共産党の要求はとても呑めなかった。最終的に、共産党は希望したポストを得ることはできなかったが、経済五閣僚のうち四つのポストを与えられ、トレーズ共産党書記長は副首相格の国務大臣として入閣した。

第二に、社会党のアンドレ・フィリップは国防予算の二〇％削減を議会で要求した。社会党は政府与党であるからこれは首相に対する裏切りである。ドゴールは議会が提出した修正案に反対した。そして四六年一月三一日、この議会との角逐を理由にドゴールはラジオ放送で突如辞任を発表した。すでに一九日の閣僚会議でドゴールは、「排他的な政党制度が再現しました。私はそれに気づいています。力による独裁体制の樹立しかありません。しかし、私はそれを望みませんし、それが事態を改善するものでないこともわかっています。それ以外に私にはかつての（政党政治という悪しき）経験の再現を妨げる手段はありません。したがって、私は辞任します」（ドゴールａⅥ 一四四：Lacouture 2 239）と、痛恨の面持ちで語った。

ドゴールの言葉には彼の戦前・戦中の経験を通した政党政治への敵意が秘められていたことは間違いなかった。ドゴールは、「統治する政治が求められているのか、それとも自分の意志を実現するために政府を任命する全能の議会が求められているのか」と激しく迫った。結婚を間近に控えた未来の娘婿アラン・ドボワシューに対する手紙の中でドゴールは「君たちの結婚が数日後ということでなかったら、私はすぐにも職務を離れていただろう。防衛費をめぐる議会の論争は嘆かわしいことだった。諸政党は戦前と同じことをまた始めた。政党は国家の植民地化（統治力の衰退）を欲し、政府の権威を認めないのである」と語った。

しかし、辞任がこれほど急であった真意はどこにあったのか。この問いもドゴールの生涯を語るときに、しばしばとりあげられる謎のひとつである。実際にはドゴールは内心前年一一月のときと同様に慰留されることを望んでいたといわれる。さもなければ、政府の行動が政党に妨げられることのない状態での再登板の要請を期待したといわれる。「私の辞職はほんの突発事件にすぎない。結末を待っていただきたい」と友人にも書いていた（ラクチュール　一八四）。当時の有力紙もドゴールの退任は短期間であろうと予測していた。ドゴールは二、三カ月権力から離れる程度の気持ちであったという推測もある。

ドゴールがこの辞任を決定的なものと考えたという根拠は全くない。多くの歴史家はこの辞任が戦術的で暫時的なものと判断している。ドゴールや戦後フランスに関する著作で有名なアレキサンダー・ワースは、経済危機と冷戦構造の中での親米化を拒絶できないことを恐れたドゴールは、「ちょっと横に引っ込んでいようとした——静観して自分を予備にとっておく（ことを望んだ）」と述べている（ワースa　一五二）。政党政治に対する嫌悪と権力をめぐるリアルポリティークへのドゴールなりの判断があったのは確かである。

しかし、事態は彼の期待を裏切って別の方向に向かっていった。ドゴールの突然の決定は驚きをもって迎えられたが、混乱を惹き起こすまでには至らなかったのである。直後の世論調査では、「ドゴールが新政党の党首となったら投票するか」という問いに対して「はい」は三一％、「いいえ」は四六％だった。「ドゴールが首相となると思うか」という問いに対しては、「はい」が二一％、「いいえ」が四三％だった（ワースb

二八二－二八三)。何よりもドゴールとともに下野するか否かの判断を迫られたのは、それまでドゴールを支持してきたMRPだった。しかし、MRPは社共の独走を抑止し、政府の安定に貢献することを口実に、最終的には新内閣への入閣を決めた。

ドゴールの退陣は彼が一身に体現していたレジスタンスを通した国民的団結の時代が終わったことを意味した(Berstein 100–101)。そのことは世論調査がはっきりと示していた。ドゴールが辞職したことについては、四〇%のフランス人がそれを不満としたが(「満足」の意味を示したのは三二%)、ドゴールの政権復帰を望む声は二八%にとどまった。五二%ものフランス人はその政権復帰に反対したのである。ドゴールの果たした「祖国解放者」としての歴史的役割は高く認めながらも、もはや国民はドゴールを必要としなかった(Berstein 93)。フランス共和国は再び、ドゴールが忌み嫌った議会万能主義の政党政治の時代に回帰したのである。

数日間、ドゴールは再登板の迎えを密かに待った後、自宅のあるコロンベ・レ・ドゥ・ゼグリーズに引きあげていくことを決めた。四六年五月に行なわれた国民投票では社共提案の憲法法案が否決されたのだから、ドゴール派が議会で多数派を形成する可能性も大いにあったのである。後に、従兄弟のM・カイヨーがドゴール研究者ラクチュールに語ったところでは、ドゴールは「私の人生で少なくとも政治的過ちのひとつは一九四六年一月に辞任したことだった」と述べていた(Lacouture 2 249)。この「過ち」を取り返すのに、ドゴールはその後一三年もの歳月を要したのである。

救国の英雄ドゴールは、必ずしも秩序体制構築のためのリーダーシップの持主ではなかった。かつてチャーチルに断言したように、ドゴールは根っからの政治家ではなかった。あれほどドゴールを頼り、ドゴールの忠誠者に見えた多くの人々が彼の許を去っていった。もはや戦争が終わり、事態が平穏に戻ったかに見えた時代に、強烈な個性の持ち主による、突出した危機時のリーダーシップは必要ではなくなったかに見えた。ドゴールが、フランスの安定と繁栄のために大戦中バイユーの演説で描いて見せたフランスの将来の構想は、実現しない個人の「大望」にとどまったのであった。せっかくの先見的な見識も、「意思の力」だけではどうにもならなかった。

2　英雄から政治家への道——冷戦下フランスの再出発

鄙びた村の「一市民」ドゴール

政治の闘いに敗れたドゴールは失意の底にあった。ドゴールは辞任の決意を語ってから、四カ月以上経った四六年五月二六日、コロンベ村に戻ってきた。戦争中に傷んだ屋根の改修に数カ月を要したからである。

パリから二〇〇キロ以上東に行った、最寄りの小さな駅からでも車で二〇分ほども走ったところにある寒村コロンベ・レ・ドゥ・ゼグリーズにドゴールは住んでいた。今ではこの鄙びた村の外れの丘に立つ、大きなロレーヌの十字架が村と周囲ののどかな農村風景を見下ろしている。そこでのドゴールの日常は悶々としたものだった。策に溺れた形で、自ら強いた早過ぎる「隠遁生活」はドゴールの心を平らかにすることはなかった。孤独、暗黙、冷徹さを噛み締める日々だった。

「四七年一月一三日、私が知ってから初めてのことだが、悲痛、苦悩、強いられた無為、退屈が鉛の覆いのようにドゴールを包んでいる。普段であればこれらの精神的重荷はドゴールを苛立たせ、（かえって）すぐに無気力から立ち直らせる。しかし、この時ばかりは私はドゴールが呆けてしまうのではないかと初めて心配した」と副官クロード・ギは後に語った。そしてその夜、ドゴールは「果てしもない沈黙の後で」、「何もかも私には同じことだ。私は『墓の中から（死後）の回想録』」に没頭しているのだ」と告白した（De La Gorce 762）。

ドゴールは読書することも少なくなり、もはや散歩もしなくなった。そして、誰にも会いたがらず会話も避けるようになった。ドゴールの苦悩は深かった。

ドゴール家の秋の庭では、庭師たちが忙しく働いていた。冬を前にして、すでに寒い日々が訪れていた。雲は低く垂れ込め、暖炉で火は燃えていた。

「平和の到来、そのおかげでお前が思うように、私は政党のお祭り騒ぎ、嘆くべきめまぐるしく変わる事態に追われることになる。残念だが、それは避けがたいことなのだ。それが終わったとき代価は払われねばならない。しかしフランスの再生に向けて働くのはよいが、それはうまくいくことができるであろうか」とドゴールは述懐していた（Gallo III 36）。

ドゴール夫妻は毎日曜日ミサに出かけた。夫妻はドルオ教区主任司祭を昼食に招いた。一年に一回は市長が訪ねてきた。退役軍人会地方支部にも所属し、その年次総会にも出席した。村人たちは救国の英雄が住む自分たちの村を誇りに思った。四六年四月、シャルルとイヴォンヌはマーリィの町で二〇人ほどの家族に囲まれて銀婚式を祝った。義弟にあたり、終生ドゴールの傍で苦楽をともにしたヴァンドルーもそこにいた。ドゴールは「沈黙がわが家を埋め尽くした。私が一日の大半をすごす角部屋からは夕日の沈む方角に遠くが見通せた。一五キロメートルも向こうに建物はなかった。台地と森の上を超えてオーブ峡谷を下ると、反対側の斜面が見えた」と語っていた（Ollivier 49）。

国家存亡の危機に瀕して、英雄は愛国の士として、そして「リーダーとして」舞台に上った。しかし民心というのはいかにも薄情なものだ。戦争と解放がもたらした一人の英雄の栄光と威厳に飾られた叙事詩は、鄙びた寒村で孤独と失意の中で今にも朽ちていくかのようだった。

――それではドゴールは政界との関係をすべて絶ってしまったのか。

私たちはその答えを知っている。それは「ノン」である。ドゴールは消沈した中でも決してフランスの将来から身を引いたわけではなかった。これは本当の意味での「隠遁生活」ではなかった。それに、世間がこの救国の英雄を放って置くわけがなかった。マスコミはドゴールの静かな生活を妨げる記事を掲載した。ドゴールは決して真の意味で引退したわけではなかった。

ドゴールはその頃ＭＲＰとの関係を悪化させていた（ラクチュール 二五七）。義弟ヴァンドルーはそのときのドゴールとの会話を想起して、「シャルルは、私が今議会で準備されている第四共和制憲法に反対するのを励ましてくれた。彼は当面自分自身に課せられた沈黙を破るつもりはなかった。しかし、公の形をとらなければ、自分が憲法に反対であるということを有権者が知ることにはなんら反対ではない」と語っていたのである（Vendroux 168）。

政党政治への抵抗――エピナルの集会

一九四六年一月二三日「三党政治協力憲章」が採択されて、社会党グーアンを首班とする三党政治（ＭＲＰ・社・共）が始まった。この三党連立政府の最大の課題は憲法の制定にあった。第四共和制の憲法をめぐる議論の中で、とくに争点となったのは議会と政府の在り方をめぐるものだった。

論争の末、二つの諮問評議会（国家経済評議会とフランス連合評議会）をもつ一院制の議会に最高の権限を与える提案が行なわれた。行政府・司法府とも議会から選出され、任期七年の大統領には首相の任免権はなかった。つまり、議会に基礎を置く制度の再現だった。この第一次草案は四六年五月五日に国民投票に付託されたが、意外なことに国民の五三％が「拒否（ノン）」に投票するという結果になった。フランス国民は議会での最大勢力＝共産主義者の独裁への懸念からこの草案に反対した。

その後の六月二日に行われた戦後第二回目の総選挙では、社共は議席を減らし、絶対過半数を割った（五八六議席中二八一議席）。第一党となったMRPは、得票率にして四％以上、一〇〇万票も票を伸ばし、その代表のビドーが首班指名を受けた。そして、このビドー政府は社共およびMRPと妥協しつつ憲法の第二次草案を起草した。

沈黙を守っていたドゴールが憲法について発言を行なったのは、この憲法論争の最中の四六年六月一六日だった。有名なバイユーの演説である。五月二日に第一次大戦の英雄クレマンソーの墓参を行なったことは、そのための布石だった。二五週間の沈黙だった。そして、この演説は、ドゴールの政界への復帰の第一歩を印象づけるものだった。バイユーの地が選ばれたのは、かつて本土での解放の戦いのために、ドゴールがフランスに上陸した記念の場所だったからである。

この演説で、ドゴールは行政府が大きな権限をもつべきことを主張した。俗に言うドゴールの「バイユー憲法」である。効率的で安定した統治能力をもつ政府、国家の機能が政党の影響から免れている体制実現の主張だった。議会は二院制をとり、第二院である行政院が政党中心の第一院をチェックするシステムだった。「（……）あらゆる原則と経験に照らして見ると、公権力、すなわち立法、行政、司法が明確に分離され、上手く均衡がとれていることが必要である。（……）議会を統括するのは政党の上に存在し、全有権者によって選出された国家元首である」とドゴールは語った（De Gaulle aII 10; Lacouture 2 268–272; Guichard 204）。

この構想はまさしく後の第五共和制の大統領制度として実現することになる。その意味ではドゴールの炯眼、「ヴィジョンの人」としての一面が光彩を放った場面であったが、大戦以前の首相経験者である保守派政治家タルデューは、かねてより議会解散権や国民投票権を国家元首に付与する極めて権威的な体制をすでに提唱していた。それはドゴールの主張に大きな影響を与えたと言われる。

　何日も前から準備されたこのバイユーの演説集会では、あのレジスタンスの時の「ロレーヌの十字架」の旗が林立し、集まった群衆は「ドゴールを政権に」と連呼した。この集会はその後のドゴール派集会の煽情的なセレモニーの予行演習だった。極右団体にありがちな大衆動員的な集会のイメージが顕著だった。先に述べた四六年五月の国民投票直前のエピナルの集会には六万人もの群集がドゴールの演説にききいった。ドゴールは彼自身に対する「独裁者」という批判に猛烈に反発しつつも、今回の憲法草案が国家元首に十分な権限を与えておらず、「国家を政党の万能の力に従属させてしまう」ものだと弾劾したのであった。ドゴールが唯一考える主権者とは「人民」であった。「主権をもつ議会。それは人民が自分自身に権力をもたらした結果である。そのたった一つのことが、すべてなのだ」。この演説の前半は見事な愛国調だった。愛国調の叙事詩的エピソードが散りばめられていた。ドゴールはフランス国民にとって正統な国家を主張した。かつての「自由フランス」の目的は正統な国家の復興にあった。それは、まさに国家利益に基づくからだった。ドゴールは古代ギリシア民主制都市国家を引き合いに出して、フランスにおいても「人民（＝一般国民）」を基礎にした国家の成立を主張したのであった。

　演説の後半部分でドゴールは政党制を痛罵した。ドゴールは第二次大戦の混乱を導いたのは第三共和制の多党分立の不安定な政党政治であったことを終生疑わなかった。この思いは、ドゴールが晩年に著した未完の書『希望の回想』の中でも語られている。「私は国民が全員、直接にその意思を表すようになれば、主権は国民に属すると深く確信していたので、主権が諸政党に代表されるばらばらな利害によってこま切れに存在しうるなどとは、到底容認できなかった」とドゴールは記している（ドゴール c 一〇－一一）。

　憲法草案は一〇月一三日の国民投票の結果採択された。国民投票は約三割の棄権、有効投票総数の五三％

台（有権者の三六％）が賛成（有権者の三一％が反対）という結果となった。「フランス国民の三分の一が承認し、三分の一が反対し、三分の一が無視した」とドゴールは痛烈に皮肉った。

第四共和制憲法の中心となったのは、第一に、普通選挙によって選出された任期五年の議員で構成する国民議会であった（比例代表制・直接選挙）。国民議会だけが立法権をもった。そして、議会は同時に行政権も掌握していた。大統領は国民議会によって選出されたが、実質的な権限はなかった。

第二に、政府は首相（閣議の議長ないし政府の長と呼ばれ、第三・第四共和制では憲法上正式には、存在しなかった）が取り仕切るようになっていたが、閣僚の任命に際して組閣後再び内閣を信任する形（二重信任）をとったので政府は脆弱で首相の顔触れはくるくると変わった（一九五四年一二月の憲法改正によって二重信任制度は廃止、首相による議会解散は容易となった）。

他方で、首相には自らの信任決議権も議会の解散権もあった。しかし、現実には第四共和制下の多くの政府は信任を問われることなく、投票で単純多数が獲得できなかった時に辞職した。また内閣の安定性を強化するための措置である国民議会の解散権は、行使されることはほとんどなかった。解散条件が複雑だったからである。最後に、大統領は国民議会と共和国評議会の両院合同議会で任期七年で選出されたが、その権限は、対外的に国を代表する権限、法律審査権、国会により採択された法律に対してその再審議を求める権限などに限られていた。

第四共和制は第三共和制をそっくり引き継ぎ、ドゴールがもっとも忌み嫌った多党制にもとづく議会政治体制だった。多党政治の国で、議席数が分散する比例代表制度の下では安定与党が形成される可能性は少なかった。

四六年一一月に第四共和制国民議会最初の選挙が行なわれた。結果は、共産党が前回六月の選挙に続いて第一党になった（得票率二八・二％）。MRPは五〇万票を失った。社会党（SFIO）も七〇万票減少、四五年の選挙以来一年間で一〇〇万票以上も支持を失ったことになった。一方で、第三共和制下の伝統的勢力であった急進派と穏健派の復活は顕著だった。第四共和制の最初の政府は社会党のポール・ラマディエを首班とする社・共・MRPの三党政治であった。

第二次大戦後の国際環境とフランス

ようやく戦後の出発を果たしたフランスは冷戦の渦の中で、その外交の舵取りを余儀なくされた。フランスは古くからヨーロッパの大国であった。ルイ一四世をはじめとする歴代の絶対君主の治世、さらに一九世紀のフランス革命とナポレオン時代の過去の栄光の記憶は、ドゴールの「威信」（偉大なフランス）への極端なまでの執着に示されていた。帝国主義時代の植民地拡大は、「西欧文明伝播の使命」という大義名分の下に正当化された。つまりアジア・アフリカの「未開の地」に近代化された西欧先進文明を伝授することが目的とされたのである。

しかし、第一次大戦後の疲弊の下では、フランスは往時の栄光をそのままの形で追いかけることはできなかった。第二次大戦前のナチス＝ドイツの東欧への進出に対する英仏の「宥和政策」＝対独弱腰外交にそれは明らかだった。宥和を望む英国の意志を無視してドイツに単独で対抗するだけの気力も実力も当時のフランスにはなかった。戦後になると、今度はアメリカとの関係において同じことが言えた。ヤルタ会談に招待されなかったことを終生屈辱と感じ、「偉大さの回復」を悲願としたドゴールは、終戦直後の臨時政府の時代に、ローズヴェルトの会見の申込みを拒絶したが、一方で援助を求めてビドー外相をアメリカに派遣していた。

第四共和制は、経済的疲弊、冷戦、植民地解放という国内外の環境に翻弄されて無力を露呈した。そして、フランスは東西冷戦の下、マーシャルプランを核としたアメリカの援助によって経済・近代化優先の路線を選択し、大西洋同盟に根を下ろした対米依存へと傾斜していった。アメリカからの援助を通した圧力によって、四七年五月共産党閣僚が追放されたことは、その顕著な表われであった。戦後日本外交における「逆コース」（戦犯容疑者を含む戦前の重鎮の政界復帰、非共産化）と同じだった。

もはやフランスはかつての大国ではなかった。フランスは「大国か否か」という歴史的命題ではなく、「（アメリカに対する）従属か自立か」というよりさし迫った状況にあった。しかしその復活はアメリカとの同盟なくしては考えられなかった。いわば、国内再建と対外行動の自由という選択肢の中で、前者のために後者を犠牲にせざるをえなかったのである。解放時の四四年には六四％の人が「フランスは偉大である」と考えていたのに対して、四八年にはその数は三七％にまで減少していた。

他方で米ソ冷戦は着実に顕在化していった。四六年三月、チャーチルは遊説中のアメリカ・ミズーリ州フルトンで有名な「鉄のカーテン」演説を行なった。チャーチルは「バルト海のシュテッテンからアドリア海のトリエステまでヨーロッパ大陸には鉄のカーテンが降りている」と述べ、ソ連の脅威に対して米英両国が共同で備えるべきことを強調したのである。そして、四七年三月には、アメリカはトルーマン・ドクトリンとして一連の対ソ「封じ込め」政策を展開していった。ドイツ問題の解決を狙った同年三月の米英仏ソ四国外相会談（モスクワ）は四月に決裂し、四国はそれぞれドイツを分割占領した。

こうした中で、「大国」を演じつつも、実際には「中級パワー」に過ぎない第二次大戦後のフランスの外交は三つの軸によって構成された。すなわち、米ソ対立＝東西冷戦の枠組み、旧フランス帝国の終焉＝植民地独立への対応、ヨーロッパ統合である（渡邊f 三四－三八）。

第一に、フランスは結局西側陣営の一員として復活した。解放直後、フランスの国際的地位の復活をめざすドゴールはソ連との同盟関係を望んだ。四四年一二月には、ドゴールはモスクワを訪れ、対独脅威に備えて仏ソ同盟条約を締結した。それは、ポーランドの親ソ的ルブリン政権の承認、オーデル・ナイセ川西側国境の承認などソ連の東欧への勢力拡大を認めたものだった。ここには、ドイツの脅威に対抗するためロシア・東欧諸国をフランスにひきつけておきたいという伝統的なヨーロッパ勢力均衡外交の発想が生きていた。

その一方で、ドゴールは、西側諸国との協力関係を望んだ。四四年一一月ドゴールはパリでチャーチルと会談したが、それは後に四七年に締結される対独共同防衛のためのダンケルク条約に結実していった。他方で、アメリカとの関係には微妙な影が終始つきまとっていた。四五年二月ローズヴェルトからアルジェでの会合の申し出があったとき、アメリカのそれまでの自分に対する処遇を不満としてドゴールはこれを断わった。しかし、復興のためのアメリカからの支援は不可欠であり、同年八月末にはビドー外相が当面の支援要請のために訪米した。グーアン内閣は四六年春、通貨・経済・社会計画をアメリカに提示、同年五月にはかつての人民戦線内閣首相・社会党のブルムが渡米し、ブルム＝バーンズ協定（米仏協定）を締結した。これによって、フランスはアメリカから二六億ドルの援助を取りつけたのであった。四七年六月に発表された欧州復興援助のためのマーシャルプランは、苦境に喘ぐフランスにとって渡りに船であった。

こうしてフランス外交はアメリカに強く傾斜していった。四九年一〇月に成立したビドー内閣は、翌年三月アメリカとの相互防衛援助条約（ＭＳＡ）を締結し、その後のプレヴァン内閣は財政困窮にもかかわらず、防衛協力のため五三年までにフランス軍を二〇個師団増強する大軍事計画実現を目的として大規模な五一年度軍事予算を組んだ。フランスでは、シューマン外相によって提案された欧州石炭鉄鋼共同体（ＥＣＳＣ）構想（シューマンプラン）は、実質的には欧州経済の一体化を望むアメリカのための統合政策として一部では捉えられていた。欧州統合というと、欧州の自立運動のように見る向きが今日では大半だが、この頃フランスでは、欧州統合はアメリカ資本主義の市場拡大の試みと見る意見も強かったのである。フランスが提案し、自ら葬った欧州防衛共同体（ＥＤＣ）に対する国民意識の底辺には当時そうした感情があったことは否定できなかった。

自尊心の強い多くのフランス人の眼には、自国の「マーシャルプラン化」、「コカコーラ植民地化（アメリカ化）」が開始されたと映ったのである。著名な社会学・国際政治学者レーモン・アロンが述べたように、まさに「東西の《大分裂（グラン・シスム）（米ソ冷戦）》は、フランスにとって無力の発見と同義語」だった。

第二に、フランス帝国の維持という課題があった。フランス人はこの観念に固執した。五一年の時点でも、フランス人の八一％が植民地の維持が有益であると考えていた。植民地解放の世界的潮流についての認識は不十分だったのである。

四四年一月にドゴールが召集したブラザビル会議は戦後のフランスの植民地政策を示唆していた。この会議は、表向きフランスが中央集権的植民地帝国から民族の連合体（フランス連合）へと移行すること、旧植民地における自由・改革の推進、経済・社会発展、平等の承認を主張していた。しかし、実際には各民族の自立は認められず、フランス帝国内での発展を奨励したにすぎなかった。自立の程度はそれぞれの民族固有の事情によって恣意的に判断された。第四共和制憲法の序文は、一方で権利の平等や各国の発展を主張しながら、他方で帝国の維持を示唆していたのである。その証拠にこの会議には被支配民族の代表は呼ばれなかった。

植民地帝国立て直しを意図したフランスの対応は解放直後のヴェトナムをめぐる情勢に明らかであった。後に五〇年代、フランスはこれら諸国の独立、スエズ紛争などを通してフランスがもはや昔日の帝国でもなければ、それが許される時代でもないことを遅ればせながら痛いほど身をもって知ることになる。

第三に、ヨーロッパはフランス外交の中心領域として位置づけられた。そして、ヨーロッパ統合は、ドイツの潜在的脅威への牽制・足かせという意味をもった。つまりドイツを統合の枠の中に押し込めてその行動の自由を封じこめてしまうことであった。アロンの言葉を借りると、「もし、ドイツがわれわれと共に再建されないならば、われわれに敵対して再建されるであろう」という危惧が常にフランスにはあった。終戦直後のフランスの対独政策は、非武装・地方分権化・連邦主義・ライン川緩衝地帯化・ザール地方の関税経済同盟化などドイツ弱体化を強く望んだものだった。四七年の英仏条約＝ダンケルク条約はまさにドイツの脅威に対抗していた。五二年の欧州石炭鉄鋼共同体の設立は、独仏の経済紛争の火種となるルール・ザールの炭田地域を国際管理下に置くことが目的であった。

しかも、「ヨーロッパ」という主権国家の地域的まとまりの形成は、フランスにとって対米自立の基盤形成を意味し、そのリーダーとなることは、自らの国益実現の舞台を演出することを意味した。「ヨーロッパの利益」という名を借りてフランス自身の国益を表明することができるからである。自ら提案し、自ら葬ったＥＤＣ（欧州防衛共同体）構想の流産やＥＥＣ決定方法などをめぐってフランスが後に見せる国家主権に固執した態度（国家連合主義）はこうした思惑を反映していた。

3　ＲＰＦの創設と挫折

フランス国民連合（ＲＰＦ）の誕生――「ドゴールを権力の座へ」

政局は波乱含みだった。その中心は共産党だった。冷戦の進行にともなってこの問題は戦後フランスを大きな岐路に立たせせた。

当時、物価・賃金凍結措置を維持する政府に対する反発と労働者のストライキが激しく展開されていた。四月にはルノー公社がストライキに突入した。最初は少数のトロツキストの主導によるものであったが、次第に事態はエスカレートしていき、共産党系の最大労組CGTも沈黙を覆してこのストライキを支持するようになる。ここに至って、政府と共産党との正面対決は避けられなくなっていた。政府の総辞職か共産党閣僚の更迭かという選択を迫られた社会党ラマディエの苦境を救ったのは、社会党の政策変更であった。社会党は共産党なしの政府への入閣はないというそれまでの方針を覆したのである。その結果共産党官僚の更迭が発表された。

この背景には、すでにヨーロッパ復興援助計画を発表していたアメリカからの圧力があったと言われる。マーシャルプランの重要な目的の一つは、混乱状態にあるヨーロッパ諸国が共産主義陣営に呑み込まれることを避けることにあったからである。そして、このとき以来共産党は政権から離れてしまい、共産党閣僚の誕生は三四年後の社会党ミッテラン大統領の誕生を待たねばならなかった。

こうして、国内安定のための第四共和制の親米路線は明白となった。アメリカの対応に苦悩したドゴールにとってこれは容易に受け入れ難い現実だった。他方、共産党閣僚の追放によって左を切り捨てたラマディエ内閣にすれば、ドゴールの政界復帰によって今度は右からの攻撃に曝されることになった——。

ドゴールの静かな生活は長くは続かなかった。四七年四月一四日、ドゴールはパリでフランス国民連合（RPF）の設立を高らかに表明したのだ。すでにドゴールは四六年九月MRPと決別し、自らの政治勢力を組織する準備を始めていた。かつての仲間たちに自分の下に結集することを呼びかけていた。ドゴールは同年六月のバイユー演説の直後に「第四共和制のためのドゴール主義連合（ユニオン）」を結成していた。しかし今回RPF（フランス国民連合＝結集）を結成するに当たっては、「政党」という言葉を使わず、「結集（ルサンブルマン）」という言葉を使った。一般の邦訳では「連合」という訳語を使うことが多いので本書でもこの表現を用いるが、この言葉は大戦前の右翼運動組織のイメージを想起させる。この伝統は今日まで生きていてドゴール派の系譜にあるシラク＝サルコジの保守勢力は「結集」「ユニオン＝連合」という表現を今でも使う。

ドゴールはこの言葉に彼が忌避した政党政治とは決別した、左右を問わない超党派的な政治勢力の結集の意味を託したのである。かつてレジスタンスのときに、国難にあたってすべての国民を糾合しようと呼びかけた記憶がそこにあった。

準備を整えたドゴールは四七年三月三〇日ブルネヴァル、四月七日にはストラスブールで集会を組織、そして四月一四日パリで結党の大々的な声明を行う予定を組んでいた。実は、これらの場所が選ばれたのは、それなりに意味があった。ドゴールが解放の英雄として本国に凱旋した際にそれぞれゆかりのある場所だったからである。ブルネヴァルは三月三〇日、自由フランス軍が最初に帰還して数千人の残存兵が終結した思い出の場所だった。ストラスブールは四四年末、レジスタンスがナチを駆逐したときドゴールが足を踏み入れた場所であった。レジスタンスの記憶によるドゴール人気高揚のための演出だった（De Gaulle aII 43–46; Lacouture 2 296)。

ブルネヴァルでは五万人もの聴衆を前に、ドゴールは「不毛な争いを止め、国民が道に迷い、国家が体面を失っているような社会を改革し、フランスの民衆が母国で結集する日が来るのです」という有名なフレーズを高らかに謳いあげた。そして人々は「ドゴールを権力に」と口々に叫んだのである。このとき、ラマディエ首相は、ドゴールの政治的結集と愛国主義の高まりは「思い出の儀式だ」と嘲笑した。しかしそれは儀式にとどまらなかった。四月七日のストラスブールでの演説は、第二次大戦で戦死したアメリカ兵士の記念碑の前でＲＰＦの設立を宣言した。ドゴールはその演説の中で、「ＲＰＦを創設し、組織するときです。ＲＰＦは法律の枠の中で意見の違いを超えて、ともに救済されるための努力と国家の抜本的改革を推し進め、勝利を導くものなのです」と力強く語った（Lacouture 2 301; De Gaulle aII 40–47）。ＲＰＦの正式な設立日については定説はないが、創立宣言がこの集会で公式に発表されたことはよく知られている。

そしてドゴールはパリの集会で、「国民は社会の安泰にとって必要な措置を選択し、公平に適応する能力のある一貫性をもった秩序を保ち、集権的な国家によって導かれねばならない。硬直し、対立した諸政党があらゆる権力を分かち合うような現在の制度は別の制度に代わる必要があります。すなわち、それは行政権が政党にあるのではなく、国家を導き、未解決のどの紛争も人民自らによって解決されるべき制度なのです」と語った（Lacoulure 2 303）。ＲＰＦの設立とその意義についてドゴールは明言したのである。

対外的な危機が進行し、フランスが崩壊の脅威に曝されている今こそ法の枠内で国家機能の変革と早急な憲法の改正を目的とする政治集団を設立する必要があるとドゴールは考えた。つまり、ＲＰＦとは、第四共和制の中での政治勢力によるドゴール流の「体制内改革」の試みだった。その主張は、政党政治を否定した強い行政国家の設立、直接民主制のための信念、世界での地位を確保するための国民の偉大さ、植民地帝国への固執、フランスの権威の回復だった。しかしドゴールは排外主義・人種差別を否定した。ドゴールと極右の違いだった。目的は国家そのものの改造だった。

ＲＰＦの躍進

その夏には、各地で開催されたドゴール支持の政治集会は相次いで成功を収めた。ロレーヌ十字の旗とかがり火の下に数千に及ぶ熱狂した群集が集まった。ドゴールには大衆政治指導者の面影すら宿った。そしてドゴールは共産主義者を「分離主義者」と痛罵した。このドゴールの政治スタイルはファシスト的な独裁者・煽動政治家のイメージを多くの人々に与えた。

そのことはＲＰＦの指導層の体質を考えるとある意味では当然であった。主な支持者の大部分は戦時中ドゴールとともに自由フランスの名の下にレジスタンスを戦った人々だった。ＲＰＦ書記長ジャック・スーステルはドゴールの諜報機関であるＢＣＲＡの責任者であった。国内レジスタンス派は少数であったが、その中には右翼アクシオン・フランセーズに属したドベヌーヴィルらがいた。

四七年には当局はドゴール派の「青の計画」を摘発した。これは共産主義者の暴動に対抗するための武力行動計画で、そこにはかつてのレジスタンス参加者や極右主義者が含まれていた。「勝利の士官学生」のグループは、全国在郷軍人協会の一指導者の家に招かれてドゴールを政権につけるためのクーデタの謀議を練っていた。彼らは日曜日ごとに菓子折りの中に武器を隠しもって集まっていた。

ドゴールの下に参集した多くの人々は無名の人たちだった。それはドゴールが孤独の中でレジスタンスの産声を上げたときと同じだった。議会制と政党への憎悪、強い行政権（大統領）、そして国民投票に象徴される直接政治に支えられたボナパルティズム（ある種の人民代表制度）の性格がＲＰＦには顕著だった。ＲＰＦの支持者の主要層は公務員（二〇％）、労働者（一五％）、小商店主・職人（一四・三％）で、農民（四％）、軍・警察関係者（五％）は意外に少なかった。思想的には三つの系譜があった。第一はドゴールを極右の系譜でとらえる見方であった。第二は穏健派としての、急進派であり、国家改革の考えを受け入れ、ドゴール主義の中に民族的で愛国的な流れを見出す立場であった。第三が、ドゴール派の隆盛に応じて、政治に眼を向け始めた新しい世代である。そして彼らを支えていたのがカリスマ的指導者としてのドゴールだった。ＲＰＦにはドゴールのカリスマ的人気の下に不満分子を中心とした野合集団という特徴は否定できなかった（Charlot 89; Berstein 121–122)。行政権力の強い国家、議会制に対する不信、直接民主主義の信奉、国家の偉大さの希求、植民地主義、民営主体の伝統的保守主義的経済政策などが政治的スタンスの特徴だった。

いずれにせよ当座、ＲＰＦの発足は大きな成功を収めた。創設後一カ月で加盟者数は八〇万人、四八年半ばに一五〇万人に達したと言われた。政治・社会的に多種多様な人々が集まり、小説家マルローやスーステルなどの文化人や保守政治家などが参集した。フランス国民連合は、コミュニストに対する恐怖・反動から生まれたのは間違いなかった。それだけに、当時の社会的騒擾を背景にしてその勢力の急速な拡大に成功した。しかし、確固たる政治的信念をもった運動とは言えなかった。反共と第四共和制への反発に支えられたこの運動には、ドゴール自身に対する共感は余り見られなかったのである。ラクチュールは、ＲＰＦが「マルローの演出によるドゴール劇」だったと指摘した。

四七年一〇月の市町村会選挙でＲＰＦの勢いは如実に示された。ＲＰＦが地滑り的勝利を収めたのである。比例代表制が導入された人口九、〇〇〇人以上の自治体（九、〇〇〇人以下の自治体では小選挙区過半数投票制）で四〇％の得票率を獲得した。パリ、マルセイユ、リールなどフランスの大都市のうち一三の都市、五二の県でＲＰＦが勝利した。共産党は一〇％、社会党とＭＲＰは三分の二も支持率を失った。ドゴールの弟であるピエール・ドゴールはパリ市議会議長（七七年までパリでは市長が置かれなかったので、実質的な市長）に就任した。

第二回投票の翌日一〇月二七日、ドゴールは「無力のまま国家を存続させる混乱と分裂の体制はここに批判されました。現政権は国民の信頼たる正統性の基礎を失いました。この政権は実際には諸政党の組み合わせでした。そして、それが国民の脆弱な少数派を代表しているにすぎないことは明らかでした。国民議会はもはやフランスを代表してはいません」と語った。ドゴールによると、権力の正統性は国民投票にこそある。権力の正統性と政党政治への嫌悪というドゴールが終生貫いた主張がそこにはあった。長男フィリップに「RPFの成功は熱狂的なものだった。カエルどもが無闇と鳴いておる」と書き送ったのである。しかしドゴール派の政治の行動分析に詳しい研究者ジャン・シャルロによると当時の世論調査ではフランス人の四八％がこの選挙結果に満足していたが、そのうち約六割（フランス人全体の三分の一）の人々が、ドゴールの政権復帰と憲法改正を支持していたにすぎなかった（Charlot 107–108; De Gaulle aII 136）。

ドゴールはこの市町村会議員選挙の勝利に乗じて解散・総選挙を通して一挙に政権奪取と第四共和制憲法を葬り去って、バイユー演説に見られた大きな行政権をもつ憲法への改正を狙ったのである。

しかし、その目論見は外れた。ヴォンサン・オリオール共和国大統領によって支持されたラマディエ首相は、第四共和制憲法の厳格な尊重を主張し、ラマディエは「政権交代はないこと」を告げた。SFIO（社会党）の重鎮ギ・モレも議会で、二つの敵（共産党とドゴール派）に対抗するために、「フランスに忠実なすべての共和主義者」の連合が不可欠だと呼びかけたのだった（Berstein 133）。

社会危機と「第三勢力」——不安定な中道政治（一九四八年—五一年）

社会危機は国際共産主義運動と深く関わっていた。一九四七年九月に、ポーランドで開催されたソ連・東欧、仏伊九カ国の共産党代表による秘密会合の際に、仏伊共産党代表は、政権与党であることを指弾され、日和見主義と厳しい批判を浴びた。これを機に仏伊共産党は反米姿勢と社会党に対する攻撃を先鋭化していった。

市町村会選挙の直後、今や共産党に支配された労働総同盟（CGT）は大規模な闘争を再開した。一一月中旬以後、ストライキはフランス全土に拡大、とくに金属・鉱山部門で激しく展開された。インフレによる生活苦は消えていなかった。マルセイユの路面電車運賃値上げの後に起こった暴動は市庁舎への攻撃に向かい、RPF市長は暴行を受けた。治安当局は無力を露呈し、暴動は加速化していった。

このような社会的混乱の中でラマディエ政府は共産党とドゴール派に激しく糾弾され、他方で与党急進派と穏健派からはその統制経済政策の失敗を批判され、一一月には辞職した。MRPのロベール・シューマンが組閣した政府（MRP九名、社会党八名、急進派六名、独立派二名、UDSR一名が入閣）が、一層右傾化したのは明らかであった。内相に就任した社会党のジュール・モックは治安強化に精力を注ぎ、一一月末八万人の武装治安部隊を召集して、ストに対する強硬姿勢をエスカレートさせた。一二月九日には、CGTは遂に操業再開の指令を出した。

前年秋以来のあれほどの騒擾を経て、なおかつ第四共和制が存続していること自体驚きだった。左右の有力政党、つまり共産党とドゴール派の抜けた政府だけが残っていた。社会党ギ・モレはこの政府を「第三勢力」政府と呼んだ。そして、当然のことながら、このタイプの政府は脆弱であった。

それは、社会党とMRP連合を主体とする第三勢力が少数派であったからである。四七年一月四日サンティエンヌでの集会で、ドゴールは「搾取」「階級闘争」等の共産主義者の用語に対抗して、「結社（アソシアシオン）」という言葉を使った。当日のデモには一〇万人の大群衆が行進した。同年三月コンピエーヌの集会で、ドゴールは議会の解散を要求し、勢いを誇示した。加えて、「第三勢力」内部の不統一があった。反共という点では「第三勢力」は一致していたが、反ドゴール主義の点では社会党以外には連立与党間で意志統一はできていなかった。さらに社会党は右傾化を懸念し、再三政府を解散させたが、解散した政府に閣僚を擁しており、そうした矛盾は社会党の凋落を促した。

ドゴールとＲＰＦは第三勢力諸政府の脆弱さ、制度の貧弱さ、諸政党の無能ぶりを批判したが、他方で共産党は諸政府の親米政策を厳しく追及して反政府ストを盛んに支援した。共産主義者の破壊活動に曝されたフランスの危うさは、当時の英国の『オブザーバー』紙によると、「フランスはもはやわれわれが頼りにできる同盟国ではなくなった」（一九四八年一一月二日）という言葉に端的に示されていた。

しかし、四七年と四八年のストが失敗に終わると、共産主義の高潮は急速に引いて行った。四七年の市町村会議員選挙で、共産党は多くの市町村で敗北した。四八年一一月、新しい法律にしたがって行なわれた共和国評議会選挙でも、共産党はほとんど勢力を失った。

そして最も危険な敵と目されたＲＰＦも後退した。急進派クイユ政府は県会議員選挙をできるだけ先送りにした。それは、ドゴール派が四七年市町村会議員選挙の勝利による上げ潮ムードの中でさらに弾みをつけ、議会解散・総選挙を要求するのを懸念して冷却期間を置くためであった。結局はこの「読み」は当たった。六カ月もたつと、「ドゴール熱」も冷め始め、世論の一部はドゴールから離反していった。ＲＰＦの過熱した騒動に人々はついていけなくなっていたからである。

ドゴール派の「騒動」はエスカレートした。四七年九月グルノーブルでは混乱のうちに一人の共産党員が銃弾の犠牲となり、ドゴール派の多くが負傷した。モック内相は共産主義勢力のストに断固として対応したように今度はこのドゴール派の運動に対しても強硬に対応した。ドゴール派の中にはフランスのナチ支持者ジャック・ドリオの周辺の人物も見られたのであった。そうした結果、四八年三月の県会議員選挙でＲＰＦは期待通りの勝利を得ることはできなかった。六カ月前の人々の熱狂的支持をドゴールは失った。五〇年代初頭の『ソヴィエト百科事典』にはドゴールについて、「フランス反動政治の代表者。ＲＰＦというファシズム政党の代表」と書かれていた。

このRPFの退潮の原因はドゴール自身の傲慢さにも責任の一端があった。先の市町村会選挙後、ドゴールは社会党とMRPを弾劾し、総選挙と思いきった憲法改正が必要であると訴えた。しかし、この時点でこうしたドゴールの主張は時期尚早だった。ドゴールの議会制に対する「最後通牒」は国民議会に重きを置く議会政治家たちの反発をかった。加えて、ドゴール派の集会が準戦時体制的な雰囲気を醸成させていたことも人々の嫌気をかった。集会には多数の車が動員され、ドゴールは武装した支持者にとりまかれた。人工的に醸し出された危機感を高揚させる戦術は右翼の常套手段であった。世論調査では、この年の春頃からドゴールの人気は下降し始め、四九年初めにはその支持率は三〇％にまで低下、同年半ばには国民はドゴール派の活動に対して無関心となっていた。平和の訪れとともに動乱の時代の救国の英雄は忘れ去られる運命にあった。ドゴールがフランスの安定と繁栄のための秩序構築者としてのリーダーシップを発揮するための出番はなかった。それにドゴール自身、まだその準備ができているとはいえなかった。

「第三勢力」の後退とRPF

勢力均衡的で不安定な体制を改善し、堅固な秩序を打ち立てるために五一年五月、クイユ政府の提案する選挙法が国民議会で採択された。

新しい選挙法は、県単位の立候補リストによる比例代表制であったが、異なったリストの間でのアパラントマン（比例代表制の選挙における票の相互委譲の取り決め）が可能であった。この制度は、ある県でアパラントマンに基づいて協力した党派が有効得票数の絶対過半数を獲得した場合、その協力した党派が全議席を獲得し、彼らの内で議席を再配分するというものであった。その目的は共産党の議員の数を減らすことにあった。共産党とアパラントマンを締結する候補者はまずいなかったからであった。RPFの場合には、協力可能な政党は存在したが、ドゴールがこの制度を嫌った。党利党略的な計算による妥協を拒絶したのである。RPFのアパラントマンはわずかに一三だった。共産党とRPFが絶対過半数を獲得する可能性があったセーヌ県やセーヌ・エ・オワーズ県ではあらかじめアパラントマンは許可されなかった。

こうして六月一七日の国民議会選挙では九〇件のアパラントマンが締結されたが、結果は、RPF以外は（前回選挙時存在しなかった）いずれの政党も前回四六年一一月の選挙時よりも勢力を後退させた。共産党は五〇万票以上を喪失し、社会党も三％以上支持率を減らした。選挙改革に反対したMRPは議席を半減させた。しかし、「第三勢力」全体としては、四六年の六七・六％から大きく後退したが、アパラントマンに助けられる形で五一％以上を獲得し、過半数を維持することにはかろうじて成功した。実際には得票率以上の議席を得たのである（六二七議席中三八八議席）。他方でRPFはドゴールの予想を遥かに上回り、二一・六％も票を獲得して第一党となった（一一八議席）。党勢挽回に成功したのである。RPF支持票の多くは従来のMRP支持者からのものであったが、ドゴール派は共産党を含むほとんどすべての政党から支持を集めていた。

しかし、この選挙結果をどう見るか、という点では評価は分かれた。ドゴールの義弟ヴァンドルーはRPFの「全面的勝利」と評価したが、フーシェ（参謀長）は「われわれは打ち負かされた」と断定した。側近のギシャールによると、ドゴールは「六月一八日の朝、RPFは勝利したわけではないとわかっていた」という。二二日、ドゴールは「組閣の音頭をとるのはわれわれだ」と記者会見の席上で語ったが、他の政党との協力なしに組閣は不可能であり、単独政党としては第一党だとしても一二〇議席に満たない勢力ではイニシアティブを実際に取れないことは確かだった。そしてRPFの勢いに決定的な歯止めがかかったことは明らかだった（Vendroux 309; De Gaulle aII 441; Lacouture 2 374）。

「誰も排除せずに、われわれを手助けしてくれる人々とともに政府をつくる準備はできています。しかし何もしないために組閣することはありません」とドゴールは語った。実際、当時ＳＦＩＯ（社会党）は経済・社会政策、植民地・教育問題で他党と対立していた。ＳＦＩＯ内の穏健派がドゴール派と連立することは可能であるように見えたが、ドゴールにとってＳＦＩＯ自体との連立は明らかに不可能だった。ドゴールは先の六月二二日の記者会見で、「諸政党が準備しようとしている、過去から引き継いだ多党連立内閣に参加しないのは当然だ」と語ったが、それはドゴールの本音だった。政党中心・議会万能主義の第四共和制への批判であり、ドゴールは憲法の改正を強く主張していたからである。

「第三勢力」は形式的には存続したが、もはやその統治能力は失われていた。この選挙後に成立したプレヴァン内閣では、宗教団体と関係する私立学校への給付金をめぐって社会党とＭＲＰが対立し、五二年一月、内閣は倒壊していた。「第三勢力」の誕生は、共産党とドゴール派という左右両勢力が影響力をもつ政局において政治体制を維持するための苦肉の方策だったが、政権与党間の分裂によって弱体化していた。

しかし連立政権に加わることをドゴールが拒否したので、ＲＰＦは政治の表舞台から排除される憂き目を見ることになった。ＲＰＦはゲットーに閉じ込められることになった。同派内部穏健派の連立を拒否するドゴールの政策に対する強い反発は当然だった。グループ議員に対して投票の自由を認めることが求められた。ドゴール自身の政権奪取の取り組みに対する批判であった。これに対して、ドゴールは「議会で起こっていることに私は没頭するわけにはいかない。しかし、しなければならないこと、それはＲＰＦ自身がその仕事を果たすこと、すなわち誤った体制を変えるように国家を導くことである。それは、今のような体制とともにあることではない」(De La Gorce 810) と言い切った。

オリオール大統領の手引きもあって、プレヴァン内閣、フォール内閣の成立に際してもドゴール派切り崩しは行なわれた。フォール内閣の後で首班指名を受けた、ポール・レイノーに多くのドゴール派議員が同調し、ドゴール派は崩壊寸前となったが、社会主義者がレイノーの挙国一致内閣を拒否したために分裂は免れた。ＲＰＦからその後継者ピネ政府への支持者が出たことは、ＲＰＦ自身の結束力の弱さを露呈したことになった。五三年三月六日、ヴィシー政府の全国評議会委員であったピネ内閣が成立したが、この政権の誕生は第四共和制が大きく右傾化したことを意味していた。

この中道－右派政権をＭＲＰ、独立派、ＵＤＳＲに加えて、二七人のＲＰＦ議員が支持した。そしてピネ政府は絶対過半数を一一議席上回ったのである。五一年一〇月の県会議員選挙では、ＲＰＦは僅かに一三・四％を獲得しただけで、六〇％以上の議席を失った。五二年五月の上院選挙でもＲＰＦは九議席を失い、さらに勢力を後退させた。同月、四一人のドゴール派議員がドゴールに書簡を宛てたが、その書簡でドゴールに対して自由な立場での投票を要求し、政府与党を一定の条件で支持する許可を求めたものであった。第四共和制を崩壊させるために結集したはずのＲＰＦであったが、逆に政党間の合従連衡の渦の中で自らの存亡の危機に直面することになったのだった。

ピネ内閣に次いで、五三年一月に成立した急進派マイエル内閣は八一人のＲＰＦの議員が支持に回ったので、絶対多数三一四議席をはるかに上回る三八九議席の支持を得ることに成功した。ＲＰＦは敵対してきた第四共和制の政党制に取り込まれていったのであった。ここにいたって、ドゴールはＲＰＦに見切りをつけねばならなかった。政党体制を転覆させるためにＲＰＦを用いた体制内改革の意図が挫折したことは明白だった。

政党政治の中での改革の挫折

五三年四月・五月の市町村会議員選挙では、ＲＰＦの影響力は全く失われてしまった。わずかに一〇・六％の投票を得ただけで、他の主要政党にも遅れをとった。四七年に獲得した市町村議会選挙の獲得票の六〇％を失ったのである。同年五月六日、ドゴールはＲＰＦはもう議会活動にも選挙にも参加しないという声明を発表、ＲＰＦの議会活動の終了を告げた。ドゴールは、

「不毛で、当面の変化を望めない体制（第四共和制）から身を引かねばなりません。『結集（ルサンブルマン）』という形では、開かれたこの時代に選挙を通して指導的役割を何ら果たすことはできません。選挙に加わることは『結集』そのものとフランスに失望しかもたらさなかったからです」

と語った（De Gaulle aII 582）。

そして「戦争以来私が行なってきた努力は今日まで報いられませんでした。私は率直にそのことを認めます。（……）再グループ結成の時は、根底から異なった条件の下で人々のうちから新たな要請の気持ちが起ったときに訪れるのです。それはまた不安に満ちたこの国においてフランス国民が結集し、体制が変ってしまうような世論の飛躍があったときに可能となるのです」（De Gaulle aII 582）――ドゴールは再起を信じてこのように訣別の辞を閉じた。文字通り敗戦の弁だった。そしてフランス政治の秩序構築のための自分の構想が実現できないことに対する無念さの表明であった。どんなに高邁な見識でも、意思の力だけではどうにもならなかった。政治の力が不可欠であった。

こうしてＲＰＦ議員たちには自由が認められた。彼らは投票の自由を認められ、ドゴールというカリスマから解放された。しかしその後のドゴールの復活を今から考えると、ドゴールに見捨てられたといったほうがよかったかもしれない。

翌日、国民議会RPF代表アンドレ・ディトレム議員はドゴール派の団結維持を訴え、七七名の議員がそれを了承した。この日それに反対するものはいなかった。同月二六日にはドゴールが議会ではRPFの呼称を止めるようにRPFの議員たちに要請したため、議会ではドゴール派は社会行動共和派連合（URAS）に呼称を変更した。シャバンデルマスがその代表になった。

しかし彼らの中でドゴールが掲げた政治理念は沸々と生きながらえていた。第四共和制が無力を露呈し、政治の混乱が深まるにつれて、彼らの目にはドゴールが主張していた制度改革が不可欠であることが次第に明らかとなっていくように見えた。五三年一二月ヴェルサイユの両院議員総会でオリオール大統領の後継者として穏健派ルネ・コティが選出されるのに一三回も投票が行なわれたことは、第四共和制の脆弱ぶりを歴然とさせるものであった。

急進派ルネ・マイエル政府が五カ月間存続したのち三七日間の政権空白を経て、右翼ジョセフ・ラニエル政府が五三年六月二四日に成立した。この内閣の誕生は右翼が権力に返り咲いたことを意味した。社会共和派の六二名の議員がこの政府を支持し、ドゴール派から五人が入閣した。三日後、ドゴールはすべてのRPFの閣僚はRPFを離脱するようにというコミュニケを発表した。五四年三月にURASは〈社会共和派〉と名称を変え、その後CNRS（社会共和派国民センター）に改組された。

その翌年の六月に成立したマンデスフランス内閣は社会共和派議員によって支持され、ドゴール派の閣僚が六人も誕生した。シャバンデルマス（公共事業・通信大臣）、ケーニング将軍（国防大臣）、ルメール（再建相）、フーシェ（チュニジア・モロッコ担当相）だった。ドゴールは入閣の誘いを断った。しかし、ドゴール派は五五年一二月フォール内閣が解散した後に二つに分裂、急進派やUDSR、MRPなどに分かれていった。五六年の選挙ではドゴール派としては三・九％を獲得、二二名の議員しか選出できなかった。党勢の凋落は明白で小さな一政治団体になったにすぎなくなってしまった。

五四年一二月、スポーツ宮殿で行なわれたドゴール派の集会で、ドゴールは四、〇〇〇人の代表者にRPFが単なる「連合」に変わることを告げた。翌年六月三〇日には、ドゴールは記者会見で自分が政界から身を引くことを明らかにした。「あらゆる事情から見て、私が復帰するまでには長い年月がかかるでありましょう。私の気持ちは《公務》と呼びうるものに関わらないということであります」(Lacouture 2 420) と語った。さらにその年九月一三日には、ドゴール派の「連合」があらゆる仕事、審議を中断、新規加盟を取りやめ、会合も組織しないことを明らかにしたのである。ラクチュールは、ドゴールが「《結集（RPF）》、それはおしまいだ」と五三年秋に家族に語ったと述べている。この頃すでにドゴールの気持ちの中でRPFとの関係は吹っ切れていたのであろう。

カリスマ・ドゴールの政党RPFとその終焉

RPFの時代のドゴールをどのように捉えるのか、ということについて詳細な研究はこれまで立ち遅れていた。一九八一年テールノワールの業績と九八年にドゴール財団から出版された『ドゴールとRPF』という大部の報告書が本格的な研究書であるが、それはRPFに参加した人々や研究者による大規模な討論会の成果である（Terrenoire, Fondation Charles de Gaulle)。

その中で、二〇〇七年に亡くなったフランスの政治学の泰斗ルネ・レモンは、RPFが二つの意味をもっていたことを指摘する。第一に、この政治集団はあきらかにドゴールの個人的意思を体現したものだった。第二に、RPFの目的はドゴールを政権につけることを目的としていた。その背景には、ドゴールが当時の国際環境をきわめて悲観視していたことがあったとレモンは主張した。つまり、ドゴールは高まっていく当時の東西冷戦の緊張の中に、第三次世界大戦勃発の可能性を見ていたという。フランスがドイツに屈した一九四〇年の二の舞を彼は恐れたのである。ドゴールが当時の状況を新たなる大戦の危機とみなしていたとレモンが指摘した点は興味深い。見方によっては、過激で性急に見えたドゴールの言動の背景にはそうした認識があったのかもしれない（Rémond: Fondation Charles de Gaule 849–852）。

明らかな事実としては、ＲＰＦという政治活動（政党）が「戦時のゴーリスト（ドゴール支持者）」の政党であったことである。書記長となったスーステル（「自由フランス」時代の中央情報行動部責任者）、ポメル（非占領地区で政治宣伝担当責任者）、レミー大佐、（「自由フランス」の諜報責任者）らはいずれもレジスタンス以来のドゴールの側近たちであった。ドゴールがＲＰＦの幹部に指名した四三人のうち三四人がレジスタンスの経歴の持主であった。まさしくＲＰＦはドゴールを解放の英雄として崇めるカリスマ政党であった（シャルロ 九八–九九）。

いずれにせよ、ドゴールがＲＰＦを立ち上げたときに、ドゴールにはいくつかの選択があった。歴史家ベルシュタインは、ドゴールには国民に問いかけていくか、自重して事態が落ち着くのを待ってまとめていくのか、自ら混乱を煽ってリードしていくのか、という三つの選択肢があったと指摘する。ドゴールの性格からすると、第三番目の選択がもっともふさわしく思われるが、ドゴールは議会を通して政権に着く道を選んだ。ＲＰＦ設立は彼が忌み嫌った政党活動に自ら身を委ねることを意味した。しかしドゴールは結局そうした期待に裏切られることになる。政党政治によって国家の機能が麻痺した状態を救うこと、それを鮮やかに国民の前で演じて見せることにドゴールの真意はあった。

しかしドゴールは、ベルシュタインの表現で言えば、フランス国民固有の「政治文化」がドゴール的な思考と言動を結局は受け入れ難いことに気がつかなかったのである（Berstein 174）。危機時のリーダーに秩序構築のための役割は与えられなかった。再び崩壊のときが迫っているにもかかわらず、フランス国民はまだその旧態依然たる政治文化を変えようとしなかったのである。ドゴールは早くからそれに気がついていた。その変革には、制度的改革しかなかった。独裁ではない形で、民主的な強いリーダーシップを合法化させるにはどうすべきなのか。国民投票型の直接投票によって正当化された強い行政権力の誕生はドゴールの早くからのフランス政治体制に対する見識であった。RPFはそれを体現しようとしたものであった。

しかし根本的な矛盾がRPFの運動にはあった。このRPFが政治団体である以上、政党政治を基礎とする第四共和制のルールを受け入れねばならなかったからである。その意味では、ドゴールがいかに演出して見せたとしても、RPFは一政党であることを免れなかった。しかし、RPFはあくまでドゴールの個人的意思を体現した団体であり、その根本的な組織原理はドゴールというカリスマ的指導者による統制的な秩序観にあった。それはもともと矛盾の上に成り立った一時的な権力掌握のための組織であった。しかも、一二〇人もの議員を議会の外から、つまり政治制度の枠外から力によって統御することはもともと不可能であるといってよかった。RPF所属の議員たちは、いつまでも意思のない操り人形として処遇されることに耐えられるはずはなかった。体制の論理に従った体制内革命の試みは、徹底抗戦による反乱の成功か、さもなければ体制に吸収されてしまうしかなかった。RPFが後者の道を歩むには二年もかからなかったのである。

もうひとつ重要な点は、タイミングだった。レモンの指摘するように、ドゴールが当時のフランスに戦前の危機的な混乱状況を見ていたとしたら、それは時宜を逸した見方であった。RPFが四六年の総選挙に打って出ていたとしたら、四七年の市町村議会選挙以上の成功を収めていたかもしれない。しかし総選挙は五一年まで待たねばならなかった。そしてその頃にはドゴール主義の新鮮さはすでに失われてしまっていた。直接行動による政治勢力が伸びるには危機の時代は去り、時代は少しずつ落ち着きを取り戻しかけていたのである。

それではRPFによる政治活動は何も残さなかったのであろうか。ドゴールという人物がフランスの政治に返り咲かなければそうであったといわねばならない。しかし、彼はその後五八年に今度は請われて颯爽とフランス政治の表舞台に戻ってくる。もし五八年までRPFが細々とでも活動を続けていたならば、ドゴールの復活はなかったかもしれない。レモンは、ドゴールはこの失敗から政治家としての道を大いに学んだが、同時に第四共和制に対する批判を国民的規模で唱和したことによって、その後成立する第五共和制の精神（＝ドゴールの信条）を国民に理解させた。つまりRPFは政治運動そのものとしては失敗であったが、ドゴール自身の政治的理想と目標を第五共和制成立の前に事前に国民に開示することになったと指摘している。ドゴールが政権復帰を果たしたことから考えると、彼は次の出番に備えて、自らを国民の前で明確に語り、事前に意思表示し、理解を待っていたことになったのである。

「砂漠の横断」――孤独と次女アンヌの死

こうして再び、ドゴールはコロンベ村に戻ってきた。オート・マルヌ県全体は荒れた土地で決して観光に適した場所ではない。今ではこの小さな村を観光客が訪れ、ドゴールの墓前に献花する程度である。村の小さなショップにはドゴールにまつわるグッズが並んでいる。いわばみやげ物屋でもある。ドゴールは何もないコロンベ村の観光地化の立役者でもある。しかしコロンベからパリは遠かった。

ドゴールの隣人たちは慎み深く、控えめにドゴールたちに敬意をもって接した。司祭が時々昼食にやってきた。小学校教師はもっと頻繁にやってきた。戦後改修されたボワスリーのドゴールの家は、救国の英雄の家にしては質素な佇まいだったが、一退役軍人の住まいとしては十分なものだった。庭に突き出した三つの長扉の窓、柏の木で製作された重厚な家具のおいてある食堂、田舎くさい古風な緑色の壁布が貼られたサロン——それは地方のブルジョワの佇まいであった。そして、ドゴールの書斎は暗い色のマホガニー材で作られた帝政時代の大きな家具やルイ一四世が大使たちからの至急便を整理したといわれる（ドゴールはそう信じていた）ファイルキャビネットが置かれていた。そしてこの部屋にはミシュレ、ティエール、ヴォルテール、ベルクソンらフランスの賢者たちの書物が溢れていた。壁には献辞が書かれたローズヴェルト、蔣介石、ダルジャンリューらの写真が貼ってあった。窓からは庭が臨めたが、視界は広く遠かった。そして真ん中の窓の開いたまっすぐの方角にはパリがあった。

ドゴールは朝七時半にラスクを幾片か食べ、紅茶を飲んだ。日中は圧倒的な集中力で手紙類を処理し、回想録を執筆した。早めの夕食をとり、自宅近くの森を散歩した。この習慣は終生変わらなかった。大統領になり、アルジェリアの独立を決めた直後、ドゴール暗殺計画の情報が飛び交った時期ですら、ドゴールはこの習慣をやめようとはしなかった——ＲＰＦの解散を決心した後のドゴールはあたかも政治の世界から無関心のような生活ぶりを始めた。このことを一番喜んだのは妻のイヴォンヌだった。夫の心の平穏を望むイヴォンヌは今度こそ夫が自分の許に戻ってきたのだと考えているようだった。五三年七月コロンベを訪れた側近ギは、ドゴール夫人の態度に驚いた。彼女は、夫が「歴史（＝過去の人）」、いや「単なる歴史」とみなされるようになったことを喜んでいるように見えたからである。このＲＰＦ事務局長は、ボワスリー（ドゴールの家）に行くたびに、イヴォンヌが、ＲＰＦに関わることが、ドゴールにとってどれほど負担となっているかということを遠まわしに語っていたことを伝えている。

ドゴールは村人にとって敬愛すべき、温和なただの引退生活者以外の何者でもないかのように見えた。読書をよくし、毎日散歩に出て、夜中の一時半まで部屋の明かりはついていた。ドゴール自身、「人々と事件の騒ぎの中で、孤独は私の欲するところであった。それは私の友でもある」と語った。この時期のドゴールの寂寥の気持ちがよく現れていた。

RPFのためにドゴールが奔走していた日々――彼らは悲しい知らせにも同時に耐えねばならなかった。四七年末に、レジスタンスの彼の忠実な部下だったルクレール将軍が死んだ。アルジェリアでの飛行機事故だった。悲嘆にくれたドゴールはこのときから喫煙をやめた。翌年二月六日には、ドゴール夫妻は長年の苦悩と負担から解放された。しかしそれは辛く悲しい解放感だった。ドゴールがあれほど慈しんでいたアンヌが死んだのである。可哀想なアンヌは二〇歳で天に召されていった。直接の死因は気管支炎だった。

ドゴールはアンヌの死から二日後、長女のエリザベート宛に手紙をしたためた。

「アンヌは衰弱し、次第に息が途絶えていった。医者が気つけのための注射をしているうちに、母親とミシゴ夫人（介護の夫人）の腕の中で死んでしまった。司祭が祝別のために駆けつけてくれた。しかし、私たちの苦痛に満ちた哀れな娘、希望を失った私たちの愛らしい娘の死は私たちに途方もない苦しみを与えた。それはおまえも同じだと思う。かわいいアンヌが遠くの空から私たちを見守ってくれるようにと、そして何よりもまず、おまえ、私のかわいい娘であるエリザベートを守ってくれるように」（Ollivier 54–55）と引き裂かれるような胸中を長女に素直に語りかけたドゴールだったが、その苦しみは容易に癒えるはずもなかった。

しかし喜ばしいこともあった。アンヌが亡くなる五週間ほど前の一月には、長男フィリップがモンタランベール家の娘アンリエットと結婚式を挙げた。質素な式ではあったが、ドゴールは威厳を保ちながらも慎ましやかに家族の幸せを喜んでいる様子だった。

この頃ドゴールの日課の大きな部分を占めたのは、『回想録』（『大戦回顧録』）の執筆だった。『大戦回顧録』の執筆は一九四六年にドゴールが第四共和制と決別したときから開始された。ＲＰＦ創設以後中断したままとなっていたが、一九五二年から執筆は再開された。第一巻『呼びかけ』は五四年大手出版社プロン社から出版され、第二巻『統一』は五六年、第三巻『救済』はドゴールが権力に返り咲いた五九年にようやく出版された。五四年二月初めに第一巻の草稿ができあがったとき、ドゴールは思わず、「やった。終わったぞ」と声を上げた。長女のエリザベートがタイプで打ち上げた原稿は六〇〇枚に達した。しかしこれは退職者の時間つぶしではなかった。ラクチュールの表現で言えば、「偉業の証言」だった。第一巻は瞬く間に売れた。五週間で一〇万部が飛ぶように売れた。ベストセラーだった。

世界的に有名なこの人物の家計が楽ではなかったことはよく知られている。当時ドゴールは大佐としての年金しか受け取っていなかった。長男のフィリップは、ドゴールが回顧録を書き、印税が入って家計が少し潤ったと述懐している。しかし、印税の多くは、アンヌの死後ドゴール夫妻が設立した障害児のための「アンヌ・ドゴール財団」の資金となったのである。

年老いた救国の英雄の人生の黄昏が近づいているように見えた。老いとの戦いが始まった。ドゴールは対独レジスタンスに立ち上がったときすでに五〇歳になろうとしていた。そしてその後アルジェリア独立闘争の危機の中で第五共和制を樹立したときには七〇歳になるところだった。「自分はもう歳を取りすぎた」という感慨は、事をなすにあたって常にドゴールの胸中に深く刻印された気持ちだった。彼の人生の速度は決して早くなかった。それだけにこの人物の不屈の信念は驚嘆に値する。五二年ドゴールは白内障の手術を受けた。この手術はドゴールをとても疲れさせた。それ以後ずっと眼鏡を携帯しなければならなくなったドゴールはそのことを気にしていた。「考えてもみてくれ。ドゴールが厚いレンズの眼鏡を鼻にひっかけて軍隊を閲兵するのだぞ。ノン。そんなことはとてもありえない」とドゴールはひとりごちた。そこには自分がジャンヌ・ダルクにも比肩する現代のヒーローなのであるという強い自意識があった。そして彼は敬虔なキリスト教徒であり、軍人の中の軍人であったが、同時に洒脱さを何よりも大切にするひとりのフランス人でもあった。ときに肩をそびやかせて行進の先頭に立ち、両腕を大きく広げていかにも大政治家の風貌を演じる。そして自らの不甲斐なさについては一見神経質そうに顔をゆがめ自分に向かって怒りをぶつけるような仕草を繰り返す。一時代の英雄ではあるが、同時にドゴールはフランス人の中のフランス人でもあった。

引遁者のような生活であったが、バカンスはとらなかった。ドゴールは旅行があまり好きではなかった。ジャーナリストに付きまとわれ、写真を取られるのが嫌いだったのである。観光にはあまり興味がなかった。その頃アフリカを歴訪中に、飛行機が象の大群を眼下にしたことがあった。操縦士が気を使って高度を下げてくれた。機内の窓からそれを見たイヴォンヌが編み物をしていた手を止めて、「シャルル、見て」と感激した調子で夫の腕を取った。コンラッドの小説『ジム卿』を読んでいたドゴールはちょっと下を見て、「イヴォンヌ、ほうって置いてくれ」と言っただけで、本に戻ってしまった。その三年後、オセアニアを旅行中、著名な作家ジャン・モーリアックが明るい月に感激して、ドゴールを部屋まで探しに来たときも、「あんたの月で邪魔をしないでくれ」と素っ気なかった(Lacouture 2 414-416)。他意はなかったのかもしれないが、ドゴールには傲岸さと孤独、そして気難しい孤高の人というイメージが常に付きまとった。この頃の孤独な生活を彼は「砂漠の横断」と呼んでいる。

第二の雌伏の時代——救国の「政治家」へ

しかしその頃ドゴールは本当に、彼が後に『希望の回想』で描いたように片田舎で静謐な生活を送っていただけだったのであろうか。「砂漠の横断」とは何だったのか。

ドゴールの生涯がそのまま朽ちていたとしたら、この時代はひとりの英雄の不本意な人生の末路であったということにつきるであろう。しかし、その後ドゴールは再び政治の表舞台に返り咲いた。とすれば、この時期は不遇の時代ではあったが、ひとりの歴史的人物が一縷の希望を抱きながら片田舎でひそかに来るべき日に備えて爪を研いでいた雌伏の日々だったことになる。

この時期（一九五三年―五七年）ドゴールは海外領土県での大きな旅行を四回行なった。それはドゴールにとって、希望にみちた旅行ではなく、失望だけを与えたフランスの政治から遠ざかるのが目的の旅行だった。後にドゴールは大統領を辞任した後、ドゴールをドゴールたらしめた対独抵抗立ち上げの記念日である六月一八日には海外で過ごすようになった。祖国への深い愛情はあり余るほどであったとしても、その日だけは自分を裏切ったフランスにいるのが辛かったのであろう。

仏領アフリカ諸国（五三年三月―四月）、アンチル・ポリネシア諸島（五六年八月―九月）、サハラ諸国（五七年三月）をドゴールは訪問した。そしてそれらの地でドゴールは本国では得られなかった熱狂的な群衆の歓呼の声に迎えられたのである。当時の映像が残されているが、迎えられた各地でドゴールは腕を広げ、人々との握手に応じながら群衆の波間を泳ぐようにして前に進んでいった。それは国家元首の訪問であるかのようだった。ドゴールの得意絶頂の一幕の光景だった。ボナパルティズム＝人民主義（一九世紀大ナポレオンの甥ボナパルト帝政時代のポピュリズム）と呼ばれる広い大衆的人気を基盤にしたドゴール体制の原点がそこに見られた。五二年秋にポンピドーに代わって官房長となったオリヴィエ・ギシャールがこの旅行を準備した。そして五六年八月末に訪れたタヒチでは、「自由フランスの人々は依然として、一貫したまとまりをもっています。あの人たちはまだドゴールのことを思っています。私たちはその任務をまだ終えていません」とドゴールは語った（Lacouture 2 416）。

この一言こそ、ドゴールの真意だった。老いとの戦い、過去の栄光への憧憬、フランス国民への失望という混濁した感情の中で、ドゴールの情熱はまだ冷め切ってはいなかった。政治的野心は燃え尽きたわけではなかった。何よりも自らが体現する祖国フランスを安定した名誉ある国として再生させなければならなかった。自分にはその義務がある。ドゴール自身が自ら書き、発言した数々の言質にはその強い意思が迸り出ている。それはフランスの「偉大さ」の復活であった。そして、フランスが国内の平静を取り戻して安定した政治の基盤を確保し、世界の中でその地位を取り戻すことであった。

ドゴールは、フランスがその地位を後退させつつあることを認めながら、「実際には、われわれは消えてしまったわけではありません。まだ生き生きとして、自分の場所を再び見出しています。われわれの存在感は相当大きく、名誉ある地位にとどまっています」と先の演説を続けた。タヒチの後九月一五日に訪問したニューカレドニアのヌメアでの「自由フランス」時代の現地の将校たちとの会合で、フランスが深刻な状態にあることを憂えた。

「大きな責任がかかってくるのは私に対してです。私は過去の証言をするためばかりでなく、同時に将来の糧となることを目的としてここに来たのです」(Lacouture 2 417)

と語り、近々政治の世界に復帰することを示唆していた。

ドゴールは政治の世界との接触を完全に断ち切ったわけではなかった。ドゴールは本当の意味で引退したわけではなかった。むしろ真の意味での政治の道を歩み始めたといったほうがよかった。救国の軍人リーダーは、民主的な政治的リーダーシップをどのようにして勝ち得、用いていくのか。ドゴールにはまだなすべきことがある。「偉大なフランス」の復活という「使命」がある。それがドゴールの本音だった。

そして周囲の人間たちもドゴールが「追放された孤独」をかこつことを望まなかった。彼は、毎週水曜日と木曜日にはパリにいた。ホテル「ラ・ペルーズ」に宿泊し、ソルフェリーノ通り五番地にある旧RPFの本部の事務所に出かけた。そして側近や親近者と議論した。話し相手はエドモンド・ミシュレ、ルイ・テルノワール、ジョルジュ・ポンピドー、レオン・ノエル、シャバンデルマス、フーシェ、マルロー、クロード・ギ、オリビエ・ギシャール、ジャック・フォカールなどだった。ドゴールの懸念は自分が第四共和制の政治に取り残されてしまうことだった。五三年五月マイエル内閣が倒壊した後、オリオール大統領が議会の立場を尊重しつつ、ポール・レイノー、そしてマンデスフランス内閣の成立に奔走するのを覚めた眼でドゴールは見ていた。

このソルフェリーノの建物は今でも残っており、ドゴール研究所としてドゴール財団の本部となっている。一階は図書室となっていて、ドゴールに関する書物や文書が多数所蔵されている。二階にはかつてのドゴールの執務室がそのまま残されており、秘書室や館長室などがある。この建物の一階で、毎水曜日にソファーに座ったドゴールに対して、パリでの一週間の出来事を話したのは主にギシャールで、フォカールが補足説明をした。水曜日の昼食は「バロン（男爵）たちの昼食会」と称されたドゴール側近の重臣たちの会合の時間となった。かつてドゴール臨時政府時代に経済政策の違いから財政大臣を辞職したマンデスフランスの内閣はドゴールの影響を大きく受けていたし、マンデスフランスとドゴールとの政策会合がもたれていた。五四年一〇月にはマンデスフランス首相がドゴールの宿泊するホテル・ラ・ペルーズをたずねて会談をもっている。

五五年六月末には、およそ二〇〇人を集めた記者会見をコンチネンタル・ホテルで開催した。ここで、ドゴールは「公共精神の覚醒（国民の気持ちが切り替わること）によってはじめて体制の変革が可能である」と訴え、かつてトロイの崩壊を予言したトロイの王女「カサンドラ」を演じたのである。その直後にも、ドゴールは「私はあなた方にお別れを言いますが、それはおそらく長のお別れとなるでしょう。根本的なところで、この国は活力を取り戻しています。世界の動乱は私たちの傍まで押し寄せています。第四共和政体がどのような要因や事件で変化するのか予想することはできませんが、大変動が来ることは確信しうることです」と語っている（De Gaulle aII 633-646）。

ドゴールは復帰の可能性を信じ、それを常に示唆していた。だからこそ、後に第五共和制で主役を演じる人々はドゴールの周辺を去らなかったのである。

欧州防衛共同体（ＥＤＣ）構想とドゴール

この頃ドゴールは、表向き外交にはあまりコミットしていないように見えたが、決して逃げていたわけではなかった。ドゴールはこの頃から五八年までの間に、記者会見を三回、大きな講演会を四回、声明を一〇回ほど発表し、エトワール凱旋門広場での行進を一回行なっていた。

当時の大きな国内論争としてはＥＤＣ（欧州防衛共同体、西ドイツの再軍備とその軍隊を含む超国家的な防衛機構の設立）構想があった。冷戦が進行する中で、西ドイツを西側の一員として再軍備させることが焦眉の急であった。アメリカの提案に対してフランスは、五〇年一二月プレヴァン首相が超国家的防衛構想（ＥＤＣ）を発表した。西ドイツは再軍備をするが、その自立した活動を抑制するために、その再軍備はヨーロッパ諸国による超国家的機構の枠の中に組み込まれなければならないという提案である。西ドイツの軍事的復活の必要性とその脅威の抑止という一見二律背反する命題の同時解決策としてＥＤＣ構想が考えられたのである。フランスにとって、この構想は西ドイツ単独再軍備の代替策でもあった。翌年五月、ピネ政府は他の欧州加盟国とともにこの条約に調印した。

しかし、いざこの条約の批准となると、話は別だった。しかも条約調印時の欧州統合に熱心だったキリスト教中道穏健派はその後多数派ではなくなっており、政党間での激しい論争が繰り広げられた。ECSC（欧州石炭鉄鉱共同体─欧州経済統合の出発）設立を提案したシューマン計画で知られるロベール・シューマンの率いるMRP（「共和国人民運動」、キリスト教穏健派）はEDC構想に最もはっきりした支持を与えた勢力であった。これに対して、反対派の急先鋒は共産党とRPFだった。共産党はEDC構想を反ソ的と看做し、RPFはこの構想が国家主権を脅かすものと考えたのである。両者はお互いに非難しあっていたにもかかわらず、反EDC構想では一致し、共同会議を組織した。他の政治グループでは、急進党、UDSR、穏健派は多数派がEDCを支持した。社会党は、議員の半分が激しく反対していた。そしてほとんどの政治勢力がこの問題をめぐって内部対立による混乱状況に陥っていた。

当時多くのフランス人にとって、EDC（＝政治・軍事・防衛上のヨーロッパ統合）は、アメリカのリーダーシップによる北大西洋条約機構（NATO）に対する複雑な感情と結びついていた。フランス国内に外国の指揮する司令部が置かれ、フランス人立ち入り禁止の軍事基地が設置されたことは自尊心の強いフランスの国民感情を刺激した。

このEDC構想をめぐる混乱に際してドゴールは再三発言を行なった。五二年一二月一一日RPF最後の会合の閉会の辞で欧州統合軍に反対の意志を明確に示していたが、このころから五五年六月にかけて一般に記者会見の席上でのドゴールの発言には四七年以後それまでに見られた激しさはなかった。しかし、五三年二月と一一月のコンチネンタルホテルでの記者会見ではEDC構想を明確に否定した。

この時期の欧州統合はアメリカの強い指導下で進められた。アメリカはEDC構想も強く支持するようになった。五三年一一月に社会党が反対に回ったのでEDC反対派は欧州軍設立を見込んだ議事日程を二二五対二四七で否決した。ラニエル内閣は窮地に立たされることになった。翌月の米英との首脳会談（チャーチルとローズヴェルトおよび両国の外相）においてラニエル首相は到着後のフランス国歌ラ・マルセイエーズの演奏を省略されたり、会談時にチャーチルに露骨に背中を向けられたりという屈辱を味わされる始末であった。戦勝国の一員とはいえ、それは名ばかりで依然としてフランス国民にとって戦争の傷跡は癒しがたいものがあった。米英に対する負い目は大きかった。

こうした中で、ドゴールは欧州軍の設立をアメリカへのフランスの従属化と理解した。同年八月二六日のドゴールのメッセージが彼の本音をよく示していた。「ある国民がもはや軍隊をもたなくなったとき、彼らは外交の方向性をもはやもたないことになる。軍隊をもはやもたず、外交の方向が形式的に定められているとすれば、彼らはもはや魂をもたないのである。（……）欧州委員とは国籍をもたない小人どもだ。（……）われわれの立場は形式も、ピリオドにもとらわれない、それはまさしくフランスの生命であり、死であるからだ」（Berstein 186）とドゴールは語った。

五四年四月七日にインターコンチネンタルホテルでの記者会見で、ドゴールは欧州防衛共同体（ＥＤＣ）構想に反対し、ＲＰＦには期待すべきことは何もないと語った。そしてインドシナでの戦争を終わらせるべきだと主張し、フランスが国際的デタントを前進させ、米ソ共存を容易にするための役割を果たすべきであると公言したのである。これはドゴールの外交見識の中心をなす主張であった。第五共和制でドゴールがめざしたヴィジョンはそこに集約されていた。しかし残念ながら、秩序・体制形成者としてのドゴールの相貌をフランス国民に知らしめるだけの適切な手段を見つけるのは至難のことであった。移り気なフランスの国民感情を手繰るだけの政治的手腕はドゴールにはまだなかった。

そして突如、ドゴールは五月九日ジャンヌ・ダルク祭の日に四五年一一月一一日の解放記念日以来訪れていなかったエトワール凱旋門広場を一人で訪問し、無名兵士の墓に献花することを事前発表する。そしてフランス国民はそこに集合すること、そしてフランスの報道機関に、この儀式が統一と国民の意思を示すものであることをフランスと世界に知らせるようにと期待したのである。ドゴールという救国の英雄の威信を再び誇示すべきときが来たかのようだった。

ヴェトナムのディエンビエンフーでフランスが一敗地にまみれた二日後のシャンゼリゼ通りには、緊張感が張り詰めた。軍隊や警官で厳重に包囲される中、ドゴールがレジスタンスの同僚を伴って現われた姿をTV画面は映し出した。集まったドゴール支持の群衆は政治の倦怠感を唱え、ドゴールの称賛する強い国家を願った。しかし、それだけだった。本当にそれだけだった。それ以上のことは何も起こらなかった。ドゴールは民衆に暖かく迎えられただけだった。この集会の計画はまったくの失敗に終わった。一万人も人は集まらなかったのである。「過去の人」ドゴールが示したのは滑稽なまでの「気高きアナクロニズム（時代錯誤）」（アレキサンダー・ワース）に過ぎなかった。ドゴールの判断は誤っていた。機は熟していなかったのである。フランス国民の心の中で、ドゴールという人物はすでに歴史上の人物となりつつあった。いや、この時期ドゴールが政権に復帰するだけの下地はまだできあがってはいなかった。「政治家ドゴール」とフランス国民の真の再会にはまだ時間が必要だったのである。

第四章

アルジェリア独立をめぐる内戦の危機と第五共和制

1　フランス帝国の終焉

ヴェトナムからの撤退と北アフリカ植民地

ドゴールが一旦政界から身を引く決意をした頃、フランスはまさに過去の負の遺産、フランス植民地帝国の精算を余儀なくされていた。一九世紀前半にアルジェリアの保護国化を皮切りに始まった植民地帝国は今終焉を迎えようとしていた。時代は大きく渦を巻き、産業革命と市民革命という二つの西洋の発明を享受して繁栄の頂点に立ったヨーロッパの「近代」に正面から疑問を投げかける時代が到来していた。その新たな波にフランスも呑み込まれようとしていた。そしてあらゆる不幸がそうであるように、今際になっても当事者は現実を直視できず、過去の栄光にしがみつこうとする。それはどこにでも起こることである。フランス人の多くには起ころうとしている歴史的現実の本質を受け入れることができなかった。

戦後、フランスと植民地帝国との関係は、「フランス連合」という新たな組織を成立させることによって再編された。それは、フランス本国、旧植民地の海外県（DOM）と海外領土（TOM）、フランス連合参加領土（旧国際連盟委任統治領）ないしフランス連合参加国（旧保護国）などによって構成されていた。DOMとしてはギアナ、グアドループ、マルティニック、レユニオン島、TOMとしてはサン・ピエール・

エ・ミクロン（ニューファンドランド島の南）、仏領大西洋植民地、ニューカレドニア・ニューヘブリデス仏領、仏領インド植民地、コモロ群島、マダガスカル、ソマリア仏領海岸、セネガル、モーリタニア、ギニア、スーダン、ニジェール、オートト・ボルタ、象牙海岸（コートジヴォワール）、ダホメー、中コンゴ、ガボン、ウバンギ・シャリ、チャドなどであった。連合参加領土は、トーゴー、カメルーン、連合参加国としてはヴェトナム、カンボジア、チュニジア、モロッコなどであった。

もちろん、「フランス連合」の大統領はフランス共和国大統領である。旧植民地の声も反映される機構も設けられたが、実際には「フランス連合」に関する決定は国民議会とフランス政府によって行なわれた。内政上の自治は認められなかった。すなわち、植民地住民が極めて少数ながらフランス議会に代表を送れるようになった点以外には、それまでの植民地帝国支配の構造と本質的な違いはほとんどなかった。

一九五四年四月からジュネーブにおいて開始された朝鮮戦争とインドシナ戦争終結のための交渉は遅々として進んでいなかったが、同年六月に首相に就任したマンデスフランスの尽力によって事態は収拾に向かった。フランスは一八八七年にアンナン・トンキン保護国、コーチシナ植民地およびカンボジア保護国を統括するインドシナ総督を設置し、インドシナ連邦（仏領インドシナ）を成立させ、アジアにおける植民地の拠点とした。その後仏領インドシナはヴィシー政権の末期に日本軍に占領されたが、戦後ホーチミンの独立解放運動にフランスは弾圧で応えたのである。そして解放勢力が力を強める中で、五四年ディエンビエンフーの戦いでフランス軍は潰走する。そして一七度線でヴェトミンの北ヴェトナムと非共産主義系政府の南ヴェトナムという二つに分断することを約したジュネーブ協定が調印された。一年後には両地域で選挙が行なわれ、再統一が進められることが定められた。

ドゴールはヴェトナム戦争については、現地派遣軍への連帯感を示しつつも戦闘の中止を最優先すべきことを主張した。ただ、ドゴールがその条件として同時に強調したのはインドシナにおける「フランスの存在感」だった。このスタンスはドゴールのアルジェリア政策の出発点でもあった。

血に染まった北アフリカ旧植民地の解放も、このマンデスフランス政権の下で大きく前進した。同年七月末マンデスフランスはカルタゴに飛び、軍事・外交を除いたチュニジアの国内主権（自治権）、すなわち一定期限後の独立を約束し、交渉のための代表政府の組織を認めた。そして交渉は一九五五年六月、エドガー・フォール内閣の下でフランス＝チュニジア協定として結実し、その後五六年の三月、ギ・モレ内閣はチュニジアの完全独立を認めた。ブルギバは首相に就任、五七年七月にはチュニジア共和国大統領となった。モロッコの独立も一年遅れて大体同様の経過を辿った。五五年一一月エドガー・フォール内閣はモロッコとの間に「相互依存の中の独立」協定を調印、モロッコは五六年三月に完全主権を回復した。

アルジェリア紛争の拡大

マグレブ三国（アルジェリア・モロッコ・チュニジア）の中で残ったのはアルジェリアだった。アルジェリア解放闘争は悲惨を極めた。一九五四年一一月初めにアルジェリアでは相次いでテロが勃発した。一連のテロは、元フランス軍総長のモハメッド・ベンベラを中心に組織されたＣＲＵＡ（統一行動革命委員会）の作戦行動であった。テロ組織の活動はオーレス山地（アルジェリア北東部の山地）で最も激しかった。

フランスのアルジェリア支配の姿勢は第二次大戦後も本質的には変わらなかった。一連の展開についてはクロノロジカルにはモンタニヨンのものが、コンパクトで分かりやすい（Montagnon）。一九四五年五月にプティット・カビリで起こった暴動が厳しく抑圧された後、四七年九月アルジェリアの一定の自治を認めた「アルジェリア組織法」に基づく議会が開設された。しかし、アルジェリアではイスラム教徒系住民の数はヨーロッパ系住民の六倍にもなるにもかかわらず、アルジェリア議会の議員の半数はヨーロッパ人で構成されていた。その上、実際には四八年四月の議会選挙では一部のイスラム教徒だけが選挙権を行使して、わずかな議席が与えられたにすぎなかった。「組織法」は実際には換骨奪胎されており、加えて、ヨーロッパ系企業の近代化された部門と主に現地住民の経営する非工業・手工業部門との格差、貧富の格差による経済・社会の二重構造が存在した。

戦後アルジェリアには二つの大きな民族解放勢力があった。フェルハト・アバスに率いられた穏健派のUDMA（アルジェリア宣言民主同盟）とメサリ・ハジが創設したより急進的なMTLD（民主的自由の勝利のための運動）であった。五一年七月、両者にPCA（アルジェリア共産党）が加わり、統一戦線が成立したが、短期間でこれは解体し、MTLD内部での対立が激化していく中で武装蜂起派がCRUAを組織していったのであった。フランスの厳しい抑圧を眼前にして解放勢力はもはやフランスに何の期待も抱いてはいなかった。

マンデスフランス首相は、こうした中で「国内平和、共和国の団結と領土保全を守ることが問題になっているときに妥協はない。彼等（アルジェリア人）はずっと以前からフランス人だった」と宣言し、「アルジェリアの諸県はフランスの一部である。それらは、ずっと昔から間違いなくフランスの領土であった。（……）アルジェリアとフランス本国の分離は考えられない」と語った。ミッテラン内相も「私には、祖国の敵との交渉を受け入れることはできない。たった一つの交渉とは戦争のことである。（……）アルジェリア、それはフランスである」（Rioux 27）と述べた。この演説はその後ミッテランが第三世界を支持する度に批判的に引用された。こうして、直ちにアルジェリアに大量の兵力増援が行なわれた。「フランスのアルジェリア」は国民的共通認識であった。

しかし、やがて、政府は改革政策の必要性を認識するようになる。そこでマンデスフランスは、忠実なドゴール主義者ではあるが、植民地問題に関してはリベラルで左翼に近い立場と見られていたジャック・スーステルをアルジェリア総督に任命した。先の一九四七年の組織法の正しい適用と経済・社会の近代化の発展が狙いだった。

しかし、基本的にフランスの世論はアルジェリアの独立を支持していたわけではなかった。ヨーロッパ人社会を内部にかかえるアルジェリアの独立はヴェトナムの独立以上に難しい問題を孕み、議会の多数派は複雑な感情に支配されていた。一九五五年二月、ＥＤＣ問題で共和派や社会党の一部が離反し、経済政策やアルジェリア政策で保守派やコロン（ヨーロッパ植民者）たちの反発を買ったマンデスフランス政府は政府信任を得られず、無惨にも倒閣した。

そしてこの年は、アルジェリア問題にとって決定的な転換点の年となった。現地での反乱の火はＦＬＮ（民族解放戦線）指導の下で次第に広がっていたが（同年四月に非常事態宣言）、八月にはコンスタンティーヌ地方フィリップヴィルでの大量虐殺事件という惨事に至った。

――この日はモロッコのスルタン・ベンユセフ廃位後の二周年記念日にあたった。人々はこの記念すべき日に厳かに祈りを捧げていた。正午の頃、灼熱の太陽の下で殺戮が開始された。解放パルチザンたちの怨念が一気に噴き出したのである。彼らは、目抜き通りで破壊と放火を繰り返し、行き会ったヨーロッパ人を殺戮した。この日ヨーロッパ人の犠牲者は一二三人（うちフランス人、七一人）に達した。そして、この事件に対するフランス側の報復は残酷を極めた。アルジェリア側の犠牲者の数は、フランス側の発表で一二、〇〇〇人、ＦＬＮの発表では一万二、〇〇〇人に上った。

この事件を契機にスーステル総督は厳しい弾圧政策へと方向転換した。当初アルジェリアのヨーロッパ人入植者たちにあまり支持されてはいなかったスーステルは、一躍「フランスのアルジェリア」を主張するヒーローとなった。そして次のエドガー・フォール政権の政策もマンデスフランス政権と変わらず、事態の発展は見られなかった。そして五六年二月、中道右派エドガー・フォールを引き継ぐ形で成立した社会党ギ・モレ政権はフランスの北アフリカ植民地問題を泥沼に導いていったのである。

政権に就いたギ・モレは当初、イスラム教徒の支持を得るための改革を行ない、FLNと秘密交渉に入る計画であった。そのために、スーステルに代えてカトルー将軍をアルジェリア総督に任命した。しかし、この選択は完全な誤りであった。リベラル派と看做されていたカトルー将軍はすでに八〇歳という高齢であったばかりか、現地のヨーロッパ人たちに「植民地清算者（植民地解放主義者）」として反感を買っていたからだった。

こうした中、五月のギ・モレの来訪は抗議デモの嵐で迎えられた。投石あるいはトマトや腐った卵などが投げられ、屈辱にまみれたこの視察旅行はまさに悪夢と化した。動揺したギ・モレは直ちにカトルー将軍を更迭したが、その後任の社会主義者ロベール＝ラコストはすぐに引き締め策に戻り、「フランスのアルジェリア」へと方向転換を図った。しかしこのギ・モレの新たな解決策はFLNにとってはとても受け入れがたいものだった。その政策の大前提はアルジェリアにおけるフランスの主権の維持であった。結局フランスとFLNとの秘密接触は、何の成果ももたらさなかった。フランス政府にはアルジェリアの独立を認める気がもともとなかったからである。

こうして、ギ・モレは軍事介入に傾斜していった。フランス政府はアルジェリアへ二〇万人から四〇万人もの大量の派兵を行ない、予備兵を徴集し（特に将官）、さらに徴兵制を一八カ月から三〇カ月に延長しようとした。現地では権力の中心が次第に軍の方に移っていった。

アルジェでは、九月末のカフェ「ミルクバー」の爆弾テロを皮切りに、一一月から一二月にかけてFLNがテロ戦術を活発化させた。公共の場での爆弾テロが多くの犠牲者を出し、これに対してフランスはさらなる強硬手段に訴えた。一九五七年一月一六日から始まったマスー将軍が率いるパラシュート五連隊の治安回復のための「アルジェの戦い」である。このおかげでアルジェの秩序回復は達成されたが、そのための手段は凄惨を極めた。第一パラシュート連隊の将校は後に、「軍隊用語では、《情報収集》と呼ばれたが、実際にはそれは拷問を意味した」と述べている。映画『アルジェの戦い』では、厳しい検問を潜って巧みに市中に侵入するテロリストと治安当局の厳戒体制下での攻防が鬼気迫る緊張感をもって印象深く表現されている。張り詰めたマスーの厳しい表情、カフェのカウンターの下にさり気なく置かれた爆弾の袋、何も知らない人々の日常的な寛いだ喧騒、そして突如鳴り響く爆音、放り出され、吹き飛ばされた人間の身体の部位。阿鼻叫喚の混乱。一月二六日には「オートマティック」「カフェテリア」「コック・アルディ（勇ましい雄鶏）」などのカフェで一斉に爆弾が仕掛けられた（ホーン）。

スエズ紛争と宗主国意識の残存

アルジェリア闘争に大きな影響を与えたのはスエズ紛争だった。フランスでは、アルジェリア暴動を真に煽ったのはエジプトのナセル首相であることで意見が一致していた。FLNを説得するにはまずエジプトを叩くことが急務であるという感情が支配的であった。

事件の発端は一九五六年七月二〇日に英仏の利権が絡むスエズ運河国有化をナセルが宣言したことにあった。そして、これにパレスチナ問題が絡んでイスラエルが英仏に加担した。一〇月二九日イスラエル軍がシナイ半島で攻撃を開始、エジプト軍を敗退させた。そして、一一月一日には英仏空軍がエジプトの四つの基地を爆撃し、三〇機の飛行機を破壊した。翌日の国連総会の停戦決議を拒否して英仏は戦闘を継続し、五日には両軍パラシュート部隊がスエズを奪還した。しかし、国際連合において米ソが反発、フランスは国際的に孤立し、国際連合でエジプトへの侵略とそのアルジェリア政策は批判され、英仏は停戦に応じた。

この頃、フランス国民の多くは依然として植民地時代の支配意識を引きずっていた。議会演説で、ギ・モレ首相は、ナセルの革命哲学はヒトラーの『わが闘争』のようなものだと弾劾した。この戦争は、フランスにとっていわば「正戦」であること、国際的に正統なものであると確信すると語ったのである。フランス帝国の時代はもはや過去の栄光に過ぎないという現実をフランス人はまだ直視しようとはしていなかったのである。

しかしアルジェリア問題をめぐって政府は混乱状態にあった。政府の強硬弾圧策への反発も強かった。五六年五月にマンデスフランスは政府を離れていた。ミッテラン法相、アルベール・ガジエ社会問題担当相、ガストン・ドフェール植民地相らもラコストの政策に反対した。アラン・サバリ・チュニジアおよびモロッコ問題担当相はFLN指導者、ベンベラの逮捕（五六年一〇月）の直後に辞任した。週刊誌『レクスプレス』はモレの政策に対して激しい反対キャンペーンを行ない、共産党は同年一〇月以降、政府支持をやめた。

左翼の支持を失っていくにつれて、政府はさらに右傾化した。そして世論も強硬策を支持した。極右が勢力を伸ばし、マンデスフランスの言葉で言えば「国民的痙攣」の状態にあった。ジャン・ルイ・ティクシエ・ヴィニャンクール（弁護士）が「フランスのアルジェリア」を支持する極右プジャード派を掌握し、スーステルとビドーによって「フランスのアルジェリア救済と刷新の同盟（USRAF）」が結成された。

こうしてギ・モレは左翼からの攻撃と極右の台頭に次第に板ばさみの状態に追い込まれていった。加えてアルジェリア戦争による財政負担の増大が事態を一層悪化させた。大型の社会保障支出と戦費を確保するためにポール・ラバリエ蔵相は新税導入を提案したが、左右ともにこれを否認し、五七年五月ギ・モレ政府に対する不信任決議案が二五〇票対二一三票で可決された。アルジェリア問題の袋小路の結果だった。

モレ政府の時代にアルジェリア紛争は規模の拡大とともに質的に大きな変化をとげた。五五年第一回アジア・アフリカ会議（バンドン会議）後、第三世界の民族解放運動は勢いを増した。同年六月に議会で採択されたドフェール法はブラック・アフリカ全域の広範な自治権付与、地方分権化、普通選挙実施を認めていた。モロッコ・チュニジアなども公然とFLN支持を打ち出し、アルジェリア解放闘争は加速化した。五六年以後毎年国連総会でアルジェリア問題は議題とされ、フランスは次第に苦しい立場に追い込まれていった。

しかし、モレが社会主義者でありながら、アルジェリアに対する強硬政策を維持した背景には、支配意識とはまた少し異なった植民地パターナリズム（家父長的温情主義）があった。「（……）アルジェリアに完全かつ単純な独立、いわゆる『民族解放』を与えないからといって、われわれを非難する人がいる。もし独立すればその結果確実に社会的、経済的後退が生じ、ある種のアラブ諸国のような半封建的独裁に向かって政治的後退がおこるであろう。これは果たして進歩といえるだろうか」とモレは語っていた（藤井（2）六二―六三）。

これは当時の良識ある知識人の一部の強い意思であったが、今から見ると、それも植民地宗主国の支配意識の別の形での表現であった。多くのフランス人の心に根づいたこの旧宗主国の意識はなかなか払拭できなかった。ドゴールもその例外ではなかったと筆者は思う。植民地の解放・独立というよりも、妥協がどこまで可能なのか。後のドゴールの課題も結局その点に尽きた。

ドゴール待望論――カリスマ化の始まり

その後一年足らずの間に二つの政府が成立した。急進派モーリス・ブールジェ・モーヌリに率いられた政府、それに続いたのが同じく急進派フェリックス・ガイヤールの政府であった。しかし実際には、政府の安定を支える多数派はもはや存在しなかった。社会党はモレの失敗で信用を失っており、共産党もハンガリー動乱の際にソ連の弾圧を支持したことから国民の信頼を失っていた。中道派と右翼も分裂状態にあった。アルジェリア解放を欲する人たちと「フランスのアルジェリア」を支持する人たちの間で意見は分裂していた。こうした中で、五七年六月ブルジェ・モーヌリ内閣はそれまでのアルジェリア組織法に代わる基本法を提案したが、同年九月末の議会で否決され、内閣は総辞職した。

その後、モレ、プレヴァン、ピネらの組閣工作が失敗した。そして同年一一月にようやく前内閣蔵相のガイヤールを首班とする挙国一致内閣（共産党とプジャード派以外の全政党が支持）が成立した。この内閣は同月に先の基本法を成立させ、アルジェリア北部の行政制度は五領域＝一五県に編成することを決定した。しかし、アルジェリアがそれで秩序を回復したわけではなかった。この基本法が公布された二月以後も議会選挙は行なわれず、先送りされたままであった。

当時アルジェリアでは軍部が権力を掌握しており、アルジェリアはまさに「軍事県」の様相を呈していた。実権を握っていた佐官級の将官らは、インドシナ戦争の経験から硬軟両様の手段を用いることによって現地の支配権をＦＬＮから奪取できると確信していた。しかし、フランスの国庫は逼迫状態にあった。五八年初めにはジャン・モネが急遽援助要請のためにアメリカ合衆国に派遣された。まさに「国庫は空っぽ」だったのである。

一方、世論は政府の無力を痛感しつつ、大きく分裂していた。アルジェリアの独立を支持し、武器と資金を詰めたバッグをもって危険を冒してフランスに潜伏するＦＬＮ活動家を支援するグループ、また、アルジェリアでの拷問が裁判なしの捕虜の処刑という極めて残忍な形をとって戦争がエスカレートしていること、さらにそうした中でFLNが優位になりつつあることに懸念を深めるグループもあった。

極右の「直接行動主義者」たちはフランスとアルジェリアの両方で活動を展開した。彼らは「フランスのアルジェリア」を擁護し、その上で一層強固な権力の確立のためにはクーデタが不可欠だと考えていた。権力の衰退にともない、危機の予感は高まっていた。今や、数限りない陰謀と策略が渦巻いていた。

台頭する極右の脅威を前にして、フランスでは独裁制を回避する唯一の手段としてドゴールの復帰が待望されるようになっていた。五五年一二月にはドゴールの政権復帰を待望する声は僅かにフランス国民の一％であったが、五六年一二月には一〇％へ、五七年九月には一一％、さらに五八年一月には一三％へと少しずつ高まっていた。ドゴール政権の樹立は多くのフランス人にとって信頼できる選択のひとつとなっていた。

五六年二月モレ政権の国務大臣として入閣したマンデスフランスは、危機の時にはコティ大統領が自らドゴールを招集すること、政治制度の改革など五つの項目を含む提案を行なっていた。マンデスフランスにはドゴールこそがコティを引き継いで次の大統領になるべきであるという気持ちがあったと言われる。三月には自らドゴールをコロンベ村の寓居を訪ねた。アルジェリア問題の解決にドゴールを担ぎ出そうとしていたのである。マンデスフランスはコティ大統領にドゴールに会うためにコロンベ村に赴くようにも要請した（ラクチュール　四二五）。

ドゴールも次第に覚悟を固めつつあった。五月に旧知のエドモンド・ミシュレとヴィシーで会ったときに、サンシール士官学校時代の同僚であるジョワン元帥がドゴールに対して「第二の六月一八日の呼びかけ」（フランス国民への国難を脱出するための連帯の、ロンドンからの呼びかけ）を行なうように促した手紙を送ってきたと、ドゴールはミシュレに言った。

「特定の条件が満たされなければ、私には何もする気はないよ。いずれにせよ、もし自分が（第二の呼びかけを）やるとしたら、あんたを頼りにするのは間違いないからね。しかし今のところはむしろ何も言わない方を選ぶよ。演説よりずっと雄弁な沈黙もあるものだよ」（Lacouture 2 426）

この頃になると、ドゴールに近い新聞『カルフール』紙はさかんにドゴール待望論をぶち上げ、ドゴール復帰の可能性が高いことを宣伝した。五六年一二月、ドゴールを引き継いだポンピドー大統領の後に大統領に就任するヴァレリー・ジスカールデスタンとジャン・ドリプコウスキーが率いる一〇人余りの青年代議士たちは、コティ大統領に対してドゴールを呼び出すように促した。コティ大統領はその考えには反対しなかったが、ドゴールが暫定政府の首相で満足するわけもなく、それ以上の地位を要求するだろうと考えていた。コティは自分が脇役に回り、ドゴール復権を可能にする手続きをどうするのかということを考えているように思われた。五七年にはパリのソルフェリーノ通りにあるドゴールの事務所に人々が足しげく通い出した。五七年から五八年にかけてドゴール待望の声は、政治家の間でも知識人たちの間でも高まっていた。危機に臨《のぞ》んで解放の英雄ドゴールのカリスマ化がはじまった。要は、引退し、絶望した老人のように見えるドゴールをどのような形で政治舞台に呼び戻すのかであった。

ドゴールの出番が請われていた。側近のフォカールやギシャールはこうした事情を熟知し、アルジェの直接行動主義者で植民地擁護派のレオン・デルベックやルシアン・ヌーウェルトらと連絡を取っていた。彼らは現地での実行部隊や軍人たちとの接触にも怠りなかった。そしてドゴールの腹は決まっていた。しかし問題はタイミングだった。まだ機は熟していない。ドゴールの登場にはまだもう少し時間が必要であった。今回はドゴール自身慎重であった。フランス解放後に簡単に政権を放り出したときの愚を二度と繰り返してはならなかった。焦ってはならなかった。

2　ドゴールの復活――機は熟した

一九五八年五月一三日の危機――第四共和制の終焉

五七年秋頃には陸上におけるフランス軍の鎮圧作戦は成功していた。フランス軍隊はチュニジア国境方面の「モリス線」によってFLNを包囲、国境の外へ締め出すことに成功した。しかし、五八年二月に、フランス空軍によるチュニジアのサキエト村爆撃（サキエト事件）はアルジェリア紛争のひとつの大きな節目となった。国境沿いのこの村にはFLNのキャンプがあり、空爆の目的はその壊滅にあった。六九人もの死者が出たが、その中に二一人も子供が含まれていたことが大きな反響を巻き起こした。それまでフランスに好意的であったチュニジアも態度を硬化させ、ブルギバ・チュニジア大統領はこの事件を国際連合に提訴した。フランス政府は米英「調停」使節団を受け入れなければならなかった。そして、この事件はフェリックス・ガイヤールに致命的な打撃を与え、同年四月アメリカの圧力に屈したと非難されて、この政府は倒壊した。

ガイヤール内閣辞任の二日後には、ドゴールの復帰を要望する呼びかけが行なわれた。翌日には、「ドゴール将軍への呼びかけのための共和派委員会」が設立された。そしてガイヤール内閣辞任後の約一カ月間の、文字どおりの無政府状態の後で、五八年五月一三日、アルザス出身のMRP議員ピエール・フリムランが首相候補となった。

フリムラン政府成立の頃には、クーデタや電話盗聴による謀略の噂がまことしやかに囁かれた。議会前では警察官まで反政府デモを行った。国家に対する不信の空気は次第に広がっていた。

アルジェも不穏な空気に包まれていた。アルジェの学生代表ラガイヤルドら極右グループ、ロベール・マルテルの下に集まった君主主義者、マルタン博士ら右翼カグラール団、カフェ店主のオルティッツのような元プジャード派の活動家たちの様々な動きがあった。彼らは反仏組織「七人グループ」を結成した。その一方で、ドゴール派のシャバンデルマス国防相はデルベックをアルジェに派遣して「監視委員会」を設立させた。また、アルジェリアのフランス人に人気があり、元アルジェリア総督であったジャック・スーステルは、アルジェリアの日刊紙『エコー・ダルジェ（アルジェのこだま）』の編集長である有力者アラン・ド・セリニや自ら主催する『怒りの手帳』で「フランスのアルジェリア」を強く支持したミシェル・ドブレらと親密な関係にあった。五月一一日、セリニは『エコー・ダルジェ』の日曜版でドゴールに復帰の呼びかけを行なった。

ドゴール将軍しかいない――多くのフランス国民にはすでにわかっていた。ドゴール復帰の可能性が日に日に高まっていることは誰の目にも明らかであった。この混乱の救世主はドゴールだ。三月七日の『ルモンド』紙に著名な政治学者モーリス・デュヴェルジェ（当時論説委員、後に欧州議会議員）がすでに書いていた。「多くの人々は、問題はドゴールが政権に復帰するのか否かではないと考えている。おそらくこの問いにはすでに答えがあるからだ。本当の問題は、ドゴールの第二次政権がいつ始まるのか、ということにあるのだ」と（Rémond 51）。ドゴールのカリスマ化だった。

危機は、四月二三日アルジェで三人のＦＬＮのテロリストが処刑されたことに端を発していた。この報復措置として、アルジェリア民族解放主義者たちは三人のフランス人捕虜兵を銃殺した。五月九日、この知らせが伝わるや駐アルジェリア仏軍司令長官サラン将軍は、「軍はアルジェリアの放棄を屈辱と感じるだろう。その絶望への反応は予想できないだろう」と本国政府に対して厳しい調子で最後通牒を発した。

五月一三日フリムラン政府の議会承認の予定の日アルジェリアでは、現地フランス人の最初の反乱がおこった。フリムランによる組閣はアルジェリアでの反乱の気運を助長した。すでに四月二三日、フリムランは、停戦手続きの決定のために闘っている人々との交渉、すなわち妥協という「第三の道」があることを示唆していたが、このフリムランの「リベラル派」路線はアルジェリアのフランス人を刺激したのである。

この日、ラコスト総督が本国に召還されていたため、現地では当局の責任者は不在であった。アルジェでは殉職した兵士たちを追悼するサランらの組織したデモと「フランスのアルジェリア」を支持する現地の人間のデモが予定されていた。他方で「七人グループ」のマルテルの前日来の主張通り、ラガイヤルドに率いられた群衆は、総督府（GG）を占拠し、役人たちを拘留した。歩道に自分たちの小旗を立ててフランス政府に対する抗議行動をとった。アルジェリアの現地当局は、「フランスのアルジェリア」を唱える反政府支持者に奪取されたのである。アルジェの治安維持責任者マスー将軍とサラン将軍らは直ちに現地の軍人・植民者を糾合して「公安委員会」を設置した。フランス国内の将軍連もこの反乱に共鳴した。内戦の危機が訪れていた。

五月一四日、議会で承認されたフリムラン政府は、当初より権威を欠いていた。警察も軍隊も確保されていなかった。パリ警察の反政府の激しい暴力的なデモはその数週間前に行なわれたばかりであった。現地のマスー将軍は先の公安当局を設置するためにドゴールが沈黙を破って発言することを望んだ。しかしドゴールは慎重だった。呼びかけに対してすぐに反応することはなかった。失敗は許されなかったからである。

地中海を挟んで本国とアルジェリアの間で二つの政府＝権力が対立していた。サランはフランス政府から現地の全権を委譲されたが、同時に公安委員会議長でもあった。政府は無力に等しく、アルジェリア担当相は現地入りできる状況ではなかった。そして、現地軍隊は本土侵攻作戦計画（「復活」作戦）を整えていた。トゥールーズ軍管区ミケル司令官とランブイエ機構団司令官グリビウス将軍はアルジェの現地軍隊に対する支援を約束していた。内戦は不可避であるかのようだった。四七年秋に共産主義者の脅威の前に内戦の危機が迫ったときに、状況は酷似していた。

ドゴールの政界復帰

こうした中で、サランが五月一五日にマスー将軍の説得によってドゴール支持を表明したことはひとつの転機となった。サランは、「私はすべての皆さんとともにいます。フランス万歳、フランスのアルジェリア万歳」と震える声で叫び、そして「ドゴール万歳」と最後に一言加えてその演説を結んだ（Roussel 131–132）。同日、ドゴールは、「国家の衰退は間違いありません。ひとつに結びついた人々を引き離してしまい、戦場の軍隊を混乱に陥れ、国民を分裂させ、独立を喪失させることになります」と語り、共和国の権力に就く用意のある旨を明らかにした。ドゴールはサランの支持に答えたのである。それはドゴールの言葉によれば、「共和国の前に立ちふさがってきた試練に鑑みて」（ホーン 二九七：Vallette 78–79）のことだった。ドゴールが政権奪取のために、本格的に踏み出した最初の行動だった。一六日には国民議会が非常事態を投票で承認した。「ドゴール将軍への呼びかけのための国民協会」が創設されることが決定し、本部は「ソルフェリーノ通り五番地」にあるドゴールの事務所に定められた。パリとアルジェに次ぐ三つ目の「権力」の誕生だった。「法的に正統な権力（パリ）」「事実上の権力（アルジェ）」、そして「精神上の権力（ドゴール）」が存在したのである（Rémond 68–69）。

そして機が熟したと悟ったドゴールは、五月一九日に記者会見を行なうと発表した。一旦、政界から引退したと考えられていたドゴールが待望久しく復帰の意志を表明したのである。ドゴールは共和国が完全に麻痺状態にあることを憂えていたが、それまでできるだけ超然とした立場をとっていた。彼は、この年の初め頃までは国民の多数派の支持がない限り、復帰はしないと決めていた。ギシャールによると、ドゴールは「事態の重要な部分は把握」していた。ドゴールに対する呼びかけがアルジェで公表されて以来、ドゴールは自分の周辺で起こっていることの意味をよく理解していた。しかしアルジェでの陰謀にはドゴールは一切加担しないように警戒していた。「人々がもう沢山だ、と思ったときに初めて彼らは前進するのだ」とドゴールは語っていた（Roussel II 133）。

五月一九日記者会見当日のパリは緊張感でいっぱいだった。ドゴール主義者ではなかったジュール・モック内相は万一に備えて会場周辺の外務省周辺に厳戒態勢を敷いていた。しかし、三年ぶりに国民の前に現れたドゴールの宣言は、事態を一層複雑にしただけだった。ドゴールは自分が権力に復帰するための条件を示さなかったからである。この記者会見でのドゴールの姿勢は曖昧であった。デュヴェルジェがドゴールに対して、「国民の自由を危険にさらすような冒険はしないのですか」と訊ねたのに答えて、ドゴールは「国民の自由を危険にさらすようなことを私がしたことがありますか。自由ですか。私はそれが失われたときに復権させたことはあります。六七歳にもなって私が独裁者としての人生を歩き始めるというのですか」と切り返したのであった。しかしアルジェリアでの蜂起軍への対応については歯切れが悪かった。「サランをなぜ非難したことがないのですか」という同氏の質問に対するドゴールの返事は、「政府は反乱を拒否していない。それなのに、政府でもない私がなぜそうしなければならないのですか」（Roussel II 136）というものだった。

このドゴールの記者会見によって、すべての交渉およびアルジェでの反乱分子との妥協が不可能になった。ドゴールはアルジェリアの暴徒たちを非難しなかった。その首謀者サランたちは胸をなでおろした。ドゴールを植民地主義者として支持する勢力は一層勢いづいた。他方で、リベラリストたちにとってドゴールの記者会見は失望以外の何ものでもなかった。折につけ、ドゴールを支持してきたマンデスフランスはこの日のドゴールの姿勢に対して怒りを表明した。フランソワ・モーリヤックだけがドゴールを支持した。左翼はドゴールに猛反発した。ドゴール再登場に神経を尖らせ、もっとも反発したのは共産党だった。当日の党機関紙『ユマニテ』はドゴールの記者会見の時間にすべての企業でストライキに入るように組合員に呼びかけていた。そして労働総同盟（CGT）は午後三時にメトロを止めた。オルセー宮では四、〇〇〇人もの憲兵とCRS（国家治安隊）が不測の事態に備えて待機した。

政界の混乱は一層助長された。しかしドゴールが共和制と民主主義体制の支持を強調し、自分は独裁者ペタンとは違うことを印象づけようとしたという点は大成功だった。そして、ドゴールという人物の圧倒的存在感は誰も否定し得なかった。マクミラン英国首相は、その日の日記の中で、「あいまいな発言だった。しかし、フランスの政治家たちを震撼させるものだった。例によって独特の冷笑的な、しかし謎めいた言葉で投げつけられた発言だった」と述懐している。アルジェリアの措置に対するドゴール自身の真意は明確ではなかった。晩年『希望の回想』で述べているように、ドゴール自身が今までと同じようなやり方での植民地統治の時代ではなくなったことを意識していたのはたしかであろう。大戦末期のブラザヴィルでの発言など、その趣旨の発言は知られている。しかしどのような形で旧植民地の解放を実現していくのか。ドゴールが軍事力行使による混乱を通した事態の解決を望んでいなかったであろうことは多くの人たちが指摘するところである。

しかしドゴールの意図はまだ明確ではなかった。また明確にすることが賢明であったかどうか。いずれにせよ、ドゴールにとって第一の使命は秩序の回復にあった。そしてそのために権力を再び掌握することであった。慎重にかつ積年の思いをできるだけ実現できるような体制をどのように構築していくのか。ドゴールは四六年に首相を辞任したような、単なる軍人指導者ではもはやなかった。真の意味での政治的リーダーシップが問われていた。彼は政治家としての新しいリーダーシップを実現しなければならない立場だった。秩序の回復と新しい安定した体制の構築――それこそドゴールの狙いであった。

一方で、アルジェで計画された「復活」作戦は、五月二八日ないし二九日にマスーに率いられた五、〇〇〇名のパラシュート部隊がパリのいくつかの拠点を奪取するというシナリオであった。すでに同月二四日反乱軍はパラシュート部隊とともにコルシカ島に進駐していた。

こうした中、ドゴール自身事態の進展に焦れてきたかのようだった。二六日朝、オート・マルヌ県知事のマルセル・ディボルトをドゴールは自宅に招き、フリムラン首相との会談を要請したのである。首相に届けられる信書の中でドゴールは、「事態は急速に展開し、フランス国民の団結を脅かしております が、私と政府との直接的な交渉が急務と考えられます。この会談は事態悪化に向かう事件をどのようにしたら回避できるかを検討し、国家の団結と独立を確保できる公権力を打ち立てるためのものであります」(Roussel II 138–139)と在野にあるひとりの政治家としては不遜にも、自身の気持ちを正直に述べたのである。

こうして二六日夜遅く、パリ郊外のサンクルーでフリムラン首相とドゴールの秘密会談が実現した。しかしフリムラン首相は、アルジェリアのフランス人の反政府分子の実力行使を否認しないドゴールをついに説得することができず、会談は決裂した。ドゴールはアルジェリアの不穏分子の対応には曖昧なままであった。そして議会に依拠しない強い政府指導の体制の構築をドゴールは望み、フリムラン政権の退陣を要求したが、フリムランはこれに強く反発した。同月二八日、パリでは左翼勢力が反ファシズムの大規模なデモを行なった。参加者は約五〇万人に達した。内戦の危機感は頂点に達した。国家の機能は完全に麻痺していた。パリを狙った作戦計画が準備されているという噂が巷に流れ、政界では上から下まで蜘蛛の巣を突ついたような騒ぎであった。

ドゴールの復帰にとってより大きな意味をもったのは、社会党ギ・モレ書記長の支持であった。社会党議員総会がドゴール政権の樹立に同意し、このことで議会多数派のドゴール支持が明らかとなったからである。しかし、アルジェリア問題に関しては、この時期のドゴールの態度は曖昧であった。彼が植民地解放のきっかけとなった例のブラザビル宣言を行ない、植民者（コロン）に対してそれほど同情的でないことは周知のところであった。しかし、同時に彼のいくつかの宣言は、植民地放棄を批判してもいた。

一二年もの在野生活にドゴールは終止符を打った。幾度か政治家としての盛衰の波に揉まれながらドゴールは四六年以来待った。自身が追われた政党政治に与してではなく、請われて政権に就くのでなければならなかった。待望久しく、そしてそれだけに確固たる正統性をもった政治権力をドゴールは望んだ。このドゴールの「待ち」の戦略に業を煮やして多くの者が去って行った。

これはドゴールにとって再度の凱旋であった。それだけにドゴールは慎重だった。大戦時の権力闘争、第四共和制の幾度かの政争の経験からドゴールは政治家として多くを学んでいた。五月一九日の記者会見では「もし何人かが共和国自らの権力を一身に引き受ける場合には、それは共和国みずからがその権力を委ねるが故でなければならぬ」とドゴールは述べ、さらに自分は「孤独のひとであり、何物にも屈せず、ただ全世界にのみ属する人間」であると語った（De Gaulle aIII 5）。裏切られるのはもう沢山だった。しかし、気まぐれなフランス国民はそれから一〇年後にまたしてもドゴールを見捨ててしまうのである。

いずれにせよ、この時フランス人の多くにとってドゴールは祖国を危機から救いだし、内戦を回避しうる唯一の人物と思われた。祖国の救世主ドゴールという「レジスタンス神話」はまだ生きていた。「危機時のリーダー（S・ホフマン）」としてのドゴールのカリスマ性は健在であった。多くのフランス人はドゴールの共和国への愛着を疑わなかった。彼は多大の人気を得てアルジェの反乱に対する唯一の砦となったのである。

そして「復活」作戦決行予定日前日の五月二七日、ドゴールは「私は共和国政府樹立に必要な合法的な措置を開始した」と宣言した。この言葉は決定的な意味をもった。同時にサランに対して「復活」作戦の延期を電報で要求した。アルジェのサランはむしろこの電報を重荷が下ろされたかのようにあからさまに喜んで受け入れた。サランの心はドゴールしだいであった。そして、サランは即座にデュラック参謀長（将軍）を自分の代理としてコロンベ・レ・ドゥ・ゼグリーズ村に派遣した。ドゴールはデュラックに分裂の危機から祖国を救う決意について語り、自分を「仲裁者」として位置づけた。他方で、議会は同日、ドゴールが久しく望んでいた憲法の改正を承認した（改正賛成四〇八票、反対一六五票）。フリムラン内閣の三人の閣僚が辞表を提出し、フリムラン自身も辞任の意を明らかにした。二八日朝、コティ大統領の進言でドゴールは上下院議長と会ったが、下院議長はこのような形でのドゴールの組閣を認めようとしなかった。

危機感は募っていた。同日マスー将軍の周辺ではフランス本土への植民者に味方する反乱軍の上陸が噂されていた。この日、ボワスリーにデュラック参謀長、ムショネ司令官らが集まっていた。ドゴールは作戦成功の可能性については懐疑的だったが、作戦が開始される可能性がまだあることは否定しなかった。他方で同日夕方、主催者側の発表で五〇万人とされた反ファシズムデモが行なわれた。ジャック・デュクロら共産党員、ミッテラン、マンデスフランス、そしてダラディエら左派と中道派が先導した。

しかし、もはや事態は明白だった。フリムラン政権が辞職した翌日の二九日、コティ大統領は「フランス人の中で最も有名な」ドゴール将軍を首班指名する旨を表明した。皮肉なことに、この日長男フィリップにあてた書簡でドゴールは、自分が政権に復帰するのは軍事行動の結果となるだろうと書いていた。そして同夜七時二〇分、ドゴールはエリゼ宮（大統領府）入りした。「われわれに課された事態は日に日に悲劇となっています。国民的団結を再開し、国家の秩序を再建し、その義務を果たせるように公権力を強めることが急務であります」とドゴールは力強くその決意を語ったのである（Roussel II 148）。公式には第四共和制は九月の新憲法（憲法改正）採択まで存続したが、事実上五八年六月二日にその寿命を閉じた。

第五共和制の誕生

六月一日午後三時、国民議会（ブルボン宮）ではドゴールが登壇し、首班指名を受けるための演説を始めた。パリ市内は騒然としていくつもの街区で、共産党の呼びかけに応じたデモ隊と治安部隊が衝突していた。ドゴールは語った。「国家の衰退が加速化しています。フランスの連帯は今まさに脅かされています。アルジェリアは試練と興奮の嵐の中に沈んでいます。コルシカは熱伝染病に苦しんでおり、フランス本土では対抗する組織の動きが刻々と過熱化し、行動に訴えようとしています」（De Gaulle aIII 13–15）と。そして危機に臨んで、ドゴールは自分に対する全権付与、議会の一時停止、憲法改正の権利を要求した。

各政党はドゴールの組閣の賛否をめぐって分裂した。多数派がドゴールを支持したのはMRPだけだった。共産主義者、社会主義者の半数、急進党のマンデスフランス、USDRのミッテランが強硬にこのような形でのドゴール政府の樹立に反対したが、その夕七時三五分の投票（九時一五分開票）で国民議会は三二九票（反対二九〇票）でドゴールを首相に信任した。同日、アルジェでは「復活」作戦は中止され、軍部・公安委員会は事態を受け入れた。

ドゴールはとうとう権力に返り咲いた。五月の攻防はドゴールの深謀遠慮であった。ドゴールは「政治家ドゴール」としてついに復帰したのである。ラクチュールはルイ・ナポレオンが皇帝に就任したクーデタに習って、この一連の経緯を「ブリューメールの一七日」と呼んだ。ずいぶんと回り道をした。ドゴールは齢を重ねた。何度かの試みは結局時期尚早を確認しただけだった。そしてまたしてもフランスが国難に直面し、もはや分裂と内戦の間際に至ったときドゴールの出番が再びめぐってきたのである。フランスを危機から救うこと。それはドゴールの宿命であった。そして秩序を回復し、栄光にたたえられた偉大なあのフランスを再び取り戻すこと、そのために運命はドゴールに再び扉を開いたのであった。

強いフランスの再生――それはドゴール自身の積年の夢であった。その実現のためにまずドゴールが取り組んだことは、強い行政権力に支えられた新たな政治体制の樹立であった。半世紀を経てなお維持され続けている現代フランスの政治体制、第五共和制の創設者としてのドゴールの仕事であった。フランス革命以後最も長く続いたのは第三共和制だった。多党政治による議会制度を中心とするこの政治体制は一八七一年から七〇年余り続いた（正確には第二次大戦後四六年まで。しかし実質的には大戦開始直後のヴィシー政権の成立によって有名無実となった）。その体制の反省から生まれたのがそれとは対極的な第五共和国体制であり、第三共和制以来今日まで大革命以後のフランス政治史上最も長期に及ぶ政治体制である。その意味ではドゴールはフランス政治史上最も偉大な政治体制の生みの親となった政治家であったといっても過言ではない。

一九五八年六月二日には、国民議会は三分の二の多数票の支持で、アルジェリアでの秩序回復のための首相への特別権限の付与と政府への六カ月間の全権委任を可決した。さらに翌三日には、ドゴールに対して憲法改正の権限を付与した。第四共和制最後の首相に就任したドゴールの任務は、秩序を回復し、新しい政治体制を発足させることとアルジェリア戦争の解決であった。

挙国一致的なドゴール政府は、二三の閣僚のうちドゴール派が四つのポストを占めたが、全体的に派閥均衡的な閣僚配分であった。それは議会主義万能の第四共和制を彷彿させ、モネ、フリムラン、ピネら第四共和制の指導的政治家が入閣、植民地主義「フランスのアルジェリア」の支持者を落胆させた。旧態依然たる内閣の顔ぶれだった。

しかし、実際には政党出身の閣僚の就任は体裁を繕うためにすぎず、実質的な決定はドゴールの側近、顧問や専門家との協力を通して行なわれた。新憲法の準備はその最初の証しであった。憲法草案は、党利党略の場である議会ではなく、専門家委員会と主要閣僚による第一委員会（ドゴール、ドブレ法相、フリムランとモレ国務大臣）で起草され、五八年九月二八日の国民投票で、約八〇％の支持を得て承認された。他の諸勢力も新憲法を支持した。この投票は、極右、中道派の一部、ミッテランら中道左派、社会党少数派、それに共産党が反対しただけで、アルジェリア独立賛成派も反対派も支持した。ドゴールに対する信任投票の意味をもった。

第五共和制憲法に定められた大統領は稀に見る強大な権限を有している。

制度上、国民も議会も大統領を解任することはできない。大統領は議会を超えて政府を自己に従属させ、指導力を発揮することを七年間（大統領任期、二〇〇一年に五年に短縮）も保証された。具体的には、首相任免権（第八条）、一定の内容の法律案を国会の審議にかけず、直接国民投票にかける権限（第一一条　法律案の国民投票付託権）、総選挙から一年後であれば理由を示すことなく、大統領の自由裁量によって国民議会を解散する権限（第一二条　国民議会解散権）などがある。なかでも、第五共和制下の大統領の最も強大な権限として挙げられるのは緊急措置発動権（第一六条）である。「重大かつ直接の脅威が共和国の諸制度、国家の独立、領土の一体性、国際的取り決めの執行を危殆に陥れ、かつ憲法上の公権力の適正な運営が中断されている」と大統領が判断する「緊急事態」において、大統領はなんら拘束を受けることなく、立法権、執行権の大統領への集中、憲法の規定の一部停止などの緊急措置を自らの判断で行使することができる。これはアルジェリア独立をめぐる不安定な当時の社会情勢を反映していた。

しかし、こうした強大な大統領の権力に対して国民議会の権限が、全く無力というわけではない。この点に、第五共和制が単なる大統領制度として捉えられない、議会制の性格をも併せもつもうひとつの特徴が見られる。したがって、フランスの大統領制は「準大統領制」と呼ばれることもある。つまり、国民議会は政府不信任を決定する方法（第四九条）を二つもっている。総選挙後最初の政府綱領またはその後の施政方針演説を国民議会が否決する場合（この例はこれまでにない）と国民議会が一〇分の一以上の署名によって政府不信任（問責）動議案を提出する場合である（六二年ポンピドー内閣の例）。

第五共和制においては、大統領選挙と議会選挙（首相＝政府）の直接的な関連性がないことから、「大統領の多数派」と「議会の多数派」が異なるという状況が可能となる。一九八六年ミッテラン大統領時代、国民議会選挙でシラク保守派が大勝した結果、保革共存政権《コアビタシオン》（大統領と首相の支持勢力が左右対立した状況）が成立した。このような政権は以後九三年、九七年にも成立した（その後フランス国民はこうした変則的な体制を嫌って二〇〇一年に大統領の任期を国民議会議員の任期と同じ五年にし、大統領・国民議会選挙を同時期に行なうことにした）。

憲法制定後の五八年一一月の国民議会選挙では新しく結成されたドゴール派の「新共和国連合（UNR）」が驚くべき進出をとげた。他のドゴール派と合わせて第一回投票では二〇％の票を獲得、二一二の議席を得て第一党となった。これに第二党となった、共和主義右派＝穏健右翼と、アルジェリア選出の右翼を加えると保守派は全議席の七〇％にあたる三七八議席を獲得した。社会党は、四七議席、共産党はわずかに一〇議席を獲得したにとどまった。得票率の点から見ると、九月の国民投票における勢力分布は変化しなかったが、小選挙区（一人区）・二回投票制の特徴が反映された結果となった。

第四共和制の有力な議会政治家の多くが、落選の憂き目を見ていた。右翼の首相経験者ラニエル、MRPのテイテン、急進派では大戦前最後の人民戦線内閣の首相ダラディエ、E・フォールとマンデスフランス元首相、それにUDSRのミッテラン、社会主義者ドフェール、モック、ピノー、ラコスト、デュクロなどが落選した。政治家の世代交代は明らかであり、議会万能主義と言われた第四共和制の落日であった。

五八年一二月二一日に行なわれた大統領選挙では有力者からなる選挙人団八万人のうち六万二、〇〇〇人、すなわち七八・五%の支持を得てドゴールが大統領に選出された。ドゴールの圧勝だった。ドゴールに対する期待が国民的規模で並々ならぬものであったことを示していた。

選挙戦でドゴールが強調したのは、大統領権力の優越性で、とくに大統領の首相任免権であったが、翌年一月にはミッシェル・ドブレが首班指名を受けた。財政・経済相（蔵相）にはピネーが起用され、スーステルが首相付大臣となった。後者の任命は首相に対する牽制の意味とスーステルがアルジェリア独立反対派であることから未だ曖昧なドゴールのアルジェリア政策に対する独立反対派の不安を緩和させるという政治的配慮があった。

ドブレは、反第四共和制と反議会主義の急先鋒であった。アルジェリア戦争では、直接行動主義グループを結成して「フランスのアルジェリア」を主張した。この頃サラン将軍のオフィスがバズーガ砲で攻撃された事件の首謀者とみなされ、議員特権を剝奪されたこともあった。

3　アルジェリアの独立と政治家ドゴール

「フランス共同体」の挫折――植民地再編成の試みの失敗

アルジェリア問題の結末は、時の解決を待つしかなかった。そしてその方向はすでに予見されていた。フランスが四六年に成立させた「フランス連合」の運命にそれは明らかだった。「フランス・アフリカ共同体」はこの「連合」に替わるものだったが、ドゴールは首相就任直後の六月にアルジェリアを訪問したときの演説で、アフリカ・フランス関係の再定義を宣言していた。制度的には、植民地の自治強化を認めた、五五年六月二三日の法律（ドフェール法）の延長にあった。憲法作成諮問委員会にはサンゴール・セネガル大統領もメンバーだった。

一九五八年八月、ドゴールは「フランス共同体」の理解とそれへの加盟を求めてブラック・アフリカを訪問した。共同体の代表はフランス大統領であり、その構成国は固有の自治権をもつが、外交・防衛・通貨・経済財政政策・教育・司法をフランス本国と共有する。いわばフランスを中心として、ひとつの主権を享有する「連邦」のようなものであった。九月には各海外領土は「共同体に参加するか、独立するか」の決定を国民投票にかけた。

その結果、ギニアだけがフランス共同体への加盟を拒否、独立を決定した。ギニアの指導者セク・トゥーレは「隷属下の豊かさよりも、自由の下での貧困を選びます」とドゴールに伝えた。他の海外領土はいずれも共同体への加盟を認めたが、ソマリ海岸、コモール群島、ニューカレドニア、ポリネシアなどの小さな領土は現状維持を選択し、フランス共和国内の海外領土の地位にとどまった。

しかし時代の流れを止めることはできなかった。脱植民地主義の波は急であった。五九年九月マリ連邦政府（セネガルと旧仏領スーダン）は、フランスとの連帯関係を維持したまま独立につながる諸権限を委譲されることをフランスに要求し、ドゴールはこれを受け入れ、マダガスカルに対しても同様の対応を取った。一〇月にマダガスカルが共和国を宣言したのを皮切りに、一二月にかけて一一の海外領土が次々と共和国を宣言した。

六〇年六月四日には憲法第八六条の修正が採択されて、共同体の構成国はフランスとの関係を断絶しないまま独立することが可能となった。各国は「新しく再編成された共同体」に所属した。制度面での共同体は実質的に崩壊し、「契約的共同体」へと移行したのである。同月から一一月にかけてすべてのアフリカ諸国とマダガスカルが正式に独立を達成し、それらの大部分の諸国はフランスとの協力協定に調印したが、フランス共同体そのものは実体をもたないままその命運を終えた。翌年、ドゴール自身、「共同体はもはや存在しない」と痛恨の面持ちで語った。残った海外領土と海外県を含むフランス共和国には往時のフランス帝国の面影はなかった（各国が「共同体」の一員であることを約した五八年一〇月憲法の条項は九三年まで形式的に残っていた）。

ドゴールのアルジェリア政策

新しい共和制度を導入したドゴールにとって最大の課題はアルジェリア紛争の終結だった。第四共和制はこの紛争のためにその命運を終えた。しかし、ドゴールがこの危機に取り組む人並外れた意志をもっていたとしても、ドゴールのアルジェリア問題への対応にはある種の状況対応的な一面があった。しかしそれはドゴールに明確な考え方がなかったということを意味するのであろうか。ドゴール体制はどのような形で支持され、ドゴールはアルジェリア問題の解決をどのように考えていたのであろうか。

ドゴール自身はアルジェリアの将来について容易に明言することはなかった。しかし、解決策の方向性はかなり前から意識されていたと考えられる。一九五五年六月の記者会見での席上では、新聞記者の質問に対して、ドゴールは一九四〇年以来のアルジェリア・チュニジア・モロッコとフランスとの歴史的関係について一席ぶっただけであった。しかし、ドゴールは本音のところではその会見でひと言だけふれた「協同（Association）」政策を支持していたように思われる（De Gaulle aIII 637）。それは従来のフランス支配（「フランス化」）に代わる統治形態だった。この時期の理解では、この政策はフランス本国と保護国との連邦を意味すると同時に、この言葉は植民地住民の人権を尊重する立場でもあった。

いずれにせよ、ドゴールの頭にあったのは第一に、いかにして秩序を回復し、治安を維持していくのかということであった。著名なフランス現代史の語り手であるアレクサンダー・ワースによると、ドゴールの当面の課題は、①フランスの国内体制の改組、②公安委員会を攻撃しアルジェリアのウルトラ（過激派）分子を粉砕すること、③軍部を完全に政府に服従させることであった（ワースa 一八五）。そして、それはドゴールにとって、フランスの再興のための不可欠の条件であった。むしろ、その意味でアルジェリア問題は一刻も早く解決しなければならない問題であった。先の五五年六月の記者会見でも、ドゴールは「必要な強硬さをもって望み、すべての犯罪者を罰する」と明確に述べていた（De Gaulle aIII 638）。しかしその解決の仕方には多分に状況対応的な一面があった。

政府発足直後の六月三日から七日までアルジェリアを訪問したドゴールは至るところで歓呼の声をもって迎えられた。ドゴールは六月三日から七日にかけてアルジェ、コンスタンティーヌ、ボーヌ、モスタガネム、オランを訪問した。熱狂した群衆を前にしてドゴールは両腕を大きくV字型に広げて、「わかっておる（あなたたちの言うことはわかった）」というあの有名なフレーズを繰り返し述べた。この発言自体の意味するところは曖昧だったが、アルジェのフォーラムでのドゴールの演説は人々の心を打った。「私は知っております。ここで何が起こったかを。私にはわかっております。諸君がその実現を望んでいるものを。私はわかっております。諸君がアルジェリアにおいて切り開いてきた道は再生と友愛の道であることを。……」フォーラム前の総督府の建物に面したアパートにはドゴールを狙ったスナイパーが潜んでいたといわれる。ドゴールの演説が始まるやこの暗殺者はライフル銃を壁にもたせかけ、いつしかドゴールの演説に聞き入ってしまった。いつしか彼の心から殺意は消えていた（ホーン 三二一）。

しかし、ドゴールは巧みに言葉を操っていた。「統合」という遠まわしな表現を用いつつ、「フランスのアルジェリア」という言葉は避けていた。三日後、六月六日モスタガネムでたった一回使った「フランスのアルジェリア万歳」という言葉が植民者たちへの力強い檄となった。有名となったこの演説でドゴールは、モスタガネムで「モスタガネム万歳、フランスのアルジェリア万歳、共和国万歳、フランス万歳」と叫んだとされている（ホーン 三二一、ワースa 一八七）。娘婿アラン・ドボワシューが五年後にそのことに触れると、ドゴールは「私がそんなことを言ったのかね。私は『最もフランス的な』と言いたかったのだよ」と語っている（De La Gorce 925）。ラクチュールもドボワシューによると、ドゴールは「《フランスのアルジェリア》を私が支持しなかったのはわざとなのだよ。（……）私はもっともフランス的な解決方法を探すことにしているのだ」と答えたという。ド・ボワシューはこのドゴールの「フランスのアルジェリア」演説はラジオ技術者のマニュピュレーション（操作）の結果だと確信していた（Lacouture 2 520）。興奮と騒音でドゴールの演説はよく聴こえなかったのが実情だという。その真相はともかく、いずれにせよ大いなる誤解とその後のドゴールに対する植民者・軍部・過激派の怨嗟、そしてドゴールとの軋轢の淵源はここにあった。後に彼らはドゴールに欺かれたと思ったのである。しかし、アルジェリア・サハラ公安委員会の直接行動主義者（植民者）はドゴールが彼らの望む、植民地体制の維持政策をとることはないことを十分に予感していた。

ドゴール政権の誕生は様々なグループの異なった思惑に支えられていた。その中でもとくにフランス系植民者（コロン）たちの期待が大きかった。「フランスのアルジェリア」を主張する彼らはドゴールが植民地維持のために尽力するものと考えたからである。彼らにとってドゴールは祖国解放の英雄であり、何よりもフランスの利益の代弁者であったからである。

ドゴールのその後の新しいアルジェリア情勢への対応は四つに分けて考えられた。第一に、軍の掌握と通常任務の回復であった。五月クーデタの首謀者の多くは転属させられた。数カ月の間に一、五〇〇人の将校が配属転換や退役の扱いとなり、一〇月には全員が公安委員会を離籍する命令を受けた。一二月に、サラン将軍はアルジェリアを離れ、パリの軍司令官の任務に就いた。事態の掌握をはかるドゴールは、ポール・ドルーヴリエというテクノクラートと空軍出身者で自分の部下シャル将軍にその代わりを命じた。

第二に、ドゴールは一〇月に「勇者の和平」と称してFLNに和解を提案する一方で、事態の終息のために積極的な軍事作戦を追求した。しかし、FLNはこの提案を降伏の要請と受け止めただけだった。第三に、アルジェリアの経済・社会の近代化であった。ドゴールは五八年一〇月初めにアルジェリアの都市コンスタンティーヌを訪問し、本格的なアルジェリア改善五カ年計画（コンスタンティーヌ計画）を発表した。工業化をはじめとする四〇万人の雇用創出、二五万ヘクタールの新しい土地のイスラム教農民への配分、アルジェリア人の待遇・給料の向上、土地の分配、インフラ整備、教育の普及などがその内容であった。第四に、政治改革の実施であった。それまでのアルジェリア人とヨーロッパ系住民を区別していた二重選挙人団制を廃止して両者を平等に扱う単一選挙人団制を導入した（今林a）。

しかし、こうしたドゴールの政策も徒労に終わった。FLNは九月一九日には穏健派のフェルハト・アバスを首相とする「アルジェリア共和国臨時政府（GPRA）」を組織し、結局は彼らにとって「降伏」を意味するフランス側の「勇者の和平」の提案には応じられなかった。GPRAは回答すら与えなかった。そして、FLNはテロ行為をエスカレートさせ、事態は一層不穏化していった。アルジェリアのテロの数は六月に一、五八五件、七月に二、〇二四件、九月には二、三六八件に上った。フランス本国にFLNは一層テロを集中させた。九月にはパリで走行中のスーステルの自動車が狙撃された。ドゴールのアルジェリア支援政策の裏には、相互依存を謳いつつも新《ネオ》植民地主義の思惑が明らかだったからである。つまり、フランスは旧アフリカ植民地を経済的・金融的に収奪し、支配の強化を放棄したわけではなかったのである。

しかし、その一方で、ドゴールは五九年一月大統領就任演説で、「平定され、変革されたのち、アルジェリアはフランスと密接な連携をとりながら、それ自身の個性を発展させるだろう」と述べ、特赦による一八一人ものイスラム教徒死刑囚に対する減刑、アルジェリア人拘留者七、〇〇〇人の釈放を決定した。今度はそれが独立反対派を激怒させることになった。

それは、完全な同化政策ではなかったが、独立支持政策でもなかった。アルジェリアの改良を視野に入れた統合政策の変形にすぎなかった。晩年の『希望の回想』の中で、ドゴールが繰り返しているのは、自分がアルジェリアの独立を断固として決めたこと、しかしアルジェリア人がフランスと決して離れたがっているわけではないという認識だった。ドゴールは、「私は彼らは精神的にも実際的にもわれわれと結びついたままでいることを望んでいると考え、主権委譲を決意した」「大部分の指導者たちは、フランスと強固な絆を保ちたいと願っていると考えることができた」「本来人間的であり、歴史的にも寛容な国家、フランスに対して、アルジェリア人たちは愛着を感じており、彼らが自由になったのちにも、フランスと手を結んでいきたいと望んでいた」（ドゴールc 六二、六三、六七）と当時の感想を述べている。

しかしドゴール自身語っているように、彼は当初からはっきりとした計画があってアルジェリア問題に臨んだわけではなかった。五八年夏、ドゴールはフォール元首相に対して、「あらゆる政治家に最も共通の過ちというのは、それぞれの時期にそれぞれの問題に対するそれぞれの解決方法があると鉄のように硬く信じることとなのだよ。ある時期には解決の見つからない問題もある。アルジェリアの場合がこれなのだ」と語った（Roussel II 184）。さらに、翌年七月にも「時が来ればイスラム教徒たちは自由投票によって自分たちの国が解放されることになるだろう。それにフランスが反対することはないだろう。ヨーロッパ系少数者の権利とアルジェリアとフランスの関係の維持を保証する解決方法を選択するように彼らを仕向けることが問題なのだ」と語っている。

フランスの著名な歴史家ミッシェル・ヴィノックが指摘しているように、一連のドゴールの言動は「戦術」だったとも言えた。フランスの支配に代わって「協同」が目標であることは、ドゴール自身が回顧しているように、すでに一九五五年六月三〇日アルジェリアでの大規模な暴動がおこった当時、ドゴールが記者会見で表明していたことであった。「戦術が、ドゴールの最終的な意思表明のない状態で一つの段階から次の段階へと注意深く移動していくことを求めたのであった」とヴィノックは述べている（Winock 72）。

ドゴールのアルジェリア問題解決の方法はきわめて現実的であった。それぞれの局面で現実的な対応を進めていきながら、趨勢が彼のよかれと考える方向に行くのを自分でも仕掛けつつ、待つことにあった。長い雌伏の時期を経たドゴールの政治家としての成熟がそこに見られた。

アルジェリア人のアルジェリア――「バリケードの一週間」

五九年九月一六日になると、ドゴールは初めて「アルジェリア人のアルジェリア」の可能性を示唆する発言を行った。すでにその年の一月八日、ドゴールは大統領就任直後に、「平和で、変化した個性を自ら発展させ、フランスと緊密に結びついたアルジェリアの将来」について語っていた。そして三月の大統領としての最初の記者会見で、「アルジェリアが新しい人格を発見する」ためにフランスは働くと述べ、四月末には、「《パパのアルジェリア》は死んでしまった」と述べたのである（Miguel 387; Roussel II 194; De Gaulle aIII 88）。八月にアルジェリアを訪問したときにこの感慨はより確固としたものになっていた。

九月の発言では、ドゴールは、「困難な血に浸されたアルジェリア問題は解決を見ていない。（……）偉大な国民がなすべきであるように、先例となるに値する唯一の道を選ばねばならぬ。すなわちアルジェリア人がその将来に対してそうしたいと望むところをアルジェリア人自身に自由に選ばせるのだ」と語った（De Gaulle a III 118）。停戦が達成され次第、アルジェリア人は、「分離独立」、「フランス化」（統合、フランス人との完全なる一体化）、「協同（Association）」という三つの選択肢のうちから決定を下さなければならないとドゴールは宣言したのである。「フランス化」とは言葉の厳正な意味での「統合」、あるいはフランス人との完全なる一体化を意味した。またこの時点でのドゴールのいう「協同」とは、フランス共同体内でのある程度の自治を認めることであった。

そして、彼は「分離独立は恐るべき惨状、政治的カオスをもたらし、殺戮の蔓延するなかですぐにも共産主義者の好戦的な独裁を生むだろう」と語った。ドゴールの本音は『フランス化』にあるようにも見えたが、同時に「フランスの支援を受けた、フランスと緊密な関係をもつ『アルジェリア人によるアルジェリア政府』」（協同）を願望する旨も明らかにしていたのである（今林、藤井）。

ワースはドゴールの真意は三番目にあったと述べている。ホーンも第三番目であることに間違いない証拠として、先述の五五年六月の記者会見でドゴールがすでに「協同」について語っている点を指摘している。ラクチュールも示しているように、ドゴールは、「私は、北アフリカの支配に代えて『協同』を目的とする他にどんな政策もないと断言します。支配は有効でもなければ、フランスのとるべきことではありません。協同こそは、モロッコやチュニジアとフランスとの間でのように、諸国家間の連邦的な性格を持つ関係の形式をとることができるのです」と語っていた（Lacouture 2 421）。晩年の著『希望の回想』でも、「協同」による解決方法しかなかったとドゴールは繰り返し述懐しているが、その意味するところは、「同化（統合）政策」、つまり従来どおりのフランスの支配（フランスのアルジェリア）がすでに不可能であるならば、相互特恵協定などを通した協力関係を続けていくべきであるということだった。アルジェリアの独立を前提とした上でフランスとアルジェリア両国の利益のために、相手国人の待遇の改善、経済・文化交流などの面で特別に友好的な協定を締結しつつ、「フランスのアルジェリア」ではなく、「フランス的なアルジェリア」ないし「フランスに協力的なアルジェリア」という将来像を思い描いていたのである。

　このドゴールの宣言は大きな波紋を呼んだ。アルジェリア共和国臨時政府（ＦＬＮ）は民族自決を受け入れたが、停戦は受け入れなかった。民族自決が将来の独立に向けたものであることから、ＦＬＮがフランスとの交渉に肯定的な姿勢を示したのは確かであったが、①「アルジェリア人」という区分の意味づけ、②アルジェリア領土を一二地区に区分する中にサハラが含まれていないこと、③自決の投票日が不明であることなどの疑問が残った。ＦＬＮ内部での様々な解釈論争の末、ＦＬＮ側の回答は結局独立の意志を確認し、停戦のための政治的軍事的条件と自治の適用の保証をめぐる議論をする用意があるというものにとどまったのである。ドゴールは交渉に対して慎重でありながら宥和的姿勢で臨もうとしたが、結局両者の不信感は解けず、この年に大きな変化はなかった。

　他方で直接行動主義者（アクティビスト）および「フランスのアルジェリア」を主張する独立反対過激派（ウルトラ）はドゴールの宣言の中に、「裏切りの臭いがする」と怒りを露にし、抵抗姿勢を一層激しくした。過激派のオルティッツは半地下運動である「フランス国民戦線」を組織した。フランス国内でも将官たちが反発した。予備役将校クラスの集会ではドゴールの宣言に対する反対決議が行なわれた。ドゴールの側近でもあったジュルジュ・ビドー元首相は「フランスのアルジェリア連合」を組織した。ジョワン元帥は憂国の情を事あるごとに露にした。ドゴール派内部でも一一人の議員が辞職し、ドゴールのアルジェリア政策を厳しく非難した。ドゴールに対する軍の不服従を示唆したマスー将軍はアルジェの軍司令官を罷免され、パリに召喚された。翌年一月二二日には「アルジェの戦いの英雄（マスー）」がアルジェリアには戻らないと発表され、その後任にクレパン将軍が任命された。

そして、アルジェではフランス本国政府に対する反乱暴動が、ラガイヤルド議員とオルティッツによって組織され、バリケードを挟んだ攻防戦となった（「バリケードの一週間（一九六〇年一月二四日から二月一日）」）。アルジェリア現地での第二の大きな反乱であった。このとき、反乱を指揮したのはヨーロッパ人名望家や地元の有力者たちではなく、むしろ人々の不満を掬い上げ、大衆受けする言動で人々を籠絡するデマゴーグたちだった。ラガイヤルドはアルジェリアの学生運動の指導者で後に弁護士となったが、先の五月暴動の際には当局本部に対する攻撃の指揮をとった。オルティッツはカフェ・ド・フォーラムというカフェの経営者で典型的な地中海気質丸だしで、男尊女卑の陰謀家タイプの男だった。ラガイヤルドは「民族自決は犯罪行為である。反乱だけが成功の道である」と檄を飛ばした。

一月二四日、「血の日曜日」――ドゴール反対の群集デモは当局の命令で総督府の建物と中央郵便局前の街路（騒動の舞台）から排除されようとしていた。それにかかわった数個中隊の憲兵は火器の使用が禁じられていたが、悪名高いウルトラ（極右）・オルティッツの本部「アルジェリア会社」のビルから一斉射撃が行われた。血戦の火蓋は切られ、大惨事の始まりとなった。人々はマスー将軍の名前を連呼し、「ドゴールを死刑に」と叫んだ。デモ隊と憲兵は総督府の正面大階段のところで衝突、過激派と憲兵隊の銃撃戦、そして一斉射撃がそれに続いた。それぞれ八名と二四名の死亡者、二四名と一二三名の負傷者が出る大惨事となった。建物は占拠され、バリケードが張られた。他方で、オルティッツと彼の仲間が「アルジェリア会社」のビルの前にバリケードを築いて立てこもる一方、隣接の大学ビルが鬚面の若い議員で五月一三日のヒーローの一人、ラガイヤルドの指揮する数百人によって占領された。現地軍司令官・民政長官サランの後任となったシャルとドルーヴリエは事態の収縮の見通しのないまま、アルジェ市の東レガイア空軍基地に移り、司令部を設けた。

パリでも危機感が高まっていた。しかし、ドゴールは断固として反乱に対抗する決意だった。彼は「何が起こっても私は屈服しない」と言明した。しかし、軍はまだ反乱軍に備えて動員されてはいなかった。他方で、社会党のモレはドゴールへの支援を約束し、アメリカもフランス政府への支持を明らかにした。このことは、軍部の支援を期待していた反乱軍を落胆させた。落下傘部隊はアルジェから撤退し、政府軍が奥地から配属された。

こうして、ドゴールは、政策は不変であること、民族自決はフランスにふさわしい唯一の解決であるとテレビを通して訴え、反乱の沈静化に努めた。節目となったのは、一月二九日の有名なドゴールのテレビ演説での発言だった。ドゴールはきちんと軍服を身につけ国民に対して正面から語りかけたのである。このドゴールの演説は数々の名演説の中でも秀逸のものと言われる。

そして、ドゴールは九月の決意を繰り返した。「アルジェリア人は自分たちの運命を自由に選ばなければなりません」（……困難な事態は）「フランスに有利に解決されるでしょう。要は民族自決こそがフランスにとって唯一の決定なのです。そういった結果しかありえないのであります」と語った。ドゴールは反乱軍を「背信者」「陰謀家」と痛罵し、「若干の軍人の自己満足的な態度」を非難した。独立反対派には、いささか譲歩して「最もフランス的な解決を図る」とは言ったが、その決意には断固たるものがあった。ドゴールは「法と秩序」が再建されねばならないことを力説し、すでに自分は「命令」を発したと言明した。そして、最後に「私はフランス人に呼びかける。おお、わが愛する祖国よ。古の国よ。いま、われわれはここに共にいるのです。厳しい試練に直面しているのです」と語った（De Gaulle aIII 162–166）。

ドゴールのメッセージは国民の心に届いた。世論は次第にドゴール支持に傾き、反乱側は劣勢に追い込まれていった。そして結局、「バリケードの一週間」は「五月一三日」の再現とはならなかった。暴徒は降伏した。「アルジェ全部を爆破する」と嘯いたラガイヤルドは逮捕され、パリに送検された。オルティッツは巧みに逮捕を逃れたが、他の多くの首謀者も捕らえられた。反乱の温床のひとつとなった軍の第五局（心理・政治作戦部局）の廃止、「フランスのアルジェリア」を支持した在郷軍人団の解体、右翼ウルトラ（過激派）の五つのグループの解散、さらに将軍の罷免、反乱を支持した『エコー・ダルジェ』編集長ド・セリニの自宅監禁、そして閣内で暴徒を支援したスーステルの排除などが相次いだ。

この年、UNEF（フランス全国学生連盟）がアルジェリアとの交渉を主張し、サルトルら知識人が「一二一人宣言」を出して不服従の権利を訴えた。他方で、これとは正反対に「フランス知識人のマニフェスト」はフランスとの「統合」＝同化（＝アルジェリア独立反対）を主張し、ジョワン元帥ら多くの退役将校らの不服従支持者たちを攻撃した。フランス国内での混乱は明らかだった。事態収拾の目途はたっていなかった。六〇年三月、ドゴールは軍を掌握すべく、後に「士官食堂の巡回」として知られるアルジェリア作戦地帯の軍司令部を歴訪し、将校らと話し合った。ドゴールは「古い植民地主義の制度はなくならねばならないが、独立もありえない。それは完全な貧窮化と奇形化を意味する。アルジェリア人が選ぶだろうと私が思うのは、フランスと連携したアルジェリア人のアルジェリアであろう」と語った（Miguel 449; ワースa 二〇二―二〇三）。

「将軍たちの反乱」の鎮圧

ドゴールが伝統的な植民地政策に固執するつもりのないことは明らかだったが、この時点でドゴールがアルジェリア臨時政府を承認し、その独立要求を易々と受け入れるつもりもないことは明らかだった。この年の六月、ドゴールがアルジェリア臨時政府の二人の密使をムランに招いてフランス代表と会談させた結果はそれを確認するものだった。それは何の発展も見なかった。

しかし、この時期になるとドゴール自身も国民の支持を追い風に感じると同時に、結局は植民地独立という結果しかないように見えるこの戦争から国民の精神的負担を一日も早く軽減する必要があることを痛感するようになっていた。九月六日の記者会見で「協同」という大筋は維持しながらもアルジェリアの独立に傾斜した発言を行なったのである。

こうした事態は六〇年一一月から大きく動いた。アルジェリア独立はもはや回避し難いものであることは明らかだった。ドゴールは一一月四日、初めて「アルジェリア共和国」設立に言及し、アルジェリア問題担当相に側近のジョックスを任命した。一二月上旬のドゴールの最後のアルジェリア訪問は抗議の嵐の中で行なわれたが、もはや妥協による解決しか残されていないことは明らかであった。現地植民者のヨーロッパ人は激しくドゴールに対する抵抗の意を示したが、他方でイスラム教徒たちはドゴールを支持した。彼らは「ドゴール万歳。アルジェリア人のアルジェリア」と連呼した。アルジェリアではこの対立抗争の中でイスラム教徒七五人、ヨーロッパ人五人が殺された。

そして、六一年一月八日の国民投票では、七五％以上の支持を得てアルジェリアの民族自決が決定した。二、七五〇万人のうち二、一〇〇万人が「ウイ」に投票したのである。しかし、この投票では有権者の四分の一が棄権した。それはアルジェリア植民地の放棄に対する複雑なフランス国民の感情を窺わせた。一方アルジェリアでは同月ＧＰＲＡが新しい憲法を採択し、独立とアルジェリア人によるイスラム教国家の設立を宣言した。

同年三月には、イスラム教徒がＦＬＮの指揮下で活動を活発化させ、その一方でアルジェリア独立反対派秘密軍事テロ組織（ＯＡＳ）が大都市のヨーロッパ人居住地区で活動を開始した（ホーン 四六〇–四八六）。ＯＡＳは、六一年一月アルジェの若いリベラル派ピエール・ポピー弁護士（ピエノワール＝現地フランス人）がヨーロッパ人の青年に暗殺されたのを契機に、当時マドリードに逃れていたラガイヤルドとスシニが設立した組織だった。四月には四人の将軍（シャル、サラン、ジュオー、ゼラー）によるクーデタが起こった。アルジェでの三度目の反乱であった。外人部隊のパラシュート部隊がアルジェの公共建物すべてを占拠し、フランス政府要人を逮捕した。ゼラー将軍はラジオで戒厳令を布告し、「フランスのアルジェリア」以外の平和解決はないと叫んだ。

これに対してドゴールは憲法第一六条非常大権（憲法停止と大統領への全権委任を含む大統領の緊急事態発動権）の行使をほのめかしつつ、反乱の鎮圧に対する断固たる決意をラジオ放送で伝えた。四月二三日、ドゴールは、

「アルジェリアでは軍事クーデタによって反乱政権が樹立されました。謀反の張本人たちはいくつかの特殊部隊の幹部の情熱、不安と風評に困惑した一部のヨーロッパ人たちの熱狂的な支持と、軍事的陰謀で埋没してしまった責任者たちの無力につけ込んだのです。（……）フランスの名において私は命令します。このものたち（反乱軍）の数を減らすために、あらゆる方法手段、私はそう申し上げますが、彼らとの結びつきを一切阻止するためにどんな方法にでも訴えることを命令します。私はすべてのフランス人に、そして第一にすべての兵士に彼らのどんな命令にも従うことを禁じます」（De Gaulle aIII 306–308）

と、厳しい口調で語った。

ドゴールは敏速に対応したのである。この有名なドゴールのラジオ放送は「トランジスタの勝利」と呼ば

れた。アルジェリアに駐留した何十万というフランス徴集兵はドゴールの演説をトランジスタラジオで聞いた。将校達も動揺は隠せず、ドゴールの断固たる決意を悟った。フランス国内では軍隊の反乱、アルジェから来たパラシュート部隊がパリに降下するという風聞が流布し、ドブレは慌てふためいていた。シャンゼリゼには軍隊と警察がびっしり配備され、コンコルド広場には戦車も待機した。臨戦体制さながらの騒乱の中でアンドレ・マルロー文化大臣の訴えに応じて志願兵が内務省に殺到した。ドゴールはフランス国民の支持を得たのである。

この結果、国内ではパラシュート部隊上陸や組合のストライキを阻止する動きが活発となり、支持を失ったクーデタの試みは蜂起から三日後にあえなく挫折した。ジュオーとサランはその後地下に潜伏し、ＯＡＳの活動に身を投じた。

アルジェリアの独立——エビアン協定とＯＡＳ

六一年一月下旬からフランス政府とＦＬＮ・ＧＰＲＡの間で交渉が開始されたが、ＦＬＮがフランスの停戦要求を拒否したため中断を余儀なくされた。五月にエビアンで再開された交渉も、原油が発見されたサハラ砂漠の領有とアルジェリアのヨーロッパ人の地位保障の二点で妥協が成立せず、七月末リュグランでの会談も失敗した。主な理由は、フランスがサハラを「新生アルジェリア」の領土にすることに反対したためだったが、九月五日になってドゴールはようやく譲歩した。フランスの経済的・戦略的利益の尊重を条件にサハラをアルジェリアに含むことに同意したのである。

六二年三月に再開された交渉はアルジェリアの独立（サハラを含む）を承認したエビアン協定の調印に成功した。この協定によって、アルジェリアの独立、領土保全、停戦、捕虜の交換、三カ月から六カ月以内の国民投票の実施、アルジェリア人は向こう三年間フランス国籍を選択する権利をもつこと、ヨーロッパ人の財産・不動産の尊重、大企業の権益を保証する石油協定締結などが約束された。独立は認めるが、フランス軍の駐留、油田層と原爆・ミサイル実験基地の利用の権利を維持し、フランス国籍を望むイスラム教徒の保護などが認められた。それらのことはフランスがどうしても譲れぬ一線だった。

しかし、協定締結にいたるまでフランスのアルジェリアに固執する極右・過激派の活動は凄惨を極めたさらに活動を強化した。この組織にはフランス正規軍の将校たちも加わった。彼らは文字通り「地に墜ちた天使」となった。サランとジュオーを頂点として、三つの下部組織、「大衆組織（OM）」「諜報作戦機関（ORO）」「政治行動及び宣伝（APP）」によって構成されていた。そして、実質的にはそれらの下部組織の責任者であるスシニ、ペレス、ドグルドルらが実行グループを掌握していた。ドグルドルはテロリスト五〇〇人を配下に従え、「デルタコマンド」という組織を結成していた。

（ホーン 五〇八‐五三五：Montagnon 379–400）。とくに、OAS（秘密軍事組織）は四人の将軍の反乱後、

六一年五月からOASは政府機関や要人に対するテロ活動の開始を公然と宣言した。五月一九日エビアン会談再開前日にOASはアルジェで一九発のプラスティック爆弾を爆発させ、五月末には現地の治安最高責任者ガヴーリ警視を暗殺した。八月五日テレビの昼のニュースは突如中断され、OASによる反ドゴールと軍隊の反乱の呼びかけの声が流れた。九月にはドグルドルの「デルタ」は一五人もの人々を殺し、一四四人の負傷者を出した。

しかし、OASのテロリズムが過熱する中で九月にOASの密使モーリス・ジャンジャングルが逮捕されたことが転換点となった。彼の口から組織の重要人物の名前が明かされた。その結果フランス陸軍高級将校を含む多くの人物が逮捕され、組織は壊滅寸前の痛手を受けた。他方でOASに対抗して親ドゴール派のグ

ループＭＰＣ（「共同体のための運動」）が秘密結社「バルブーズ」を組織していた。

サラン将軍の指揮の下にフランス本国でもプラスティック爆弾のテロが急増した。危機感が再度高まった。政府転覆の意図は明らかであった。六一年九月八日のポン・シュル・セーヌでドゴール自身がテロに遭遇、九死に一生を得た事件はその最たる事件のひとつであった。その日ボワスリーで合流したドゴールと夫人は、パリに向かって時速一一〇キロで走る保安局（ＤＳ）の護衛つきの車に乗っていた。ポン・シュル・セーヌ（セーヌ上の橋）にさしかかったとき、大爆発が起こり、炎の壁が道をふさいだ。運転手は機転を利かせて車を止めることなく猛然と走り続け、爆破現場から数百メートル走ったところでようやく車を止めた。誰も怪我をした者はいなかったが、ドゴールが最初に発した言葉は「何という不用意なことか」だった。その直後に現場近くに双眼鏡をもって車に乗っていたマルシャル・ド・ヴィルマンディが逮捕され、その後彼の自白で共謀者のＯＡＳのメンバーの一部が逮捕された。

六一年一〇月一七日夜には、ＦＬＮが三万人デモを組織し、パリ警察がこれを弾圧、銃撃や拷問で二〇〇人から三〇〇人のアルジェリア人が虐殺された。この時のパリ警察長官が、第二次大戦中西部のジロンド県事務長でナチスに協力して一、五〇〇人以上のユダヤ人を強制連行したとされるモーリス・パポン（戦後予算相を務めた）だった。パポンは後に「人道に対する罪」に問われた。

ＵＮＲ（新共和国連合）＝ドゴール派にはＯＡＳ（アルジェリア独立反対派・植民地維持主義者の組織）の支持者は少なかった。ミッシェル・ドブレ首相のような「フランスのアルジェリア」を依然として支持する例外的な人物はいたが、多くはドゴール支持へと傾いていった。その結果、ドゴールの側近だったジャック・スーステルはついに六〇年四月、ドゴール派を追われた。スーステルと、「過激派」に通じる、かつてのＣＮＲ（全国抵抗評議会）議長のジョルジュ・ビドーは地下に潜伏、非合法活動に入った。

フランス本国内で、「フランスのアルジェリア」のために抵抗するグループはスーステルが六〇年に設立したヴァンサンヌ委員会であった。皮肉なことにこの委員会の構成員としては、ビドー、ブールジェ・モーヌリ元首相、コルニュ・ジャンティーユ元大臣（ドゴール派）、レオン・デルベック（五八年以前にドゴールの側近でアルジェの「アンテナ」＝諜報責任者）、ロベール・ラコスト（元アルジェリア植民地総督）ら、ドゴール派の大物が目立った。サラン将軍は新たに、六二年三月レジスタンス組織と同じ呼称のCNR（全国抵抗評議会）を創設し、そのときと同様にビドーを議長に据えた。今度はナチスではなく、ドゴールとフランス政府に抵抗することが目的であった。

ＯＡＳの活動は主にアルジェリアで展開され、六一年一〇月三〇日には、アルジェだけで七〇件もの爆弾騒ぎがあった。毎日のようにアルジェリアの諸都市では爆弾騒ぎがあり、他方でアルジェリア人によるフランス人農場への攻撃が繰り返された。六二年初頭はまさに「殺戮の狂気」が支配した時期だった。二月にはサランが「指令第二九号」としてリベラルな職業についているムスリムの最良分子を掃討する指令、いわば全面戦争の宣戦を布告した。六一年一二月の死亡者数は九八人だったが、六二年二月にはその数は五五三人にも上った。三月のバブ・エル・ケウェフトの騒乱とイズリ通りの銃撃戦はそれを象徴する大きな事件であった。前者は二万人のフランス軍部隊が重機関銃や戦車砲やT―E型機で（編隊による攻撃）ＯＡＳの拠点を全面攻撃し、街区全体が廃墟と化した。死者二〇人、負傷者六〇人、三、三〇九人が逮捕された（フランス側の死者は一五人、負傷者七七人）。後者はこれに抗議したＯＡＳの組織するデモ隊がアルジェ駐留軍と衝突したのがきっかけとなって、無差別射撃が続けられ阿鼻叫喚の中、四六人の死者と二〇〇人の負傷者（内二〇人以上はその後死亡）が収容された。結局、三月下旬にはジュオーが、四月下旬にはとうとう首謀者のサランも逮捕された。

こうした陰謀が失敗すると、ＯＡＳはさらにテロと殺戮を強化し、ヨーロッパ人がアルジェリアを離れるのを禁止、ついに「焦土作戦」を展開するに至った。この焦土作戦というのは、フランスが保護領化する一八三〇年以前のアルジェリアの状態に戻して返還することを狙ったものだった。つまり、アルジェリアの西欧文明すべての破壊を意図していたのである。ここまでくると、もはや自暴自棄の破滅行為である。ジャン・ムーラン総督代行に代わって植民地長官に就任したＣ・フーシェはＯＡＳを「狂人で犯罪者」と弾劾した。四月と五月は「恐怖の月」となった。五月二日アルジェ港の港湾労働者たちの群衆の中での爆発は六二名の人命を奪い、二五〇人の重傷者を出した。五月二六日から月末にかけてのわずかな期間だけでもアルジェで四〇の学校が放火や爆弾の対象となった。

しかし、さしもの抵抗運動も六月アルジェ大学図書館が炎上した事件を頂点として、政府の強固な鎮圧政策の前に次第に後退していった。あまりの無差別殺戮に人心が離れていったのである。市民生活を脅かす過激派の行為は、抵抗の目的を正当化するにはあまりにも残酷だった。これでは人々の理解を得られるわけはなかった。六月末にはＯＡＳはアルジェリアでの戦いを諦めざるを得ないところまで追いこまれた。そしてアルジェのＯＡＳとＦＬＮが交渉の末合意に達し、焦土戦術はあえなく潰えた。

その後行なわれたドゴールのＯＡＳ元将校らへの対応は極めて厳しかった。特に、六二年の八月末に予想の倍の人数、七〇万人のアルジェリア在住のヨーロッパ人難民が流入してきたことは事態を刺激していた。ドゴールはＯＡＳのナンバー2であったジュオー将軍に対する死刑を執拗に主張した。さらに、サラン将軍に対して軍事高等裁判所が情状酌量の上無期懲役の判決、すなわち事実上の減刑を行なうや、その四日後にはドゴールは同裁判所を廃止し、軍事法廷（Cour militaire de Justice）をそれに代えた。

そして、六二年四月に行なわれたエビアン協定承認のためのフランスの国民投票では、左翼の統一社会党と極右以外の大部分の政党がこれを支持した（投票数の九〇％）。

プティ・クラマール狙撃事件とテロ

しかし、ドゴールには命がけのエピソードがまだ残っていた。ドゴール大統領への怨嗟は容易に晴れなかったからである。六二年三月エビアン協定締結以後、ドゴールは常に危険に身をさらされていたのである。

六二年六月一六日にはＦＬＮとＯＡＳが協定を結んだ。その目的はもはや「フランス人のアルジェリア維持」ではなかった。現政治体制の破壊、テロであった。そしてドゴール暗殺計画は「Ｚ作戦」と呼ばれた。先に述べたビドー率いる新たな「全国抵抗評議会（ＣＮＲ）」は今度はアルジェリアの維持、ドゴールと共産主義者に対する抵抗のための組織として復活していたが、このＣＮＲもＯＡＳに協力した。不穏な空気の中、八月の夏休み期間中にドゴールがコロンベ・レ・ドゥ・ゼグリーズ村に滞在する機会に備えて、六二年六月にはドゴール暗殺のための空からの攻撃に備えた警備体制が検討された。

コロンベ周辺二〇キロメートル範囲の上空の飛行禁止、大統領私邸ボワスリー周辺にＤＣＡ型軽砲設置、日の出三〇分前と日没三〇分後に第一空軍部隊のもと84Ｆの警戒強化などの体制がとられることになった。ドゴール自身は護衛を強化することには無頓着であった。八月半ば散歩中にドゴールの孫のひとりが私邸に隣接する草原で機関銃を発見したことがあった。ドゴールは個人的には警備が大げさになっていることに快くはなかったが、専門家たちの防衛計画を損壊させるのも大人気ないと考えて、せめてボワスリーから見えないように、藁で砲台を覆うように命じたことがあった（Lacouture 3 276–279）。

この年の八月八日には、アイゼンハワー将軍とエリゼ宮で食事をするためにコロンベを出発したドゴールの車列に自動車が突っ込み、銃撃戦の中でドゴールを暗殺する計画が立てられた。運転手が偶然に予定の経路を変更したためドゴールはそのときは難を逃れた。テロリストたちはそれでもドゴールを追跡しようとしたが、パリ市内の渋滞で次の攻撃は諦めざるをえなかった。ドゴールと側近はこの事件に気づくことはなかったが、それはテロリスト・バスティアにとって実に一七回目のドゴール暗殺計画の失敗だった。

そして八月二二日、有名なプティ・クラマール事件が起こった。これはドゴールを狙った暗殺計画の中でももっとも大掛かりなテロだった。

六二年八月二二日――この日ドゴールは閣議を召集していたためパリに赴かねばならなかった。パリ警視庁情報部によるとOASの活動を警戒してヘリコプターを使用するよう要請があった。ポン・シュル・セーヌ事件以来ドゴールはパリに出かけるときには空路を使うようになっていた。そしてこの日ドゴールは夫人を同伴していた。イヴォンヌはサン・ディジエフ（Saint Dizief オート・マルヌ県所属の市）を訪れて田園風景と村の自然を楽しんで帰宅したいと申し出たのである。

大統領官邸を一行の黒塗りのシトロエンDS車が出る頃には小糠雨が街路を濡らしていた。後の席に大統領夫妻が座り、前の席には、長女エリザベートの娘婿アラン・ドボワシューが運転手マルーと並んで座っていた。その後には、一般医J・D・ドゴスが二人の大統領警護官と同乗したDSが続いた。夕方七時四〇分に大統領官邸を発ちヴィラクーブレイ（飛行場）に向かうドゴールたちがプティ・クラマールの「解放通り」を走っていた八時二〇分頃事件は起こった。

実はこの日の往路、ボワシューは近道をしようとしてプティ・クラマール、シャティヨン門、メンヌ通りを経由して大統領府（エリゼ宮）に向かったが、そのときすでに聖フランソワ・グザヴィエ教会広場でテロリストたちが待っていたことをドゴールたちは知らなかった。幸運なことに、道路渋滞のおかげでパリ市街の一角でのテロは実行されなかったのである。

しかしプティ・クラマールには一〇人もの狙撃手が待ち構えていた。機関銃や爆弾で武装した狙撃手たちはさながら「軍隊」の様相を呈していた。「シムカ一〇〇〇」の車内から、ポン・シュル・セーヌ事件の首謀者バスチャン・ティリーが手にもっていた『オロール（曙）』紙を振った。作戦開始の合図だった。三人の男たちが車の左側から銃撃してきた。大統領の車は突然方向を変え脇へ外れた。タイヤは三本射抜かれてしまった。

この事件の被害者であり、目撃者であるドボワシューはこの事件の顚末を詳細に語っている。事件は一瞬の出来事であった。

「そのとき弾丸が路上で跳ねるのが見えた。一人の狙撃手の自動小銃が火を噴いて揺れていた。私は義父たちに頭を下げるように言うために後ろを振り向いた。この最初の一撃では二人とも無事だった」（De Boissieu b 159）

そのとき次のテロリストの車が見えたので、ドボワシューはマルーに「まっすぐに道の真ん中を突っ込め」と叫んだ。左脇の一台のシトロエンＩＤの車窓が下がっており、二人の狙撃手が機関銃を構えているのがドボワシューに見えた。次のグループであることを悟ったドボワシューは再び、「お父さん、伏せて」と叫んだ。そしてドゴールが頭を下げた瞬間銃弾が後部左座席を貫いた。次のグループによる第二攻撃だった。後部座席のガラス窓は粉みじんになっていた。

運転手マルーは懸命にハンドルを操った。車を止めることなく、アクセルを踏み続け、猛烈なスピードでその場を駆け抜けたのである。第三グループの乱射は車に打撃を与えることはできなかった。

この銃弾の嵐の中、大統領のシトロエンＤＳはタイヤを撃ち抜かれながらも、時速九〇キロメートルで駆け抜けたのであった。そして二回の激しい攻撃にもかかわらず、イヴォンヌには動じている様子はなかった。

彼女は夫にならって頭を伏せて座席で小さくなっていた。DSがプティ・クラマールの交差点まで来たとき振り返ると、テロリストたちの車は小路で立ち往生していた。

「ヴィラクーブレイ飛行場まで行けるか」と、ドボワシューが訊いたので、マルーは「行くだけ行きましょう」と答えた。ドゴール夫妻はガラスの破片にまみれていた。大統領は首に手をやると軽く血がついていたが、軽傷ですんだ。ドゴールはむしろさばさばした様子であった。無事に飛行機に乗り込む前に、ドゴールはたった一言、「今度は危なかったな」と述べただけだった。イヴォンヌは車を降りるとき大きな声で、「鶏肉を忘れないでくださいね。なんともないとよいのだけれど」と言った。事件後、彼女が発したこの言葉はドゴール家の食卓で供されるために彼女が積みこんでいた食材についての心配だった。後に控えていた警察官が「まったくなんともありませんよ」と答えた。思わず出た言葉だったが、イヴォンヌは場合が場合であっただけに、言った後で顔が真っ赤になった（Moll 291）。

ドゴールのほうは次第に怒りがこみ上げてきた様子だった。ボワスリーに着いてポンピドーと電話で話したときには、「友よ。彼らは『豚のように』撃ってきたよ」と語気を荒らげていた。夕食のスープを飲むとき、ドゴールは「畜生。あの殺し屋どもめ」とぶつぶつと独り言を言っていたという。

——ドゴールは九死に一生を得た。ドゴールの怒りは激しく、首謀者バスティアン・ティリーは軍事裁判所で死刑判決を受け、一週間後に処刑された。ドゴールは恩赦を認めなかった。

4　頂点のドゴール体制

「君主制的共和国」と呼ばれたカリスマ体制

アルジェリア紛争の終結によって、ドゴールの威信は高まった。ドゴールは一気に権力を集中していったかに見えた。多くの人々が指摘するように、そこにはドゴール特有のリーダーシップがあった。それは一見共和制における「君主の独裁」であるかのようだった。

ドゴールは、「国家的大問題」に関する決定は大統領の権限に属する「専管領域」であることを主張した。防衛・外交・アルジェリア問題などの領域で大統領の独断専行は是とされた。軍人政治家ドゴールにとって第二次大戦の敗北と大戦中のみじめな思いは、痛恨の経験であった。ドゴールの政治家としての指導スタイルはすべてその時の経験に尽きるといっても過言ではない。対外政策でフランスの存在感を示すこと、それには強い外交のリーダーシップが必要であることは論をまたないが、そのためには国内政治の安定と権力の所在が明確でなければならない。第三・第四共和制の政治から学んだドゴールの教訓はまさにそこにあった。したがって、ドゴールのフランス政治の改革は超然とした指導力を発揮できる国内政治体制の確立とその毅然とした外交指導という二段構えの構造を持っていたのである。

その政治スタイルとしては、第一にドゴールは専門家や顧問らを周辺で重用し、むしろ彼らの方が閣僚を監督していた。ドゴールは、首相とは大統領の言いなりになる人物だと考えており、大統領と首相の二頭政治を嫌った。大統領任期中に国民議会選挙に負けて、対立政党に政府首班を任命せざるをえなくなり、政治の実権を対立野党に握られたのはミッテラン大統領のときであった（第一次保革共存（コアビタシオン））。

第二に、ドゴールは議会を通してではなく、国民と国家元首は直接的な信頼関係によって結びつくべきだと考えた。彼は、大きな決定をテレビ・ラジオの演説や記者会見方式で発表したり、国民投票に訴えたり、頻繁に地方訪問を行なうことでフランス国民との直接的な交流をもつことを印象づけようと努めた。

しばしば指摘されるところだが、ドゴール政治特有の技法として①国民投票、②ＴＶ演説があげられる（Touchard 259–262）。特にＴＶでの効果をフルに活用し始めたのはフランスではドゴールを嚆矢とする。アメリカで六〇年代初め、ケネディとニクソンの二人の大統領候補の間で闘わされたTV討論会が有権者の投票行動に大きな影響を与えたことはつとに有名だが、ドゴールのTV利用もこうした世界的潮流の中にあった。この二つにドゴール特有の地方遊説を加えることも可能であろう。六〇年三月、国民議会多数派が農業問題で議会召集を要請したが、ドゴールがこれを拒否した事件はドゴールの議会不信を示す代表的な例であろう。六四年一月末の記者会見で、「(……)国民に選出された国家元首は国家の源であり、所有者である。(……)国家の不可分の権威はすべて人民が選んだ大統領に委ねられたのであり、一切の他の人々には存しない」(De Gaulle aIV 163-169; Viansson-Ponté 2, 115)とドゴールは語った。ドゴールにとって自分の権力を正当化する「国民(ナシオン)」という概念こそがもっとも重要だった。

したがって第三に、ドゴールは政党政治と議会万能主義を極端に嫌った。第二次大戦直前の第三共和制末期、アルジェリア紛争で動揺し続け、ついに有効な解決策を見出すことができずに党利党略の角逐の中で方向舵を失った第四共和制の惨めな経験は、ドゴールの脳裡を去らなかった。

しかし矛盾したことに、ドゴールを支えたのはドゴール派の「政党」であった。シャルロは、ドゴール個人を中心とした結合の理念は衰えていったが、その一方でドゴール周辺の人たちによって形成された「ドゴール主義の政治勢力」=「政党ゴーリスム(ドゴール主義)」は存続し続けたと指摘する。したがってドゴール退陣以後も政治勢力として議会においてドゴール派は生き残っていた。新共和国連合(UNR)は旧フランス国民連合(RPF)所属の諸派(労働者委員会やアルジェリア植民地主義派を含む)を母体として五八年一〇月に成立した。ドゴールは政党を嫌悪したので、政党ではなく、ユニオン(連合)という形をとったが、これは政党といってよい。政権が磐石とは言いがたかったドゴールにとって支持派の結束は不可欠だった。そこでドゴールはUNRの活動に直接関与はしないが、UNRはドゴールに対する忠誠者の組織として活動をする。こうして議会におけるドゴールの支持体制を機能させたのである。

そして、第四に彼の政策を支持しない閣僚は更迭された。産業・通商政策で意見が対立し、情報不足に対する不平を述べていた第四共和制の大物政治家ピネー蔵相を更迭し、翌月の二月には政府のアルジェリア政策に反対するスーステルとコルニュ・ジョンティが更迭された。ドブレ内閣三年半の間に農相・内相・情報相・蔵相がそれぞれ三人、教育相が四人代わった。官僚が議員出身者にとって代わるというパターンであった。閣僚とは、大統領の決定を遂行する行政部門の主管長にすぎなかった。これらは、ドゴールの政治スタイルの特徴であった（シャルロ 六六－九二；Berstein 278–279）。

しかし、将軍たちの反乱が鎮圧され、アルジェリア紛争が一応決着すると、こうした大統領中心的な、強引とも言えるドゴール体制への反発が表面化し始めた。議会では、社会党・急進派などが公然と大統領に反発したし、ピネの更迭以来独立派も大統領との距離を置くようになった。与党のＵＮＲの中からも三〇人ほどが野党陣営に回った。すでに、五九年一〇月の上院選挙ではドゴール派は少数派となっていた（Berstein 242–257）。

六二年四月、ドブレ首相が辞意を表明した。アルジェリア紛争が終了したのだから、五八年の議会は解散すべきであり、総選挙後に、より民主的な政府を樹立すべきであるというのがドブレの主張であった。そして、ドゴールは当時まだ知名度の低かったポンピドーを首相に指名した。この頃ポンピドーはロスチャイルド銀行の総支配人をはじめ多くの企業の代表の地位を兼任していたが、政治家でも官僚でもなかった。大統領府の決定を実行するだけの「大統領の男（側近）」が首相となったのである。このドゴールの措置が、政党政治家と議会に対する強烈な批判を意味したことは明らかだった。議会の新内閣承認投票では賛成は二五九票で、ドゴール派新共和国連合（ＵＮＲ）、独立派の四分の一、ＭＲＰの四分の一の議員が支持しただけであった。反対は一二八票、棄権が一一九票もあった。

一方、対外政策面でも議会と大統領の対立の危機感は高まっていた。六二年五月、記者会見でドゴールが欧州統合問題で「諸国家のヨーロッパ」、つまり主権国家を維持した国家連合構想を提唱し、欧州統合派の主張する「超国家的」統合を批判したため、フリムラン以下五名のMRP閣僚が辞任した。そして、六月にはUNRと共産党議員を除くほとんどの議員が「ヨーロッパ宣言」に署名した。

国民投票による大統領選挙──真に正統化された権力の追求

こうした中でドゴールは、六二年九月大統領直接国民投票制度の導入の意向を明らかにした。政党政治への宣戦布告であった。晩年の『希望の回想』では、「政府は議会すなわち政党によってではなく、彼らを飛び越え、国民全体による直接の委託を受けたひとりの国家元首によって作られるべきである」と述べている。

ドゴールは四六年以来この制度の導入を考えていたが、この時期機は熟したと踏んだのである。フランス共同体の消滅、アルジェリア独立の決定、大統領の恣《ほしいまま》になる首相の就任による権力強化という有利な要因、そして政党制復活への懸念という不安がドゴールをこの提案に駆り立てた。六二年八月二二日、プティ・クラマール事件でOASのテロの銃弾に危うく遭難しかけたこともその直接の契機となった。ドゴールには強い大統領権力の継承が急務の課題と思われたのである。

ドゴールは一九四五年第三共和制憲法廃止、一九六一年アルジェリア民族自決権承認、一九六二年一〇月大統領選挙への直接国民投票制度導入、六九年の国民投票のいずれの場合にも、事前に自分の提案が国民に受け入れられなければ、辞任することをあらかじめ約束していた。その意味では、ドゴールにとって一連の国民投票はプレビシット(信任投票)であった。ドゴールにとってあくまでも自らの権力行使の正統化の手段であった。

諸政党は、この措置が憲法で定められた行政・立法機関間の均衡の論理を崩壊させ、個人への権力の集中につながるものとして強く反発したが、ドゴールはこの改正を憲法第一一条の「公権力機構に関する法案を大統領が国民投票に付託する権限をもつこと」を利用して、国民投票に訴えようとした。

上院を中心とする議会は、このドゴールの措置を憲法侵害とみなし、一〇月ポール・レイノーの率先で国民議会はポンピドー政府に対する不信任動議を採択した。これに対して、ドゴールは議会解散・総選挙、そして大統領選挙制度改正の是非を問う国民投票という措置に訴えた。この国民投票にはドゴール派のUNRだけが賛成し、他の全政党は反対に回った。社会党・急進派・MRP・独立派は「共和制の原則の擁護と個人権力反対」のための「反対連合」を組織した。激しい世論の抵抗に対して、ドゴールは国民投票で憲法改正反対派が多数派となった場合、あるいは僅少差の賛成派の勝利の場合には、辞職する決意を言明した。

一〇月二八日の国民投票の結果は投票総数の約六二%が改正を支持した。ドゴールはこれを僅少差の勝利とはみなさず、政権にとどまる意向を表明した。しかし、実際には棄権が約二三%あったので、支持率は有権者の約四六%、過半数には達していなかったのである。

一方、国民投票で敗北した「反対連合」は翌月一一月の総選挙に大いに期待をかけたが、結果はドゴール派の大勝となった。総選挙第一回投票では、UNRは労働民主連合（UDT、左翼ドゴール派）と併せて約三二%の支持率を得、四六年一一月選挙で共産党が獲得した二八%を上回る最高得票率を記録した。ドゴール自らの選挙戦への積極的な関与に加えて、アンドレ・マルローはUNR・UDT、独立派（ドゴール支持の独立共和派は当時三六歳のジスカールデスタン中心のグループ）とMRPの一部を結集させた「第五共和制連盟」を組織して選挙活動を行なった。反対派は社会主義者から独立派までを含む連合であったが、連帯感は弱かった。

第二回投票では、UNR・UDTが二三三議席を獲得し、単独半数（二四二議席）に迫る勢いを見せた。MRPと穏健派の地盤沈下は一目瞭然であった。ポール・レイノーやマンデスフランスら第三・第四共和制の大物政治家、ドブレ元首相が落選したことも時代の変化を大きく印象づけた。六二年の大統領選挙改革は五八年憲法に本質的な意味を与えた。実質的には、この時第五共和制の基盤が築かれたといえる。まさに、ドゴール主義（ゴーリスム）の時代であった。制度面でもドゴール主義の時代が訪れたのだった（Rosoux 31–32）。

第五章

同盟も自立も

1　「偉大さ」を求めた外交

フランスについての「あるひとつの考え」

雌伏の時代を経て、ようやく権力の座に返り咲いたドゴールの集大成は第五共和制の政治体制の完成とその後の外交（＝フランスの偉大さの追求）にあった。救国の英雄から下野し、自ら嫌う政党政治の嵐の中で機を窺いながら身を潜め、満を持して再登場の機会を待ったのはそのためであった。すでに齢七〇になろうとする、ひとりの老将軍の生涯はまさにそのためにあった。事あるごとにドゴール自身は「私は歳を取りすぎている」と繰り返したが、ドゴールにはまだやらねばならないことがあった。国民の直接的な信任によって権力を与えられた強い指導力をもつ大統領制度の完成と同時に、ドゴールがめざしたのは「偉大なフランス」の復活であった。「救国の英雄」として「ドゴール」というカリスマを生み出したのが第二次大戦であったとすれば、植民地解放時代の国難に遭遇して、国民がドゴールに抱いたカリスマ像は、失われた「フランスの栄光」の復活によって光彩を取り戻したのだった。

もう一度あの有名なドゴールの言葉を思い出してみよう。

「生涯を通じて私は、フランスについてあるひとつの考えを抱いてきた。理性と同じく感覚的にその考えが私に宿るのである。私の心にある感情的なものが自然とフランスを思い起こさせるのである。それは、あたかも御伽噺に出てくる王女のようであったり、際立った例外的な宿命に捧げられたかのごとき壁にかかったフレスコ画のマドンナのようでもある。（……）要するに、私の考えるところ、フランスは偉大さを失ってしまってはフランスではありえないのである。」（De Gaulle c i）

これはドゴールを語るとき、しばしば引用される有名な一節である。ドゴールの人並み外れた祖国愛とフランスの理想像に自らを重ね合わせた自画像がそこにある。「あるひとつの考え」というのはドゴールにとって「フランスの偉大さ」を永遠のものとすることに他ならなかった。それは今日においてはもちろん、米ソ超大国がしのぎを削っていた冷戦当時においても、夜郎自大な表現である。しかし生きる世紀を間違えたかのようなその心意気はまた普遍性をもっていた。それは誰しもがもっている国民としての誇りである。

その思いは、かつて幼いころ自らをフランス国王に擬した遊びに興じたときから連綿とドゴールの心の中で育まれていた。第二次大戦中、米英強大国を前にして風前の灯であった「自由フランス」を率いた時代に、困惑と屈辱に塗れながら日毎に培われていった思いでもあった。大国フランスの再生（＝国際社会での地位の回復）、「祖国の栄光」の復活の夢であった。

ドゴールは第三共和制末期にイギリスに追随し、宥和政策に与していかねばならなかったフランス外交を痛恨の思いで傍観するしかなかった。軍人として軍の近代化を主張し、抵抗の士気を喪失した政党や政治指導者を痛罵した、ささやかな試みは報われることがなかった。二度とこれを繰り返してはいけない。大戦後自らフランスの再生を期した政権構想は狂言と化した自作自演の辞任劇の失敗で一四年も先送りされてしまったのである。

その間第四共和制下のフランスは冷戦構造の中で、アメリカ陣営に組み込まれ、西欧諸国・アメリカとの妥協によってフランスの自立を曖昧にしてしまった。フランスはドゴールのおかげでかろうじて戦勝国入りしたが、実際にはその国力ははなはだしく疲弊していた。戦後の経済・社会復興のためにはアメリカに頼らざるを得なかった。したがって第四共和制の外交が対米追随型の外交となったのはやむをえないことであった。しかしそれはドゴールと第四共和制の外交を率いた指導者にとっても、心の底から望むところではなかった。そして指導力を喪失した政治はアルジェリア植民地解放闘争の前に羅針盤を失ったまま、失速した。第四共和制の外交を厳しく批判し続けたドゴールが政権に着いた当時、フランスは西側の従順で平凡な一同盟国に過ぎなくなっていた。

ドゴールといえば誰しも思い浮かべるのが、同盟の盟主アメリカに対する傲岸で恐れ知らずともいえる姿勢である。しかしドゴールのそうした姿勢は傍目に見えるほど勇ましく、簡単なものではなかった。ヨーロッパは冷戦下のアメリカとの覇権的な関係、つまり圧倒的なアメリカの力による保護を受けた同盟関係の中で、ジュニア・パートナーの役割を果たすだけの存在になっていた。そうした大西洋同盟関係における圧迫感を素直に表現したドゴール外交はそれなりの深謀遠慮を背景としていたし、それを演じきるだけの説得力のある見識と論理、そして強い意思に支えられていたのである。

一九六三年から六八年にかけての米仏関係は、食い違いの連続であった。一九六三年にはドゴールはエリゼ条約として知られる「独仏協力条約」をドイツと締結した。また米ソによる部分的核実験禁止条約（モスクワ条約）にも反対した。翌年六四年にはフランスは中国と国交を樹立し、ドゴール自身はラテン・アメリカ訪問を実現させた。六五年には、「反ドル体制」の戦いが始まった。六六年にはＮＡＴＯの軍事機構を脱退し、ドゴールはソ連を訪問、またカンボジアを訪問して、ヴェトナム戦争の原因がアメリカにある、と鋭い口調で語った。六八年五月には周知のように、「五月騒動」ではフランス自身が揺らぎ、他方で「プラハの春」でのソ連軍のチェコ介入事件は一時的に米仏関係の修復をもたらしたが、基本的には両国関係に春が来たわけではなかった。

ドゴールがアメリカのへゲモニーに挑戦したのは、ドゴール自身の個性によると同時に大多数のフランス国民の本音でもあった。だからこそ、国民は彼の外交を支持したのであった。その意味ではドゴール外交は、孤高の姿勢を誇示し、アメリカに一矢報いようとした独立不羈のフランス的精神を代表していた。自前の核抑止力に執拗にこだわり、NATOの軍事機構からフランス軍を離脱させたことはその象徴であった。しかしフランスはかつてのような栄光に輝いた大国ではなかった。「偉大さ」といってもフランスがナンバーワンという意味ではなかった。どのように考えても、圧倒的な力を誇るアメリカに対して自説を押し通すということはできない。せめて可能なことは、フランスの外交上の「行動の自由（選択肢）の範囲」を少しでも担保しておくということであった。それこそドゴール外交の「自立性」の真の意味であった（渡邊e 二九五–二九六、d：山本（健）四〇）。そのためには「先をとる」戦法や一見荒唐無稽な人を煙に巻くような論法をフランスの戦略として世界に標榜したのだが、その前提にはどこか妥協していくための眼識を兼ね備えた術に長けていることが不可欠だった。そこには「見識」に支えられたドゴールの巧みさがあった。

それはある種の「弱者の脅し」のような苦肉の策でもあった。それだけに、その外交は不撓不屈の「意思の力」に支えられていなければならなかった。それは自分で自分を信じることであった。さもなければ、相手を説得しようがないではないか。これは永遠の真理でもあった。これこそフランス人特有ともいえる大げさな身振りで自己主張するドゴールの真骨頂であった。だからこそアメリカは時に怒りをあらわにしながらもドゴールを無視することはできなかった。

他方で、それだけの大博打の背景には力関係の均衡を手繰り寄せようという冷静で慎重な配慮があった。

それは独仏連帯を基礎にしたヨーロッパ統合の推進であり、対ソ等距離外交となって現れた。ヨーロッパ近隣諸国との微妙な関係を調整する中で、ドゴールは「ヨーロッパの代表者」としてのフランスを体現しようとしたのである。そのときの頼りになるパートナーこそ、かつての宿敵ドイツであった。最も恐れるべき競争相手は、最も信頼できるパートナーとなりうる可能性を秘めている。その意味ではドゴール外交は伝統的力の均衡の論理に支えられながら、フランス外交のコペルニクス的転換の始まりでもあった。フランスの対米自立志向にとって独仏協力を軸とする西欧諸国との連帯は不可欠であり、そうした国際政治構造の中での相対的自立志向を狙った新しい現実主義だったのである。つまり、アメリカに対する自主独立の主張は絶対的なものではないが、強い相方との協力によって自分の主張を数の力によって正当化し、補強することが前提となっていたのである。

それでは私たち日本人はこのフランスの自主外交をどう受け止めているのであろうか。アメリカを頂点として構築された覇権的な西側同盟の中で半ば強制的な役割を分担させられた同盟諸国にとって、「偉大さ」の主張という、ある種の「反骨精神」は多くの人にとって溜飲の下がる思いであろう。それはフランス以外の同盟国にとってもときに自らの意見の代弁者と見えることもあるだろう。このことは、今日においてもアメリカ一国主義ないしアメリカのヘゲモニー（覇権）という意味での「グローバリズム」反対の旗手をフランスが担い、それなりの支持を得ている理由でもある。

日米同盟を第一としてアメリカに安全を保障されながらも、超大国の圧迫感を感じる多くの日本人には、NATO軍事機構から脱退し、堂々とアメリカに意見するドゴールの姿は痛快に見えた。ドゴールという人物についてよく知らない人がドゴール主義について語るとき多くの場合にはそういう気持ちが込められている。他方で、アメリカと比較すべくもない脆弱な国力（核抑止力）しかもたないにもかかわらず、時代錯誤の言質を弄して超大国に立ち向かうドゴールの姿は、「ドン・キホーテ」のような滑稽な姿でしかないと思った人々も多かった。

いずれにせよ、この時代のフランス外交を積極的に評価するとしたら、それは文字通りドゴールというひとりの人間の力量そのものを評価することであった。フランスは戦勝国とはいえ、実際にはアメリカの手によってドイツの支配から解放され、戦後の復興を果たした。冷戦時代を通してアメリカは自由世界の比類なき牽引車であった。弱小で脆弱な核兵器を誇大に喧伝することがドゴールのフランス外交であるとしたら、それはかつての大国としてのせめてもの矜持でしかなかった。しかしその外交が見せかけにせよ、「大国」フランスのイメージを世界の人々に植えつけ、一定の影響力をもったとしたら、それこそ「外交」であった。それは国際政治の現実を冷徹に見極め、機を見て行動する「演出」の力であった。

ドゴール外交は単なるナショナリズムでもなければ、がちがちに計算しつくされた国益主義外交でもない。それはフランスという国家の威信を高めるための巧みな「演出力」そのものであり、リアリズムに裏づけられていたのである。それを語らずしてドゴール外交はありえなかった。国力に支えられた正しい意味での説得力はなかった。そして多々独断的な論法は人々を不快にした。しかしそこには意思を伴った「する外交」の姿勢が明瞭であった。それは状況対応的な消極的な「なる外交」ではなかった。それは日本外交に最も欠落している点である。国家の行動の演出手段としての外交という理解は私たちには希薄である。そのことはまた「見識」と「意思の力」の問題でもあった。「何をするか」という問いに対してはビジョンが必要であるし、やりとげるという決意があって初めて政策提案には意味があるからである。

ドゴール以来のフランス外交の表向きの勇ましいレトリックやスタイルを外観だけで喝采する向きがある

としたら、それほど軽率なことはないだろう。ドゴールの行動は単なる判官贔屓で理解することはできない。それはフランスの歴史であり、文化の中から生まれたひとつの「技」なのである。

2　アメリカに挑戦したドゴール

ドゴール政権発足時の米仏関係

それでは「偉大なフランス」の夢を追い続けたドゴール外交の実際を見ていこう。言うまでもなく、その第一はアメリカとの関係である。

第五共和制が発足した当時、すでに述べたようにフランスは旧植民地をめぐる混乱の中にあったが、他方でアメリカ離れを始めていた時期であった。ドゴール政権の発足自体、そうした中での出来事だった。

五六年のスエズ危機はフランスの対米外交の分岐点となった。スエズ危機のきっかけとなったのは、エジプトの民族主義者ナセル大佐が英仏の利権が強く絡むスエズ運河国有化宣言を行なったからであるが、それはアメリカがアスワンダム建設の融資を引き揚げた結果、エジプトがダム建設資金をスエズ運河からの収益によって補わなければならなくなったからであると、フランスは考えていた。すでに述べたように、英仏とイスラエルはナセルの決定に激しく抗議して、軍を派遣した。しかしこの時アメリカは英仏を支持せず、第三世界諸国が激しく英仏を非難する中、国連決議によって両国はエジプトから撤退することになる。両国はアメリカに見放されたのであった。フランスの「対米自立」と呼ばれる外交を考えるときに、この経験は重要である。すでに大戦時のドゴールの英米との関係に見られたように同盟関係は常に協力的な局面ばかりではない。「競争」や「離反」の危険は常にある。現在の日米同盟にもそれは例外ではない。

しかしその後の対米外交は英仏両国では全く逆であった。英国は五七年三月と一〇月にアメリカと核開発協力に関する協定を締結し、英国はアメリカと特別の関係を構築していった。これに対してフランスはその後アメリカ離れに転じたのである。

それに加えて、チュニジア問題はフランスのアメリカ離れを決定的なものにした。フランスは北アフリカ植民地の独立紛争への対応から地中海地域までNATOの防衛範囲を拡大することを強く希望していたが、米英はこれを認めようとせず、むしろフランスからの独立を要求しているチュニジア解放勢力への兵器輸出を決定したのである。そうした中で五八年二月にフランス空軍がチュニジアのサキエト村を爆撃したことは、チュニジアをめぐるフランスの国際的立場をさらに悪くした。ブルギバ・チュニジア大統領はこの事件をきっかけにそれまでの親仏的態度を一挙に硬化させ、この事件を国連に訴えた結果、フランスは英米両国の調停使節団を受け入れねばならなくなった。このことはフランス内政にも大きな影響を与え、アメリカの圧力に屈したという批判を浴びてガイヤール内閣が倒閣の憂き目を見ることとなった。フランスの英米両国に対する反感はこうして増幅されていった。ドゴール政権誕生前の出来事であった。

さらに、フランスの反米気運を高めたのがミサイル配備をめぐる議論であった。五七年一二月には、ソ連の人工衛星スプートニク打ち上げによって生じたミサイル・ギャップ（衛星打ち上げを可能にするミサイル技術をもつソ連に対して、アメリカのミサイル開発が遅れてしまったこと）からアメリカがNATO諸国への核ミサイル配備を提案したが、これに対してガイヤール政府は回答を躊躇し、ドゴール政府になってもそのままだった。翌年七月には、アメリカ議会は英国にだけ核開発のための情報と物資の提供を申し出た。それはフランスには提案されなかったのである。

その一方で、一九五九年時点で駐仏米軍は六万一、〇〇〇人に達し、加えてその家族五万人、カナダ兵が三、〇〇〇人駐留していた。そして米軍駐留の空軍基地は国内八カ所に達していた。第四共和制の時代にフランスは復興のためアメリカからの支援を積極的に仰いだが、アメリカが支持したＥＤＣ（欧州防衛共同体）構想をめぐっても、それがドイツ問題ないし欧州統合問題であると同時に親米主義か否かの議論にすりかえられていた。核開発そのものはドゴールではなく、四七年末にビドー政府が決定し、スエズ危機以後それは本格化していた。ドゴール外交の核心となるフランスの核戦力開発はしばしばドゴールの発案のように理解されている向きがあるが、すでに第四共和制末期に開始されていたのである。

アングロ・サクソン「支配体制」への挑戦の始まり——アイゼンハワーへの書簡

アルジェリア危機の混乱の中で誕生した第四共和制最後の政府であるドゴール内閣が発足し、第五共和制憲法が国民投票で承認されたのは九月二八日であった。それに先立つ九月一七日、ドゴールはアイゼンハワーアメリカ大統領とマクミラン英国首相に有名な書簡を送っている。この書簡でドゴールは、ＮＡＴＯの従来の役割を否定し、ＮＡＴＯの組織改革と活動範囲の拡大を要請したのである。つまり、ＮＡＴＯの運営は米英二カ国にフランスを加えた米英仏三国の協力によって行なわれるべきこと、またＮＡＴＯの防衛範囲をフランスの影響圏であるアフリカを含む地中海地域にまで拡大することをドゴールは訴えたのである。

その背景には米ソ超大国の激しい対立による冷戦がすでに「緩和」してきたという観測がドゴールにあった。米ソが直接対決する懸念は大いに減っている。スプートニクの飛行が成功し、大陸間弾道ミサイルによる攻撃が可能となった今日、米ソは核兵器を簡単には使えない。抑止力とはもはや使えない兵器のことである。後述するように、ドゴールはいち早く東西緊張緩和外交を提唱していたのである。

この五八年九月一七日の書簡で、ドゴールは「ＮＡＴＯはもはやわが国の防衛に必要なものではなくなりました」と述べ、「わが国のＮＡＴＯへの関与がどのようになっていくかということはすべて新しい安全保障機構にかかっています」としたのであった。

　政治戦略レベルで米英仏による機関を設立することと、「世界の安全保障にかかわる政治問題において共同決定を実施し、他方でとくに核兵器使用に関して戦略的行動計画を策定し、場合によっては実施する」と豪語したのである（DDF 1958 II 377）。

　しばしばドゴールのこの九月の対英米宛て書簡はフランスのＮＡＴＯ三頭体制の主張としてだけ強調されるが、先にも触れたようにドゴールは同時にＮＡＴＯの防衛範囲の拡大を要請していた。当時アルジェリア独立戦争の真っただ中にあったフランスにとってＮＡＴＯの支援を受けることは大きな意味をもっていた。五九年二月、三国外相会談でフランスは自らの影響力の強いアフリカ地域での米英による支援を期待したが、これに対して米英はフランスの要求を拒否した。

　ドゴール政権は五九年一月末に、フランスの防衛委員会が仏地中海艦隊の指揮権を取り戻すことを決定したが、三月ＮＡＴＯはこれを承認した。アルジェリア紛争が熾烈化するなかで、アフリカ現地派遣部隊と本国との分断を懸念したフランス側の強い要請がその決定の背景にあった。さらに四月にはフランス・ＮＡＴＯ海軍協定（バイラテラル協定）が締結された。最終的にこの協定は発効されなかったが、後に地中海におけるＮＡＴＯとフランスの指揮権限関係を規定する上での基礎となった。海軍に加えて、空軍についても本土防衛のために仏軍戦闘機の管轄権を確保することをフランスは欲した。核兵器管理については、ドゴールは米英仏三国による常設核管理グループの設立を提案した。

　こうした一連の要請はその後のフランスのＮＡＴＯ軍事機構からの離脱に結びついていったが、先の書簡の核心は、自由主義世界の「共同管理」、すなわち米英と対等な立場でフランスが西側防衛機構に参加するという意味での米英仏の三頭管理体制の主張にあった。具体的には大使級の常設委員会設置をドゴールは提唱したのである。
ドゴール書簡に対する翌月のアイゼンハワー米大統領の返事は、ドゴールの要請を拒絶する内容であった。アイゼンハワー大統領はドゴールのいう効率的な同盟の役割分担については賛成しつつも、現存の西側防衛機構はその目的に適ったものであるという認識を伝えた。アメリカの懸念は、むしろ他の加盟国がアメリカの関知しないところで決定を下すということにあった（DDF 1958 II 560–561）。

後に、ドゴールはこの五八年九月の書簡を本気で実現可能なものとして書いたのではないことを側近のジョフロワ・ド・クールセルにもらしている。この書簡はある種の観測気球的な意味をもたせたものであった。「この書簡は外交圧力手段のひとつにすぎなかった。当時、私はＮＡＴＯからの離脱の方法と第四共和制によって失われた私の自由（裁量）を捜し求めていたのだ」と語っている（Tournoux 321–322）。このドゴールの言葉がどこまで信憑性のあったものかどうかは、永遠の謎である。ただ、その後ドゴールの滑稽にも見えるアメリカに対する独立不羈の姿勢を考えると、その有効性はともかく、この書簡はそれなりに大きな意味をもっていた。フランスは第三共和制末期からはじまり、大戦期を通じて第四共和制において常に、対英追随、そして対米追随外交を強いられてきた。ドゴールがここで米英両巨頭に当てた書簡はひとつの挑戦状であった。そしてドゴールが長い間抱いていた「フランス外交の復権」の意思表明そのものであった。

五九年の九月にアイゼンハワー大統領が訪仏した際に、ドゴールはこの米英仏三国共同管理体制（自由主義世界の三頭支配）を再び話題にした。これに対して核と世界事情をめぐって協議される米英仏三国会談は事前協議の意味をもつものであり、それを制度化すべきではない、とアイゼンハワー大統領は主張した（DDF 1959 II 275–296）。

翌年五月に予定された米英仏ソ四カ国首脳会談の準備会談として同年一二月下旬に、パリ郊外ランブイエで西側四カ国会談（米英独仏）が開催された。その会期中の米仏首脳会議でアイゼンハワー大統領は世界的規模の戦略作成に関する合意とワシントン・パリ間の特設電話の設置について準備がある旨をドゴールに伝えたが、この制度的な協議機関の設立についてはドゴールは難色を示した。その代わりに妥協策として他の同盟諸国の憤りを誘わない程度での「秘密の」協議の場を設けることを仄めかしたのである。この会合は、軍事・外交・経済財政専門家を含むハイレベル官僚によって構成され、ロンドンで開催されるというものであった。ドゴールはこの提案に基本的には合意の意思を示し、大西洋同盟を軍事面で指揮する別の小さなグループを創ることを提案した（DDF 1959 II 765; Vaïsse 123）。この要請に応じる形で、翌年六〇年四月ドゴールが訪米した際にもこの三国協議体制についての議論が引き続きなされた。

緊張緩和の中の「調停者」をめざして——パリ四カ国首脳会談の挫折

こうした直接的接触の一方で、ドゴールはフランスによる東西和解外交の演出を企図していた。その背景には、先に述べたように東西の核戦争の脅威は次第に遠ざかりつつあるというドゴール一流の判断があった。実は一連のドゴール外交の出発点には先に述べたルネ・レモンの指摘のように、第三次世界勃発の危機感が強かったことがある、と筆者は考える。今日から見ると、危い安定ではあっても、冷戦は「長い平和」（L・ギャディス）という見方もあるが、同時代の人々の外交官の基礎にそうした危機意識が常にあったことは想像に難しくはない。だとすれば、すでに「緊張緩和」の時代が到来したというドゴールの認識は大胆なパラダイム転換の発想であり、「ヴィジョンの人」、ドゴールの炯眼《けいがん》といえよう。こうした角度からの検証はレモンの研究以外には筆者は知らないが、改めてその意味の大きさを問い直してみることは重要であろう。

六〇年五月、ドゴールは米英仏ソ四カ国首脳会議をパリで主催した。それは、フランスが東西大国の橋渡しの役割を担うことを世界に喧伝すべき会議となるはずだった。しかし東西冷戦の中でのフランスの存在感をアピールしようとした彼のこの意図は、実際には直前に勃発したソ連領飛行中のアメリカU2スパイ機撃墜事件によってあえなく挫折した。ドゴールが期待した米ソ対立の解消とはまったく反対の事態となった。会議はこの事件をめぐる米ソ間の応酬によって物別れに終わったのである。

ドゴール研究においてはこの会議についての分析はあまりないが、大部のドゴールの伝記を書いたルーセルは国立文書館の資料を参照しながらこの点について触れている。筆者も、この種の派手な大演出はフランス人好みであり、またドゴールの政治スタイルに適ったものであったと考える。ドゴールとアイゼンハワー大統領との関係は悪くなかったし、対ソ関係については米英とは異なった観点に立っていた。ドゴールは「世界の仲裁者の役割を果たす」という夢にとらわれていた（Roussel II 227）。この首脳会議の準備のために六〇年四月ドゴールは訪米するが、現地での記者会見でも、歴史的にことあるごとに首脳会議が開催されてきたことを指摘し、その必要性を説いた。「人々の理解」の必要性を述べた（De Gaulle III 193）。

この四カ国首脳会談の発想は、五五年にジュネーブの四カ国外相会談が失敗したことを淵源としたが、より直接的には五九年七月、同地での核軍縮交渉をめぐる東西間の激しい角逐を受けたものであった。五八年一一月一〇日、フルシチョフ首相がベルリンの占領的地位の終結を宣言し、ベルリン全体の中立化を求め、さらに二七日には六カ月間を期限として中立化を求める最後通牒を発した。いわゆる「ベルリン危機」が東西間に新たな火種を提供していた。ベルリンが政治的独立単位として西側の権限外（中立化）ということになると、西ベルリンは東ドイツの中で完全に孤立化してしまう。それは西側兵力の撤退と西側の軍隊の行動の自由が失われることを意味した。こうしたヨーロッパの緊張した国際環境を背景として、核軍縮交渉が難航し、ドゴールの提案が出てきたのである。

五九年一二月のランブイエでの西側首脳会議は、ドゴールがアイゼンハワー大統領、マクミラン英首相、アデナウアー西独首相を招いて開催された。翌年五月に控えたフルシチョフ首相を含む四カ国首脳会議のテーマは、軍縮・低開発国・ドイツ問題・ベルリン問題であった。ベルリン危機が喫緊のイシューとなったが、この点ではフランスと米英はニュアンスが違っていた。つまり米英がソ連との国境修正交渉に前向きの姿勢を示したのに対して、フランスは断固として現状維持の立場を主張したのである。マクミラン英首相は国境問題の前提としてドイツ再統一交渉を受け入れる発言を行なった。このことは独仏にとって、ベルリンの放棄や東側に譲歩したドイツ統一を促す機会をソ連・東ドイツに与える危惧をもたせるものであった。米英首脳はソ連がベルリンを西側から切り離そうと決意しており、そのためには武力行使も辞さないだろうと見ていたが、それに対して西側では本格的な対応の覚悟ができていなかった。したがって彼らがソ連に対して譲歩する可能性があるとドゴールは見たのであった。

マクミランは、彼個人としてはドイツの一都市、ベルリンの帰属という小さな問題のために自国を破壊のふちに導く責任を負うなど論外だ、とさえ言明したという。これに対して、ドゴールは、「ソ連とてそんな（ベルリンのために死ぬ）ことは毛頭、望んでいないはずです。われわれが現状維持を守ろうとしているのを見れば、ソ連とて何を好き好んで不意打ちや混乱を起こそうとするでしょうか」と言い返している。ドゴールはソ連が緊張緩和を望まないわけはないという認識に立った発言をしている（DDF 1959 II 766–767; ドゴール c 三二一）。米英仏の間での対ソ観の違いがそこにはあった。

翌年の三月二三日からフルシチョフ首相が家族ぐるみでフランスを訪れたときの様子をドゴールはその回顧録で好意的に語っている。このフルシチョフの訪仏は一〇日間にわたる長逗留となった。したがって、ドゴールとの首脳会議はその間、三日間にわたって行なわれた。概して二人の間のやり取りは穏健であったが、ドイツ問題に関してはフルシチョフは語気を強めたという。大戦中のナチスとの交戦の記憶がまだ生々しい時代であった。これに対してドゴールは緊張緩和を強調して、それが相互理解と協調へと発展していく可能性について力説した。これに対してフルシチョフも緊張緩和には賛意を示し、東ドイツとの講和条約締結を望む姿勢もそのためであると言明した。そして欧州協調に向けて、仏ソ間で全商品の交易を行なおうという提案まで出された（DDF 1960 I 356–402）。

しかし五月一五日首脳会談前日にパリを訪れたフルシチョフ首相は、U2機事件についてアイゼンハワー米大統領がソ連に対して公式謝罪を行なわない限り、自分は首脳会議には参加しないと主張した。ドゴールは主催者として会議が流産しないようにソ連の譲歩を求めたが、翌一六日の本会議でもアメリカの公式謝罪がない限り、交渉の席に就くことはできないとソ連代表は繰り返した。結局この要求を西側が突っぱねたため、午後の会議にフルシチョフは出席しなかった。会議は西側諸国の間でだけ行なわれたのである。

しかしこの失敗の結果、かえってその後米英仏西側三カ国定期協議実現に熱意を示すようになったのは、むしろアイゼンハワー大統領であった。アイゼンハワー大統領の提案は、二カ月毎に開催される定期外相会談のようなより頻繁で緊密な協力体制の構築であった。定期外相会議という形は、三カ国による世界支配という印象をあくまでも与えないようにというアイゼンハワー大統領の細かい配慮の結果であった。しかし、ドゴールにはこの程度の協力体制は不満であった。ドゴールはこの提案をフランス人一流の皮肉で「大使顧問たちが組織する秘密の夕食会」と評した。いずれにせよ、英仏間では五月一九日と二四日、外相会議や高級事務レベル会議で首脳会議開催についての議論が行なわれ、六月一日米英仏閣僚会議後、六月一一日にマクミラン英首相とアイゼンハワー大統領宛の書簡で、ドゴールは英米仏三カ国の国家元首の定期会議と常駐軍事代表会議の開催を提案したのであった。

他方でこうした一連の三カ国の動きに対して他の西側同盟諸国は強く反発した。六〇年六月一六日、ハーグで開催された西欧同盟外相会議ではオランダ・西ドイツ・ベルギー外相は米英仏三カ国による「共同管理」に対する懸念を公然と表明したのである。

六一年五月末から六月二日にかけてのケネディ大統領の訪仏を契機に、三カ国間の事務レベルの協議がはじめられ、三国共同管理体制は一応緒に着いた。しかし、もともと米英両国は気乗り薄で、ドゴールの一方的な申し入れによるところ大であったこともあり、この構想は次第に色褪せていく。なぜならこの問題は核兵器をめぐる米仏の確執に深く結びついていたからであった。

核兵器開発をめぐる米仏関係

ドゴールが政権に返り咲く前、核兵器開発をめぐる米仏関係は幾つかの分野でこじれたままであった。第一に、ヨーロッパ駐留米軍機搭載用核兵器の装備をめぐる議論があった。これについては五八年二月に米仏間で取り決めが成立していたが、フランス側は核兵器装備の条件として、①場所・質・その重要度が認められること、②使用に関する合意が成立していること、③核エネルギーの軍事的応用分野で米仏協力が可能となっていることを提案していた。第二に、ミサイル発射台の設置をめぐる議論があった。フランス自身は長距離地対地ミサイル配備についてはアメリカ製の購入も考えており、開発の対象としては中距離核ミサイルに重点を移していた。したがって、五七年一二月にパリのＮＡＴＯ会議でミサイル発射台設置の原則合意がなされ、翌年三月中距離ミサイル設置に関する計画がアメリカから提案されたが、他の同盟諸国同様にフランスもこれに躊躇し、合意には至っていなかった。第三に、フランスはマンデスフランス時代に原子力潜水艦建造の決定をしていた。しかし、実際には技術上の問題から壁に突き当たっていた。フランスはこうした事情の中でアメリカの援助を期待していたのである（Vaïsse 125; Alphand 310–311）。

ドゴールは政権に就いた後、アメリカの核兵器使用に対する「拒否権」を要求した。ドゴールにとってアメリカが単独で核戦争を決定することは受け入れがたいことだった。その上で、フランスの核は自立した使用ができなければならない、というのがその主張であった。しかし、これに対してアメリカの主張はフランスの核兵器使用はあくまでもＮＡＴＯの枠内に限定されたものでなければならないというものだった。しかも、アメリカはフランスに対して核兵器開発と使用に関して英国と同様の特権的立場を認めようとはしなかったのである。六〇年四月にはマック・コーン・アメリカ原子力委員会（ＣＥＡ）委員長が来仏して、アメリカはフランスと原子力開発協力のための合意に至る意思がないことを通告してきたのであった。

こうした中で六〇年にフランスは核実験に成功した。二月一三日午前六時三〇分、サハラ、レガタ南西にあるタネズルーフ砂漠でのことだった。吉報にいつもより三〇分早く起こされた大統領は砂漠にいる軍事核開発計画責任者たちに祝電を打った。「フランス万歳。この朝から、フランスはより強く、より威厳をもつ国となった」とドゴールは喜びの声を伝えた。ドゴールにとってフランス独自の核はフランスの「独立の回復」を意味した。

その後のフランス核兵器開発は独立して進められた。ドゴール外交研究の第一人者ヴァイスによると、一九六一年の秋には、アメリカが増殖ウラニウムをフランスに供給する話が出たが、全般的にフランスの核兵器開発を可能にするような物質の供与についてアメリカは消極的であった。むしろ、アメリカはＮＡＴＯ全体の能力を高める方向を模索していた。当然、独自の核抑止力をもちたいというフランスの希望にアメリカが理解を示すことはなかった。こうして、フランスの自立核（抑止）の「神話」が生まれたのである。ドゴールにはアメリカに頼る気はなかった。ドゴールはフランスの科学技術者を信頼していたし、アメリカの支援なしにやっていけると考えていた。フランスは名実ともに「自立する」のだ、と。

核開発とは別に、フランスは五九年三月の防衛閣議でアメリカに対してミサイル開発の協力を要請することを決定し、アメリカとの交渉を進めていこうとした。しかしその後二回行なわれた交渉では成果のないままであった。一九五九年一二月のドゴールとアイゼンハワーの会見は何の成果も得られず、失敗会談となった。翌年からの米仏関係は膠着状態に陥ったのであった。そして六〇年三月にはフランスは中距離ミサイルの自前の開発を決定するに至った。原潜開発についてもアメリカはフランスに原子炉の供与について明確な言質を与えなかった。この年の一二月頃、両国間の緊張は頂点に達していた。その一方で、アメリカは一九六〇年四月にポラリス・ミサイルの供与を提案するが、これについてはイギリスと違ってフランスは関心をもたなかった。フランスにとってポラリス・ミサイルはその射程距離が短かすぎたという難点もあった(Soutou 133–134)。

多角的核戦力構想(MLF)と核不拡散条約の拒否

ドゴールの反米的姿勢は同盟における決定への共同参加(米英仏三頭体制)、そして軍事的自立と協力(とくに核兵器)に関わるものであった。それは軍人出身のドゴールらしいこだわりであったが、同時に同盟のあり方の重要なポイントを突いていた。それは軍事的に絶対的な優劣関係がある中で、弱い同盟国がどのようにして自分の利益を主張し、影響力を行使していくかという命題へのひとつの回答の試みでもあったからである。

アメリカからすると、核抑止力をもつ東側の軍事力に対抗していくためにヨーロッパ同盟国の戦力を統合させ、どのようにして西側防衛全体の協力体制を再構築していくのか、ということは重要な関心事であった。

ケネディ時代に提唱された多角的核戦力（ＭＬＦ）構想はそのひとつの試みであった。それはＮＡＴＯの指揮下に米英仏の核戦力を統合して英仏の核戦力をアメリカ主導のＮＡＴＯ戦略の下で多角的に活用しようという構想であった。

ＭＬＦ構想は六二年五月アテネでマクナマラ国防長官の提案した柔軟反応戦略（紛争の規模・敵の戦力レベルに応じた段階的な対応戦略）とセットにして考えることができる。それは、パートナーシップを強化して、相互依存を高め、敵の攻撃レベルに応じて段階的に対応するために、同盟諸国がそれぞれの能力をもち、役割を果たすような体制の構築を意味した。ＭＬＦ構想も柔軟反応戦略も、現実には西欧諸国がアメリカとの同盟における役割分担のためのジュニア・パートナーとしての位置に留まることを意味した。その他の同盟国がアメリカの対等な同盟国になることを意味したわけではなかった。アメリカを中心にした大西洋同盟内の防衛体制の再統合の発想であった。

核超大国の下での同盟関係には、もともと同盟諸国との葛藤が常にあることはむしろ当然のことであった。六〇年秋にアメリカは同盟政策の転換を明らかにし、集団安全保障体制や核兵器使用に関する検討を行なう意向を表明した。これには、核兵器の共同管理を望む同盟諸国の意向を受け入れて、自立的な核開発の欲求を和らげようという狙いがあった。しかし、ドゴールの態度は執拗で、アメリカのそうした融和的姿勢に応じることはなかった。六二年七月、フランスの自立核保有の意向を支持したノースタッドＮＡＴＯ欧州司令官の後任、レームニッツア司令官が訪仏した際、ドゴールはフランスの核戦力の自立性を誇り、アメリカの提案を受け入れない姿勢を示してアメリカ中心の軍事体制への統合の試みを批判したのである（Vaïsse 137–138）。

ＭＬＦ構想は一九六二年一二月、米英両国がバハマ諸島のナッソーで会談を行なった時に正式に公表された。

しかし、この考え方そのものはそれ以前からあった。これはアイゼンハワー政権時、ロバート・ボウィ（ハーバード大学教授・国防総省政策企画室元室長）が作成した構想であった（山本（健）六六－六七）。六〇年一二月ハーター国務長官がＮＡＴＯ外相・国防相会議で提案していた。ＮＡＴＯの核武装化を目的とした一連のアメリカの構想は一九五七年以来準備されていた。六二年春にケネディ政権が「グランドデザイン」として新たな防衛構想の枠組の中で考えていた多角的核戦力（ＭＬＦ）構想は、フランスの独自の核とイギリスの核戦力の統合を目的としていた。

六〇年代前半の時期、多角的戦力とは三つのレベルで考えられた。第一に戦術空軍戦力をもった米英戦略部隊、第二に米英仏ポラリス・ミサイル搭載可能の原子力潜水艦、第三に複数の国による混合部隊とポラリス・ミサイルを配備した多国籍海上兵力であった。当時、フランスはこの種のミサイルも、それを搭載可能な潜水艦ももっていなかった。しかし、ドゴールは孤立化の危険を覚悟でアメリカの提案を拒否した。

イギリスは独自の核ミサイル保有を放棄する代わりに、アメリカ製のスカイボルト地対空ミサイルを六四年以後英国軍に配備することを予定していた。しかし、六二年一二月、アメリカは性能・コストの両面から採算がとれないことを理由にこのスカイボルトの開発を中止してしまったために、イギリスは窮地に陥っていた。この状況を打開するために開催されたナッソー会談では、英国は潜水艦発射型のポラリス・ミサイルの供与をアメリカから受けること（そして国家危機に際してこのミサイルの自立的な使用が認められた）、他方でアメリカはミサイル搭載の核弾頭（核弾頭を搭載していないミサイルは抑止力とはならない）は供与しないこと、したがって核弾頭と潜水艦は英国が自立開発することが約束された（ナッソー協定）。イギリスとアメリカの核防衛協力体制は一層強化されたといえる。そしてそれと同種の提案はフランスにもなされたのだった。

一九六二年の米英首脳会談でMLF構想の実施が決定したが、これについてフランスが強く反対したので、その後アメリカは六三年に修正案を提案、それは二五隻の艦艇にポラリス・ミサイルを装備し、各国の将官が一緒になって乗船するという案であったが、これにはさすがのイギリスも反対し、最終的には六六年のNATO理事会で棚上げが決定した。その前年ジョンソン大統領はMLF構想の放棄を決定しており、米仏関係という中でだけ論じると、ドゴール外交の面目躍如であった。

MLFをめぐるフランスの立場については、先の六二年五月のマクナマラの柔軟反応戦略発言以降、ドゴールが否定的になったという見方があるが（山本(健）八七)、ドゴールの断固たる姿勢は一九六三年一月一四日の記者会見で示された（De Gaulle aIV 71–76)。ドゴールは、アメリカが主導する同盟国内での核軍事力共有体制としての多角的核戦力（MLF）構想に加わることを否定した。この有名な記者会見で、ドゴールはフランスは独自の核兵力で自前の防衛体制をとっていることをまず語り、同盟が絶対的な保障をもたらすものではないという持論を展開した。

ドゴールは、「われわれは核の時代にいます。そしてわれわれは一瞬にして壊滅される可能性のある国なのです。攻撃国が自分自身も甚大な被害を受けるという懸念を確かに抱き、その攻撃の企図を取りやめないならば、そうなるのです。それゆえ、同盟と独立が同時に正当化されるということになるのです」と語った。

それは「相互確証破壊」（両超大国の戦略核軍事力は相互に相手を確実に破壊できるだけの能力をもつこと）の時代においても、自分も相当なダメージを受ける可能性があるという認識を敵国にもたせることはフランスの生存のために不可欠であるという論法であった。核超大国の狭間で一定の「報復力（核兵器）」には意味があるという考え方を基本にしていた。アメリカでしばしば語られたフランスの核戦力レベルでは抑止力（敵の攻撃を断念させる力）としては機能しないという批判を意識した発言でもあった。

その背景には、アメリカがその核抑止力をヨーロッパ防衛のために本気で用いる気があるのか、という不信感があった。改めて言うまでもなく、大戦中のローズヴェルトやアイゼンハワーとの関係におけるドゴールの苦衷の経験がその教訓となっていたことは否めない。さらにキューバ危機でフランスは最初にアメリカを支持したのであるが、この事件をめぐってアメリカからのヨーロッパへの協力要請はなかった。アメリカにとってヨーロッパの存在は二義的なものでしかない、という認識は増幅されていた。加えてフランスが自力で核兵器を開発したという自負もドゴールにはあった。

「核戦力の統合は想像しがたいことであります。事実、御承知のように、われわれは単独でかつわれわれ自身のやり方で、核爆弾とミサイルの開発・実験・建設を始めたからです。（中略）われわれには（ポラリス・ミサイルの購入が）提案されたわけではありませんし、われわれがそれを要求したわけではありません。（中略）それはバハマでの英米合意（ナッソー協定）なのです。それにわれわれが加わらないからといって誰も驚きはしないでしょう。ポラリス・ミサイルを購入することはわれわれにとって有益なことではありません」

と、ドゴールは反駁し、遠い将来になるだろうが、ポラリス・ミサイル搭載可能な潜水艦と核弾頭をフランスはいずれ保有することになるだろうと確信をもって付け加えたのである。そして、ドゴールは、「われわれの軍事的手段を外国の指揮の下に多国籍軍に委ねることは、わが国の防衛と政治の原則に対する違反になるでしょう」と断言したのである。

もちろんドゴールは、フランスはその防衛を同盟諸国とリンクさせているとはいえ、自らの防衛は自分の責任で行なう覚悟であり、場合によってはフランスの核戦力を同盟国と共同で使用する意思のあることも表明していたが、自力更生の断固たる決意は明らかだった。米英の多角的戦力構想は、脆弱ながらも自立した核抑止力をもつというフランスの意図とは対立するものだったからである。この記者会見は他方で、ドゴールがイギリスのEEC加盟を拒否したことでも知られ、「二つの拒絶」の記者会見として有名となった。

核兵器共同管理に関しては、当時マクミラン英国首相はフランスと核開発関連情報を共有することを望んだといわれる。しかし、ケネディはこれに強く反対した。西側のリーダーを望むアメリカにとって、英仏という近しい同盟国の協力はときによって同盟内における自身の指導力の低下を意味するからである。この点について、公式の記録はないが、ドゴールの側近のクールセルはマクミラン首相が、英仏核協力は「ヨーロッパ防衛のバックボーン」になるとドゴールに述べたと伝えている。ことの真偽はともかくとしても、一般にはこうしたイギリス側の姿勢は当時懸案となっていた欧州共同市場（EEC）加盟のためにフランスとの関係を少しでも好転させたいというマクミラン首相の意図からのものだったと解釈される。イギリスのフランスへの接近の可能性はあったが、結局はアメリカの判断に従わざるを得なかったというのが実状であろう。

しかし、フランスは西独がMLFに参加することには反対しなかった。西独にとっては、大西洋における軍事的統合を背景としてアメリカの核の傘と駐留米軍によってその安全を保障されることは防衛上不可欠であったからである。そうすることによって、西独はアメリカの最も忠実な同盟国としての地位を得ることになったのである。実は、この多角的核戦力構想は英仏との軍事関係とともに、高度な科学技術をもち、自力での核開発が可能な西独の核兵器開発をいかに統御していくかという議論とも結びついていた。つまり、西独の核開発阻止をめぐる米仏間の確執という側面をももっていたのである。

他方米ソ間での核軍縮交渉には、ドゴールは一貫して否定的な態度をとった。ドゴールは米ソの核独占に強い懸念をもっていたからである。六三年部分的核実験停止条約（モスクワ条約）に真っ向から反対し、「米ソ軍縮は見せかけ」と痛罵していた。そして、六三年には米ソの思惑を出し抜くように太平洋での核実験を宣言した。フランスの孤立化は免れ難かった。六四年一二月ラスク・アメリカ国務長官と会談したドゴールは、「核の拡散は次第に現実化する可能性が高まっています。インド・日本・スウェーデンが核保有国になることは妨げえないことでしょう。恐るべきはそれが世界的な事実であり、それに対して近い将来の戦争が起こるまでわれわれには取るべき方法がないことです」（DDF 1964 II 569）と断言した。この会議は結局何の成果もなく幕切れとなった。

六八年三月、国連総会は核拡散防止条約を賛成九五票、反対四票、フランスを含む棄権二一票で可決した。ベラール・フランス国連代表は棄権の理由として、「条約は核保有大国の核独占を確認したものにすぎません。フランスは棄権したとはいえ調印国と同様に行動します。フランスが核拡散を支持することは決してありません。米英ソが提案した決議案にフランスが棄権したのは、非核保有国に対する核兵器を用いた攻撃ないしその脅威を懸念するからです」と語ったのである。それは本国の通達を受けたものであった。クーヴ・ド・ミュルヴィル外相はベラールへの通達の中で、「本音は核を独占した超大国の確約ではなくて、核兵器の消滅にある」（DDF 1968 I 727–729）とフランスの論理を正当化していた。

対米姿勢の硬化へ――ケネディ時代の期待と角逐

六一年五月末にジョン・ケネディアメリカ大統領夫妻がフランスを訪れた。新しい時代を代表する青年大統領と美しいファーストレディー・ジャックリーヌ夫人にフランス国民は沸いた。空港までの道には、若く美しい大統領夫妻を一目見ようと五〇万人の人垣ができ、人々は「ジャッキー万歳」と唱和した。ドゴール自身ジャックリーヌにすっかり魅了された面持ちで、「聡明で教養のある」大統領夫人に賛辞を惜しまなかった。フルシチョフ・ソ連首相と会談するため次の訪問地ウィーンに向かう若きアメリカ大統領に対して、別れ際にドゴールは激励の言葉を送ったほどだった。

しかし他方で、ケネディ大統領はフランス解放の英雄ドゴールに最初は興味をもっていたが、やがてドゴールの頑《かたく》なさに辟易するようになっていく。六三年初頭になると、アメリカの優越へのドゴールの対抗姿勢は露骨になった。前年大晦日の恒例の大統領演説で、ドゴールは「傲慢になってはいないが、私たちが遠くを見つめ、高いところをめざすことが可能であり、そうしなければならないときが今まさに来たのである」と語った。同月一四日の記者会見では、アメリカに対抗する発言を行ない、二二日にはついに独仏条約を締結してヨーロッパ大陸の団結をアメリカに対して明示したのである（Roussel II 343）。

ドゴールが、ケネディの率直さを若さのなせる理想主義と考えたところも確かにあったであろう。しかしこの当時のアメリカ外交はソ連の膨張に手をこまねいた、手緩く、宥和的な外交とヨーロッパから受け止められていたことは確かであった。六一年七月、ベルリンの壁がソ連によって一方的に構築された危機（第二次ベルリン危機）の際に、ソ連との交渉を望む米英に対して、ドゴールはソ連との交渉の必要を認めず、頑なな姿勢を貫こうとした。ケネディは英国とともにバーミューダ諸島での会談を提案したが、ドゴールはこれも拒否した。このアメリカの宥和的な姿勢は結局キューバソ連ミサイル基地の建設（キューバ危機）に至る事態を招くことになった。六二年三月にはアメリカは東西間の不可侵条約とベルリン・ドイツ問題解決のための常設四カ国委員会の設置を提案した。ヨーロッパの現状維持を承認しようという姿勢であった。これにはアデナウアー西独首相は激怒した。

先の有名な六三年一月一四日の記者会見で、「二つの拒絶」を明らかにした後、一月二四日にドゴールは側近のひとりペイルフィットにこう語っている。

「ご覧なさい。私たちは私たちの政策を、現実を基礎にして行なうことを選択して来たのであって、見せかけの上ではありません。それではその現実とはどんなものでしょうか。第一の現実とは、アメリカです。それは西側でそのヘゲモニー（覇権）を維持し、確立しようとしている、拡大途上の国のことであります。（中略）第二の現実とは、どのようなものでしょうか。それはロシアのことです。実際には、ロシアは世界を指導しようとすることを諦めたようですし、その時代はすぎたことを知っています。しかしロシアは食いつぶされることを望んでいるわけではありません。そして国際的な第三の現実とは何でしょうか。それはフランスです。今日私たちは、米ロ以外に国民的野心をもち、それを維持し、それを表明するだけの勇気をもつ唯一の国なのです。この三番目の現実のほかには、混乱だけがあります。いがみ合って分裂している国々だけしかありません。永遠に本気になれない国々（候補国）、いつも躊躇してばかりしている国しかないのであります」（Payrefitte 282）と。

ここで、ドゴールはフランスこそが普遍的な徳を体現するということを言わんとしているかのようである。ドゴールは、さらに続けて、

「フランスという執政官は道徳的なのです。アフリカ、アジア、南アメリカにおいて、わが国は人種の統合、人権、そして国民の尊厳の象徴なのです。フランスは本質的なる何ものかを体現しているのです。（……）フランスが身をもってなすべきこととは、一般意思の実現のために尽力することなのです」

と、語った。米ソ両超大国がしのぎを削っているこの時代に、身の程知らずの大言壮語というしかなかった。しかしそれがフランス国民を勇気づけたのは確かであった。それに国民生活は戦後復興のプロセスの中で日増しによくなっている。フランス国民はそれを日ごとに実感し、自信を強めている。ドゴールの様々な発言はそれが国際社会の客観的真実であるかどうかということとは別に、国民心理を激励鼓舞するものであった。ドゴールの数々の言葉は、国民の背中を強く押す力をもっていたのである。

ドゴールのアメリカに対する対抗姿勢は、六三年五月クーヴ・ド・ミュルヴィル外相が訪米してケネディ大統領にフランス外交について弁明せねばならぬほどだった。世界の若き指導者は、「どうして反米的な見方をするのか」と訊ねたと伝えられる。先のバハマでの英米の合意、すなわちナッソー協定は若いアメリカの指導者ケネディからすると、ソ連の脅威に備えて西側同盟国の核管理体制を整える合理的な政策に思えたのかもしれないが、「多角的」という表現が用いられているとはいえ、結局はNATO内でのアメリカのイニシアティブによる核戦力計画構想でしかなかった。フランスにはそう見えた。NATO改革を主張するフランスに対してはあまりにも配慮のない提案であった。フランスの異なった立場への配慮に欠けることをドゴールが感じとったのは明らかであった。

むしろこれに対するアメリカの姿勢はナイーヴであったというべきであろう。ケネディ政権は六三年一月のドゴールの発言に対しても控えめな反応にとどまり、マクジョージ・バンディ国家安全保障大統領補佐官はMLFについては、まだお互いに議論の余地があると考えていた（DDF 1963 I 44）。ボーレン駐仏アメリカ大使が六二年ドゴールに対して年内にアメリカへ招待したい旨を伝えたときも、ドゴールは重い腰を上げようとせず、先送りを繰り返しているうちに、翌年四月ケネディは暗殺された。ドゴールの訪米は結局弔問になってしまった。かつて第二次大戦末期にローズヴェルト大統領の訪問要請を拒絶したドゴールの面目躍如ということもできたが、アメリカはドゴールの頑なさにあきれ果て、世界はその都度大西洋関係を固唾を呑んで見守らねばならなかった。

大西洋を渡った「モナリザ」――文化外交がもたらした緊張緩和

こうした中で、フランス側が対米接近を試みた事件があった。両国関係が緊張する中での心温まるエピソードである。

今日のフランスの文化外交の直接的先鞭をつけたのはアンドレ・マルローとドゴールの協力による文化省の正式な発足であるが、そのハイライトが、一九六三年一月、かの有名なダヴィンチの「モナリザ」がアメリカで展示されたときである。所蔵美術館であるルーブル美術館やマスコミは当初大反対のキャンペーンを張った。「文化を売るな」ということである。フランスがもつ歴史の宝をそう安売りするものではない。それに多くの入場者の熱気やテレビカメラで絵をいためてはならない。

前年にケネディ大統領夫妻が訪仏したときに、この文化大プロジェクトの布石は打たれていた。六〇年代アメリカが輝き、世界が羨望の眼差しを向けていた時代、若く美しい世界のリーダー、ケネディ夫妻の来仏をフランス国民は歓呼の声で迎え、ドゴール大統領はジャックリーヌ夫人を讃えた。その一方で、ノーベル賞作家で、たくましく、行動力にみなぎったヨーロッパの知性の持主、マルローの魅力は、世界のファーストレディを虜にした。この訪問を契機に門外不出のモナリザのアメリカへの持ち出しが決定された。

印象派に深い興味をもつジャックリーヌの趣向をフランスは知っていたのであろう。モネの「睡蓮」で有名なパリのオランジェリー美術館をマルローは案内した。喜ぶジャックリーヌ。二人がツーショットで収まった映像が今日でも残されている。そして二人の間で交わされた往復書簡は、門外不出の名作、第二次大戦中でも地方を転々としてナチスの手から逃れたダヴィンチ作「モナリザ」の展覧会のアメリカでの開催を実現させた。

ワシントンのナショナルギャラリーとニューヨークのメトロポリタン美術館で開催されたその展覧会ではそれぞれ二七日間と二カ月弱の間に、六七万四、〇〇〇人、一〇七万七、五〇〇人の入場者を数えた。おそらく美術館にこれまで足を運んだことがない人々までこぞって歴史上もっとも美しい女性の笑顔を見に集まったのである。フィレンツェの女性リザはヨーロッパ女性の美しさの神話を、またひとつアメリカ国民に焼きつけた。世界ナンバーワンの地位を謳歌していた六〇年代のアメリカが一枚の絵に屈服してしまったのである。

モナリザの渡米は、ナッソー協定やMLFをめぐる米仏間の緊張関係の緩和の触媒となった（Herman 371–377）。しかし直前に勃発したキューバ危機では、フランスは西側で最初にアメリカを支持した。そしてドゴールはこの危機にもかかわらず、モナリザのアメリカ公開を取りやめようとはしなかった。

ケネディ大統領夫妻はこの展覧会のオープニングのセレモニーにわざわざ来席し、「フランスは世界第一の芸術の国」と祝辞を述べた。エルベ・アルファン駐米フランス大使は大晩餐会を開催したが、その夜会の招待状にはモナリザは「アメリカ大統領とアメリカ国民に対して」ささげられたものであると記されていた。

文化外交成功の代表例である。文化財を媒介としてその国に親しむということはよくある。実は一九七四年にモナリザは日本にも送られてきた。これまでにモナリザが海外で公開されたのはこの二回だけである。そのときと、ミロのヴィーナスが日本に来たときの熱狂はまだ人々の記憶にあるだろう。一葉の絵画がアメリカ国民のフランスに対する畏敬と羨望を掻き立てたであろうことは間違いない。そうした人々がフランスを蔑視するはずはない。

文化が人々に与える好イメージについてはアメリカのディズニーやハリウッドも同様である。しかし、そこには歴史的畏敬の念はない。ひとを動かすのは権力や力であると同時に、人の心を説得し屈服させる威信や権威なのである。物質的力と強制力では劣るフランスはまさに文化の力で、アメリカに対抗したのである。

ジョンソン時代の米仏関係の冷却

しかし文化外交によって国民相互理解の基盤が作られていく一方で、両首脳間の角逐は如何ともし難かった。次のジョンソン大統領との関係は悲惨であった。両者の外交スタイルや目標の隔たりはあまりにも大きかった。それは二人の国家元首のプライドの問題でもあった。両者の会談は六三年一一月ケネディ大統領の葬儀と六七年四月アデナウアー西独首相の葬儀の二回だけであった。ドゴールは新任大統領であるジョンソン大統領がまず自分を訪問すべきであると考えた。しかし、ジョンソン大統領は、ドゴールが六一年のケネディ大統領の訪仏に対する答礼訪問を行なっていないことを理由として、自分の方から先にフランスを訪問する必要はないと主張したのであった。大国意識に凝り固まった二人の大統領の意地の張り合いだった。二人の意地の張り合いはそれでは終わらなかった。その後、ドゴールは西インド諸島のフランス海外県であるマルチニック島での会談を提案したが、ジョンソン大統領はアメリカ本土での会談を提案した。さらに、アデナウアー首相の葬儀の際には、ドゴールはジョンソン大統領をヴェルサイユ宮殿の庭園にあるトリアノンに招待する旨を伝えたが、ここでもジョンソン大統領は選挙を理由にしてそれを辞退した。その後ジョンソン大統領は、ドゴールが六七年七月にカナダを訪問する際に途中ワシントンに立ち寄ることを要請する。しかし、ドゴールは結局ケベックには船で直行する旅程を選んだのだった。

二人の国家元首の威信をかけた確執であった。今日、サミットをはじめ世界の首脳が一堂に会する機会は頻繁にある。しかも超大国アメリカでも、同盟諸国に配慮した首脳間の交流を大事にする今日の時代から見ると、こうした訪問をめぐるやり取りはいかにも大時代の遺物で、大人気ない所業に見える。しかし、外交に個人のパフォーマンスや個性がまだ大きな意味をもっていた時代の事例としてはきわめて興味深く、外交の本質について改めて考えさせられる事件である。無論、アメリカは世界の指導国であった。ドゴールの論理が現実的で妥当なものであったかどうか、ということには多いに疑問であるが、両国の力関係から言うとドゴールの行動は横紙破り以外の何ものでもない。しかし、外交における独立自尊のこうした努力が国威発揚の糧となり、その国の国際的なプレゼンスを高めたのも事実であった。

ドゴールがアメリカのベトナムとサント・ドミンゴ介入をアメリカの過剰反応であると激しく痛罵した時、この米仏対立は一層激しさを増した（鳥潟：Torikata）。ラスク米国務長官らは新しい対欧政策を模索して、ヨーロッパを多国間機構に統合することによってドイツを押さえこんでしまい、同時にフランスの行動の自由も封じてしまうことを考えていた。六五年七月にはドイツ基地駐留の米軍機ＲＦ110がフランスのピエールラテ上空を無許可飛行している際に捕獲され、同位体分離工場施設を含む一七五枚の航空写真が発見された。翌年七月にも米軍はフランス核実験の放射性物質の採取を目的としたスパイ機ＫＣ135を飛ばした。こうしたアメリカの行動は、一連のドゴールの身勝手な言動が国際秩序を乱し、それに対する挑戦であると考えられたからである。アメリカのフランスに対する不信感は増幅する一方だったが、首脳関係がこれほど険悪であったにもかかわらず、事態はそれ以上エスカレートしなかった。アメリカはドゴールを過度に刺激することを避け、ドゴールはアメリカとの力の格差を知っていた。それ故、両国関係に与えられる打撃は最低限に押さえられた。マクジョージ・バンディやフルブライトらケネディ政権の親欧派ブレーンの大統領に対する説得が功を奏して両国関係の安定は辛うじて維持されていたのである（Vaïsse 367–370）。

ここに対立しながらも一定の則《のり》を越えない規範を共有する意識が両者にはあった。筆者は西側同盟、とくに米欧同盟を「安全保障共同体」という行動準則・価値観や規範を共有する同盟国間での「対立」と「協調」が共存する関係であると考えている（渡邊・i）。ドゴール時代の米仏関係は表向き「対立」の側面が強調されるが、根底にある共同体の行動原則を両国はしっかりと確認していたのだと考える。

NATO軍事機構からの離脱

一九六六年二月二一日の記者会見で、ドゴールはNATO軍事機構からフランスが離脱することを示唆した。

ドゴールは記者の質問に答える形で、「ひとつの法律が時代の流れにそぐわなくなったときに何の修正も加えることなく、それを押しつけることはできないであろう。その目的が変わったのに、条約がそっくりそのまま有効であるということはないであろう」と語り、かつて一九四九年にNATO条約が締結されたときと、国際情勢は異なっていると指摘した。そして、その新しい環境とは、「私は新しい環境と言いました。東側諸国の内外での展開の結果、今日西側世界は、アメリカという護民官がヨーロッパでNATOの屋根の下に組み込まれていた時代のように脅威をもはや受けてはいないということです。しかし（戦争の）警報が小さくなっていくのと同時に他方で、アメリカだけが核兵器を保有し、侵略時にはアメリカが何の制約を受けることなく核兵器を使用することが確実であるということが、ヨーロッパに与えてきた安全保障、絶対とも言ってよいこの安全保障の信頼が薄らいできてしまったことでもあります」と、述べた（De Gaulle aV 17–19）。

つまり冷戦の一触即発の状況が緩和したという認識と、その下でのアメリカの保障が揺らいでいることを懸念する情勢認識である。ドゴールは米西関係が緊張緩和の時代に入ったという認識をもっていた。NATO軍事機構からの離脱を公表した直後の三月一二日、クーヴ・ド・ミュルヴィル外相が在外フランス大使に発した覚書では、①NATO成立当時の東西関係における脅威はすでになくなっていること、②西欧各国は復興していること、③アメリカが核兵力を独占する時代は去り、ソ連の核兵力との間で均衡が見られること、④ヨーロッパはもはや国際対立の焦点ではなくなっていることなどをフランスの国際認識として共有する旨、通達している（DDF 1966 I 435-438）。しかしその一方で、「このような場合において（アメリカが朝鮮半島・キューバ・ヴェトナムなどのヨーロッパ以外の地域で紛争をエスカレートさせていること）、ヨーロッパはＮＡＴＯのなかでその戦略がアメリカの戦略と同一のものとなっているため、自動的に紛争に巻き込まれることになる」という懸念をドゴールは表明したのである。

それはドゴール一流の世界観であった。それはアメリカからすると独善的な同盟観でしかなかったが、その上で、ドゴールは、「結局、フランスは自分自身の意思をもっているが、フランスはそれなくしてはただちに自分自身の役割の正しさを確信できません。（……）それはフランスが従属的な地位に置かれている防衛組織とは相容れないからであります」と、ＮＡＴＯとの決別を明確にしたのである。そしてそれはフランスの主権の擁護を断固として主張したものであることも、同時に明らかにした。「要するに、主権の正常な状態を復活させるということなのです。その正常な状態の中で、陸海空、軍事のフランスに所属するもの、そしてフランスにあるすべての外国勢力はもはやフランスの主権だけに属するものなのです。つまり、これまでとの決別ということではまったくありませんが、必要に迫られた適応姿勢について私は語っているのです」とドゴールは語った。フランスの自立、ドゴールの生涯を通して貫いたテーマ、独立不羈こそ最大の防御であり、存続の道であることがここに滲み出ているのであった。

ドゴール研究の第一人者ヴァイスは、この記者会見の内容について、大西洋同盟を再び問題化したのではなく、国際環境の変化にもかかわらず全面戦争化の脅威を前提とした防衛体制を維持すること、フランスの意思とは裏腹な大西洋同盟の中での従属的な地位との間のギャップを理由に、ドゴールは大西洋条約の改正を正当化しようとしたのだと解釈している（Vaïsse 385）。

二月二一日（官報では二四日付）の発表内容は、正確には以下の通りであった（Vaïsse 386）。

①北大西洋条約機構（NATO）の多国間協定およびアメリカとの二国間協定の放棄
②その代替措置としての二国間協定の締結
③ロカンクールの欧州連合軍最高司令部（SHAPE）とフォンテンブローの中央欧州連合軍（AFCENT）に配備した軍隊の完全撤退（SHAPEはその後ベルギーのモンス近郊のシャストーに、AFCENTはオランダに移動）
④軍事委員会と常設グループへの不参加
⑤統合参謀のフランス国内からの撤退

しかし、それは指揮権をめぐる完全主権の回復が目的なのであって、NATOへの協力を否定したわけではなく、フランスは依然としてNATOの一員であることに変わりはない、というのがその真意であった。三月七日、改めてフランスのNATO軍事機構からの離脱が大西洋同盟の分裂ではないことを断らなければならなかったドゴールは、「フランスの離脱は（組織）再適合化であって同盟の根本的変化ではなく形式の修正である」と強調したのである。しかし、フランスの軍事指令部からの離脱は単なる同盟の再編成ではなかった。フランスにとってそれは完全な主権の回復を意味した。三月七日には、クーヴ・ド・ミュルヴィル外相がボーレン米国大使にジョンソン大統領宛のドゴールの書簡を手渡した。それによると、フランスはワシントン条約（NATO条約）の参加国にとどまるが、自国領土の軍事的主権の完全回復とNATOに対して自国軍隊を今後委ねることはないことを提案したのである（DDF 1966 I 381–382）。

このドゴールの決定は、政権についてから六三年頃までに主張してきた米英仏三国共同のNATO管理提案が不成功に終わった結果であった。彼は大量報復戦略から柔軟反応戦略に変化していくアメリカの軍事戦略構想の中で核兵器を含むフランスの兵力がNATO、実質的には米軍に統合されていくことを拒絶しつづけたのであった。

同時に、それはＮＡＴＯ同盟における信頼性の問題であった。ドゴールにとって、危機に際してアメリカがどの段階でその核ミサイルを用いるのかという疑問はいつまでも払拭できなかった。いわゆる同盟における「decoupling」＝「切り離し」である。それは、大戦時の米英首脳のドゴールへの一連の冷たい対応の記憶と結びついていた。

ちなみに、現在の日本での日米同盟の議論にはこの点が欠落している。日米関係は米仏関係よりもはるかに片務的である。立場や力関係の違いの程度が米欧関係の比ではないこともあり、日本がアメリカに大きく依存することが両国や周辺アジア諸国にとっても好都合であるという冷戦時代の感覚をそのままにもちつづけている。しかし日米間で危機認識が異なっていたときに対応措置は違ってこよう。その時、アメリカからの支援が期待どおりのものでありうるのか。それは基本的な問いであるはずであり、北朝鮮や中国との関係をめぐる議論の中にも潜在化している。

ＮＡＴＯ軍事機構からの離脱の決定が六六年になったのは、六五年の大統領選挙で勝利したことによって、ドゴール自身が自由な裁量権を獲得したことが大きな理由である。巷間言われるようにフランスの核戦力が六八年に実戦配備される予定になっていたこととは直接の因果関係はない。先にも指摘したが、ドゴールは実質的にはフランス軍のＮＡＴＯ軍事機構からの離脱をすでに開始していた。五九年、フランスの地中海艦隊は北アフリカとの連絡を理由にしてＮＡＴＯ軍統合司令部から離脱していた。六二年にはアルジェリアから引揚げてきたフランス軍師団はＮＡＴＯ司令部に復帰せず、欧州連合軍最高司令官（ＳＡＣＥＵＲ）によって前方防衛の任務を与えられたフランス軍を展開させなかった。さらに、六三年六月にはフランスの北大西洋艦隊をＮＡＴＯ海軍から撤退させ、六四年四月には連合軍海軍参謀本部から将校を引揚げていた。同年六月と九月のNATO合同海軍演習にはフランス海軍は参加せず、軍事協力面でNATO内での緊張は高まっていたのである。

フランス軍のNATOからの撤退が予想される中で、六五年初めにドゴールはその代替措置としてより対等な二国間関係《バイラテラル》のための米仏軍事条約締結を提案している。同年五月、米仏国防相会議でマクナマラ米国防長官はNATOの核戦略準備委員会の設立を提案した。これに対してドゴールはNATOの枠ではなく、米・西独・伊各国との二国間条約の集積としての集団安保を思い描いていた。それはNATOのような集団防衛機構と区別されるべきものと考えられたのである。ドゴールは、「それで、われわれはアメリカ人、ドイツ人、イタリア人その他の国民との同盟は維持するでありましょう。しかし、NATOとではありません」(Vaïsse 384)とはっきりと述べた。圧倒的軍事的優位を背景にアメリカを頂点とする集団防衛機構ではフランスの主張はなかなか反映されにくい。二国間での対話の方がより自己の思惑に即した合意をえやすい。一九世紀までの秘密外交による勢力均衡体系を基礎にした発想であるといえた。

六五年九月には、ドゴールは遅くとも六九年にはNATOとの「従属的関係」に終止符を打つと言明し、その一二月の記者会見でも同様のことを述べていたが、先のマクナマラ提案による核委員会が常設化されることに反対した。同年一〇月にはクーヴ・ド・ミュルヴィル外相は、アメリカに対して「フランスは来春には、より正確にはおそらく三月中にはNATOに対する立場を知らせることになるでしょう」と語っていた。このような状況の中、ドゴールがNATO離脱を発表する前に、すでにアメリカはフランス領土の基地から撤退し始めていた。六六年にはフランスはもはやNATOの中心的存在ではなくなっていた。アメリカ駐留部隊は二万五、〇〇〇人に数を減らし、いくつかの基地はすでに解体されていた。

離脱後の後始末

フランス側からすれば筋道の通った話であるが、米国と西側同盟全体の図式の中では、フランス一国では東側からの攻撃には対処できないことは自明であり、これまでの歴史的経緯を含めて考えるならば、このNATOの軍事機構からの離脱の主張はドゴールの独善以外の何物でもない。

ドゴールの決定に対して三月一八日、NATO一四カ国は共通戦略と統合を再確認する短い声明を発表したに留まった。同盟各国のうちフランスの決定を最も激しく批判したのは英国とオランダであった。イタリアはNATOと親米姿勢の維持を確認したが、フランスと対立することは避けたい意向であった。ドイツではドゴールの決定は驚きをもって迎えられた。他方でカナダ・ポルトガル・ノルウェーは慎重な姿勢を示していた。ジョンソン大統領は、ドゴールの記者会見の翌々日、「フランスの領土に連合軍が駐留することがフランスの主権侵害になるとは驚きだ」と語り、「われわれの旧くからの友人で同盟国」が慎み深い立場に戻ることを期待する旨を最後に表明した。三月にドゴールからのNATO離脱の正式な通知文書に対するジョンソン大統領の返事には、「私があなたに対してあなたの行動が同盟の責任と利益の関係全体に関して深刻な問題を惹起したことを告げないとすれば率直ではないことになりましょう」とあった（DDF 1966 I 384–385）。アメリカではラスクやアチソンのように激しい反仏的立場を示すものとジョンソン大統領のように諦めの境地にあるものとの間で、反応は大きく分かれ、混乱している様子であった。その意味では、ドゴールの決定は米欧関係に一石を投じたのは確かだった。米国内では反仏デモが組織され、フランスワインとフランス製品の非買運動が盛り上がり、フランス的ナショナリズムが激しく批判された。

フランス国内での反応はバラバラであった。内政では対立する共産党は反NATOという立場から、ドゴール支持に回った。『ルモンド』紙は五月一一日に、左翼系三〇人ほどの人物の署名の入った「政権の対外政策を支持するアピール」を発表した。これに対してギ・モレを支持する社会主義者、モーリス・フォール率いるヨーロッパ運動、ミッテランの左翼連合、ルカニエらのキリスト教民主主義者はNATOと欧州統合支持を明らかにした。ユベール・ブーヴ＝メリーは『ルモンド』紙で、セルバン・シュレベールは『レクスプレス』誌でドゴールの決定の過ちを指摘した。

議会では、社会主義グループと民主連合がNATOからの離脱に関して政府不信任案を提出したが、一三七票を獲得したのみで不信任に必要な票数（二四二票）には遠く及ばなかった。これは野党が分裂し、共産党が棄権に回り、多数派や独立派がUNR（共和国国民連合＝ドゴール派）についたためだった。一方で、世論では国民の五〇％以上がドゴールの政策を支持した。しかし、翌年九月—一〇月の世論調査では「過去に大西洋同盟がフランスとヨーロッパ安全保障に役に立った」ことを認める人々は五一％に達していた。つまり、フランスにとってNATOが有益であったことを認めつつ、NATOにフランスが依存してきた時代は終わったというのがフランス国民の認識であった。各国の外交官はこのフランス国民の気持ちを訝ったが、ドゴールはそうした国民心理をつかんでいた。そしてこのテーマは、すぐに国民的関心事ではなくなった。一年後の国民議会選挙ではもはや争点にもならなかった。

ドゴールの決定の結果、一年以内にアメリカ・カナダ軍はフランス国内の三〇基地から撤退、両国軍兵士二万七、〇〇〇人とその他、三万七、〇〇〇人がドイツとベネルクス諸国に移動した。六六年一〇月初めフランスはワシントンに本部がある軍事委員会常駐代表を引き揚げた。NATO防衛学校《コレージュ》もパリからローマに移転し、先のようにフランスにあった中央欧州連合軍と欧州連合軍最高総司令部もオランダとベルギーに移転した。米軍の撤退は六七年三月末には終了した。翌年一〇月には北大西洋理事会本部はブリュッセルへ移動した。フランスはパリのドーフィンヌ宮殿にある本部を維持しようとしたが、アメリカはフランスが理事会本部の活動を制約することをおそれて反対した。防衛委員会はフランスが抜けたその穴は主にイギリスが補った。その年九月二五日、核計画常設委員会が設立されたが、米英独伊が常駐代表を置いた。そこではドイツの役割が重要性を増した。

ドゴールにおける「自立」と今日的解釈

結果的にフランスのNATO軍事機構からの脱退は、ドゴールが企図したようなフランスの相対的自立を実現したわけではなかった。その後アメリカは同盟を強化することに成功していったのであり、フランスが東西の均衡の鍵を握るような事態にはならなかった。

NATO軍事機構から脱退したフランスは早急な二国間協定の締結を求めたが、それは同盟諸国の受け入れるところではなかった。フランスはNATO五条任務、すなわち他の同盟国が攻撃を受けた場合の集団防衛義務についてはこれを尊重する旨を伝えていた。しかし、五月三日にはフランス領土上空の同盟国軍機の領空通過権を年次取決めの形態から月極め形態に変更させたので、NATO軍の飛行は不安定になった。同時にフランスの離脱は、NATOの財政不安定化の問題も惹起するとともに、コミュニケーション・軍事計画などでの支障は免れ得なかった。

最も大きな問題となったのは六万人の兵力を抱える西独駐留フランス軍の措置であった。結局戦時には、フランス軍は第五条任務に基づきNATO欧州連合軍最高司令部の指揮下に入ることになったが、その場合でもフランス政府の決定によるものとするという条件つきであった。ドゴールにとって、NATO決定にフランスが自動的に従うのではないところが重要だった。六六年七月ドゴールは西独を訪問、一二月には仏軍の西独駐留のための二国間協定が成立した。六七年八月にはアイユレ・フランス陸軍参謀総長とレームニッツア欧州連合軍最高司令官との間で協定が締結され（アイユレ＝レームニッツァ協定）、戦時におけるフランス軍のＮＡＴＯとの協力、すなわち戦時には同盟の中央軍グループ司令下にフランス軍を配備することを定めたが、フランス軍の参加は自動的ではなく、フランスの自立を確保したものだった。

この立場は、六七年一二月に発表された「アイユレ論文」のいわゆる「全方位戦略」として有名となった。それは自立核を支えに特定の同盟国との関係をもたないという、フランスの「絶対的自由」を意図したものであったが、ドゴールがいかにフランスの特殊性を証明しようとも、紛争に際してフランスにとって自由な選択がどれだけあるのかということは大いに疑問であった。それは机上の空論であったが、それこそ一国の外交的意思を明らかにするものであった。フランスはそのことによってまさしく「自立」を「演出」したわけであるが、同時にその代償も払わねばならなくなる。大戦の艱難辛苦を乗り越え、米英との関係を知りぬいたドゴールならではの覚悟の決断であった。ドゴールの頭にあったのは、理性と高い見識に支えられた軍事力（核抑止力）であり、軍事力に支えられた外交見識であった。それは政治的意思であった。

ドゴールのＮＡＴＯ軍事機構離脱に込めた狙いが実現しないことはすぐに明らかとなった。フランスの離脱はたしかにヨーロッパ同盟諸国の動揺を引き起こした。これに対して、アメリカはヨーロッパＮＡＴＯ加盟諸国を宥め、東西間のデタント政策の推進役としての役割を期待するようになったのである。つまりアメリカとヨーロッパ同盟諸国との関係は、アメリカが独りで力で引っ張っていくタイプから、次第にヨーロッパの能動的な協力に期待するタイプへと移行していったのである。その意味ではヨーロッパの役割が増大する中で米欧の対等な関係が強まることは必然であった。結局はフランスのＮＡＴＯ軍事機構からの脱退もそうした時代の流れを極端な形で表現したものであったということもできた。

それは当時のＮＡＴＯの新しい動きに顕著だった。六七年一二月ブリュッセルで開催された大西洋理事会外相会議はいわゆる「アルメル報告」を採択した。アルメル・ベルギー外相は『同盟の役割の将来像』という報告の中でアメリカのリーダーシップを認めた上で米欧のより対等な協力を提唱していた。さらにこの頃NATOは柔軟反応戦略を正式に採用することを決定した。こうした一連の経緯は結局はNATOにおけるアメリカの影響力の維持に結びつき、ヨーロッパ諸国との協調につながった。

ドゴールの決定については、気鋭のドゴール戦略の研究家ボゾー（Bozo）はフランスがその後NATOの「予備役」の役割を果たすようになり、それは中欧防衛に重要な役割をもつようになったと解釈している。しかし、歴史家ヴァイスは当初の思惑が実現しなかった「失敗」と結論づけた。シラク派のブレーンの政治家で戦略研究家ルルーシュ（Lelouche）はすでに八〇年代初めからフランスのNATO離脱による自立政策は実際には時代遅れで意味がないと主張していた。筆者は、二〇〇九年にフランスがNATOに全面的に正式に復帰した後の今日の状況を考えると、ヴァイスの解釈が正しいと考える。結局自立が画餅であり、その論理が荒唐無稽であることはすぐに見抜かれてしまったのである。しかし、ナンバーワンではないとしてもそれなりにグローバルな影響力をもちうるフランスのような国にとって、最も重要なことは世界観を正面から論じることである。そしてそこからアメリカの独走を抑止するだけの外交見識を醸成する道が開かれることになる。フランスの離脱はNATOとアメリカの影響力の低下と、フランスの政治的影響力強化には結びつかなかったという意味では失敗であったとしても、多様な世界観（多極化）を認めさせ、一極主義的世界への牽制としての意味はあった。

ドルへの挑戦

ドゴールはアメリカの世界経済支配体制にも挑戦した。しばしば語られるようにドゴールはあくまで軍人出身の政治家であったから、経済政策はほとんど理解していなかったといわれる。したがって、アメリカ経済への挑戦といってもそれは決して複雑な論理に支えられた経済的発想というよりもその「自立外交」の延長にあるものといった方がよかった。

六〇年代というのは、欧州諸国が戦後復興に成功していく一方で、各国が国際収支を次第に悪化させ、金の保有高を減らしていった時期でもあった。フランスにとって批判されるべきは、アメリカの対外収支の赤字であったが、アメリカにしてみれば国際協力・対外援助面でのアメリカの負担過重とアメリカ産品に対するヨーロッパ諸国の輸入障壁こそが問題だった。とくに、アメリカの第一の輸出品目である農産物に対する関税引き下げをアメリカは強く望んだ。たとえば、ラスク国務長官はクーヴ・ド・ミュルヴィル仏外相に対してアメリカは海外に一〇〇万人もの兵力を展開しており、フランスだけで年間三億ドルが消費されていると語った。連邦銀行の金準備高は五五年から六六年にかけて三九％も減少した。これに対してフランスは五七年から六七年にかけて五〇〇トンから四、六五〇トンに金の保有高を増やしていた。

この頃仏人ジャーナリスト、シュレベールの『アメリカの挑戦』がクリスマスだけで四〇万部も発行された。アメリカ経済のヨーロッパ進出に対する警鐘だった。しかし、実際にはアメリカの対外投資額の比率は、フランスよりも西独に対する方がはるかに大きかった。六三年にはフランスが二五％、西独が四〇％だった。フランスでは五〇年代末からすでにアメリカからの投資は減少傾向にあった。

アメリカからの投資をめぐる事件としては、一九六四年にフランスの代表的な電気機械メーカー・ブル（Bull）社がアメリカ資本ゼネラル・エレクトリック（ＧＥ）社に買い取られたことである。ブルはフランスを代表する企業のひとつであったため国民心理は大きく動揺した。ドゴールは、これに対抗するためコンピューターの一貫生産のための「カリキュル（Calcul）・プロジェクト」を発足させ、それにしたがって国際情報公社（ＣＩＩ）を設立して、熱核兵器実験に必要なコンピューターの開発をめざした。この企業はトムソンＣＳＦと電力公社（ＣＧＥ）の合弁企業として出発したが、民間企業がまだこの分野で関心を示さなかったことやＩＢＭに対抗するだけの競争力をもちえなかったことなどが原因で、結局失敗してしまった。その結果ドゴールはアメリカからの投資を制限する政策を取り始め、それは六三年から六六年にかけて二億一、〇〇〇万ドルから一億四、九〇〇万ドルにまでに減少した。他方で、この時期西独でのアメリカ資本は三億四、〇〇〇万ドルから六億四、六〇〇万ドルに増加した。しかし、こうしたドゴールの政策は逆にフランス企業のテクノロジーの遅れを招くことになり、ドゴールは六六年には資本投資の自由化政策に復帰した（グロセール(下)三三八－三四二; Vaïsse 400)。

ドゴールの反米姿勢はドル優位体制への攻撃となってエスカレートした。六〇年代、アメリカの国際収支の赤字は次第に増大し、アメリカはインフレ輸出国に転化していた。ドゴールはドルを「偽金」と批判し、その経済顧問のジャック・リュエフの進言を受け入れて金本位制度への復帰を主張したのである。ドゴールは「不変性・公平・普遍性」こそ金本位制の利点であることを強調した。そして、ドゴールはフランスがドルを売り払って、金を買うことを強く勧めたのである。ドゴールは、アメリカに対外負債を決済させ、対外収支赤字をヨーロッパ企業からの投資で補塡することを目的とする「ドル救済」のための国際通貨機構の設立を提唱した（リュエフ）。

六四年九月、ＩＭＦ総会では米仏対立が一層激しさを増した。アメリカは集合準備高ユニット（ＣＲＵ）を提案したが、ヴァレリー・ジスカールデスタン蔵相はドルの金との交換制を廃止して金本位制に戻すように提案した。この改革案は明らかにドルの没落を意図したものであった。六五年一月フランス銀行はついにドルの金への兌換措置を決定し、翌月にはブレトンウッズ体制の再組織を訴えた。そして、フランスは上半期だけで六億ドルを金に兌換した。この年七月にアメリカは世界通貨会議の開催を提案したが、フランスはこれを拒絶、九月九日の記者会見で、ドゴールは、「われわれはどの国の通貨であっても、（中略）特権的で自動的に金とつながっている通貨を認めない。金こそが実際の唯一の尺度でなければならないのである」（De Gaulle IV 384）と語った。

この九月、ポンド崩壊救済のために新たな国際決済手段を創設しようというアメリカの試みをフランスは拒否した。さらに、英国銀行がポンドに対する投機的動きを抑えるために短期資金の援助を要請したのに対して、これもフランスは拒絶した。フランスは、ＩＭＦの枠の範囲を超えて、ＥＣ六カ国にアメリカ、スウェーデン、カナダ、日本を加えた一〇カ国による通貨システム改革を主張した。ヨーロッパ諸国はフランスの提案を支持したが、基本的にはＩＭＦを中心に議論が展開されていった。

債務国救済のために新しい決済手段を導入することをめぐってもアメリカとの間で激しい対立があった。六七年八月二六日、ロンドンでの中央銀行総裁・蔵相会議で特別引き出し権の創設について合意が成立したが、これを実質通貨と考えるアメリカと償還可能な信用とみなすフランスなどとの間で解釈の対立があった。結局、ＩＭＦ重要決定のすべてについてフランスに拒否権が認められたことによって事態は一応沈静化した。したがって、特別引き出し権の創設は一旦合意した後になっても、事態は二転三転することになった。この年九月下旬のリオデジャネイロでのＩＭＦ総会では、米仏対立が再燃し、特別引き出し権の創設が危くなった。一一月末から一二月初めにかけてのＯＥＣＤ年次総会時には国際通貨は混乱の状態を深め、六八年初めジョンソン米大統領はアメリカ企業の海外投資の抑制、対外借款・支出の制限を発表した。このアメリカの措置はヨーロッパ諸国でも不評を買い、西独はアメリカの収支均衡と関税障壁こそが問題と批判し、フランスも「アメリカの赤字のつけをヨーロッパに負わせようとするもの」と激しく反発した。これに対して、アメリカはＩＭＦ危機はまさにフランスにこそ責任があると主張した。アメリカではフランス製品のボイコット、反仏キャンペーンが展開された。

六八年二月末の五カ国蔵相会議は、アメリカの提案するＩＭＦの中での特別引き出し権設立をめぐって紛糾し、結論が出せないまま終了した。三月には国際通貨市場での金を求めたラッシュとなり、三月一五日にはロンドン市場は閉鎖した。アメリカ通貨当局は否定したが、ドルの切下げの観測が流れた。同月二〇日にはドゴールは金本位制を主張、同月末のストックホルム一〇カ国会議でミッシェル・ドブレ仏蔵相は孤立したが、特別引き出し権導入に反対した。

しかし、この通貨をめぐるフランスの強腰の姿勢は六八年五月危機によって頓挫する。当のフランスの通貨が国内危機によって窮地に曝されたからである。フランス銀行は金を売却、ＩＭＦ特別引き出し権を行使せざるをえなかった。そして欧州ドル市場からの借り入れを実施し、割引率の切り上げを決定した。六〇億フランの予算削減、とくに軍事予算が対象となり、一九六九年に予定されていた太平洋での核実験は中止された。さらに、同年一一月の通貨危機によって、フランが打撃を受けると、フランは三週間で一〇億ドル分の損失を蒙った。

他方で同月下旬のボンで開催された一〇カ国蔵相会議ではマルク切り上げが要請されたが、西独はこれに応じなかった。これに対してフラン切り下げの観測が流れ、フランスの経済筋もこれを容認する姿勢であったが、ドゴールは頑としてこれに応じなかった。逆に、このドゴールの姿勢はマルクに対抗する米英の評価するところとなり、この分野での米英との接近の雰囲気を醸成した。フランスの通貨政策の失敗は明らかで、フランスは結局特別引き出し権を通貨として創設することを承認し、翌年八月ポンピドー大統領になってフランは切り下げられた（Vaïsse 396–407）。

フランスは通貨面でも反米派の急先鋒であったが、フラン自身の脆弱性は否定できなかった。しかし、他方でその後アメリカは金ドル交換停止を決定、ニクソンショックに至ってドル支配の戦後国際通貨体制は終焉していったことも考えると、ドゴールの主張が歴史のひとつの流れに沿っていたことも事実であろう。

米仏対話の再開

ジョンソン政権の後から米仏関係は修復に向かった。そこには三つの大きな要件があった。第一に六八年五月危機の結果、フランス自体が動揺し、脆弱化していたことであった。第二に同年八月プラハの春の後のソ連軍のプラハ介入事件、第三にニクソン政権の誕生であった。米仏関係は再開され、対話モードに入ったのである。

六八年二月テト攻勢の後で、ヴェトナム戦争は大きな転換点を迎えた。アメリカは空爆を停止し、パリで和平交渉が開始されたのである。フランスの仲介はアメリカにとっても大助かりであった。このことによって米仏関係の大きな障害のひとつが除去された。

他方で、先にも述べたアルメル報告が中部欧州相互均衡兵力削減交渉（ＭＢＦＲ）というかたちで中欧における通常兵器の削減を志向したことは、フランスの意思に反することであった。東西両ブロックの緊張緩和がブロックの枠組みを通して決められてしまうというやり方はドゴールには受け入れがたい形式であった。フランスは西側ブロックの中でも自立性を保っているはずであるから、外の枠組みの中に勝手に取り込まれてしまうのは真意ではなかった。

第二にソ連軍のプラハ介入という緊急事態は、フランスを西側との緊張緩和へ向かわせることにもなった。六八年三月にはアイユレ将軍の後継者であるフーケ将軍が中部ヨーロッパ防衛をめぐるＮＡＴＯとフランスの軍事協力について肯定的な発言をしていた。東西緊張緩和の趨勢にフランスが大きな障害として立ちはだかるような事態はなくなったのである。しかしドゴールはその軍事政策を必ずしも変更したわけではなかった。反米的なミシェル・ドブレが外相となり、六八年八月にはフランスは太平洋ではじめての水爆実験を行なった。

しかしアメリカはフランスとの関係改善に期待をかけていた。独仏関係がアデナウアー首相退任後、悪化し、東側陣営での動揺が見られる中で、フランスがアメリカに歩み寄る可能性は確かにあったのである。両国関係改善の兆しは六八年初めに顕在化し、六九年初めにはそれは確実なものであるように見られたのである。

そうした中で二月、ニクソン大統領はパリを訪問した。同大統領の現実主義外交が米仏の対話外交を促進させる結果となった。そして三月から四月にかけてアイゼンハワー元大統領の葬儀の機会にニクソンとドゴールは再会した。両者はいずれも「現実主義者」として意気投合したのである。ニクソン大統領は「NATOにおけるフランスの立場も理解できる」とまで言ってはばからなかったのであった。フランスの抑止力を認めたのである。

3　「自立外交」の現実

緊張緩和の世界と「自立」の論理

それでは一連のドゴールの自立的な行動の根拠はどこにあるのであろうか。NATO軍事機構からの脱退の論理は、ドゴール自身が晩年に書いた『希望の回想』の中で明快に述べられている。

ドゴールの議論の出発点は、第一に第二次大戦以後の大西洋同盟がアメリカに依存した片務的な性格のものであったこと。つまり欧州統合は「独自の防衛力も政治力ももたず、それらをいっさい米国の言いなりに任せることにした」ものであったという認識にあった。

今日では、欧州の統合がしばしば最初からヨーロッパの自立化をめざしたものであったかのように語られる傾向があるが、欧州統合はアメリカのヨーロッパ復興計画、マーシャルプランを大きな契機としていた。五〇年代には、欧州統合とは親米外交の意味を併せもっていた。「欧州の父」といわれるジャン・モネは大戦中からフランスとヨーロッパの対米外交のロビー的存在であったことを忘れてはならない。対米自立と欧州統合はもともと対立する概念ではなかった。むしろ、それは当初アメリカ国内の議論であった。復興し、統合された欧州はアメリカの強力なライバルとなるという懸念はアメリカの政策決定者の議論だった。したがって、ドゴールの認識では、今日の一般的認識とは異なって欧州統合の推進と対米依存外交は重なる部分が多かったのである。

第二に、ドゴールが政権に復帰するころにはヨーロッパにおける冷戦状況は終息するかの様相を呈しており、ドゴール自身は東西「緊張緩和」の国際環境が整い始めていると認識していた。「一九五八年、私はすでに全体的状況がNATO創設当時とは変わったと考えるようになっていた。私の目には、すべての国々が正常に戻り、物質的進歩が不断のものになった以上、ソ連の側から西側の征服に乗り出すようなことはほとんどありえなくなった」というドゴールの国際認識は今日から見ると、炯眼であった。つまり東西対立は下火となり、ソ連自身もその状況を是としているはずであり、だとすればフランスがソ連に接近することによってソ連の懐柔を試みることは大いに意味のあることだ、とドゴールは主張した。

第三に、そうした中で米欧間の相互依存関係があった。アメリカの力が突出していたとはいえ、ヨーロッパにおいてアメリカが単独で東側陣営の軍事力に対抗するということはありえなかった。西欧の喪失はアメリカにとってその世界戦略を無効にしてしまうものであった。アメリカの安全保障そのものも西欧が西側陣営の強力な構成要員であることを前提としていた。しかし西欧諸国がアメリカと対等の関係でパートナーシップを確保できるだけの力はなく、アメリカは四〇万人の在欧米軍兵力を維持していかねばならなかった。そうした国際環境の中でドゴールは自立の必要性を説いたのであった。

そして第四に、冷戦が頂点を過ぎ、米ソがお互いに相手国を全面破壊するだけの核兵力を保持することによって均衡が保たれているという事態（俗に「恐怖の均衡」と呼ばれた）は、表向きは国際秩序の安定を表していた。しかしそれとは裏腹に東西の力関係はフランスにとって自国の平和を保障するものではなかった。つまり米ソ間の相互確証破壊の脅威を前提として、米ソ間で相互抑止が機能する中で（相互に確実に相手国を破壊するだけの核兵力が保持されている現状では、逆にお互いに核兵器を先に使用することを控えるであろうという論理）、みかけの上では「平和」が維持されているかに見えるが、実際にはフランスの安全保障は自立的でなく、逆に不安定であるというドゴールの認識があった。

その背景にはアメリカがヨーロッパの防衛を本気で担うつもりがあるのか、という不信感があった。それはドゴールの大戦時の辛い経験則でもあった。ドゴールは『希望の回想』の中で、「このライバル同士（米ソ）は最後の土壇場にならぬ限り、相戦うのを避けようとすることは当然考えられるのではなかろうか。（中略）西ヨーロッパ人にとってNATOが彼らの生存を保障してくれた時代は終わった」と述懐している。したがって「保護者に自己の運命を委ねる」理由はもはやなくなった。自らの安全保障のためには自ら抑止力をもつしかない、というのがドゴールの論理だった。

五九年九月、アイゼンハワー大統領がドゴールの招きで訪仏し、ランブイエ城で両首脳会談が開催された折、アイゼンハワー大統領が「なぜあなたは、アメリカがヨーロッパと運命を共にしようとしているのを疑われるのですか」と問うたのに対して、ドゴールは第一次大戦ではアメリカが参戦したのは開戦後三年も経って、すでにフランスが大きな打撃を受けた後であったこと、第二次大戦ではアメリカがヨーロッパ支援を開始したときにはフランスはすでに壊滅状態であったことを、指摘して応じたと自ら述べている。アメリカは米本土が直接攻撃にさらされるものでない限り、核戦争の道に乗り出すことはありえない、とドゴールは考えていたのである。

したがって、フランスはフランスに核攻撃を加えようとする国に対して単独で攻撃できるのだということを示さねばならない。しかし米ソに比肩するだけの核兵力をフランスがもつことは困難である。したがって、フランスは抑止効果を最低限発揮できるだけの核武装をすればよい。つまりドゴールがアイゼンハワー大統領に答えたように「敵を一度だけ破壊しうる力を持っているだけで、われわれの抑止力は十分だ」という見方がフランスの抑止力保持の根拠となっていたのである（ドゴールc 二九七－二九九）。

英米とは一線を画すフランスの自立的な行動はそうした認識の反映だった。一九五八年レバノン騒擾事件に際して米英両軍がアラブ連合の攻撃に備えてレバノンとヨルダンに進駐したときに、フランスは渦中に巻き込まれることを懸念して、米英軍とは別行動をとり、一隻の巡洋艦をベイルート沖に派遣しただけだった。一九六〇年コンゴ共和国が独立した後に、アメリカが国連総会で介入を策していたときに、フランスはその介入を公然と非難した。アメリカがキューバとの国交断絶をしたときにも、フランスはアメリカからの圧力に屈することなく、対キューバ禁輸措置の要請を断った。米ソの核拡散禁止条約に対しても、ドゴールはこれを米ソ二大核保有国の核兵器独占のための条約として公然と批判、条約を拒否した。

ドゴールはこうしたフランスの独立不羈の姿勢を自画自賛している。フランスはドラマの「端役」と見られていたが、そのころ急速に「主要登場人物の一人」となったことを諸国も認めざるを得なくなった、とその著作で語っている。

フランスの核抑止論の「虚構性」

冷戦時代には米ソの軍事的優位は絶対的であり、いかに外交巧者を演じようとも同盟国に与えられた行動範囲は限られていた。ドゴールの「独自の核兵力による自立外交」という命題そのものは非現実的である。

実はこの抑止力という言葉は、フランスにとって軍事的な意味はほとんどなく、政治的な手段としての意味が大きかった。逆説的だが、核兵器は大国がもつ限りそれは「使えない兵器」としての役割が前提となっていた。核兵器を使用すれば、国際的批判を招くばかりか、冷戦時代米ソどちらかの核兵器使用は一方の核兵器使用を促すことになり、核戦争を招来することになる。

したがって実際に核兵器を使用することは次の段階の別の決定になるが、不服従国に対して「核兵器を使うぞ」という「脅し」をかけることによって、相手の行動を抑制（抑止）することにその目的はある。基本的に米ソの核兵力とは比べようのない弱小な（脆弱な）フランスの核兵力が米ソ超大国を脅し、その行動に対する「抑止力」となるという論理は荒唐無稽である。もともとは成り立たない論理なのである。しかし弱小国であってもなりふり構わず抵抗するならば、一定の被害を強大な相手に与えることは可能である。相手国もそれなりの覚悟が必要ということになる。つまり、負けを覚悟の喧嘩戦法である。フランスはアメリカの同盟国であるが、ソ連に対しては報復を覚悟で先制攻撃を仕掛ける用意はある。したがって、ソ連もフランスを軽々しく扱うわけにはいかないはずである。他方でアメリカとは同盟関係だが、アメリカに頼らずとも単独でソ連に対して核攻撃を仕掛けることはできる。その意味では、常にアメリカに従順である必要はない。この論法が、ドゴール以来のフランス外交の基礎であった。こうした独善的な論法によってフランスはアメリカに影響力を与えることができる、つまりよく使われた表現を用いると「弱小国も強大国に対する抑止が可能」という理屈を押し通そうとしたのである。もちろんこの論法は非現実的で強がり以外の何物でもない。先に見たように、もともとアメリカのフランスの核兵器に対する評価は高くなかった。また後に見るように、隣国ドイツにとっても、フランスの軍事力に対する信頼は高くなかった。それは「フランス流」の一方的な論理にしか過ぎないといえばそれまでのことであった。フランスの戦略的論理は一定の政治的影響力をもつに過ぎないというのがリアルな見方であった。

しかし、こうした主張を通して東西対立という大きな枠組みにおいて、アメリカに多少とも影響を与え得る一同盟国が、限られた範囲でもその行動と判断の自由をもつことができることも事実であった。フランスの軍事力の限界と同時に、他方でその一定の効用についてもヨーロッパでは理解されていた。フランスの核実験が成功して間もない一九六〇年七月末の独仏会談でアデナウアー西独首相は、「フランスが孤立するようであれば、ヨーロッパの存在感をアメリカに対して納得させることは難しい」という微妙な言い回しをしていた（DDF 1960 II 166）。

他方で超大国アメリカにとっては、突出した力をもちつつも、核兵器そのものを使用することができず、それぞれの陣営の中で同盟国の離反に気を配らねばならないという拘束条件があったのである。これは実はフランスや西ヨーロッパだけではなかった。日本のことでもあった。実は、この時代拘束的環境と地政学的条件の中で防衛のコストを最小限にして経済大国へと成長した日本はその代表例だった。日本は自らの防衛をアメリカに任せ、自分のコストは最小限に抑えて、アメリカの経済支援を受けて復興し、成長した。それは「弱者の恫喝」という形容矛盾で表現される。アメリカが西側陣営の分裂を避けたいがために同盟国に対して寛容とならざるを得ない。したがって弱い同盟国が圧倒的強者のアメリカに対して要求することができる。表れ方はまったく違うが、核抑止力に支えられたドゴールの「自立」も、同じように冷戦という時代に拘束された条件からの自由であったと筆者は考える。

こうした事情は核戦略的論理で説明すると以下のようになろう。ドゴールの核戦略論を支えたフランスの著名な戦略家ボーフルによると、「破壊力が極めて均衡を欠いているため（米ソの軍事的圧倒的優位）、均衡の回復は最も弱小な国家でさえ、報復の挙にでるかもしれないという恐怖心（弱者の恐喝）によってはじめて可能」となる。フランスが米ソに対して自立することは世界の力の均衡になるという説明である。それは独善的な「虚構」である（Beaufre 28–30）。

ドゴールに近いガロワ将軍は、潜在敵国が、目標達成のために受ける損害の許容範囲を最小限越えるだけの核兵力（抑止力）をもっただけで十分な効果があるという、当時「比例的抑止」と呼ばれた戦略を主張した。したがって米ソ核超大国を相手にフランスのような中級国家が両大国に比肩する抑止力をもつ能力もなければ、その必要性もないという見方がその背景にあった。

さらにボーフルは、①引き金（トリガー）論、②多角的抑止、を主張した。これらはいずれもソ連の脅威に備えたアメリカとの協力を前提とした。「引き金論」の効果とは、フランスがその核抑止力を用いることになるならば次にはアメリカの核が用いられることを相手に対して警告することにある。さらに、フランスの核抑止力が存在することによって、米仏の抑止戦略が「多角化」し、ソ連にとって西側の真意が理解しにくくなるという不確実性を与える。両論ともにある種の「脅し」の論理に支えられたものだった（六〇年代後半ポンピドー首相時代にはソ連からの核脅威が低下したこともあって、アイユレの「全方位核戦略」（ソ連だけでなく、あらゆる方向からの攻撃に対抗する）が主張されたが、六九年ソ連軍のチェコ侵攻によって通常軍によるヨーロッパ防衛・同盟諸国との協力と結びつけられた核抑止戦略（フルケ・ドクトリン）が模索された）。

「演出された自立」——米仏核兵器開発・NATO軍事作戦協力協定の存在

しかし、それはどこまで実体を伴ったものであったであろうか。

フランスがNATOの軍事機構から脱退したことは、大西洋同盟の歴史においていわゆるフランスの「自立」を象徴的に表現した事件であった。しかし、フランスは自前の核兵器をもつことで「自立」していたわけではなかった。またNATOとの関係を必ずしも完全に清算したわけでもなかった。多くの点で関係は維持し続けられていた。したがって、表向きの主張とは裏腹にフランスの「対米自立」姿勢には同盟関係を十分に配慮した妥協的なある種の「曖昧さ」があった。この「曖昧さ」は、安全保障面でのNATOのプレゼンスが無視できないものであるという当然の認識から出てくる宿命であった。そして、同時に結局はアメリカの「核の傘」を当てにせねばならないヨーロッパの置かれている事情を如実に物語っていた。

二〇〇九年六月にフランス軍はNATO軍に正式に復帰した。冷戦終結直後シラク大統領の時代に一旦示唆しながらその後一四年近くたってようやく実現した。六六年から数えると、四三年間も公式にフランス軍はNATOから自立していたことになる。しかしこの間フランスがNATOの行動に反した対応をとる可能性があったとは誰も本気では考えなかったであろう。フランス軍が自立していたといっても、その実力はアメリカ軍の圧倒的な軍事力とは比較すべくもなかったからである。いかに表向きアメリカを批判したからといっても、フランスが同盟におけるアメリカのジュニア・パートナー以上のものでなかったことは自明であった。したがって、フランスの政策は「半同盟」とも呼ばれ、アメリカには相対的自立政策に過ぎないものと思われていた。

筆者は少しレトリカルだが、ドゴール外交を「演出された自立」と象徴的に呼んでいる。この言葉は、筆者が拙書（『ミッテラン時代のフランス』）の中で用いた表現であるが、フランス外交に対する相対的な見方は重要である。

その例として第一に挙げられるのは、米仏間の核兵器開発協力の秘密協定の締結である。フランスとアメリカの間には、核兵器の開発に関して情報の提供・人的技術的支援などの協力体制が作られていた。『フォーリン・ポリシー』誌（一九八九年夏季号）に掲載されたリチャード・ウルマンの論文は、極秘にされていたこの事実を関係者とのインタビューを元に明らかにしたものである（Ullman）。

一九六一年に、米仏は核兵器テクノロジーに関する情報交換のための秘密協定を締結した。フランスがNATOの軍事機構を脱退する五年前のことである。この協定が実際に発効するのは七二年ポンピドー大統領の時代のことであったが、その後のミッテラン社会党政権に入ってからも同協定は効力を有し、八五年には修正・更新されている六一年のこの協定は、アメリカが米製核弾頭の物理的軍事的効果に関する情報を同盟諸国に対して伝達することができるという五四年の原子力エネルギー条約の延長に位置づけられる。技術移転に関して他のNATO諸国間で結ばれた同種の協定のひとつでもあった。

しかし、ドゴール時代には、ドゴールによる「フランスの自立」の主張に加えて、ケネディ・ジョンソン政権がフランスの核兵力開発に消極的だったこともあって、両国の協定関係は実質的なものとは言えなかった。アメリカにとっては、米ソ以外の第三国による報復力（第二攻撃力・反撃力）のない、いわば「脆弱な核」の存在はかえってソ連からの第一攻撃の可能性を高めるものと考えられたのであった。

しかし、ニクソン政権の成立によって事態は変化する。アメリカはフランスの核抑止力を敵視しなくなったのである。そのことを最も象徴的に示したのが、七四年六月のオタワでのNATO外相会議における大西洋宣言であった。NATOが公式に初めて英仏の核戦力に触れ、その同盟に対する貢献を評価したのである。

その他にも、アメリカはフランスに対して、①核弾頭の小型化（これによって核弾頭複数化が可能となり、最初の個別誘導複数目標再突入ミサイル（MIRV）である潜水艦発射ミサイルM―4が七〇年代に配備された）、②ソ連の防衛網への浸透、③ミサイルの推進・誘導システム、④核爆発によって起こる電磁放射線が与える影響、⑤ソ連の攻撃目標の配置などに関する情報を提供した。

アメリカ側の目的は、西側の戦力強化のためフランスの核攻撃力による効果を最大限にすること、またアメリカの支援と引き換えにフランスがその通常戦力を増強することにあった。従来からフランスはアメリカの通常戦力強化の要請に応じようとはしなかったのである。NATOとの関係においては先のような協力に加えて欧州連合軍最高司令官（SACEUR）の仏軍参謀長と米軍将校との任務提携、自由な情報交換やフランスの戦力が効果的に西側の防衛に参加できるような体制（指導系統の統合）を整えていたのであった。

一九八一年に成立したミッテラン社会党政権は、このアメリカとの核兵器に関する協力を継続する方向を示すと同時に、ジスカールデスタン前大統領時代以上に軍事レベルにおけるNATOとの協力・調整を推し進めていくようになった。

筆者がドゴール外交を「演出された自立」と呼ぶ第二の例として、NATOを脱退したフランス軍は決して単独行動の体制を敷いていたわけではなかったことがある。

たとえば、NATOの軍事機構を脱退した翌年の六七年に既述のようなアイユレ＝レームニッツァ（Ailert＝Lemnitzer）協定が結ばれ、第五条任務（同盟国のひとつが攻撃された場合、ほかの同盟国は共同で敵の攻撃に当たるという集団防衛の義務）のために駐独仏軍はフランス政府決定の下にNATO側で戦闘を行ない、連合指令部の下で活動すること、また特定のNATO演習に参加すること、NATOの非軍事的活動（経済・環境）・フランス防衛に不可欠の特定の軍事活動に参加することが定められた。

さらに、一九七七年ヴァランタン＝ファバー（Valentin＝Ferber）協定によるＮＡＴＯとの協力、空軍の協力に関する諸協定などがあり、六七年以来、多数のＮＡＴＯ機関においてもフランス人が活動していた。加えて、フランスは上級政策決定機関にも参加していた。北大西洋理事会、経済委員会、政治委員会、防空警戒管制システム（ＮＡＤＧＥ）、広域通信システム、科学委員会などが挙げられる。さらに、ＮＡＴＯ機構とは別に、西ドイツやアメリカとの二国間での軍事演習も冷戦時代に継続された。こうしたことは、フランスがＮＡＴＯと軍事的にも結びついていたことを示している。西側同盟の中の「独立」と「連帯」の間を揺れるフランス外交の曖昧な現実を表現していた（渡邊ｄ、ｅ）。

フランス的ナショナリズムとしてのドゴール外交

「自立核」をもって世界に存在感を示したドゴール外交は、実際には「虚構」の上に築かれた外交であった。しかしフランスが往時の力を失い、米ソ超大国に支配された国際システムの中でいかに国威発揚を実現していくのかという問いに対する答えでもあった。そしてそれはナショナリズムのひとつの表現でもあった。

しかし、そのナショナリズムはうわべの印象とは違って単純なパッションにかられた情緒的なものではない。「ドゴールにとって国と国との同盟は、国益に基づく便宜的関心に過ぎない。（……）すべての国はそれぞれの役割を演じ、世界の文化的、政治的多様性に貢献する限り、尊敬を受けるが、一国にとって他国はすべて潜在的な敵であり、自国の権利を侵害するすべてには断固として対処すべし」という現実主義的認識を背景にするものであった（Cerny 19）。

同時に、第二次大戦前にフランスがナチスドイツの脅威を前にして、断固たる姿勢をとることができなかった苦い歴史的記憶がそこにはあった。当時フランスの軍事力はとくに空軍力、機械化軍団の装備の遅れが顕著だった。先述したように軍の機械化を主張したドゴールにすれば痛恨の歴史であった。フランス外交は英国に追随する形で列強間の力関係に依存するしかなかった。加えて、ドゴール自身が戦時中に対英米関係の中で感じた屈辱感がそこには投影されている。

その意味では、外交におけるドゴール主義の前提には国家主権（＝国威）という概念が強くあった。ドゴールは「ナシオン（国民）」という言葉を好んで用いたが、ドゴール外交とはフランス固有の歴史経験と論理に根ざした「ナショナリズム」の言い換えであったと、筆者は考える。したがって、ドゴール外交には思想的立場を超えてフランス国民の大半が共感を示したのであった。内外に大きな波紋を投げかけたこの一連のドゴール政策はフランス国民の間では支持を得ていた。世論調査によると、ドゴールの対米政策支持率は、六二年五月＝三二％、六三年一月＝四七％、六五年九月＝四六％、六八年四月＝四一％であった（Duroselle 238–239）。

ドゴール研究者セルネイは『偉大さというひとつの政策』という著作で、「偉大さとは、国家利益というひとつの特定の概念に結びつけられた象徴的な概念である。それは対外政策において攻撃的で時代錯誤的なナショナリズムを意味するのではない。受け入れ難い危険を冒すことなく、またその独立と同じように国家の存続と発展に不可欠な相互依存のための基盤を崩すことなく、世界の中のフランスの役割を拡大するための抑制された努力なのである」と語った（Cerny 19; 渡邊 e）。

アメリカのフランス外交研究の第一人者フィリップ・ゴードンは、ドゴール外交を戦後フランスの国家的威信が低下した中で、両超大国に対抗するための「冷徹な理性の戦略」（Gordon 14）と述べている。そして、その目的は「自ずと象徴的なものであって、フランスとアメリカとの間の力関係を見かけの点でのみ修正するに過ぎない」と述べた。

しかし、このドゴールの外交姿勢がアメリカ人の自尊心を大きく傷つけたことは否定できない。有名なアメリカにおけるフランス的エスプリを代表するハーバード大学ヨーロッパ研究所長を務めたスタンレイ・ホフマンによると、「本来フランス人に課せられた負担を（アメリカが）自ら進んで背負い込むことでつくりあげられた『自由世界の前衛』というアメリカの好イメージを覆すことによって、ドゴールはアメリカに対して深い怨恨を呼びさました」（Cerny 19）のであった。

「行動の自由」外交の模索

こうした強引な論理の背景にはフランス人特有の行動規範が反映されていた。彼らは自由をとにかく大切にする。行動範囲の自由をいかに確保するかが、フランス人にとってはもっとも重要なことである。筆者はその点についてかつてミッテラン時代の外交を分析した拙書において検討した（渡邊d、e：山本（健）四〇）。つまるところ、ドゴール外交を戦略論的に語るときに、第一次大戦の英雄フォッシュ将軍に代表されるフランスの伝統的戦略思想における二つの極めて抽象的な原則、すなわち①力の節約、②行動の自由の保持、が重要となる。諸資源を最良に割り当て（力の節約）、「決定的打撃をかける十分な資源を蓄えながら、（……）敵の行動を麻痺させる」（Beaufre 28–30）ことで相対的な行動の自由が保持できる、とする論法は中級核保有国フランスの核戦略であると同時にフランス外交のパターンの背景にある発想であろう。

ドゴール外交とは結局そういったことではなかったか。これは後の政権の対外政策においても生きていた。限られた資源を用いた最大限の政治的効果の追求というのはまさにドゴールが戦時中の経験を通して学んだことであった。「自由フランス」、そして「レジスタンス」、いずれも実際には英米の後塵を拝する中で辛うじて戦後のフランス再生への望みを抱いたドゴールの「生き残り戦略」そのものであった。

後にドゴールが「国家の威信」に拘ったのは、まさにそれを失うことがどれだけ辛いことかを身に沁みて知っていたからである。確かにドゴールの論法は誇大妄想的な独善である。そのレトリックは古色蒼然とした一九世紀的な事大主義を連想させる。そしてその当時どれだけ世界を驚愕させ、超大国アメリカを梃子摺らせたことがあったとしても、冷戦がアメリカの勝利で終結した今日、力の合理的計算からするとドゴール外交がどれだけフランスにとって実質的意味をもったか疑わしい。

しかし、人間には合理主義的判断だけでは満たされないものがある。人は緊張や不安や危険に直面しつつも、そこに生き甲斐や冒険の醍醐味を見出す。それは人間のもつ矛盾である。「偉大さ」や「国家の威信」として表明されたドゴール主義の魅力とはそうした矛盾にある。そして、それはある種の人を動かす力＝影響力をもっている。かつて、フランス革命の後の「理性の世紀」と言われる一九世紀を皮肉って、タレーランは「一七八九年（フランス革命）より前の世界を知らない者は生活の歓びについて語る資格を欠く者である」と語った。そこには時代と空間を超えた人間の真実があった。わが国にとって日米同盟が重要であることは自明である。しかし、「バンドワゴン（勝ち馬）」の論理による向米一辺倒の外交に、居心地の悪さを多くの日本人が感じる理由もここにあるだろう。

そうした外交術は不透明な言動を多々伴う。実際には、「自立」と「偉大さ」を取り戻すための真の意味での絶対的な「手段」をフランスはもっていたわけではなかった。フランスの対外政策は「自立」と「連帯」＝「協調」という一見対峙する要素によって構築されていた。しかし、両者は不可分の関係にあった。フランスにとって、アメリカとの関係はより自立した方向に向かうべきであるが、決して連帯の絆をおろそかにはできない関係であった。

したがって、形式にすぎない独立のポーズはやめて素直に積極的な同盟政策を展開すべきであるという議論はもともとあった。表向きの主張とは裏腹にフランスの「対米自立」姿勢には同盟関係を十分に配慮した妥協的なある種の「曖昧さ」が窺える。そして、同時に結局はアメリカの「核の傘」を当てにせねばならないヨーロッパの置かれている事情を如実に物語っている。

ドゴール自身、六一年二月にアルジェリアの独立のために語ったとき、「独立という言葉にわれわれは無関心なのだ。なぜなら、今日の世界ではその言葉はプロパガンダ（宣伝）以外には大した意味をもつことはないからだ。どの国も独立してはいない。どの国も実際には常に他の国と関係をもっているからだ」と吐露していた（Vaïsse 37; LNC 1961–1963 44）。これはほかならぬ「自立」を執拗に主張したドゴール自身の言葉である。

もちろん、この論理が機能するには交渉の巧みさが不可欠である。情緒的で場当たり的な外交ではそれは不可能である。自己利益実現への執着とそれを周囲に納得させるための正統化の論理、すなわち独自の見識と意思の力が不可欠であった。ヒトラーの狂気に対抗するのに当時のフランスは軍備も士気も不十分であった。第一次世界大戦以後の平和主義はフランス人たちに闘うことによって自らの独立と自尊を守ろうという気概を失わせていた。ドゴールの主張の背景にあったのは、そうした歴史的経験に培われた祖国救済の意識であった。

4 「自由なヨーロッパ」とフランス

ヨーロッパ統合とドゴール外交

ドゴール外交にとってヨーロッパとはどういう意味をもったのか。フランスはヨーロッパを舞台にどのような外交構想を描き、実現しようとしたのであろうか。

第一に、『ヨーロッパのための二つの戦略』を書いたボゾーや独仏関係を『不確かな同盟』と呼んだストゥーという二人のドゴール外交研究家のいずれもが認めていることであるが、ドゴールの対米自立外交、あるいは「自立した同盟政策」はヨーロッパ統合の推進と表裏の関係にあった（Bozo; Soutou）。五八年九月のドゴールの米英にあてた、フランスを含むNATO指導体制を要請した書簡は単なる無謀な書簡ではなかった。同盟内の力の再均衡（米欧関係の力の均衡）による同盟のさらなる強化はヨーロッパの自立的な力の回復によって可能となる。つまりヨーロッパ防衛を強固にすることで、大西洋同盟のひとつの柱ができ、アメリカというもう一方の柱と協力することでソ連を中心とするワルシャワ条約機構軍に対抗することができるという論法であった。したがってヨーロッパが強くなり、自立性を高めたからといって、それはヨーロッパがアメリカに反目することを意味するわけではない。むしろそのことによって西側同盟はより強化されることになる。そしてそのヨーロッパの指導的地位にはフランスが座るという構図であった。

筆者も、かつてミッテランの外交政策に関する論考で「同盟も自立も」という表現でフランスの対米自立政策を表現し、その外交は決して反米を意図したものではないこと、その上でフランス外交が展開する「磁場」は「統合ヨーロッパ」であることを論証した（渡邊e）。そしてフランスにとって、ヨーロッパ統合は西ドイツとの協力なしには成立しえない。独仏関係がその軸となるのである。

実は、フランスには第四共和制以来、親米派（大西洋派）と親欧派（欧州統合）の二つの流れがあった。この両者の考えは、第四共和制では対立概念として議論される傾向にあったが、ドゴールはこの両者をひとつのものとして、いわばコインの裏表として扱ったのである。

第二に、グローバルな視野からフランス外交を見るときに明白なことであったが、ドゴール時代のフランスと各国との関係はそれぞれのアメリカとの関係に左右されていた。独仏および英仏関係が、それぞれ二国間関係だけでは説明できない最も重要なポイントはそこにある。独仏、そして英仏両国のそれぞれの対米関係がいずれの二国間関係にも大きく影を投げかけていた。とくに、独仏関係には両国の対米関係が常に投射されていたのである。

一九六二年一二月の英仏首脳会議でマクミラン英首相に対してドゴールは英仏防衛協力を提案している。ヨーロッパにおいて核兵力をもつ英仏の協力は、アメリカが提案していたMLFの枠組みにおいて西ドイツが核武装することを牽制する意味があった。その一方で、特殊な関係にある英米主導のNATO体制に対抗するためには西ドイツの防衛にフランスが大きな影響力を保持しつつ、独仏の防衛協力によって東側に対抗していくこともフランス外交の重要な一面であった。

対米関係において可能な限り行動の自由を留保したいドゴールとは対象的に、西ドイツにとって冷戦期を通して防衛上最も重要なパートナーであり、後ろ盾となったのはアメリカであった。フランスの核兵器によるヨーロッパ防衛と独仏防衛協力というセット概念はヨーロッパの将来防衛にとって西ドイツがコミットするための然るべき道筋をつけるものであることは明らかであった。しかし冷戦期西ドイツの対米信頼感がフランスとの防衛協力とは比べものにならないほど大きなものであったことは確かであった。他方で、ヨーロッパにおいてフランスとの関係の調整なくして西ドイツの安定もあり得なかった。このジレンマの中で西ドイツ外交は揺れ続けた。そして独仏関係はその虜となったのである。

第三に、ドゴールにとって、ヨーロッパの概念は歴史的・地理的な意味におけるヨーロッパだった。それは冷戦構造の中で線を引かれた人工的な西ヨーロッパではなかった。米ソから見た戦略的な位置づけだけを与えられることにドゴールは納得できなかったのである。

ヨーロッパとは、ドゴールがしばしば「大西洋からウラルまで」と表現したように自然でより広範な意味をもっていた。この表現は必ずしも最初から用意されていたものではなく、五三年四月にはドゴールはヨーロッパを「スピッツバーグからシシリーまで」と呼び、同年一一月には「ジブラルタルからウラルまで」と範囲づけしていた。その後「大西洋からウラルまで」という彼の表現が定着していったが、そこにはヨーロッパの意見をフランスが代表する形で発言力を増やしていこうという意味がこめられていた。その意味では、ドゴールは欧州統合を、国益の実現手段としてリアリスティックに捉えていたのである。

したがって第四に、ドゴールは、理想主義的な欧州統合主義者ではなかった。統合の理想は複数の主権国家が対等な関係の下にいずれ主権をひとつに融解させていき、ひとつの政府・国家を形成することである。いわゆる「連邦主義」という考え方である。ドゴールはこの立場を認めなかった。

六五年九月の記者会見で、ドゴールは「ヨーロッパ建設とは夢に基づいてではなく、現実に合わせて進められるべきである。（中略）それ（ヨーロッパ）を建設するのは、どのような柱の上に立ってなのか。真実のところ、それは国家である。国家の外やそれを超えて何か有益なものを建設しうると心に思い描くとすればそれは夢、非現実的なことであろう」と述べた。ドゴールはあらためて超国家的連合を激しく非難したのである。

しかしドゴールは統合そのものを否定したわけではなかった。ドゴールにとって、各国の自立を重んじる中で、フランスを中心にヨーロッパはまとまるべきであった。「ヨーロッパはヨーロッパであり、フランスはフランス」であり続けるべきというのがドゴールの主張であった。六〇年九月五日の記者会見でのドゴールの発言はそれを象徴していた。ドゴールが、「ヨーロッパ建設、すなわちヨーロッパ統合とは根本的な何かであることは明らかである。そうした言い方は月並みである。真実のところは、それぞれに非常に異なり、それぞれの魂、歴史、言語、悲運、栄光、野心をもつのは確かに諸国家であるが、命令の権利と従属される権利をもつ唯一の実体とは諸国家のことである」(De Gaulle aIII 244)と語ったことは明示的だった。

ドゴールは「諸国家からなるヨーロッパ」を支持した。ドゴールは各国の主権を維持した統合を主張したのである。そしてドゴールは、五七年三月にローマ条約が調印されてからの市場統合には国益重視の立場から積極的な支持を与えた。とくに、フランスの農業にとって有益と考えられた共通農業政策(CAP)を推進した。

ドゴール晩年の作品である『希望の回想』において、ドゴールはヨーロッパについて以下のように語っている。「欧州民族は一体をなし、世界の中心にあって独自の性格、組織をもつことがその本性にあっているのである」。しかし同時にドゴールは「欧州の一体化は諸国民の融合ではなく、これらの一貫した接近を通じて実現することができ、また実現せねばならぬと信じた」(ドゴールc 二三七)のである。それは「欧州諸国の協調組織」であり、「(主権国家)諸国の国家連合(コンフェデラシオン)」に行き着くはずのものだった。

第五に、ドゴールは、「自由なヨーロッパ」の信奉者だった。すでに戦争終結間もない一九四八年三月七日のコンピェーニュでの演説にそうしたドゴールの姿勢が現れていた。パリ政治学院のフランス政治史の権威ベルシュタインは『ドゴール主義の歴史』において、ドゴールはこの演説で、「各国の生産、交易、対外活動、防衛手段と結びいた経済・外交・戦略上のグループ化が《ヨーロッパの自由な諸国》の間で形成されなければならない」と述べていたと指摘する(Berstein 149–152)。ドゴールは「自由なヨーロッパ」の早期の支持者だった。

ドゴールが執拗に主権国家の消滅を意味する超国家的なヨーロッパ統合(ヨーロッパ連邦)を望まなかったことはそのヨーロッパ政策に顕著であった。五〇年代初期のシューマンプランによるヨーロッパ石炭鉄鋼共同体構想（ＥＣＳＣ）や欧州防衛共同体（ＥＤＣ）、さらに欧州経済共同体（ＥＥＣ）や欧州原子力共同体（ＥＵＲＡＴＯＭ）にはことごとく反対し、「欧州統合の父」と呼ばれるジャン・モネとはこの点では基本的に対立していた。ドゴールはヨーロッパ統合に反対だったのでは決してなかった。しかしフランスにとってヨーロッパ統合とは、あくまでもフランスの国益に即したフランスのためのものでなければならなかったということにすぎなかった。

米ソ対立の中で揺れるヨーロッパ

ヨーロッパ各国にとって、東西冷戦の実情とその中でのアメリカの外交的思惑がいかなるものであるのかがまず第一の関心であった。それは日本外交にとって、常に日米関係が最重要であるということと、まったく同じであった。その上で、ヨーロッパ諸国との関係が定まってくる。これに抵抗しようとしたのが、ドゴールであったが、他の諸国はそういうわけにはいかなかった。ＥＥＣ諸国の外交にアメリカの強い影が落ちていたのは無視できない。中でもアメリカの政策の影響を最も受けたのが東西ヨーロッパ対立のはざまで微妙な外交の匙加減を迫られた西ドイツであった。

この時期、東西関係における第一の大きなイシューは、一九五七年に人工衛星スプートニク打ち上げの成功が西側に与えたショックであった。周知のようにソ連が人工衛星を地球周回させるだけの高度な技術開発に成功したことは、軍事戦略的には大陸間弾道ミサイル（長距離ミサイル）分野においてソ連がアメリカをリードしたということを意味した。核兵器技術でソ連を凌駕していたはずのアメリカに与えた衝撃は大きく、「ミサイル・ギャップ」（長距離ミサイル開発での遅れ）の論争が沸き起こり、アメリカの防衛戦略に対する不安を駆り立てた。西ヨーロッパにおいては、大量報復戦略によるアメリカの核抑止戦力に大きく依存していた西ドイツに、とりわけアデナウアー首相に、大きな危機感とアメリカに対する不信感を与えた。

第二に、六〇年五月一日にはアメリカのU2型スパイ機が撃墜され、飛行士が捕らえられるという事件が起こった。このスパイ機の偵察によってそれまでミサイル・ギャップと称してソ連の方が優位と見られていた大陸間弾道ミサイル（ICBM）の実戦配備が推測以上に少ないことが発覚した。すでに論じたように、同日パリで予定されていた東西首脳会議は流会となり、ソ連は五月一六日アイゼンハワー大統領のソ連招待を延期する方針を明らかにした。六一年九月には米英ソ三国が自発的に核実験を停止することで合意した「紳士協定」をソ連は破談とし、核実験を再開した。その後ソ連は六二年秋に核ミサイルをキューバに配備して「世界が震撼する」事態となった。

第三に、この頃ケネディ政権での多角的核戦力構想（MLF）をめぐる議論でもヨーロッパ諸国は揺れた。先にも述べたが、一九六二年に決定されたこの構想はNATOの指揮下で米英仏の核戦力を統合してアメリカ主導のNATOの多角的な戦力とするというものであったが、六三年にアメリカの提案した修正案（ポラリス・ミサイル装備艦艇とその乗務員の各国混合編成）にはフランスだけでなく、イギリスも反対し、六六年にはNATO閣僚理事会で最終的には棚上げされた。

第四に、一九六一年八月ベルリンの壁構築による東西ベルリンの分断事件をめぐって、アメリカの姿勢はソ連に対する譲歩一辺倒のようにヨーロッパには見えたことである。これは結局キューバ危機（ソ連ミサイル発射基地構築）に至る道のりを可能にした。こうした中でアメリカは東西間の現状維持をめざしているかのように、六二年三月には東西不可侵条約締結とベルリン・ドイツ問題解決のための四カ国委員会の提唱を行なう。こうしたアメリカの姿勢は仏独首脳を不安にさせた。つまりアメリカがヨーロッパ大陸防衛に本気で取り組む気があるのかどうか、という不安であった。こうした事態はドイツ統一を目標に掲げるアデナウア一西独首相の激怒を生み、西独をフランスに接近させることになる。結果的には米欧関係の行き違いや摩擦の火種を増幅させた。

第五に、一九六二年に提唱され、六七年にNATOが正式に採用した柔軟反応戦略も米欧間で大きな議論をかもしだした。米ソ戦略核が均衡した中では核兵器は「使えない兵器」として敷居が高くなった。したがって敵の出方によって弾力的に対応できるように、ゲリラ戦から全面核戦争に至るまでの各レベルでの戦力を準備し、各段階で戦争に対する阻止力を機能させると同時に交渉による平和の獲得を意図した段階戦略であった。これについては大量報復戦略と違い、地上戦の舞台となることが予想される西独を筆頭に、西欧諸国はアメリカのヨーロッパ大陸へのコミットメントに対する不信の念を募らされることになった。

ドゴール政権誕生前の独仏関係

フランスのヨーロッパ外交の基軸は独仏関係であった。独仏協力が歴史的な必然性をもつことはナチスでさえも認めていた。その有名な例としては、ナチス親衛隊長ヒムラー自身が戦争末期にドゴールに宛てた手紙がある。この手紙の中でヒムラーは、「フランスが米英やソ連と同盟関係になっても面子を失うだけだから、ドイツとの協力の方が名誉を保てるはずだ」と書いたのである。真実は皮肉である。

改めて言うまでもなく、ドゴール自身もともとヨーロッパ全体の中でのドイツの重要性を認めており、四四年四月には、「ドイツなしのヨーロッパは存在しない」とまで述べていた。しかし、同時にドイツの復活への大きな懸念ももっていた。ドゴールにとって独仏関係は一九世紀の独仏戦争にまで遡る。ドゴールはヒトラー＝ナチスの脅威をその特殊性からではなく、むしろ歴史的なドイツの国民性の帰結として理解した。ドゴールはドイツ統一に常に脅威を抱いていたのであった。大戦末期四五年三月、ドゴールはライン川を越えてシュトゥットガルトを占領するように命令したこともあった。大戦直後には、ドイツの統一と中央集権化に反対し、ザール地方をフランス経済圏に取り入れ、ルール地方を国際化し、石炭生産をドイツと近隣諸国で共有し、ライン川とオーデル川を安全保障上の境界線とする提案をしていた。

しかし、このドゴールの対独観は冷戦下でのソ連に対する脅威によってその後大きく変化した。その背景には、西側諸国がドイツとの連帯を拒否するならば、独ソ両国の連帯という大戦前の悪夢の再来の懸念があったからである。ドゴールの対独政策の転換点は、一九四九年九月二五日ボルドーでの演説においてであった。ここでドゴールは、独仏両国民の直接的な協調を主張したのである。「(統一された)ヨーロッパが将来実現されるか否かは、独仏両国民の間に仲介なしに協調が可能であるかどうかにかかっている」(De Gaulle aII 310)とドゴールは語っていた。

独仏関係を専門とするフランスの歴史家ジャック・ビノシュは、ドゴールのドイツに対する態度の変化を四つの局面にまとめている。①終戦当時のドイツの分解の期待、②ソ連との協調によるドイツ帝国復活の阻止、③第四共和制の対ドイツ・ヨーロッパ政策への反発、④直接的な独仏両国の和解・協調の試みとフランスを中心とするヨーロッパ国家連合推進、という四つの局面であった、ドゴールは第四共和制下での近隣国との協調を通した対独封じ込めではなく、独仏両国の直接的接近による解決を意図したのであった。

もちろん、ドゴールの尊大なフランス中心的なヨーロッパ政策に対しては西ドイツ国内でも反発はあった。①ドゴールの掲げるナショナリズムは非現実主義的である、②ドゴールの主張するヨーロッパ統合は、ヨーロッパをフランスのために利用するものである、③フランスはその力を過信しており、ドゴールの求めるヘゲモニーはフランスの国力に対して不相応である、などの批判が聞かれた(Binoche 129)。しかし他方で、ヨーロッパ統合のための独仏協調の重要性は西ドイツの受け入れるところでもあった。アデナウアー西独首相は、後に述べるように対米関係と対仏関係の均衡に苦慮することになるが、「西欧国家連合を望むこと、そしてそれは西ドイツにとって独仏間の平等な関係とソ連に対する反共の砦を構築するためのものでもある」と述べていたからである（Binoche 126）。

ここでもう一度ドゴール政権誕生前のフランス外交について整理してみよう。

第一に、当時フランスはチュニジア独立紛争からアルジェリア紛争の激化へと脱植民地主義との戦いに忙殺されていた。こうした中で、NATOに対する要求はその共同防衛の範囲の拡大であった。これにはアメリカが積極的ではなかった。同時にNATO軍はワルシャワ条約機構軍との戦争に備えたものであったがゆえに、その装備が植民地戦争に適切なものであったとは言い難かった。他方で、植民地での戦争に忙殺されるフランス軍がNATOの一員としてどの程度有用であったか、という疑問もあった。

第二に、スエズ戦争で英仏軍の撤退を促したアメリカの対応について、フランスはアメリカに対する信頼感を喪失させた。他方でイギリスはアメリカ寄りの姿勢を一層強化していったが、それはフランスの姿勢とは対照的であった。こうした中で、フランスはヨーロッパのパートナーとしてイギリスではなく、西ドイツを選択していった。

第三に、ポーランド・ハンガリー動乱の際に見せたソ連の軍事的な圧力強化の姿勢は西欧諸国とフランスの反ソ外交を強化させていった。フランスを取り巻くこうした国際事情の中で、独仏接近の契機となったのは、西ドイツが主権を回復してNATO加盟が決定された一九五四年一〇月二三日パリ協定に先立つ同月一九日に、ピエール・マンデスフランス仏首相とアデナウアー西独首相の間で開催された独仏首脳会談が出発点となった。さらに五六年一一月六日にはアデナウアーが訪仏し、独仏親善関係は本格化していった。

この当時独仏両国間では核兵器と通常兵器開発のための協力が議論の大きな対象となっていた。五七年一月から五八年五月にかけてシュトラウス西ドイツ国防相とフランスのブールジェ・モーヌリ国防相、ジャック・シャバンデルマス国防相との間で、核運搬手段や軍事核技術開発の協力の可能性を検討するための交渉が度々開催された。西ドイツ政府は最終的にこれを支持せず、立ち消えとなったが、一方でフランス側には、西ドイツとの平等の核管理を認める気持ちはなく、西ドイツの財政と技術的資源を一方的に利用しようという思惑は明らかだった。

当時、アデナウアーは西ドイツの核兵器保有という野心を捨てておらず、フランスはこれに対して強い警戒心をもっていた。他方で実際には西ドイツは核兵器開発をアメリカに大きく依存する構えであり、アメリカの協力が西ドイツ核開発の前提となっていた。その一方でフランスにしてみれば、西ドイツの核兵器武装は脅威であるが、アメリカとの協力も避けたい。マンデスフランス仏首相はこのとき独仏核開発協力を提案したと伝えられる。五七年七月新五カ年計画で原子力開発のための同位体分離工場の設立が決定されるが、この工場建設をめぐる両国の協力関係はその後様々な形で両国間の交渉に影を落としていった（Soutou 55–94）。

もうひとつの大きな課題は通常兵器の共同生産や輸出協力であった。五七年一月、ゴロンブ・ベシャールで独仏国防大臣（ブールジェ・モーヌリ仏国防相、シュトラス西独国防相）は防衛・兵器協力について合意した。同年一一月二八日にはこの合意をさらに詰めて、仏独伊三カ国の防衛相は通常兵器とともに核兵器開発・生産にまでその協力関係を拡大し、戦略共同体の基礎をなす議定書に調印した。この文書は大臣間の調印によるもので正式な政府の文書ではなかったが、軍事理念の調整、兵器の共同研究開発を定めたものであった。五八年四月八日には、ピエールラットに同位体分離工場を建設、三〇トン級戦車の共同生産、飛行機・ヘリコプター・ミサイルなどを共同開発することで三国の国防相が合意した口上取決めを決定した。とくに同位体分離工場の建設は西ドイツが独自の核開発を進めるうえで大きな意味をもつ計画であった。従来この口上取決めについてはあまり注目されなかったが、ストゥーは、この口上取決めの意義を強調する。従来この取決めは西欧三国による防衛協力の試みとして過小評価されてきたと同教授は指摘する（Soutou 55–94）。

ドゴールとアデナウアー――独仏関係と西欧軍事協力

ドゴール大統領が個人的にアデナウアー首相との友好関係を樹立していく契機となったのは、五八年九月のコロンベ・レ・ドゥ・ゼグリーズでの最初の独仏首脳会談の成功だった。西ドイツ首相がフランス大統領の私邸を初めて訪問したのである。当のアデナウアー首相の緊張は言うまでもなかった。それにこの辺鄙な寒村の住人たちの気持ちは複雑であった。つい一三年ほど前には敵国であった隣国の首相が自分たちの大統領の私邸までわざわざやってくるのである。迎えに出た村人はアデナウアーの顔を物珍しげに眺めるだけであったり、顔など見たくないといわんばかりの悪態をついた（DDF 1958 II 341–346, 363–365）。

ドゴールはアデナウアー西独首相に独仏協力がヨーロッパ建設の基礎となることを主張した。しかしフランスは「ヨーロッパ組織（ヨーロッパ連邦）」を必要としないこと、イギリスがアメリカとの政治関係を破棄しない限り、加盟は受け入れられないこと、西ドイツのNATO加盟に理解を示す一方で、フランスが核兵器を保有した後NATOからの離脱もありうること、そして現状の国境を維持することを前提にする限り、東西ドイツの再統一は自然であることを認めたのである。NATOや対米関係をめぐる齟齬にもかかわらず、ドゴールは西ドイツを仲間と考え、「連帯」という言葉を口にした。ドゴールとアデナウアーの会談は六二年夏までに一五回も行なわれ、ドゴールからアデナウアーに宛てた書簡は四〇通にものぼった。

この最初の独仏会談で、ドゴールが主張したのは独仏協力がそのまま超国家的な欧州統合と結びつくものではないこと、EECは経済機構というだけでなく、欧州の政治プロジェクトであるということであった。繰り返しになるが、ドゴールは決して欧州統合そのものに反対したのではない。各国が主権を喪失することになるような超国家的な統合、具体的には多数決制の導入（基本的にはEECは長い間全会一致制をとっていた。現在でも重要案件や防衛政策などは全会一致）に反対したのである。実際に、共通農業政策は農業大国でもあるフランスにとっては、利するところ大であった。同時に、共同市場政策は西ドイツの単独行動を牽制し、西欧に惹きつけておくことも意味した。そしてそこでフランスがイニシアティブを握るならば、フランスは欧州統合の名においてアメリカや世界に発言力をもつことになる。このことこそドゴールにとって最も重要なことであった。

共同市場設立については独仏間の妥協は容易であったが、軍事・防衛協力（政治統合）はなかなか進まなかった。その背景には、独仏それぞれの側でのアメリカとの摩擦やアメリカに対する信頼関係に違いがあったからである。先にも述べたように、フランスにとってNATO改革の提案は米英による同盟支配＝NATO管理体制に対してフランスを含めた三頭体制の実現にあった。フランスにも西側防衛の決定権を享有する権利があるという主張であった。それがうまくいかないならば、ヨーロッパによる主体的な防衛体制の構築が望まれた。欧州内での軍事・防衛協力は先に見たような仏独伊三国協力の形を取ろうとしていた。

しかしこの三国協力の試みは実際には当初予想したような成功を収めたわけではなかった。核開発では一日の長があったフランスは基本的には核兵器開発協力には積極的ではなく、通常兵器の開発と売却、そしてその結果としての欧州兵器市場の統合を考えていたと思われるからであった。つまりNATOの枠組みの外での西欧諸国の結束であった。五八年三月の協定では独仏研究センターの設立、五九年三月の協定では西ドイツの軍装備のフランスでの生産、西ドイツ空軍の爆撃演習への協力、そのために西ドイツ将兵が二〇名ほどフランスに駐在すること、西ドイツ軍によるコニャック地方の基地の使用などが約束された。同年一二月の独仏協定では輸送機 Transall の共同生産も決定した。

しかし他方でフランス側がもくろんでいたミラージュⅢの西ドイツに対する売り込みは失敗した。フランスはベルギー・オランダにも期待していたが、西ドイツはじめ各国はアメリカ製のF104の購入に踏み切ったのであった。西ドイツ軍需産業は次第に自前の兵器生産に傾斜するとともに、アメリカ製兵器との統合をめざしていったためである。全体的に、フランスはドイツとの核戦力共同開発には次第に消極的となっていったが、他方でドイツはアメリカとの関係を最優先しつつも、フランスとのこの面での協力の可能性を全く考えていなかったわけでもなかった。フランスは通常兵器の共同開発とヨーロッパ諸国がフランス兵器の売却先となることを望んでいた。一九五六年から五九年にかけての西ドイツに対する兵器の供給はフランスがアメリカに続いて第二位だった（Soutou 141–142）。

フーシェ・プランの失敗――アメリカに翻弄されるアデナウアー

一九六〇年五月に起こったアメリカのU2型スパイ機が撃墜されたことは大きな衝撃であった。この事件のせいで、パリでの東西首脳会談は頓挫し、翌年にかけてヨーロッパでの東西戦争が起こりうるという観測が一気に強まった。それは六一年八月、ベルリンの壁が建設されるまで続いた。独仏のアメリカに対する信頼感が揺らいだのであった。

当初ヨーロッパ統合には熱心でなかったように見えたドゴールが統合に積極的な発言をするようになったのはこの頃からであった。すでにドゴールは六〇年一月、「ヨーロッパは統合されたひとつのヨーロッパになるのではなく、諸国家から成るひとつのヨーロッパとなるのである。それは独仏接近という基礎の上に築かれた六カ国の『固い核（中心部分）』から形成される」と語っていた。ドゴールは同年五月のテレビ演説でも、「行動・前進・防衛のために組織された政治的・経済的・文化的かつ人間的なグループ化による西欧の建設に貢献すること。（中略）求めていく道は諸国家によって組織された協力の道であるが、それはおそらく必然的に国家連合に至ると考えられよう」と述べたのである（De Gaulle aIII 220）。

他方で、表向き親米路線を歩むアデナウアー西ドイツ首相の発言も変化した。東西対話の機会が失われ、アメリカの核抑止の保障が後退することを懸念し、批判的な発言をするようになっていた。大量報復戦略を主張したダレス元国務長官が五九年に死亡したこともアデナウアーに多大の不安を与えたともいわれる。こうして独仏間に真の戦略対話の準備が整い、独仏国防相会談が三月に実現した。

独仏防衛協力とヨーロッパ政治統合が本格化していったのは、一九六〇年七月末のパリ郊外ランブイエにおける独仏首脳会談においてであった。その後にドゴールはオランダ（八月）、イタリア・ベルギー・ルクセンブルク（九月）を訪問し、政治統合構築について説得し続けた。フランスが説いたのは政府間組織の構築のための提案であり、現存の欧州委員会よりも大きな権限をもつ機構であったが、当然既存の組織であるEECとの関係が問われることになる。ドゴールの提案がなかなか実現可能なものとして受け入れられなかった大きな原因のひとつはそこにあった。

ここで、ドゴールが主に話題としたのは、ヨーロッパの安全保障、国家主権を維持した広範な欧州統合機構（専門家・官僚による政府間協力の形態をとった常設委員会の創設・欧州議会の設立）とNATOの改革であった。超国家的機関としての現存の欧州委員会とは別のヨーロッパの組織化（国家連合的な統合）が必要であること、政治・経済・文化・防衛の分野での国家間協力のための新たなヨーロッパの組織化、とくに防衛協力は不可欠であること、そしてその中心には独仏の緊密な協力関係があること、その結果としてNAT

Oの改革も当然であることを指摘したのであった。

つまり欧州が軍事的に協力・統合するならば、米英中心のＮＡＴＯは不自然であるという分析であった。軍事・防衛面で統合されたヨーロッパ、その中心である独仏はＮＡＴＯ内でも指導的地位にあってしかるべきというのがドゴールの主張であった。実際にそうした旨を記した手書きメモをドゴールはアデナウアー西独首相に手交した。ドゴールは「独仏戦略的運命共同体」が存在することを確認し、「フランスは今のような形でＮＡＴＯにもうそう長くはとどまらないでしょう。（……）フランスは今後一〇年間もＮＡＴＯにとどまる義務はありません」（DDF 1960 II 178）とも語っていたのである。この会談の後、独仏軍事協力は大きく前進し、西独軍のフランスでの訓練や軍事物資のフランスでの貯蔵、西独空軍のフランスの飛行場の使用などの協力が約束された。六一年五月には両国防衛大臣会議で西独の中型戦車をフランスが輸入し、西ドイツはフランス製重装備ヘリコプター（アメリカ製ではなく）を輸入する約束がなされたのであった。両国の参謀会議はその年だけで三度実施され、ＮＡＴＯの枠組み外での協力も議論されたのであった。

独仏の歩み寄りの一方で、一九六〇年九月、ノースタッドＮＡＴＯ欧州司令官はソ連までの射程距離を持つポラリス・ミサイル装備の艦艇がＮＡＴＯ司令長官の指揮下に入る提案を行なった。西ドイツにとってこの提案は先のフランスの提案よりも好ましいものであった。ＮＡＴＯの一員として西ドイツが他の同盟国と同等な立場で核搭載ミサイルの使用を認められることになるからであった。アデナウアー西独首相の気持ちは再び揺らぎ、フランスの提案に慎重になっていった。アデナウアーは改めて、ＮＡＴＯ統合司令部の再検討は難しいこと、ドゴールの主張する国家連合（主権を放棄しない統合）には賛成するが、既存の欧州共同体の再編も困難であろうという見解を示した。ノースタッド司令官の発言以後、アデナウアーはフランスの核兵力による安全保障に対する不安とＮＡＴＯ組織改革への反対の気持ちを改めて表明し、フランスから遠ざかる様子が見られたのであった。アデナウアーの豹変であったが、この一〇月アイゼンハワー大統領がアデナウアーに宛てた書簡には、「NATO統合機構が再検討されるような事態になるならば、合衆国は撤退するであろう」と記されていたという（Soutou 174）。その後米独は、共同でフランスにアメリカの提案を呑ませようと説得するまでに至った。

しかし一九六一年初めになって、膠着していた欧州政治統合に関する交渉が再び進展し始めた。この二月一〇―一一日の六カ国会議に先立ってドゴールとアデナウアーは二月九日、欧州議会選挙や直接選挙は当面無理だとしても政治協力の開始で合意した（DDF 1961 I 168–177）。三カ月ごとの首脳会議と閣僚会議（外務・教育・文化）の定期化で両国は一致したが、「国家連合」という表現については妥協に至らなかった。結局ドゴールは「国家連合」の表現を使うことを断念する代わりに、「組織化された協力」という表現を受け入れた。さらに防衛問題について言及しないことでも譲歩したのである。この独仏の新たな再接近の原因は、アデナウアーの三度目の翻意であった。アメリカのケネディ政権の柔軟反応戦略の主張がアデナウアーを再び不安にさせたのである。ケネディ大統領の下では新たな戦略「柔軟反応戦略」が進められようとしていた。この戦略は、核の敷居を高くすることによって（核戦争にはすぐに至らない）、中央ヨーロッパにおける通常戦争の可能性を高くするものと考えられた。西ドイツはヨーロッパ諸国との防衛体制構築とフランスとの核兵器開発協力を改めて模索することになった。フーシェ・プランのスタートのタイミングはこうして整ったのである。

しかしこの二月の六カ国首脳会議では、イタリア・ベルギー・ルクセンブルクはNATOと現状の欧州共同体に論及しないことを条件に政治協力について独仏の提案に同意したが、オランダが反対した。オランダは独仏の共謀に懸念を示し、イギリスの関与しないところでの事態の進展を望まなかったからである。そこでフランスのフーシェを委員長とする検討委員会の設置が決まった。フーシェはドゴールがロンドンでレジスタンスを呼びかけた時からドゴールと行動をともにしてきたドゴール派の古参で、ドゴール臨時政府の下ポーランド大使に任命され、その後はドゴール派フランス連合（ＲＰＦ）の議員となり、五四年マンデスフランス内閣では北アフリカ担当相として入閣した経験があった。この当時はデンマーク大使の任にあった。この検討委員会（俗称フーシェ委員会）は六一年三月一六日からスタートして、四月二四日にオランダ以外の五カ国の間で合意が成立した。五月二〇日ボンでのドゴールとアデナウアーによる独仏会談において、七月に六カ国首脳会議を開催することが決定、同じくボンで七月一八日に開催された六カ国首脳会議では妥協が成立し、欧州政治会合の設立が決定された（いわゆる「ボン宣言」）。政治協力とイギリスの政治統合加盟問題、共同体関連問題（この新しい提案は政治的意思の協力であること、直接選挙による欧州議会設立の先送りなど）、欧州大学、アフリカ・ラテンアメリカでの協力、ヨーロッパ防衛の具体化のための検討などが議題となった。しかしその一方で、大西洋同盟の強化も併記された。ドゴールは、ヨーロッパがアメリカおよび他の自由主義諸国民と「同盟関係にあること」、「大西洋同盟を強化すること」、改革は「ヨーロッパ共同体の最大限の効率化に配慮して」実施されることを明記することに同意しなければならなかった（DDF 1961 I 612–624）。この七月のボンの首脳会議で一応政治統合の提案が整った。

こうして九月七日にフーシェが政治統合委員会委員長に任命され、一九六一年一〇月と六二年一月の二回にわたってプランを発表した（第一次・第二次フーシェ・プラン）。その提案はフランスを中心とした政治統合（共通外交・防衛政策）をめざしながら、ヨーロッパ連邦主義を回避した統合プランとしてよく知られている。それは、加盟国の主権の尊重を前提とした全会一致の首脳会談（理事会、国家元首会談の年三回開催、その間に最低一回外相会談を開催）、外務・防衛・教育官僚委員会の定期開催（最低三カ月に一回開催）、欧州議会（決議機関ではなく、諮問機関）、欧州政治委員会（常設事務局、独立機関ではないが、各国外務省の官僚によって構成される首脳会議・理事会の運営に当たる）などの組織からなる国家連合計画であった（DDF 1961 II 526–529）。

しかし一九六二年一月一三日のフランス外務省の提案は、一七日に外務省にさし戻された後修正が加わっていた。ドゴールの修正が加えられたのである。このドゴールの修正は先に紹介した前年七月にドゴールが譲歩した論点の復活であった。ドゴールはその案文から大西洋同盟への言及を削除し、政治統合目的に加えて、経済と防衛両分野の統合を導入し、そして「ヨーロッパ共同体を定めたパリ条約とローマ条約の中で予定された機構を尊重する中で」という表現を削除した。つまり修正プランを提案したのである。そこに込められた意図は明瞭であった。アメリカとの同盟からの自立、超国家機関をめざす欧州共同体の既存の機能をフーシェ・プランによる新たな国家連合的な機構に移管してしまおうという、ドゴールの長年の主張が込められていた。欧州議会の諮問機関としての役割も大きく制限された。出発して間もない欧州共同体（正確には三つの共同体をこう呼ぶのは一九六七年からであるが）の発展を反故にし、NATOと西欧諸国の防衛関係を断ち切ってしまおうという発想が透けて見えた。

六二年一月のローマでの最初のEEC六カ国会議ではこの提案をめぐって激しい議論が交された（DDF 1962 I 36–39, 60–63）。同年二月フーシェ委員会は前年一〇月のテキストと新しいテキストを提案したが、四月一七日のパリ外相会談ではフランスの提案に対して西ドイツとルクセンブルクが賛成しただけで、独仏のヘゲモニーを警戒したオランダ・ベルギーは反対した（DDF 1962 I, no. 132 430–436）。そうした中でイタリアが調停役を務めて、チュリンで会議が行われたが、フーシェ・プランは容易に合意を見出すことができなかった。フーシェ自身四月にはこの検討委員会委員長のポストをイタリア外務省次官のカターニに譲っており、事実上フーシェ・プランはこの時点で実現の可能性はなくなっていた。

フーシェ・プラン挫折の一番の理由は、同盟＝ＮＡＴＯに言及しないことでＮＡＴＯとの関係を再考することを狙ったドゴールの意図にあった。二月一五日にバーデンバーデンで開催された独仏首脳会議でドゴールは政治同盟計画の中で再び同盟への言及を行なうことで同意した。そのときのフランスの提案は一月一三日の先のフランス外務省の提案に戻っていたのであるが、各国の首脳の不興は治らなかった。各国はドゴールの真意を今度こそ理解したからであった。翌年一月、ドゴールはフーシェ・プランの打ち切りを宣言した。

イギリスEEC加盟拒否とエリゼ条約

フーシェ・プラン失敗以後、ドゴールはヨーロッパにおける独仏共同統治の体制を構想するようになったが、西ドイツへの接近は対英関係と反比例の関係にあった。ドゴールはイギリスのＥＥＣへの加盟申請を拒否し、フーシェ・プランが挫折していく中で、ドイツとの接近を求めたからである（DDF 1962 I 235–238）。国内的軋轢の一方で、イギリスのＥＥＣ加盟問題はドゴールの対外的立場を厳しいものにしていた。オランダ・ベルギーのフーシェ・プラン反対動機の大きな部分がそれと結びついていた。つまり、イギリスが加わらない場合には、仏独伊の大国主導によってヨーロッパ統合が推進されていくことになる。小国としては、独仏の覇権に対する大きな懸念があった。それに対抗するためイギリスによる勢力均衡を期待したのであった。つまり、このフーシェ・プランをめぐる論争は国家連合主義に基づいた政治統合を推し進めていくかどうかという、統合の理念をめぐる角逐であったと同時に、より直接的にはＥＥＣ加盟国間のパワーポリティックスの問題でもあった。

したがって、フーシェ・プランとイギリスのＥＥＣ加盟問題は大いに関連性をもっていた。そしてフーシェ・プラン＝西欧政治同盟の企図が挫折し、それを補うための手段として独仏条約の締結が浮上してきたことは、独仏条約もまたイギリスの加盟問題と表裏の関係をなしていたことを意味する。

このイギリスの加盟問題をめぐって有名なのは、ドゴールの「トロイの木馬」発言であった。先に紹介した六三年一月一四日エリゼ宮（フランス大統領府）での記者会見で、ドゴールはイギリスの欧州経済共同体（ＥＥＣ）加盟申請を拒絶する意思を明らかにしたが、ドゴールはＥＥＣ原加盟国六カ国の間での共通認識、共同体感覚の共有を強調したうえで、イギリスとヨーロッパ大陸六カ国との違いを指摘した。

ドゴールは、ＥＥＣが設立されるときにイギリスはその趣旨の異なるＥＦＴＡ（ヨーロッパ自由貿易圏）を敢えて創設して、原加盟国とならなかったのに、それからまだ日も浅い今、翻意し、ＥＥＣへの加盟の意思を表明することに大いなる疑問を呈したのであった。さらに、ドゴールにとってより本質的なことであったが、「イギリスに特有な体質、体制、変化の仕方は根底的にヨーロッパ大陸のものとは異なっている。（……）イギリスの加盟は六カ国（ＥＥＣ）の間で構築されてきた調整・協商・補償・規則のすべてを変えてしまうことに等しい」（De Gaulle aIV 66–71）と語った。そしてイギリスの食糧供給の実情について例を挙げた。イギリスは農業国ではないので、食糧を海外からの輸入に依存しており、そのための供給国としては英連邦諸国、とくにアメリカや旧植民地からの廉価の食糧供給に頼っている。イギリスがＥＥＣに加盟するならば、当然イギリスの農民は農業補助金の恩恵を被ることになるのだが、他方で実際の食糧供給はＥＥＣの枠の外で賄っているという矛盾した行為がとられることになる、とドゴールは説明した。この発言はいささか独断的であるが、要は農産物の自給自足と完全な域内市場化を目的としているのに、イギリスがそれに従わない可能性があるという不信感をドゴールは明らかにしたかったのであった。それは英連邦内の共通関税優遇措置とＥＥＣの共通関税政策の間に整合性をもつことができるのか、という疑問でもあった。

加えて、ドゴールはイギリスの加盟は他のＥＦＴＡ諸国の加盟も促すであろうと考えていただけでなく、拡大したＥＥＣは本来の共同体とは異なったものに変質していくことになろうという懸念も強く示した。そして、ドゴールは、「このようにして拡大していく共同体は、群れをなすその他の諸国、第一にアメリカ合衆国との経済関係をめぐるあらゆる問題が惹き起こされる事態に見舞われることになるだろう」(同上)と語り、イギリスの背後のアメリカの強い影響力に対する懸念を隠さなかったのであった。アメリカと特殊な関係にあるイギリスのＥＥＣ加盟はヨーロッパがアメリカの傘下に入る手引きの役割を果たすことになると警告したのであった。同時にドゴールは「イギリスがヨーロッパ共同体に加盟すれば、すべての加盟国の一体感はそれに抵抗することができないであろう。そして、結局アメリカへの従属とその支配下での巨体な大西洋共同体の様相を呈するであろうし、それはすぐに欧州共同体を呑みこんでしまうであろう」と語った。

フランスの反対の一方で、他のＥＥＣ加盟国はイギリスの加盟に賛成だったが、ドゴールの拒絶の前にそれは実現しなかった。アデナウアー西独首相もなかなか態度を決定しかねていた。六二年九月の訪独に際してドゴールはリュブク西独大統領との会談で、大統領がイギリスの加盟に賛意を表したことに驚き、翌日のアデナウアー首相との会談で問いただしたが、イギリスの加盟への賛否を決定するのは(大統領ではなく)自分であり、その問題よりも独仏二国間関係のほうが重要であると西独首相は、弁明しなければならなかった(DDF 1962 II 175–177)。

翌年にはイギリスでは保守党マクミラン政府はＥＣ加盟に失敗したことが痛手となって加盟に反対の労働党に敗北し、労働党ウィルソン政権が成立した。しかし、六七年に労働党政権が改めて加盟申請した時にもドゴールはそれを拒否したのであった。そこには自身の実体験に基づく「アングロ・サクソン」に対する意趣返しの意味がなかったとは言えないであろう。

他方で、一九六二年七月二日―八日のアデナウアー西独首相の訪仏時に、ドゴールはフーシェ・プランが失敗したならば独仏両国だけで政治協力の締結を模索していくことを提案した。ドゴールはアデナウアーに対して、「ドイツ連邦共和国が政治同盟に着手することを決定するとすれば、独仏協商が確固たるべきことは不可欠でありましょう。もし私たちがこの立場を維持するなら、政治同盟（ユニオン）をめざしてきたことによる危険は払拭されてしまうでしょう。すべてはあなたにかかっています。なぜなら、私たちのほうでそうすることに決めたからです」と語り、むしろ西ドイツに詰め寄ったのであった（DDF 1962 II 41）。

そして、九月四日―九日のドゴールの西ドイツ訪問の折には、独仏二国間協力＝独仏枢軸の締結が発表された。この訪問の折、きわめて友好的な雰囲気の中でドゴールはドイツ人を「偉大なる国民」と称賛した。士官学校では両国の軍事協力の提携や青少年の交流を提唱し、アデナウアーを「偉大なヨーロッパ人」とまでドゴールはもち上げたのである。翌年一月のロンドンでの記者会見で、ドゴールは先のフーシェ・プランをめぐる交渉を打ち切ることを表明し、やがて独仏条約（エリゼ条約）の締結に至るのであった。

この六三年一月一四日のドゴールの記者会見は先にも述べたように「二つの拒絶」として大変有名である。二つの拒絶とは、イギリスEEC加盟の拒否とすでに触れたMLF（多角的核戦力構想、ポラリス・ミサイル供与）の拒絶であった。そして、その二つの拒絶の代わりに、同月二二日独仏条約締結が明らかにされるのである。このフランスの独仏条約提案についてはフランス国内から強い反発があった。旧社会党・急進派・独立派・人民共和運動（MRP）・労働組合・上層官僚らは反対した。抗議の意味を込めてフリムラン、シューマン、フォンタネらMRPの実力者が五人も閣僚を辞職した。つまり独仏の突出した二国間条約の締結は欧州統合の流れを止めてしまうことになるからであった。統合の推進派にとって欧州統合の危機が訪れたかに見えたのであった。

この条約では国家元首・外相など各レベルでの独仏間の定期会談が定められていた。そして経済・安全保障・文化交流の三分野での両国の協力の緊密化が謳われていた。この条約の下で、その後史上最初の独仏軍事協力を象徴するものとして独仏合同戦車演習がムルムロン平原（Mourmelon Plains）で行なわれた。そしてこの条約に基づいて、国防相会議（三カ月ごと）や参謀会議（二カ月ごと）の定例化が決定したのである。

米欧関係の中の独仏関係の論理

周辺諸国に驚きで迎えられたこの独仏の決断は実は冷戦構造とその中での各国の思惑が微妙に絡んだ結果であったが、それはかなり無理な試みでもあった。したがって、表向きの華々しさの半面、独仏条約は真の意味での目的を十分に果たし得ないまま、その後存続していくことになった。つまり派手なふれこみほど実態はなかったのである。

少し原点に立ち戻って議論を整理してみよう。議論は冷戦下での米欧関係の基本的性格から出発している。米欧関係はアメリカの突出したパワーによる、いわば「覇権的な同盟関係」である。ヨーロッパはアメリカの支援によって復興、自立したが、東側陣営に対抗していくためには依然としてアメリカが不可欠であった。したがってＮＡＴＯの枠組みを崩すことには多いなる危険があった。そのことを最も間近に感じていたのはほかならぬ西ドイツであった。したがって、防衛面での最重要パートナーはアメリカであった。これはヨーロッパ防衛の原点である。

しかしその上で、アメリカがどの程度頼りになるのか、どこまで期待してよいのか、という疑問は常に付きまとった。アメリカのヨーロッパ大陸におけるコミットメントの仕方を西欧同盟諸国が決めることはできない。西側防衛をめぐる米欧間の認識と対応の違いが大きくなる時期も当然生じる。そのときの克服の仕方をめぐって親米派と親欧派（欧州統合優先による問題解決）の対立が生まれる。

さらに欧州統合（連帯）による対応をめぐっても、フランスのイニシアティブを尊重すべきなのか、また独仏連帯という形をとるべきか、という見解の違いがあった。特に東西対立の狭間で微妙な立場にいる西ドイツにとってはアメリカの支援が何よりも重要なのであるが、その防衛協力に対する信頼感が揺らいだ時に、ヨーロッパでのパートナーとしてフランスが考えられたのであった。しかしどこまでフランスが頼りになるのか、ということにもまた大いに疑問があった。六〇年七月末のランブイエでの独仏首脳会議でアデナウアーは、フランスが核兵器を保有したことによって（欧州安全保障の）状況に大きな変化がおこるわけではないと断言した（DDF 1960 II 166）。

したがって、西ドイツにとって最良のシナリオとは、フランスがNATOにより協力的になることで独仏連帯と対米関係の維持の双方が円滑に進むことであった。これは六一年五月二〇日の独仏会談でアデナウアーが強調したことであったが、その後も引き続きドイツの姿勢であり続けた（DDF 1963 I 89–119）。そこに独仏連帯が生まれる背景があった。すなわち、西ドイツからすると、独仏接近とアメリカとの協力は対立的な概念ではなく、補完的な関係であることが望まれたのだった。

ドイツはフランスとの協調を策しつつ、アメリカとの関係も維持していかねばならない。六三年一月の独仏会談はキューバ危機後間もない時期であったが、ソ連がキューバに核ミサイルを公然ともち込めたことはアメリカの責任であると、独仏両首脳は批判的に見ていた。アメリカに対する不安であった。しかしアデナウアーはアメリカに対して不信感をもつよりも、むしろ欧州への責任ある姿勢をもっととるように仕向けるべきだと主張した。他方で、ヨーロッパ防衛にアメリカがどれだけ貢献できるのかという疑問も呈していた。その点では、ドゴールと見解は一致していたが、アデナウアーのアメリカに対する姿勢にはつねにそうした不安定さがあった。冷戦期の西ドイツの国際的立場そのものだった。

一連の独仏会談に関するフランス側の外交文書を読むと、アデナウアーのドゴールに対する妥協的な対応も顕著であった。ドゴールがアメリカに対する不信感を表明するたびにアデナウアーは、ドゴールの姿勢を追認するような発言を繰り返している。ドゴールに対する控えめな調子があった。しかしヨーロッパ内では親仏であるが、米英との信頼関係も失ってはならない、当時の西ドイツの微妙な立場と苦衷は察してあまりがあった。大西洋同盟体制に積極的にコミットすることなく、共同防衛を実現していくことはできない、とアデナウアーが暗にドゴールの姿勢を非難する一面もあった。こうしたアデナウアーの姿勢は、フランスからは時に優柔不断にも見えた。アデナウアーを継いだエアハルト首相時代になると、そうした同盟に対する独仏の認識の違いは表立ったものになっていった。

他方で、アメリカの対ヨーロッパ協力は可能な限り保護と支援をしたいという気持ちと、ヨーロッパに自立してほしいという気持ちの葛藤の中にあった。たとえば核の傘でヨーロッパを守ることにはやぶさかではないが、どのような形でヨーロッパ防衛を行なうのか、核抑止力の使用の仕方についても、ヨーロッパ側との意見の違いは容易に起こりうることである。実は、こうした構図は八〇年代以降の日米関係の中にも同様に見られたのである。

ヨーロッパ側からすると、アメリカの核の傘による保護と同時に、ヨーロッパ各国の自己防衛手段のレベルを上げたいというのは本音である。しかしその条件はそれぞれの国において違う。核兵器開発にはそれだけのコストが必要であり、それが可能な国は限られている。西ドイツとフランスはそれぞれ戦略的な配慮から抑止力をもちたいと考えていた。その点では西ドイツは極めて微妙な立場に置かれていた。潜在能力はあってももつことができないからである。核兵器を備えた強い西ドイツの存在、自立した西ドイツはアメリカにとってもフランスにとっても、また近隣諸国にとっても望ましいことではなかった。しかしドイツにとっても、また西側陣営全体にとっても東西国境での争いは中部ヨーロッパが戦場化することを意味する。だとすれば、そこでは西ドイツの軍事力が不可欠であった。

それでは西ドイツの防衛能力をどのように高めていくのか。NATO加盟、欧州防衛共同体構想、フーシェ・プラン、独仏条約のいずれもこの問題の解決のための多国間協力の試みであったといえよう。西ドイツの外交がアメリカの戦略に対するその時々の信頼感の度合いによって、「親ヨーロッパ政策」と「親米政策」の間で揺れ動くこともやむを得なかった。

その一方で隣国フランスも西ドイツと同じ防衛観を共有した。東側陣営の軍事的脅威にどう備えていくのか。核抑止力を自前でもつのか、アメリカの支援を受けて協力開発していくのか、アメリカに全面的に依存するのか。これらの選択肢の中から、フランスは最終的に自力核開発の道を選ばざるを得なかった。アメリカは、西ドイツ同様にフランスが独自の核抑止力をもつことを望まなかったからである。またドゴールの経験から言って、完全にアメリカに依存すれば、フランスの独立を危険に晒すことになることも十分に予測できた。

だとすれば、アメリカとは一定の距離を保ちながら、ヨーロッパという集団の力を借りてアメリカと交渉し、東側の脅威に対抗していくしかなかった。そのときに歴史的仇敵であり続けた西ドイツとの協力という選択肢が浮上してきたのであった。対米関係のブレの中で、当の西ドイツもこのフランスの立場を理解し、受け入れる局面が何度もやって来た。それはアメリカの対ヨーロッパ戦略次第であった。

実は、一九六一年から六三年に至る時期は、ヨーロッパから見ると、先にのべたようにベルリンの壁構築後アメリカが必要以上にソ連に譲歩し（東西不可侵条約、ベルリン・ドイツ問題解決四カ国委員会設立の提案）、独仏がアメリカの姿勢に不安を深めていた時期であった。フーシェ・プラン挫折の後に独仏条約が成立した背景には、独仏のこうした認識があったのである。

しかし、こうした両国の接近にもかかわらず、独仏両国の思惑は異なっていた。ドゴールは独仏両国の軍事・安全保障上の不平等関係を前提にしたフランスのリーダーシップを当然のことと考えていた。それは、ヨーロッパ連帯の朋友といいながら、西ドイツを無視したNATOの米英仏三頭体制の提案やフランスの軍事的自立の主張に見られた。エリゼ条約調印の一週間前に、西ドイツに相談することなくドゴールがイギリスのEEC加盟を拒否したとき、アデナウアーは激怒した。西ドイツ議会が独仏条約＝エリゼ条約を批准したのは、このエリゼ条約の序文で「NATOの枠組みでの防衛」、「イギリスを含むヨーロッパ統合」という表現が付け加えられた後のことであった。

エリゼ条約以後のフランスのヨーロッパ政策

六三年一〇月に、アデナウアー退陣以後エアハルト首相の時代になると、独仏間ではドゴール＝アデナウアー時代のような協力の意欲は失われた。ドゴールは独立とNATOへの挑戦よりも自立・ナショナリズムの道を模索していった。他方でエアハルトは外交防衛よりも経済に力をそそいで、東方外交（オストポリティーク）への道に足を踏み出していくと同時に、対米関係を重視していくようになった。六四年春にアメリカはMLFを最終決定したが、それは西ドイツとの合意の下であった。さらに東西問題、欧州共同市場、発展途上国支援などをめぐっても独仏間で合意は生まれず、六四年七月の独仏会談は失敗に終わった。NATO軍事機構脱退後もアイユレ＝レームニッツァ仏独協定によってフランス軍は西ドイツに駐留することが決定した。西ドイツからの要請を受けてのことであった。しかしNATOの前方防衛戦略に関しては独仏間では意見は分れていた。それ以外の分野では、一九六〇年代半ば以後両国間の限定的な兵器協力が行なわれた程度にとどまった。

この独仏条約は今日独仏連帯を通したヨーロッパ統合の基軸となるものだが、エリゼ条約が独仏政治同盟にまで至らなかったことから独仏協調を必ずしも具体化したものではないととらえる指摘もある（川嶋 一一八）。六五年一二月当時、ドゴール自身が語ったように「この条約は成果を挙げたようには見えなかった」のである。たしかに青年交流の分野では大きな成果が見られたが、独仏の積極的な防衛協力の発展については、その後独仏条約二五周年記念の一九八八年、ミッテラン大統領とコール首相の間で合意された独仏合同旅団の設立を待たねばならなかった。しかし筆者自身このときの独仏枢軸の復活を指摘した折（渡邊 e）、この条約の存在そのものが両国関係や欧州統合発展に象徴的な意味をもっていたことは否めないと考えた。

ドゴールはその後西ドイツとの関係について、ドイツの統一問題を正面に据えて議論していった。そしてヨーロッパ問題で行き詰まりに直面する中で、ドイツ統一問題をあの有名な「大西洋からウラルまで」という「広義のヨーロッパ」の中で解決していこうとしたのだった。一九六五年二月四日の有名な記者会見で、ドゴールは「ドイツ問題はすぐれてヨーロッパ問題である」と発言した。「ドイツ問題のような大きな問題の解決は、ヨーロッパでしか解決されない。なぜならその種の問題はヨーロッパ全体の次元のものだからである」とも語ったのである。こうしてドゴールはソ連や東欧諸国との接近策へと舵を切っていった。

一方ドゴールは、政治的統合には消極的だったが、市場統合には積極的な支援を行なった。ドゴールは、農業共同市場の拡大と予想よりも早く実現した共通農業政策（一九六二年一二月農産物価格設定原則のためのブリュッセル協定）の実施に大きく貢献した。しかし、繰り返し述べたように、ドゴールは終始超国家的統合に対しては警戒的であった。そのひとつの原因は、六五年の共通農業政策の財源に端を発した深刻な危機にあった。欧州委員会は欧州指標保証基金を提案したが、それは実質的には財源の超国家的管理を意味した。このEC財源の自立に加えて、欧州議会への一定の予算監督権付与（欧州議会の権限強化）、閣僚理事会での特定多数決の適用範囲の大幅拡大を提案したハルシュタイン・プランをフランスは拒否し、フランスは委員会から代表を半年も引き揚げたのである（空位政策）。結局、この「ブリュッセルの危機」は、財源に関する決定の全会一致原則が維持されることによって、ようやく終息した。国家主権（重要事項の「拒否権」）は堅持されたのであった。

5　緊張緩和政策――ソ連・東欧諸国との接近

列強間の均衡政策

欧州統合が進展し、キューバ危機以後米ソ間の緊張緩和が進む中で、フランスの「自立」と「偉大さ」を求めるドゴールは東西両陣営のいずれにも従属しない外交を展開しようとした。

第一に、対ソ連接近によって対米外交とのバランスが図られた。六〇年三月から四月にかけてフルシチョフ首相はフランスを訪問し、六六年六月にはドゴールがソ連を訪れた。ドゴールはまた他の社会主義諸国との関係強化を図ったが、それは東側陣営の切り崩しを狙ったものだった。六七年九月のポーランド訪問や六八年五月のルーマニア訪問はそうした目的によるものだった。六四年一月にフランスが中華人民共和国を承認したのも同じ意図からであったが、それはアメリカを刺激し、反米的行為とアメリカはみなしたのである。

フランスは中華人民共和国承認の一方で、アメリカの東南アジア政策を激しく批判し始めた。六六年九月一日にカンボジアの首都を訪れたドゴールは、アメリカのヴェトナム介入を痛罵し、アジア人の間の紛争は彼ら自らの間で解決することを主張した。当然、この「プノンペンの演説」はアメリカを刺激せずにはおかなかった（島瀉）。

ドゴールにとってフランスのしかるべき地位の回復は「アメリカ帝国」への挑戦と同時に、第三世界への援助外交と結びついていた。六五年一月に南米歴訪から帰国したドゴールは、「協力はフランスの大志である」とまで語った。事実、当時国民所得比で世界で最も多くの部分を援助協力にあてていたのはフランスであった。その援助先は、まず北アフリカ、そしてブラック・アフリカ、ラテン・アメリカの順であったが、ラテン・アメリカへの支援は六四年三月のメキシコ訪問と異例の長い南米歴訪（六四年九月二〇日から一〇月一六日）を通して準備された。そこには、単に苦境にある国々を支援するという目的だけではなく、それらの諸国が対米自立化傾向を強めるだろうという戦略的期待があった。

六七年七月、カナダを訪問したときのドゴールの発言はそうした気持ちをよく表現していた。アメリカの影響力優位を奇妙なことであると批判し、ケベック独立運動との連帯を強調して「自由ケベック万歳」とドゴールは叫んだのである。この発言は当然カナダ政府の不興を買い、ドゴールは滞在を急遽切り上げねばならなかった。

イスラエルに対しても同様のことがいえた。イスラエルは四八年の建国以来フランスとの友好関係を維持していた。しかし、豊富な軍事力でイスラエルが周辺パレスチナ諸国に対する電撃作戦に勝利した六七年六月の六日戦争の勃発によって、ドゴールはイスラエルに対する態度を硬化させた。フランスは中東向け、とくにイスラエルに対する武器の輸出を禁じ、国連におけるイスラエル非難を支持した。ドゴール大統領はイスラエルを「自尊心の高い、支配エリートの民」と皮肉った。こうした政治的態度の急変は、次第にイスラエルとの結びつきを公然化させてきたアメリカに対抗して、アラブ世界でのフランスの影響力を維持しようというドゴールの意図を如実に物語っていた。

ドゴール時代、フランスは米ソ両超大国支配の体制を揺るがし、自らの世界の中での序列を上げるために間断なく闘い続けた。そして、ドゴールは米ソ超大国による世界支配の原因として終生嫌悪し続けたヤルタ会談を敵視し、国連という手段を激しく攻撃したのであった。しかし、現実にはこの政策はそれほどの成果をあげたわけではなく、アメリカ、そして間接的にはソ連の反感を買っただけだった。とりわけ、アメリカにおける反発は激しく、アメリカの官僚の間ではドゴールの周囲にいるのは皆ソ連のスパイであるという噂がまことしやかに流れたほどであった。

しかし、こうしたドゴールの姿勢は必ずしもフランスでコンセンサスを得ていたわけではなかった。レイモン・アロンは、「自立ということが西側同盟諸国との不和を意味するならば、第五共和制のフランスは疑いなく、昨日までの共和国が望まなかった自立を享受していることになる」（一九六三年一〇月三日『フィガロ』）と語った。しかし、それはドゴールの認識ではなかった。ドゴールは、翌年三月グアドループにおける演説で「フランスを取り巻く国際情勢はかつてないほど輝いており、確固としている」（De Gaulle aIV 200）と誇らしげに述べたのである。

東西対立時代の対ソ外交

世界を翻弄したドゴールの外交の矛先はヨーロッパでのイニシアティブの後に、ソ連・東欧諸国に向かった。大胆にも米ソ等距離外交という試みである。それは独自の核兵器保有の下での自立外交の延長であった。一九六四年ごろからフランスは東側諸国との接近に力を入れるようになったのである。フランスがＮＡＴＯ軍事機構から代表を引き揚げた一九六六年には仏ソの接近は頂点に達した。その背景には、ベルリン危機とキューバ危機を経て、「ヨーロッパでは戦争は起きない」「ソ連に戦争の意思がない」、ということが明らかとなったからであった。いわゆる「緊張緩和」の到来という認識がドゴールにあったからである。

しかし一九六三年から六四年にかけての仏ソ関係は必ずしも平穏なものではなかった。六三年当時フルシチョフ・ソ連首相からドゴールに再三メッセージが届けられていた。その年の一二月末のメッセージでは、領土紛争を平和的に解決したい旨の知らせがドゴールの元に届けられていたが、翌年二月二二日のドゴールの回答は（DDF 1964 I 246）かんばしいものではなかった。

冷戦構造がいつまでも続くものではないと、実はドゴールは確信していた。ドゴールは、東欧諸国の人々の自立の原則を強調しつつ、それがドイツ統一とソ連帝国の「脱植民地化」を可能にするものであると主張した。ドゴールは、ソ連を「現代の最後で最大の植民地大国」と呼び、六三年末の演説で、「ワルシャワ、プラハ、パンコク、ブダペスト、ブカレスト、ソフィア、ベルグラード、ティラナ、モスクワで、共産主義全体主義体制はいまだに閉じ込められた人民を拘束しているが、徐々にわれわれ（西側陣営）の変化に見合った発展を進めていくことになるであろう」（De Gaulle aIV 155）と論じたのである。

そしてその一年後、フランスは東側諸国との接近を積極化させていった。先にも述べたようにベルリン危機とキューバ危機を回避したことが大きなきっかけであったが、他方で独仏関係がアデナウアー首相退陣以後冷え切ってしまったことと、アメリカのヴェトナム戦争介入に抗議して米仏関係が悪化していたという背景があった。ドゴールは西側におけるフランスにとって大切な主要国との関係悪化を東側諸国へ接近することでバランスをとろうとしたという見方もできた。

他方でソ連の側にもフランスに接近する理由はあった。その第一は、アメリカに対して自立的な政策をとるフランスを支持することはＮＡＴＯ内部での同盟諸国の離間策としての意味があった。ソ連はフランスの核兵器保有を支持し、多角的核戦力構想（ＭＬＦ）を敵視した。アメリカのＭＬＦの申し出に応じなかったフランスはソ連にとって好都合でもあった。第二に、中国での文化大革命の結果、中ソ関係は一層悪化しており、西側への中国への接近は中国に対する牽制策としての意味があった。とくにフランスは六四年に中国を承認しており、仏中接近をそのままにしておくわけにはいかなかったのである。このドゴールの対ソ接近策はルロワ駐ソ大使経験者などによって激しく反対された。つまりソ連通の人々はソ連の誠意を疑ったのである。第三に、フルシチョフ時代、ソ連は「平和共存政策」を追求したが、ベルリン・キューバ危機を引き起こしていたので、後継のブレジネフ体制は当初緊張緩和政策を模索していたことも指摘できよう。

ヴィノグラドフ・ソ連大使は再三ドゴールに対して、訪ソを促し、ドゴールが歓待されることを確約していた。六四年一月にはジスカールデスタン財相（当時）が経済交流発展のために訪ソ、翌月ポドゴルヌイ・ソヴィエト最高議会議長が訪仏した。同年一〇月三〇日にはジスカールデスタンが訪ソして、仏ソ両国間に通商条約が締結された。そして一九二四年以来四〇周年記念となるこの年には両国首脳間で信書の交換がなされたのである。この通商条約でその後五年間のうちに、フランスからの設備財のソ連への輸出は一億八、五〇〇〇万フランから七億一、五〇〇〇万フランに毎年増額する。代わりにソ連からは石油が輸入されることになった。ソ連からの要請の半額ではあったが、フランスは長期金利の借款を行なうことを約束した。それは西ドイツの批判を浴びた。六四年はフランスの緊張緩和政策の出発となった年であった。

ドゴール外交におけるヨーロッパ観についてはすでに触れたが、その延長上に対ソ認識があった。ドゴールは「大西洋からウラルまでのヨーロッパ」と呼んだが、その第一の意味は「ヨーロッパの境界はウラル山脈まで」という地理学的なものである。第二に、歴史的意味としてソ連のヨーロッパ側の一部の領土をその植民地帝国（東欧衛星諸国家）の領土から引き離すということであった。最後に、将来的展望としてヨーロッパは六カ国による「小ヨーロッパ」（ＥＥＣ加盟国）ではない、ドゴールがよく使った「ロシアを含むすべてが「ヨーロッパ」という表現に彼の真意は明瞭であった。

モスクワへの訪問

ドゴールの対ソ政策は、一九六六年六月下旬から七月初めにかけてドゴールがソ連を訪問したときにその頂点を迎えた。

それに先だっての仏ソ間の接近は急であった。その第一は、ソ連のカラーテレビに採用される走査線システムをめぐる米独仏三国間の競争であった。ドイツ製PAL方式、アメリカ製NTSC方式、フランス製SECAM方式の間での争いが演じられたのであるが、六五年三月仏ソは合意に達し、ソ連はSECAM方式採用を決定した。ペイルフィット情報相は他のヨーロッパ諸国もこの方式を導入するように呼びかけたが、同年三月から四月にかけて開催されたウィーンの会議ではそれは実現しなかった。フランス方式を入れたのはスペインと東欧諸国にとどまり、他の諸国はドイツとアメリカの混合方式を採用することに決定したのである。

第二に、仏ソの間で国際情勢をめぐる合意点がいくつか見られたことであった。同年四月末にグロムイコ外相が訪仏したが、そのときに両国は多角的核戦力構想（MLF）と西ドイツの核武装には反対すること、ヴェトナム戦争終結のためにジュネーヴ協定に立ち戻ることでも両国は一致した。しかしMLF反対をソ連と共同行動で行う意思はフランスにはなく、ドイツ問題では統一を回避したいソ連の立場をフランスが受け入れたわけではなかった。ヴェトナム戦争についても、アメリカの撤兵を事前に求めるソ連と、撤兵は最終目標であると主張するフランスとの間にはニュアンスの違いがあった。さらに国連憲章を尊重し、安保理常任五大国主導による国連総会の無実化を批判し、国連改革を訴えることで両国は一致したが、仏ソ間ではその主張の強さに違いがあった。さらにグロムイコ外相は仏ソ条約締結の検討、宇宙開発部門を含む協力にまで踏み込み、ドゴールのソ連訪問を招請した。

第三に、五月一二日には仏ソ文化交流協定がモスクワで調印された。その六日後には、核エネルギー平和利用のための協力協定が調印されたが、その協定にはデリケートな分野での研究者交流も含まれていた。

こうして一九六六年、ドゴールは六月の下旬から七月にかけてソ連を訪問することになった。ドゴールに対するソ連側の歓迎ぶりは大変なものであった。モスクワ滞在からシベリアに行き、さらにバイコノワールでは宇宙衛星の打ち上げにまでドゴールは立ち会った。核爆発の実験にも招待された。行く先々でドゴールは演説し、最後の言葉としてロシア語で両国の友好関係を強調して回った。六月二一日から始まったブレジネフ書記長との会談では、ドゴールはソ連なくしてヨーロッパの再生はありえない、それゆえ自分はここにやって来たとブレジネフに対して述べ、たとえ道は長く険しいものであったとしてもフランスはソ連と協力していく、とドゴールは力強く語ったのである。これに対してブレジネフはソ連もまた外からのあらゆる干渉から自立したヨーロッパを見たい、と考えている旨ドゴールに伝えた。

最初の日の両国首脳の会談のテーマはドイツ問題であった（DDF 1966 II 133–136）。ソ連側は東ドイツの承認を西側に求めていると従来の主張を繰り返したが、西ドイツが東西ドイツの国境を認めず、核兵器を保有しようとすら考えていることに対する不満をソ連側は語った。これに対してドゴールは西ドイツは現状の国境を当座認め、核兵器を保有すべきではないと答え、両首脳は見解の一致を見たのである。しかしドイツの統一に関しては、ドゴールは急ぐことはないと、慎重な姿勢を崩さなかった。ドゴールはドイツ人に対して希望や将来の展望を与えておくべきだと考えたのである。

他方でブレジネフ書記長はフランスがＮＡＴＯの軍事機構を脱退したことを高く評価し、そして従来の主張である、全欧安保会議を開催することを要請した。これに対してドゴールはソ連がかねてより要請しているアメリカの参加しない全欧安保会議そのものの開催については同意するが、それは緊張緩和を進めるためのものではないこと、二つのドイツの統一を進めるためのプロセスとして行なわれるのではないこと、全欧会議は緊張緩和が進展した、その成果として行なわれるべきであると主張したのである。つまり全欧安保会議をソ連側の取引の場としたくない、と言明したのである。他方でドイツ問題に関しても、ドゴールは東ドイツは国家ではなくひとつの制度体に過ぎないと主張して、ドイツ統一問題をめぐって結局、両首脳は見解を一致させることができなかったのである。

袋小路に陥った一日目の会談と打って変わって二日目の会談は両国二国関係をめぐるものであったため、大変うまく交渉は進んでいった（DDF 1966 II 136–138）。両国の政治、通商関係をめぐる議論であった。両国の通商関係を発展させるために、仏ソ委員会が創設されることが決定した。またヴェトナム戦争についてはアメリカの介入を厳しく批判する両国の立場は共有された。ブレジネフは米ソ関係を重視し、これこそただひとつの世界の真実であると強調したが、同時にフランスとの関係がアメリカとの特別な関係を優先するために犠牲にされることはないと断言したのである。これに対してドゴールは世界は米ソの競争関係の中にだけあるべきではないと述べた。

いずれにせよ、仏ソ会談はドイツ問題をめぐって折り合うことができなかった。アメリカが不参加の欧州会議を招集することについてはブレジネフもドゴールもそれを認めたが、ドイツの扱いについては先に述べたような対立が残ってしまったのである。他方で文化交流、科学技術協力、さらに宇宙開発協力にまで踏み込んだ両者の文化・科学交流については大いに評価することができた。しかしこのドゴールの訪ソについては、実際にはその評価は見かけほどのものではなかったと考えられるが、ドゴールはそれ以後対ソ批判をぶっつりとやめてしまった。

世論のロシア帝国主義あるいは共産主義イデオロギーに対する反発も後退していった。ドゴール訪ソ二年前にはソ連への好感度をもつものは二五％であったが、このドゴールの訪ソ以後、世論も肯定し当時三五％のフランス人がソ連に好いイメージをもつまでに至ったのである（Vaïsse 429）。

このドゴールのソ連訪問の最大の成果はやはり経済協力の発展であった。閣僚クラスが議長を務める両国の大規模のハイレベルの委員会、それから高官級の委員会などが前者は一年に一回、後者は年に二回、その後開催されるようになった。ただフランスから供給される物品はそれほど競争力があるものではなく、またその輸出は期待されたほどの額にはならなかったので、のちにソ連は落胆を隠さなかった。

もともと、ドゴール自身はこの訪ソにそれほどの期待はしていなかった。ソ連の側はドゴールの訪ソ前の四月の終わりにゾーリン大使がフランスの大統領府を訪問し、ドゴールの訪ソが世界秩序を揺るがすような大イベントになる、と期待を抱かせた。ゾーリン大使は協定や文書などの締結を企画してドゴール訪ソの成果を内外に喧伝するつもりであったが、この要請に対してドゴールはソ連との同盟条約や不可侵条約など大きな成果をもともと期待していたわけではなかった。おそらく声明程度のものにしかならないだろうと考えていた（DDF 1966 I 719-723）。両国間の新しく好ましい関係を調整することは可能であろうが、実際の成果としては両国協力のためのテクニカルな合意が得られる程度であろうと考えていたようであった。ドゴールは先に述べたようにドイツ問題できわめて慎重な態度に終始したが、この年の三月にアデナウアーに会ったときに、ソ連とは根本的に合意には至っていないことを確認していた。

その後、コスイギン首相の時代になってもこの仏ソの関係改善の動きは見られた。一九六六年一二月の初めに、コスイギン首相はフランスを訪問し、機械業界やエアリキッド、先端部門の工場の見学を行なった。

このときドゴールはドイツの統一はデタントの中で行なわれるべきだということを繰り返して確認した。その一方で軍事航空部門での高度な技術情報協力についてはフランス側は十分に応じようとはしなかった。しかしそうは言っても一九六七年から六八年の初めにかけて、閣僚級の会談は頻繁に開かれ、一七件もの合意が両国間で成立した。

仏ソが一致した最も大きな問題は、ヴェトナム戦争へのアメリカの介入反対であった。第二に、一九六七年五月に起こった第三次中東戦争、イスラエルの侵略に対する非難の姿勢であった。フランスは六月五日にイスラエルに対する武器禁輸措置をとっていた。そして仏ソ両国は国連安保理でのイスラエルの撤退決議をめぐって共同行動をとることで合意を見ていた。

しかし残念なことにその前にプラハへのソ連軍の介入事件が勃発したため、中東をめぐる問題を通して仏ソの共同行動を画策したドゴールの意図は結局は陽の目を見なかった。第三の大きな問題は、ソ連が五〇年代から主張している全欧安保協力会議の提案であった。これについては先にのべたようにフランスは慎重であった。ソ連がこの全欧安保協力会議を利用してヨーロッパの分断を図っているのではないかという懸念があったからである。

ソ連・東欧諸国との緊張緩和政策の限界

こういったソ連との関係の一方で、ソ連の衛星諸国、東欧諸国との関係もフランスは緊密化させていった。一九六四年以降東欧諸国との通商関係の樹立が次々に実現されたのである。一九六五年一月にハンガリー外相が訪仏、翌二月にはブルガリア副首相が訪仏、他方で一九六六年だけでクーヴ・ド・ミュルヴィル首相はルーマニア・ブルガリア・ポーランド・チェコスロバキア・ハンガリー・ユーゴスラビアを訪問した。一九六七年にはフランスは東欧諸国から一七件の代表団派遣を受け入れた。他方でフランス自身も東欧諸国に一二の代表団を派遣したのである。

こうした中でチェコのノボトニーはフランスのNATOの軍事機構からの離脱を歓迎した。またハンガリーとの間ではドイツ問題において共通の立場を確認した。さらにユーゴスラビアとの関係においてもヨーロッパやドイツ、それからヴェトナム戦争についての立場で見解を共有した。チェコ、ブルガリアとの間でも同様に多くの点で見解を共有し、協力関係を結ぶことが約束された。さらにユーゴスラビアとフランスの間では中東、それからヴェトナム戦争、中国の問題をめぐって立場を同じくすることが確認された。こうした中、六七年の九月にドゴールはポーランドを訪問し、ドイツ問題の解決を最重視することで両国は一致した。

しかし、前述のようにこうしたソ連および東欧諸国との関係改善の動きはソ連軍のプラハへの侵攻によって潰えてしまった。このプラハへの侵攻が開始されるときに、駐仏ソ連大使ゾーリンはフランス大統領府にすぐさまやって来て、事情説明を行っている。生憎八月二〇日ドゴールはパリにおらず、コロンベにいたが、翌日クーヴ・ド・ミュルヴィル首相とミシェル・ドブレ外務大臣をコロンベに呼び、ドゴールと協議した結果ソ連非難の声明を発表することになった。この声明でフランスはソ連の介入の不当性を激しく批判し、東欧諸国の人たちの人権を擁護する立場を鮮明にした。ソ連が東西対立の政策に逆戻りしていることを激しく非難したのである。そして八月二二日から二三日にかけて国連安保理事会においてフランスのアルマン・ベラール国連代表大使はソ連の軍事的侵攻を非難する決議に合意を与えたのである。

こうしたフランスの対応に対して、ゾーリン大使はこの事件は社会主義国内の話で他の国を危険に陥れるのではないと弁明したが、八月二四日にこのゾーリン大使の発言に対してドゴールは「大いなる懸念」を表明したのである。ソ連が撤退するならばソ連との友好・協力関係発展のためのドアは開かれているというメッセージを送ったのである。

フランスとソ連あるいはソ連・東ヨーロッパ諸国との関係は全体として見るならば、ドゴールの東西冷戦下における等距離外交の試みとしてひとつの大きな歴史的事件ではあったが、その影響はそれほど大きかったわけではなかった。ヴェトナム戦争や中東・イスラエルの他の諸国への侵攻事件に関しては両国の協力の可能性が大いに期待されたが、ヨーロッパに関する事件、つまりドイツ問題とソ連軍のプラハ侵攻に見られた東西分断問題について仏ソ両国が歩み寄りを見せる可能性はなかった。ソ連は東西ドイツの国境の固定化、すなわち一九四五年の国境、冷戦の固定化を主張したのであるが、フランスはまず緊張緩和という事態を発展させる中で、ドイツ統一問題の最終解決に向けた進展を意図したのであった。

ソ連が五〇年代より主張してきた全欧安保会議の開催については、フランスはやはり慎重な姿勢を崩さなかった。その意味からヨーロッパ問題をめぐって両者が容易に合意に至ることはなかった。結局は東西対立の冷戦下の国際政治の中でソ連はフランスへのアプローチを大切にしたのであるが、結局は対米関係、米ソ関係を基礎とする枠の中でフランスとの関係を捉えたに過ぎなかった。フランスの側から言えばドゴールの意図である、米ソ冷戦の構造に楔を打ち込むという当初の狙いは実現しなかったのである。米ソ体制、米ソによる冷戦構造のイニシアティブの一角を崩すことはできなかった。

他方で経済関係は一定の進捗を得た。フランスが西独ブラント首相の「東方外交」と並んで、七〇年代の緊張緩和時代到来のお膳立てに一役買ったことは確かであろう。一九六六年にフランスのソ連からの輸入は三〇%、輸出は三四・五%も伸びたのである、さらに一九六七年にはフランスは西側の対ソ工業製品輸出国としてナンバーワンの実績を上げるに至った。しかし全体として考えるならばフランスの輸出総額に占める東側の国の比率は一九六四年の二%、六六年の四%、六八年の五%にとどまったのであり、結局は額の面で見てみるとフランスの貿易全体における対ソ・対東側陣営との交易の額はそれほど大きな額とはならなかった。フランスの東西緊張緩和への貢献はこの点でも、より象徴的な意味においてと認められるといった方がよいであろう。

第六章

ドゴール時代の全盛と終焉

1　フランスの近代化とドゴール時代の頂点

フランス社会の近代化――高度経済成長とその歪み

強い大統領を擁する第五共和制の創設者としてのドゴールの第一の関心は、世界における一流国としてのフランスの地位の確保にあった。そして外交の優位は当然経済力の復興を前提にしていた。

一九六四年末の演説でドゴールは、「繁栄こそわが国の独立の条件である」と語り、翌年末の演説でも「フランス国民は繁栄しなければならない。繁栄なくしては、フランスは今日の世界でその役割を果たすことができないからである」と力を込めて述べていた（De Gaulle aIV 318-319）。ドゴール時代とは、経済計画の下で政治と大資本が結びつき、資本主義の急速な発達を見た時代だった。

アルジェリア独立戦争によって国庫は貧窮していたとはいえ、経済成長そのものは第四共和制の下ですでに始まっていた。一九五三―五四年以後、ガイヤール政府やフリムラン政府の梃子入れでフランスは安定成長（五〇年代の年平均成長率は五％）を続けていた。

財政・支払収支赤字、通貨残高の縮小など厳しい経済状況に対応するため、ドゴールは財政均衡とフラン価値安定の取組みから開始した。ドゴールは市場原理を尊重したが、同時に国家のコントロールも容認した。

後者の点が強調されて、ドゴールはディリジスム（統制経済）の信奉者と見られることもあるが、少なくとも自分ではリベラリストと確信していた。そして、そのブレーンの役割を果たしたのが、自由主義経済学者として有名なジャック・リュエフの委員会であった。

リュエフが五八年末にピネ蔵相に提出した再建計画（ピネ＝リュエフ・プラン）には三つの指針があった。第一は、フランの大幅な切り下げ（一七・五五％）と新フラン通貨発行（一九六〇年以後、旧フランとの交換比率は一対一〇〇）であった。新通貨発行は直接の経済効果は少なかったが、象徴的な意味があった。第二に、公務員給与・軍人恩給・補助金などの歳出削減と増税による歳入増（企業・高所得者層、アルコール・タバコなど一〇％―一六％）を通した財政均衡の達成であった。さらに、すべての給与と農業産品の物価スライド制を廃止すること（最低賃金は除く）によるインフレの克服であった。第三に、市場の自由化であった。ヨーロッパ諸国との貿易製品割当の九〇％を廃止し、工業製品の関税率を六二年には五〇％、その翌年には〇％にした。EEC加盟国との相互関税率も一〇％に下げた。

そして政府は、六二年までに財政均衡の回復を達成した。それは、物価・賃金の上昇が小さかったことやフランの安定、さらにフラン通貨の保有高の増大によった。五九年には貿易収支は四兆一、三〇〇億ドルの黒字（前年には四兆二、七三〇億ドルの赤字）回復となり、支払収支も大幅な黒字（七兆四、六〇〇億ドル、前年には二兆七、五六〇億ドルの赤字）を記録した。投資も六〇年から七四年にかけて平均年率で七・四％の上昇を示した。

こうしたフランス経済の成長には、（1）主幹エネルギーが石炭からより低コストの石油に切り替わったこと、（2）ヨーロッパ経済市場の好況、（3）世界経済の回復基調などの好要因があった。もちろん、そうした外的要因とともに、「設備近代化計画」から「経済・社会発展計画」へと重点が移っていった経済計画、とくに第四次計画（一九六一年―六四年）による積極的な経済成長促進政策の成果でもあった。「熱心な義務」、「国民的大志」などの表現を用いてドゴールは国民の努力を奨励した。その後の第五次（マッセプラン）・第六次計画ではフランス経済の近代化が中心目標とされ、情報・航空・宇宙部門に力が入れられた。一人当りの実所得は、六〇年―七八年には倍増した。ドゴール時代の最盛期は、五九年から六三年の時期であったが、国内総生産の成長率は平均年率で八・一％、工業生産の伸び率は七・三％、投資の伸び率も九・八％を記録した。景気はまさに過熱気味だった。

しかし、実際に国際的競争力を備えている部門は限られていた。ルノー・シトロエン（自動車）、ミシュラン（タイヤ）、サン・ゴバン（建材）、ペシネ・ユジーヌ・キュールマン（アルミ）など一部の大企業は国際的にも知名度は高かったが、そのルノーにしても世界では二二番目の企業にすぎなかった。

他方で、高度成長はフランス社会に負の結果ももたらした。そのひとつは地域格差である。西部、南西部、中部地域は発展に取り残されてしまった地域だった。都市化の一方で、過疎化の進んだ地域も出てきていた。地域の不均等是正のため、六三年には国土整備庁（ＤＡＴＡＲ）が設置された。五七年に作成された二二の「計画地域」の責任を負う地域長官と地域経済開発委員会（ＣＯＤＥＲ）も創設された。六九年に、ドゴールが地域（地方）制度改革のための国民投票を提案した背景には、そうした事情があった。しかしこれらが実現するのはミッテラン大統領の時代であった。

近代化の波に取り残された部門では抵抗運動が起こった。困難な状況に対して最初に抵抗の烽火を上げたのは農民であった。五〇年代、生産性向上のための機械化をはじめとする、科学技術の発達が見られた。しかし、機器の購入にかかる高い経費と耕地面積の狭小さから生産性は低く、農民人口は減少の傾向を示していた。

第五共和制初期の頃、とくに一九六〇年から六二年の時期には大きな示威行動が頻発した。道路は封鎖され、国民議会の特別会期召集を求めた議員に対する圧力行動、路上への野菜をぶち撒ける行為は農民たちの怒りの表出としてニュースの度に取り上げられ、大きな話題を提供した。六一年六月のモルレイ郡庁を農民が占拠した事件は、ブルターニュ地方全体に農民の抵抗運動を拡大させ、それは他の地方にまで波及した。

ドゴール自身は近代化政策と伝統的社会維持のための政策の二つの選択肢の間で躊躇していた。彼自身は近代化の中で「牧歌的生活」の消滅を惜しんだという。農業の近代化が自明となった時においてもなお、「常に自分の行動の源となり、伝統によって形成された牧歌的社会が消滅していくのを見守っている」と自分の心情を吐露していた。

経済・生産構造の変化のもう一方の犠牲者は石炭・繊維・鉄鋼部門であった。六三年三月には石炭部門のゼネストが始まった。このゼネストは四月まで続き、坑夫に同情的な世論の支持の前にドゴールは人気を失い、支持率を一挙に落してしまった。

他方で景気の過熱はインフレの再来となった。インフレは六〇年には三・九%の上昇率だったが、六三年には五・八%の高率を示したのである。インフレ抑止のため、六三年九月にはジスカールデスタン蔵相が価格統制・通貨供給量の制限・関税引き下げを内容とする「安定化計画」を成立させた。その結果、インフレは急激に鎮静化し、近隣諸国の水準を下回って、翌年から二%台となった。その代わりに経済成長は減速し、失業問題が再現した（六五年失業者一〇万人増）。社会経済的不満は募っていった。

消費社会の到来――人口増・教育の普及・住宅・都市計画

戦後の経済復興にともなう死亡率の低下によって人口増加の傾向はどこの国でも同様であった。一九四六年に四千万人をわずかに下回っていたフランスの人口は、五四年第一次ベビーブーム以後急速に増加し、六八年に四、九六六万人に達した。同時に、経済復興のための労働人口の不足を補うため、単純労働・肉体労働は外国人労働力に頼る傾向を示し、五〇年代から六〇年代にかけて急速に移民が増加した。五四年に一七七万人だった移民は六二年には二一七万人になっていた。

人口増大と復興の中で、教育の普及と平等化も進んだ。小学校の就学人口は、四五年に四五〇万人だったが、六〇年には六〇〇万人に増えた。バカロレア合格者（大学入学許可者）は五〇年に三万二、〇〇〇人だったのが、六〇年には四万二、〇〇〇人、七〇年には一四万人にまでとなった。

都市化の問題も深刻であった。住宅不足が深刻化、低家賃住宅（ＨＬＭ）の建設が急速に進められ、第四次計画ではその三分の一がＨＬＭの建設に充てられた。また、都市占有率は五四年から七五年の間に倍になったが、この急速な都市化は道路・学校・交通などが未整備な社会インフラという欠点をともなっていた。パリへの人口集中は下水道設備・ごみ処理・大気汚染などの環境問題を惹き起こした。

工業化は、農業から工業への比重の移動、肉体労働からデスクワークへ（ブルーカラーからホワイトカラーへ）、また企業の効率化と大企業化というような変化をもたらした。フランスでは、農業・牧畜業者は六二年で一五・八％を占めたが、七五年には七・七％へと半減してしまった。中級管理職も七・八％から一三・八％へ、事務職の比率も一二・五％から一六・六％へと増大した。セルジュ・マレの書物で有名になった表現である「新しい労働者階級」、いわゆるホワイトカラーの増大もこの時代の特徴だった。彼らは技術者、研究事務職員、工業デザイナーであり、従来の肉体労働者でも、幹部社員でもなかった。

しかし、このような中間階層が現れたにもかかわらず、貧富の格差は縮まらなかった。個人経営企業の数は経ったが、大企業の幹部や大株主、高級官僚、政治家、自由業など上級階層の存在は明らかだった。彼らの間には出自・学歴や生活習慣などでの同質性が認められる。こうした人々が職業横断的なグループを形成する。高名な社会学者ビルンボームによると、第五共和制は、かつて、大企業の利益代表として政治家が議会で力をもった時代から、行政機構の複雑化によって専門家の役割が増大すると同時に次第に官僚・テクノクラートの影響力が強い時代へと変化していった。

その一方で、ドゴールの時代はまさに消費社会の誕生期で、人々は急速に豊かになった物質文明を享受した。フランス人家庭のエンゲル係数は五九年の三四％から七五年の二三・九％まで低下した。電気冷蔵庫の普及率は五〇年代末の一〇％から七五年には九〇％へと急増した。同じく、テレビは一五％から八〇％、電気洗濯機は一〇％から七〇％へと増大した。マイカー普及率も五三年の二〇％から七三年には七〇％を示した。

「シトロエンＤＳ」が疾駆した時代

六三年に制作された著名なアメリカ人女優オードリー・ヘプバーン主演の『シャレード』という映画がある。ヘンリー・マンシーニのテーマミュージックは今でもイージー・リスニングのスタンダード・ナンバーである。コケティッシュなヘプバーンが聡明でしっかりものの未亡人役を演じながら事件を解決していく、ラブサスペンスである。

実はこの映画にはシトロエンＤＳという、五五年に生産が開始されて二〇年後に生産を停止したフランス車が二度ほど登場する。パリのリュクサンブール公園の入り口でヘプバーンの前に止まったＤＳのタクシーは真横から撮影された真っ青で流線形のスマートな車だった。後のシーンに登場するＤＳはコンコルド広場の石畳の上を猛然と走っていて、斜め前からはスピード感がありながら、全体的にはなだらかな丸みを帯びた、いかにも優しく美しい姿であった。

筆者がこの映画にたった二回しか出てこない車のことをよく覚えていたのは単なる偶然ではない。後で思い返してみると、筆者にとってこの映画の中で見たフランス車の姿はまさにフランスが高度成長の階段を上っていく時代の象徴であった。実はドゴールもDSを愛用した。シトロエンDSは、彼が堂々と立ち上がって国民を睥睨したときの車であり、『ジャッカルの日』という映画で有名になったテロ事件（プティ・クラマール事件）にドゴール夫妻が遭難したときに乗っていた車でもある。

パワフルな大型車を量産したアメリカに対抗してそれよりははるかに小振りではあるが、いかにもエレガントな女性的なデザイン（最初は奇妙なデザインと見られたが）のこの車をフランスは歴史ある栄光と文化の国の夢とともに世界に販売した。生産が停止されてすでに三〇年がすぎた二〇〇五年一〇月、世界中から集まってきた、色とりどりのシトロエンDSが凱旋門からエッフェル塔まで数珠つなぎの大行進をして、世界中の所有者が生産五〇周年記念をパリで祝ったのである。

DSの姿を映すためだけに用意された、『シャレード』の二つのカットシーンはそうした時代のイメージそのものだったのである。しかもそれはフランスの映画ではなかった。アメリカの映画の中に、パリの市場、セーヌ川に浮かぶバトー・ムーシュ（観光船）、ノートル・ダム寺院が画面狭しとばかり次から次へと映し出される。それは歴史と文化を誇るヨーロッパに対するアメリカ人の素直な憧憬を表現していた。そしてその背後には、アメリカの自らの力に対する自信と余裕が隠されていた。文字通り、繁栄の時代「六〇年代（シクスティーズ）」だった。

そして消費社会はやがて若者をターゲットにし始めた。ラジオ・レコードプレイヤー・若者向けの雑誌は「ティーンエイジャー」を大きな市場とした。流行音楽では占領時代のジャズ（フランス語では「ザズー zazous」)、戦後のビー・バップに続いてロックの時代、「イェ・イェ」の時代がやってきた。六三年六月にはナシオン広場で一五万人もの青年が、ジョニー・ホリデー、シルヴィー・ヴァルタン、リチャード・アンソニーらの歌に興奮し、喝采を送った。

しかし歴史は常に逆説的である。こうした自由、そして物質文明の浸透と他方での社会構造の歪みが六八年五月以後の騒乱を準備していった。

一九六五年大統領選挙と六七年総選挙——ドゴール時代のかげり

ドゴールの全盛期、中道・非共産党系左翼にとって、まず陣容の立て直しが急務であった。しかし、その内部での調整は難しく、社会主義者からキリスト教民主主義者にまで至る大連合「社会民主主義連合」の結成をめざした社会党重鎮ガストン・ドフェールの企図は挫折した。こうして大統領選挙を半年後に控えた六五年六月には極右のジャン・ルイ＝ティクシエ・ヴィニャンクール（元代議士・OAS弁護士）と無名の中道右派の上院議員以外に立候補者はいなくなってしまった。

先に述べたように、六二年に大統領の直接投票制を導入したことによって、強い権限をもつ大統領は文字通り国民の信任を得る存在として正統化された。第五共和制は名実ともにここに完成した。六四年はドゴール時代の全盛であった。六五年大統領選挙においてもドゴールには敵はいなかった。いや少なくともそう見えた。しかし人間の一生の頂点はわずかな期間でしかない。

九月九日、唯一の左翼候補として、共和制度会議を率いていたミッテランが立候補宣言した。この立候補はミッテランにとって政治家としての第二の出発点となった。ミッテランは四七年から五七年の間、第四共和制の下で一二回も閣僚の経験を持ちながら、ドゴール派の隆盛によって五八年総選挙では議席を失っていた。ミッテランは五九年一〇月のオプセルヴァトワール事件（パリの天文観測所（オプセルヴァトワール）付近でミッテランが車上で狙撃された事件。しかし後にこの事件はミッテラン自身が仕組んだ狂言だと判明）の結果、事実上政治家としては失墜したと見られたが、五九年四月には上院に返り咲き、その後六二年の国民議会総選挙で議員に復帰していた。

ミッテランにとって幸いしたのは彼が各政党との距離を保っていたことであった。各政党に有力候補がいなかったため、結果的にミッテランは多くの政治クラブ、急進派、独立社会党、共産党の支持を得ることになった。一〇月にはMRP代表のジャン・ルカニエも中道派と欧州統合派の候補者に決定した。

ドゴールはぎりぎりまで待った後、一一月初めに立候補宣言を行なった。そのコミュニケの中で、「自分の敗北はその仕事の挫折と最悪の惨事を意味するだろう」と述べ、そして「私（ドゴール）か、カオス（混乱）か」と、強い調子で国民の信任を迫ったのである。

大方の世論調査は七〇％近くの支持を得ていたドゴールが第一回投票で選出されると予想していた。しかし、この予想は見事に裏切られ、第二回投票までもつれこんだ選挙はミッテランの善戦を印象づけることになった。

選挙は高い投票率を示し（棄権率は一四・九九％で、過去最低の記録）、フランス国民の関心の高さを示した。第一回投票はミッテランが予想外の票を獲得した結果、ドゴールの支持率四四・六五％に対して、ミッテランが三一・七二％、ルカニエが一五・五七％を獲得した。決戦投票ではドゴールが勝利したが（ドゴール得票率五五・二％、ミッテラン同四四・八％）、ミッテランの健闘はドゴール主義の後退を否応もなく認めさせるものだった。

この選挙では選挙戦でのテレビの利用が重要な役割を果たした。勝利を確信したドゴールは与えられた放送時間を全部使い切らなかったが、これに対して、ミッテランとルカニエはそれぞれ四九歳と四五歳という若さと新鮮さを画面で目一杯にアピールした。六二年選挙以来沈黙していたに等しかった野党が、その存在をアピールし、蘇生するのにテレビ放送が予想外の効果を発揮したのは確かだった。ミッテランの支持率はテレビ放送をきっかけに急上昇したのである。

大統領選挙の後、第三次ポンピドー内閣が成立した。この内閣では大きな改造はなかったが、一九六三年の安定化計画の失敗の責を負ってジスカールデスタン蔵相が更迭された。そしてジスカールデスタンは、六六年三月、ドゴール主義者と一線を画す「独立共和主義者連合」を結成した。与党内の軋轢が拡大するのを懸念したポンピドーは、総選挙での与党統一候補擁立のために「第五共和制行動委員会」を結成した。

一方で野党陣営の国民議会選挙対策は六五年の選挙結果から導かれた。左翼では、大統領候補になって以来、ミッテランが民主社会主義左翼連合（FGDS）の下に勢力結集を図っていた。当時のミッテランの戦略は、FGDSを左翼に根付かせ、急進派を中道派に合流させず、一方で共産党を排除しないようにすることであった。ミッテランは中道派の主張を切り捨てつつ、左翼をまとめようとしたのであった。また、中道派ではルカニエが大統領選挙に出馬した勢いを買って、民主主義センターを設立した。さらに、CGT（労働総同盟、共産党系）とCFDT（フランス民主労働連盟、社会党系＝非マルクス主義的左翼）が行動統一協定を締結して（六六年一月）、ドゴール政権に対する攻撃を強化した。

選挙戦の論点は、ドゴール個人の権力、社会的不公正、第五共和制の制度擁護、政治的安定、経済繁栄、自立外交政策などだった。

六七年三月、第一回投票の結果は二つの勢力が勝利し、二つの勢力が敗北を喫した。ドゴール派（第五共和制行動委員会）は三八・四五％を得、支持率の記録を更新し、共産党は五八年以来の上昇（二二・五一％）

を記録した。その一方で、期待に反してＦＧＤＳは左翼第一党とはなれず、民主主義センターも大統領選挙でのルカニエに対する支持率を維持することに失敗した。

第二回投票ではドゴール派は改めて勝利を手にした格好となった。ドゴール派（二〇〇議席）とその連立与党の独立共和主義者（四四議席）は絶対過半数を制したが、過半数が二四四議席であるから、極めて僅差の勝利であった。

ドゴール派が伸び悩んだ理由は、ドゴール派の勝利が当然視されたため、支持層の動員が不十分だったたからである。第一回投票に比べて第二回投票の投票率は大幅に減少した。一連の選挙結果は文字通り「ドゴール時代」を物語ると同時にその翳りをうかがわせていた。失敗に帰したとはいえ、中道勢力による反ドゴール主義の胎動と左翼の再生の兆しが見られたのだった。

2　ドゴール的共和国の終焉

五月危機の背景

六八年五月危機は周知のように学生の反乱に端を発し、それが社会全般の危機にまで発展、ついに権力の操縦不能をもたらした事件であった。そして、その一連の経緯に見られた展開そのものがドゴール政治の本質を表わしていた。

二つの選挙による警告にもかかわらず、ドゴールは大統領権力の優越性をさらに望んだ。権力の硬直化の兆しは明らかだった。第一に、七七歳の老大統領の頑迷さは国民心理との乖離を日ごとに大きくしていった。選挙後の第四次ポンピドー内閣では、選挙で議席を失ったにもかかわらず、ドゴールの側近中の側近であるモーリス・クーヴ・ド・ミュルヴィルとピエール・メスメルがそれぞれ閣僚を留任した。さらに、ドゴールは議会での与党の劣勢をカバーするため、議会の決定を経ないで法的効力をもつオルドナンス（一種の政令）による経済・社会改革の実施を決断した。ドゴールの議会空洞化の意図は明らかだった。

外交面でもドゴールは非妥協的で独善的な姿勢を維持していた。六日戦争（第三次中東戦争、一九六七年六月）でのイスラエル非難、「自由ケベック万歳」事件（六七年七月）、新たなドル攻撃（六七年一一月）などフランス国民の非難を浴びる行動が相次いだ。

加えて、強いフラン通貨の維持に固執した厳しいインフレ抑制策＝賃金抑制策は国民の不興を買った。「新しいフランス」を標榜するジスカールデスタンの眼には、ドゴールの一連の行動は「権力の孤独な行使」以外の何ものでもなかった。

第二に、ドゴール個人に対する辛辣な批判とは別に、社会状況の深刻さもドゴールには逆風となった。急速なドゴール時代の近代化は古い産業セクターに危機感を与え、六七年以来のドブレのデフレ政策によって成長は鈍化しはじめた。雇用問題も悪化し、五八年に比べると失業者数は四倍に膨れ上がり、六八年には雇用を求める人の数は五〇万人に達していた。当時の水準ではこれは異常な数だった。ポンピドー首相は六七年にシラクを雇用問題担当相に任命し、シラクは全国雇用庁（ＡＮＰＥ）を創設した。

教育行政も行き詰まりを見せていた。教育現場では、教師側も学生側も窒息状態にあった。硬直化し流動性を失った大学組織に対して若い助手、非常勤講師たちは不満をもっていた。将来のポストの安定が保証されないためであった。一方、学生の側でも、学生数の急速な増加に対応できない大学当局＝政府の運営に対する不満が充満していた。ベビーブーム世代に当たっていたことと、教育の普及がその理由であった。学生数は戦前の六万人から六〇年代初めには二〇万人を超え、六七—六八年当時六〇万人を超えていた。学生たちの出身層も多様化した。戦前の一九三九年当時、学生の三分の一が企業主や自由業の子弟だったが、五九年にはそうした出身層は五分の一以下となり、下級官吏、職人、小商人出身層が学生の半分を占めるまでになった。

他方で、経済成長に伴った高度産業社会特有の生活全般に及ぶ平準化が、学生の「特権意識」を不確実なものとした。一種の「喪失感」であった。そして既存の体制は彼らを没我的に抑圧するように見えた。安定した社会への参加は「産学共同体」への妥協であり、自由の拘束以外の何ものでもなかった。その上、大学は「大衆化」の時代を迎えていた。学生たちは自分たちがもはや本当の意味で選ばれたエリートではないことを否応なく受け入れねばならなかった。そして、学生生活の後に用意された画一的な都市生活は物質的な豊かさの証ではあっても、非人間的で退屈な管理社会の日常でしかないように彼らの眼には映ったのである。カリフォルニア大学バークレー校をはじめとして、先進諸国で吹き荒れた「抗議（プロテスト）」のステューデントパワーの嵐は若者の潔癖と現実への嫌悪の激しい表現であった。東大安田講堂の学生と機動隊との間の攻防をまだ多くの人たちは覚えているだろう。戦後の成長と安定の結末に、若者たちは息苦しさと自由の喪失を敏感に感じ取ったのである。

第三に、価値観の大きな変化があった。一九六六年の青年を対象とした世論調査では、九〇％の青年が「自分の両親との相互理解がよくとれている」と答えていたのに対して、七〇年の調査では「自分の前の世代は自分たちをよく理解していない」という答えが六七％に至った。五分の四以上の者が結婚を望んだが、六九年には性愛にもっとも価値をおくものは五六％、誠実さを求める者は三分の二以上だった。避妊に関しては、カトリックの国フランスでも学生の八九％が避妊を肯定した（学生以外の青年層では四四％）。社会通念は家族・男女関係において揺れ動いていたのは明らかだった。国家・社会と個人のあり方も変化しつつあった。兵役を有用だと考えるものは、青年層全体では七二％だったが、大学生に限って言えば、二四％にとどまった（五八％が「無用」だと考えた）（De La Gorce 1213）。

一九六八年五月危機――学生の反乱から社会騒動へ

パリ郊外ナンテールに新設された大学の学生数は六三年設立当初の二、三〇〇人から六七年には一万一、〇〇〇人に急速に膨らんでいた。校舎は、移民の多い貧民街に建てられた無味乾燥なコンクリートで、パリ市内中心の文化的雰囲気を味わうには遠すぎた。あまりにも殺風景な住・教育環境だった。

事のきっかけの源は当局の体質の古さにあったが、具体的には男女学生の交流の規制にあった。男女学生がそれぞれの寮の部屋を訪問することが禁じられていたのであった。この件をめぐって六五年、六七年にすでに暴力事件が発生していた。六七年四月にはナンテール校の女子寮に六〇人ほどの男子学生が立てこもった。六七年一一月には二年次から三年次に進級する上級学生に学位相当の資格を与える問題が深刻化していた。人文系学生はこれに強く反発し、ナンテールを中心にストが行なわれた。社会党系全学連（ＵＮＥＦ）、毛沢東主義者、トロツキスト、キリスト教学生団体などが結集して、教育方法、情報管理、実践コース人員、学部学科運営に対する学生代表の参加の要請などをめぐる当局への要求が表明された。

不穏な空気の中で当局が要注意人物のブラックリストを作成しているという噂も流れていたが、一月二六日、グラパン学長を「ナチス」と弾劾するビラが講堂に貼られた。これが事実上の五月危機の開始だった。ナンテール校内に警察が導入され、事態が深刻化していく中でナンテールの学生一、五〇〇人がパリ市内に住居を移す措置もとられた。ヴェトナム戦争が激しさを増す折から、反戦運動に呼応して学生の抗議活動は二月には一層活発化していった。

三月二二日、ナンテール校文学部評議会室が「赤毛のダニー」こと、ドイツ人の社会学部学生ダニエル・

コーン・バンディットに率いられた極左学生によって占拠された。このトロツキスト、無政府主義者、毛沢東主義者の集団は、「三月二二日の運動」という名のグループを結成し、以後抗議活動を展開した。その後五月二日の彼らの当局への抗議行動の結果、同日ナンテール校は閉鎖された。ナンテール校閉鎖事件の反動はパリ市内のカルチエ・ラタン（学生街）にまで波及し、五月三日には「三月二二日の運動」はソルボンヌで抗議集会を組織した。そしてこの日、前夜の学生クラブでの放火事件で不安を大きくしたグラパン総長が警官を校内に導入、警察との最初の衝突が発生した。六〇〇名の学生が検束され、ソルボンヌ校も閉鎖された。

この日をきっかけにして、挑発と鎮圧の応酬を繰り返しながら、騒乱は五月中続くことになる。カルチエ・ラタンを中心とした「バリケードの夜」と呼ばれた時期は、フランス社会、そしてパリの街が真に不穏な空気に取り巻かれ、揺れ動いた危機のときだった。五月六日、サンジェルマン・デ・プレ地区で学生と警官隊の衝突が勃発し、数十名の負傷者が出た。学生はバリケードを構築、①ソルボンヌ校の再開、②警察の撤退、③学友の釈放を訴えて数万人規模のデモを展開した。権力の抵抗は文字通り「戦い」となった。九日、アラン・ペィルフィット文部大臣は各学部の再開を約束したが、学生の反抗に遭い、警察の撤退とソルボンヌ校再開を拒んだ。一〇日から一一日朝にかけての事件は事態をさらにエスカレートさせた。この日、学生はカルチエ・ラタンを占領し、バリケードを築いた。深夜二時頃、グリモー警視総監はバリケード解除を発表、治安部隊のCRS（共和国保安隊）は学生たちへの攻撃を開始した。阿鼻叫喚の中、警棒を振るう治安部隊は学生を追って建物内部にまで踏み込んだ。自動車が横転し、一〇〇台以上も路上で炎上した。学生は「CRSはSS（ナチス親衛隊）だ」と叫んだ。最も学生の抗議の激しい場所はソルボンヌ校からオデオン劇場付近であった。負傷者数は三六七名、逮捕者数は五〇〇名に達した。

抗議行動は高校生も巻き込んでいった。すでに一〇日、高校生たちは大学生よりも先に、「街頭に出て」激しいデモを展開した。赤毛のダニーは「セーヌ川左岸のカルチエ・ラタンを「解放区」＝パリ・コミューンの思い出とせよ。敷石をはがしてバリケードを作れ」と檄を飛ばした。治安部隊はセーヌ川の橋をすべて占領して、デモ隊がパリ会談（ヴェトナム和平会議）の会場となる右岸に進出することを妨げようとした。

一一日、ポンピドー首相は外遊先アフガニスタンから急遽帰国した。ドゴール大統領との打ち合わせもそこそこに、直ちにポンピドー首相は事態の対応に動いた。その日深夜一一時三〇分に首相はテレビに出演し、国民に訴えかけた。首相は警察の粗暴な行為を非難し、投獄された学生二八人のうち二四人の釈放と翌週初めのソルボンヌ校の再開を発表したのである。しかし、そんなことでは学生の不信感は解くことはできなかった。学生組織は翌月曜日にゼネストを打つことを決定した。他方でポンピドーは事態収拾のために一貫して学生に宥和的な姿勢を示した。逮捕された学生を釈放し、有罪判決を受けた者たちに特赦を与えた。

そして、五月一三日には学生の反乱はついに社会運動にまで拡大した。労組・自由主義派の教授・左派政治家が学生と連帯し、警察の弾圧に抗議して大規模のデモを組織し、それは共和国広場からセーヌ左岸、カルチェ・ラタンよりも南側ダンフェール・ロシュローへと拡大した。この日、学生たちが占拠したソルボンヌ校では、フランス式の「壁新聞」が沢山張り出された。そのうちのひとつには、「われわれは飢えて死ぬことはないと保証されていることと交換に、退屈で死んでしまうような世界が与えられることを拒否する」という文言も見られた。

八〇万人以上の人々がパリ市内を行進し、「（ドゴールという一人の人間が最高権力者として君臨するのに）一〇年は長すぎる」とシュプレヒコールを唱和した。学生生活に対する不満は大学当局への抗議活動から国家権力そのものへの反抗にエスカレートしたのである。皮肉なことに、ドゴールが政権に返り咲くきっかけとなったアルジェの反乱は、一〇年前のこの日の出来事だった。抗議行動はストラスブール、ボルドー、リヨンなどの大学でも行なわれた。

高度に発展し、物質的に満たされた産業社会は、人々の心を満たすことなく、逆に人々の心のつながりを失わせてしまう。個人は社会から「疎外」されてしまうのである。サルトルがすでに時代遅れとなり、当時の若者たちを惹きつけたマルクーゼのテーゼであった。神の定めた運命の前に敬虔に生きようとするカトリック教徒、ドゴールにとってそれは欲深く、自堕落な人間の業にしか見えなかったかもしれない。豊かさの中の「放埒な」世界はドゴールにとって、容易に認めることはできなかったはずである。それはもはやドゴールが命をかけて救った母国の姿ではなかった。第二次大戦前の左右両派の行動主義はいずれも危機を目前にしたフランス社会から「秩序」と「指針」を失わせてしまった。ドゴールは人間の自由と尊厳をないがしろにしたわけではなかったが、無責任な秩序の破壊を嫌悪した。

事態は労働運動と結合して社会騒擾の様相を呈するに至った。五月一〇日、最初に学生と労組の接触が行なわれ、五月一四日には前日の大ストは延長されることが決定した。五月一五日のナント近郊の飛行機工場と一六日のルノー工場の労働者の占拠が口火となって、抗議行動は燎原の火の如く僅か数日間に全国に拡大し、一、〇〇〇万人がストに参加した。ルノーのビアンクール工場は一七日間の無期限ストに突入した。共産党・やCGTの支配下にある組織労働者だけではなく、学生たちの運動に呼応した自発的な未組織労働者の参加による新しい運動形態がその特徴だった。

政府は当初事件の深刻さを理解していなかった。五月二日、ポンピドー首相はイランとアフガニスタン訪問に出発し、一一日慌てて帰国するという具合だった。その旅行の直前にポンピドーがドゴールに不安を洩らすと、ドゴールは「子供の遊びさ」と一笑に付した。それに、パリのバリケード騒ぎの一〇日の夜から翌朝までドゴールは事件を知らなかった。首都の騒擾にもかかわらず、誰も大統領を起こそうとはしなかったのである。

混乱が深まる中、政府は無定見ぶりを露呈した。警察がカルチエ・ラタンから撤退し、ソルボンヌ校が再開された翌日、五月一四日には、今度は大統領が数名の閣僚の忠告を振り切って、ルーマニアを訪問したのである。一八日に旅行を中断して帰国したドゴールは、「改革はウイだが、馬鹿騒ぎはノンだ」と依然として侮蔑的な調子で語り、学生の神経を逆撫でした。翌日の日曜日にはエリゼ宮で主要閣僚と側近の会合を開き、彼らを激しく批判した。とくに国家の公共文化施設であるソルボンヌ校とオデオン座が占拠されたことには激怒したといわれる。ドゴールは秩序回復を国民に呼びかけ、国民投票による最終決着を望み、二四日、テレビ演説で事態を掌握するために六月に国民投票に訴えることを公表した。しかし、このドゴールの演説は完全に失敗だった。それによって大統領の指導力を印象づけることはできなかった。騒動はおさまるどころか、かえって過熱した。ドゴールがこの演説の中で「公秩序の回復」に触れた箇所はわずか五行ばかりだった。残りのすべてはやり遂げられるべき改革の緊急性と重要性についての言及だった。国家元首としての危機感とその解決のための熱意は伝わらなかった。若者たちには大統領の熱意の欠如だけが印象づけられた（De Le Gorce 1250）。

そしてこの夜、学生たちの怒りは再び沸騰した。三万五、〇〇〇人もの学生、高校生がカルチエ・ラタンやそのほかの街角で暴徒と化した。四つの警察署が襲撃され、死者一名、逮捕者は六四名に上った。第二次バリケード事件である。

一方、ポンピドー首相は社会争議の鎮静化のために労組との交渉を開始した。グルネル街にある社会問題省に経営者団体と五つの労組代表、それに政府代表（ポンピドー首相とジャンネイ社会問題相）が集まり、交渉が行なわれた。ここでポンピドーは決断力、闊達さ、明晰さを発揮し、一躍評価を高めることになった。とくに、CGT書記長のジョルジュ・セギとの交渉に期待がかかった。これらの交渉が通称「グルネル交渉」（五月二五日から二七日）と呼ばれるものであった。政府は、企業内での大幅な組合活動の自由、賃金の大幅引き上げと労働時間短縮（三年間で週四〇時間制を実現する）という譲歩案を示し、一旦妥協が成立した。しかし政府は、賃金の完全な物価スライド制や社会保障関係の政令の即時撤廃などの労組側の要求を受け入れなかった。結局セギは労働者たちを説得できず、労組はこの協定を拒否した。そして労働者の抗議行動には拍車がかかった。二七日パリ市内シャルレティ競技場での集会では、「今の情勢は革命的だ」「ドゴールは辞任せよ」「労働者に権力を」「社会革命を」——シュプレヒコールが飛んだ。この時、セギとの交渉に当たったのが、後の大統領シラクだった。激しい緊張が予測される交渉に臨んでシラクは、胸に密かに護身用のピストルを忍ばせていた。

政府は依然として無力を露呈したままであった。そして、五月危機は急速に政治的性格を強めていった。ミッテランは、「国家は消滅した。マンデスフランスを首班とする臨時政府の組閣が必要である」と主張し、自らが共和国大統領に立候補する意志を表明したのである。翌五月二八日、共産党系労働総同盟（CGT）によるバスティーユ広場からサンラザール駅までの大デモ、「人民政府」樹立をスローガンとした大デモを組織する発表があった。事態は騒然としていた。このデモ行進がパリ市庁舎、さらにはエリゼ宮＝大統領府への攻撃となるのではないか、と懸念する声も広がっていた。

ドゴール失踪事件

しかし、この時ドゴール大統領はパリにいなかった。二九日、ドゴールは、夫人を伴ってマスー将軍に会うため、突発的にドイツの仏軍駐留総司令部のあるバーデンバーデンを訪れていた。ドゴールは首相には自分の行き先を自宅コロンベと告げていた。

大統領が国家の危急存亡の折に失踪していたのである。しかもドゴールはドイツ（バーデンバーデン）にいた。これは、当時噂に上ったように、フランス革命時のルイ一六世家族の「ヴァレンヌ逃亡事件」（ルイ一六世が家族とともにオーストリアに亡命しようとして国境付近で捉えられた事件）に匹敵する失意の逃避であったのか、それともドゴールの人心掌握のための戦術的芝居であったのか。今なお諸説が紛糾し、結論が出ていないテーマである。一連のドゴールの行動には不可解な点がある。

その前日ドゴールに会った農民組合代表デバティス、ポンピドー、フーシェらはドゴールが何か神の啓示でも受け、胸に何か抱いたような表情であったと後に述懐している。五月二四日のテレビ演説の失敗を挽回するため、再びテレビの会見を行なう可能性も議論されていた。ポンピドー首相とは距離を置きたい様子がありありとうかがえた。この日ドゴールは娘婿のドボワシューに電話で翌朝来るように伝えた。ドゴール夫人は弟のジャック・ヴァンドルーに電話をかけてやはり翌朝メイドのジャンヌを里帰りさせた。このときイヴォンヌはドゴールがいつもより多くの荷物を持って出かけたことを知らせた。

その日の朝九時になって、ドゴールは午後に予定されていた閣僚会議を翌日に延期するように提案した。当時ムルーズ第七師団指揮官の地位にあったドボワシュー少将が翌月に提出した報告書によると（De Boissieu a)、ドボワシューは一〇時一五分にエリゼ宮に到着、側近フォカールと話している。翌日ドゴール支持者のデモがシャンゼリゼで行なわれるので、ドゴールがコロンベに閉じこもっていては困ること、パリにいてほしい旨をフォカールはドゴールに進言した。ドゴールは、「フランス人は仔牛だ。仔牛は屠殺場に行くために育てられているのだ」と国民に対して毒づいた。そして「政府は大衆に迎合し、責任者たちの中には武力行使することになると考えただけで震え上がるものもいる。こんな状態ではフランス国民はドゴールが先頭に立つことを必要としないのだ。私は家に帰って回想録を書いていた方がまだいい」(De Boissieu a)とまで語った。

沈鬱の様子で辞任を仄めかす大統領に対してドボワシューは、軍はまだドゴールを見放していないこと、忠実であることを保証した。そうすると、ドゴールは「マスー将軍も同じ気持ちなのかどうか、確かめに行こう」と言い出した。マスーの軍管区には非常時の軍装備が十分に整っているはずだ、というのがマスーに会いに行く理由だった。ドゴールはストラスブールから国民に対して話しかけることを望んだ。早速ドボワシューはマスーと連絡を取り、会見のセッティングに取りかかったが、うまく連絡が取れない場合にはドゴールは自らマスーの軍管区である南ドイツのバーデンバーデンに乗り込むつもりだった。

他方で同日一一時、ドゴールはポンピドーに電話をかけ、その日はコロンベに戻ること、翌日は閣議のためにパリに出向くことを告げた。副官フロイク少佐に付き添われて大統領夫妻はエリゼ宮を離れて、パリ市環状道路を隔てた南側の隣接市イシュ・レ・ムリノーのヘリポートに向かった。

驚いたのは、バーデンバーデンでドゴールを迎えたマスー将軍であった。ドゴールの到着を知らされたのは到着のわずか一五分前で、マスー夫人は冷蔵庫に大統領をもてなすだけの食料が十分にないことを気に病んでいた。マスー将軍に会ったときのドゴールの第一声は、「全部すんだよ」だった。二人の将軍はマスーの執務室で会談していたが、マスー夫人はドゴール夫人の世話に努め、不意の訪問客の寝室の準備を始めた。ドゴールはマスーに対して憤懣をぶちまけ、ドイツ連邦政府にドゴールが西ドイツにいることを知らせるように言った。マスーはドゴールの労をねぎらい、萎えかけたその心を鼓舞し、奮い立たせようと努めた。そして自分の駐独軍はドゴールを支援することを約束した。この私的な会見の終わりごろには、ドゴールは気持ちを取り直していた。そうしてコロンベに戻ることを強く望んだ（Massu）。

そして、ドゴールは夕方六時半にはフロイク少佐とともにコロンベに戻っていた。その夜機嫌を直したドゴールは、自作の詩をフロイクに詠んで聞かせた。ドゴールは三〇日の昼ごろにはパリに戻り、三時には閣僚会議を開き、四時半にはラジオで四分間の演説を行なった。

パリに戻ってきたドゴールは活力を取り戻していた。ポンピドー首相に対して、大統領は「私は決めました。私は残ります」と断言した。そして、準備された国民投票を告げる演説原稿を示した。しかし、ポンピドーは国民投票の危険を知っていた。失敗した場合に大統領自身が追われることになることを指摘し、「選挙なら私が敗北したということですみますから」と翻意を促したのであった。

ドゴールは、ラジオで国民議会解散を宣言し、共和国擁護を求めて職場復帰を呼びかけた。

ドゴールは「私は決断しました。今の段階で私が引退することはありません。私は国民から任期を与えられております。私はそれを全うします」と明確に語った。国民投票は行わず、首相も更迭しない。その代わりに、国民議会選挙の実施を宣言した。

同夕、ドゴール支持のデモがシャンゼリゼ通りで組織された。一〇〇万人のデモだった。人々はコンコルド広場に集結してきた。シャンゼリゼ通りを人々は行進し、「ドゴール将軍万歳」「進めドゴール」「ドゴールは孤独ではない」と口々に叫び、同時にミッテランを批判した。この日を境に局面は大きく反転した。一夜にして潮目は変わったのである。ドゴールは断固として「辞任しない」と宣言した。しかもこのときドゴールはラジオによる演説効果をうまく利用したといわれる。ドゴールは姿の見えるテレビではなく、あえて音声だけの演説で勝負した。見かけではなく、自らの断固たる決意を述べることこそ、目的だったからである。いずれにせよ、この権力奪取の絶好のタイミングに共産主義者は敢えて拱手傍観の態であり、尻込みしたかに見えたのである。そうしたなかで群衆も方向性を失い、やがてドゴールの巻き返しが開始された。

世論の方向転換も明らかであった。その数週間世論は学生の運動に同情し、度を超えがちな官憲の暴力を非難してきた。しかし、路上での自動車の炎上のような暴力沙汰に対する恐怖心は急速に人々の気持ちを冷ましたと同時に、運動そのものが分裂し、内部対立が深刻化していた。六月一〇日ルノーの工場のスト支援に来た高校生が、警察隊に追われて溺死したことから、翌日カルチエ・ラタンで二、五〇〇人の学生がバリケードを作り、騒動が一時的に復活した（第三次バリケード）。しかしこれが最後であった。政府は直ちに強硬姿勢で対応し、学生一、六〇〇名が現行犯で逮捕され、極左グループは解散を命じられた。

明確なビジョンのないまま革命を求める左翼過激派と大学改善を要求する学生、賃金引き上げを要求する急進派労組（CGT）と労働・生活条件の改善をめざす穏健派労組（CFDT）、そして非共産党系左翼と共産党系左翼などの諸勢力間の葛藤があった。六月三日に発表された世論調査では、ドゴールが大統領に留任したことを支持する者は五七％（反対三七％）、議会解散を支持する者七五％（反対一一％）、ミッテランを支持する者一二％（不支持五四％）、ポンピドー支持四七％（不支持二九％）であった。

政治諸勢力は六月二三日と三〇日の総選挙に備えて様々な連合の道を模索した。一部ではまだ紛争の火は消えていなかったが、ストは急速に鎮静化していった。六月一四日にオデオン、一六日にはソルボンヌでストは撤去された。抗議運動を支持していた『ルモンド』紙も学生運動を「酔っ払い船」（無軌道な行動）と呼び、論調を転換させた。

一幕劇の真相

五月危機に対する一連のドゴール政権の対応は危機認識に欠け、ドゴール体制の硬直性を示していた。ドゴールの失踪はまさにそうした政権の迷走ぶりを象徴していたかに見えた。ドゴールの国家緊急事態時のバーデンバーデン行きは計画的なものであったのか。なぜこのときドゴールはバーデンバーデンを訪問したのか。

これらの点については、その後様々な解釈が行なわれた。一連の展開についてマスーやポンピドーはドゴールが明らかに気力を失いかけていた所作であると指摘した。マスーに励まされるまではバーデンバーデンの訪問は文字通り「逃避行」だった。これに対して、側近のフロイクとドボワシューは怜悧な戦術的配慮から政治的イニシアティブ復活のためにドゴールが仕組んだある種の心理作戦であったと見た（De Boissieu a.b.）。

学者で、上院議長のフランソワ・ゴゲルは、ドゴールがそれに先立つ数日間、すべてを投げ出したい誘惑にかられていたと指摘する。二九日までにはその気持ちは克服され、この日のドゴールの計画の目的は劇的な政治的一幕の演出にあったという（Goguel）。これに対して、ドゴール研究の第一人者たるジャン・ラクチュールはドゴールの精神状態がこの日もきわめて不安定だったと主張する。幾夜も眠れぬ夜が続き、敗北感に襲われていたという。そうした中で、ドゴールがどこまで事の成り行きについて見通しを持っていたかは明らかではないが、ただひとつ言えることは、ドゴールが二九日に国内での動揺と困惑を惹き起こし、自分自身に関心が集中するようなハプニングを考えていたことは確かであったと指摘する（Lacouture 3 696）。この視点は注目に値する。第四共和制時代不遇を託《かこ》ったドゴールがシャンゼリゼに国民集会を画策したり、記者会見をいかに演出するのか、心を砕いたエピソードはすでに見たとおりである。

他方ドゴールが動揺し、自信を喪失しかけていたように見えたのも事実であろう。周囲の者がドゴールに対して厳しい目を向け始めたことも容易に推測できる。ドゴール夫人がコロンベ・レ・ドゥ・ゼグリーズに戻ると官房長に告げたとき、ドゴールはその日の午後に予定されていた閣議をキャンセルしていた。そしてポンピドー首相には電話で「三日間も眠れず、疲れたのでボワスリー（コロンベ・レ・ドゥ・ゼグリーズ）で休息を取り、翌日には閣議開催のためにパリに戻る」と伝えた。ドゴールはあまり首相に電話をしなかったが、特にこの電話を切る前に「勇気を出して。私からの接吻を受けてください」（別れ際に用いる丁寧な表現）と述べたことが、ポンピドーを驚かせたが、それが政権放棄の惜別の意を告げた言葉とも解釈されたのであった。

この事件をめぐる論争の第一の焦点は、ドゴールの計画性についてである。二九日の反ドゴールデモの予定日にドゴールが何か起こそうとたくらんでいたことは確かであろう。そしてそれを反攻の契機としようとしたことも十分に想像される。ドゴールは前日すでに何人かの支持者と会見している。またゴゲルの論文では、ドゴールは長男フィリップと会い、側近のラランド将軍に翌日バーデンバーデンに行くように指示していたという。翌早朝にはフィリップに家族と一緒にバーデンバーデンに行って自分たちが着くのを待っているように伝えた。

その一方で、ドゴールは自分の行動をできるだけ極秘にしたかったと思われる節がある。ドゴールは二九日、自分たちが予定通りコロンベにもどらない可能性があることをドボワシュー自身がコロンベに立ち寄って家人に伝えるように頼んでいるし、ドゴールの来訪についても到着時間を事前に伝えるのをぎりぎりまで延ばすために、パリからではなく、コロンベからマスーに連絡をとるように指示した。すべて誰にも悟られずに、ことを進めて欲しいこと、大統領執務室の外にいるフォカールにも言ってはならないと、ドゴールはドボワシューに口止めした。できればマスーとはアルザスで会合を持ちたかったようだが、会合がうまくセッティングできない場合には最終目的としてバーデンバーデンにまで行くことはドゴールには折り込みずみだった。その場合フランス大統領がドイツ領に無断で滞在するということになる。ドゴールは「ドイツのプレスに気取られないよう願う」とドボワシューに言った（De Boissieu a）。

従来このドボワシューの翌月の証言から当時の経緯が再現されることが多かったが、陸軍史料館にある当時参謀長だったラランド将軍の文書によると、ラランド自身はドボワシューが大統領と会談をもつ直前の八時二〇分から九時にかけて、ドゴールがマスーに会いに行くことをすでに伝えられていた。事実、ドゴール夫人が長の旅路のいでたちではなかったばかりか、ドゴールはボワスリーの自宅にいた娘婿のドボワシュー将軍には、その夜自分たちが戻らなくとも心配しないようにあらかじめ言っていた。そしてドボワシュー自身もドゴールが予定を遅らせて翌朝戻る旨を部下に伝えていた。

第二に、ドゴールはなぜバーデンバーデンを目的地として選んだのか、という点である。一連のドゴールの行動の背景には、緊急事態に備えた軍の介入体制への不安があったことは十分に考えられよう。

二九日朝、ドゴールとドボワシューは政府転覆攻撃のための攻撃を危惧した。しかし軍部の士気は高いことをドボワシューはドゴールに伝えた。そして学生が占拠したオデオン座の奪回には、アルジェでやったように地下室の換気窓から発煙弾を投げ込んで、パニックに陥れて建物から追い出してしまう作戦まで披瀝した。ラランドとの会見でも、ドゴールは動員可能な軍隊のリストを求めている。そしてバーデンバーデンでは、マスーはドゴールがストラスブールに政府を擁立し、パリを離れてフランスを統治する案にも、コロンベで待機している案にも賛成しなかった。ドゴールはマスーのこの説得に応じた。マスー将軍は武力抗争の事態となるならば、自分と駐独フランス軍はドゴールに忠誠を誓うとも言ったのである。ドゴールが自分が頼みとする軍の有力者の支持を得て安心したのは明らかであろう。このときのマスーの進言に対してドゴールはその後ずっと感謝の気持ちをもち続けた。

いずれにせよ、学生の抗議行動にどこまで真剣に対応する気持ちがドゴールにあったのか、それは今なお不明だが、見逃してならない点は五月の最後の段階では危機認識を極めて強めていたことは確かであった。軍の動員が必要なのか、というところまでそれは来ていた。

当時ポンピドーの側にいた後のバラデュール首相もそのあたりの政府内の慌てぶりを紹介している(Balladur 189–190)。「すわ革命か」、というところまで危機感は高まっていた。マティニヨン首相府では暴徒の乱入に備えて書類を焼却し始めたものも出てきた。首相に武器を携帯させる方がよいというものまでいた。

また「フランス銀行作戦」という危機時の財政的支援準備も整っていた。これはドゴールが第四共和制成立前に辞任してから四カ月後に考えられた計画だが、非常事態(戦争時)に備えたものだった。ドゴールはこの頃クーデタの懸念を強くもっていたといわれる。実際には共和国警備隊の経費の支払い要請が五月二八日には命じられていたと、当時財務省人事局次長であったジェラール・ピックは証言している。ドゴールの長男フィリップも、フランス銀行資金調達係が現金紙幣トランクを取りに行くために、ピックのところに共和国警備隊が派遣されてきたと知らされたことを後に回顧している(De Gaulle, Philippe b 198; Giraud 157)。中央政府の危機感は極度に高まっていたのである。

この危機の頂点の時期について、最近興味深い研究が発表されている。ドゴールはこの危機を乗り切るためにソ連と協力しようとした。バーデンバーデンに赴いたのはその仏ソ軍事協力のためであったというのである。実は、五月二八日駐東独ソ連軍司令官コシュヴワ元帥が、バーデンバーデンを訪ねている。確かにこの前後ソ連と大統領府との連絡が行なわれていたようである（Giraud 233）。

しかし実際には、大革命はもとより一九三六年人民戦線成立時に比べても事態は平穏であった。動員数は知れていて、多くの労働者は街頭ではなく、自宅にいた。ソ連にとって重要なのはドイツ問題であり、もしフランスの国内問題にコミットするとなるとそれは軍事介入になる可能性が高いとソ連側は伝えてきていた。それをドゴールが受け入れることができたとは思えない。他方で、ドゴールが心配したクーデタや政権転覆につながる動きに関しては、ソ連はフランス共産党・CGT（労働総同盟）に対して自重するように促していたという。

ド・ラ・ゴルスによると、ドゴールはパリをはじめとするバリケード撤去をめぐって予想される混乱は警察や機動部隊だけでは済まない可能性があると考えていた。つまりドゴールはいざというときのための軍事的手段に頼ることも想定した上で、実際に軍事手段の出動が可能か自ら確認しようとしたのだった。とくに、事態がエスカレートして公共部門が麻痺した場合、運輸・燃料輸送手段、そのための特殊要員を擁するマスーの軍団に依存する可能性があることをドゴールは考えていた。後にドボワシューの問いに対してドゴールはそう答えている。実際にドゴールがバーデンバーデンに滞在した時間はわずか二時間で、ドゴール夫妻はその夜は安心してコロンベの自宅に戻った。当初ムルーズの娘夫婦（ドボワシュー）の家に宿泊することも考えていたようだったが、その必要はなくなった（De La Gorce 1268: De Boissieu a）。

英国の著名な現代フランス史研究者ジュリアン・ジャクソンはドゴール自身による巧妙に計算された作為性を強調している（Jackson 126–127）。たしかにドゴールは五月二四日以後意気消沈していたらしく、その様子は側にいた複数の人々の証言から明らかである。しかし、ドゴールはもともとフランス国内でマスーに会うつもりだった。ドゴールがドイツ政府に対して自分の訪問を知らせていたのは長逗留するつもりからではなく、慇懃さを示すためだった。ジャクソンによると、ドゴールは決して絶望して国外に逃れたわけではない。

当時傍でドゴールを見ていたドボワシューによると、ドゴールは三つのシナリオを考えていたという。①コロンベ・レ・ドゥ・ゼグリーズにこもってパリの秩序回復を待つ、②ストラスブールかメッツに政府を擁立する、③パリに戻り、秩序回復のため市民の闘いを訴えることであった。

しかしどのシナリオでもなかった。いずれの要素も取り入れた形ではあったが、バーデンバーデンへの単独逃避行動は、周囲を煙に巻くドゴール一流のやり方だった。こうした唐突な行為による真相不明の事態を彼はショック療法として用いたのである。別れ際にポンピドーに送った「心からの接吻」という表現もドゴールが行動の決定的瞬間の直前に用いる常套句であった。いつもより多めの荷物はパリを二〜三日離れる予定のものであり、マスー夫人がベッドメーキングにとりかかったのは一種のはやとちりだった。ドゴールがパリを離れた目的として、もっとも直接的な理由の一つは、五月二九日に予定されていた共産主義者のデモによる混乱を避けることであった。大統領がパリに不在であれば、デモ隊が留守のエリゼ大統領宮廷を攻撃することはないであろう。

実は行動の自由を確保するためにパリを離れるという考えは、ドゴールの戦術的性格・志向を示している。そしてこのことはそれまでにもすでに試されていた。一九六〇年一月アルジェリア紛争の際の、「バリケードの一週間」の危機の時期にドゴールは駐アルジェリア軍にアルジェの中心から撤退するように命じたし、六一年の将軍たちの反乱の時には自分自身がパリを離れることまで考えた。六八年危機の初期にはドゴールの息子が大統領にパリを離れて、ブルターニュのブレストに移るように進言していた。したがって、五月二九日のドゴールのパリ逃亡は全く根拠のないことではなかった。ショックを狙ったものであった。この点については側近のひとりギシャールは事件の詳細は知らないとしつつ、この事件はドゴール一流の「サプライズ（驚き）」を担った事件であったと論じている（Guichard 442）。ヴァンソン・ポンテも熟慮の結果の逃走劇であったと述べている（Viansson-Ponté 525）。両者ともにドゴールの若き日の著作『職業軍隊』の中での、「サプライズは計画的でなければならない」という一節を紹介している。この行動は実は一九三二年の自著『剣の刃』の中にでてくる哲学でもある。ruse（計略）、contemplation（熟考）、silence（沈黙）、surprise（驚き）、action（行動）などの諸要素の混合であった。

五月三〇日に行われたデモとドゴールのスピーチにも人心をくすぐるための巧みな工夫が行なわれた。当初の予定では夕方のデモの後の八時に演説する予定だったが、夕方五時から始まるデモ出発に先立つ四時半にドゴールは演説を行なった。結果的にはドゴールの演説が大きなインパクトをもったため、結局は予定されていた反ドゴールデモは、空振りに終わった。皮肉なことに、デモはドゴールの権力回復に貢献してしまったのである。

この事件を単純な失踪劇として片づけるには、ドゴールという人物はあまりに複雑な性格の持ち主だった。その本当の原因は今となっては永遠の謎であるが、筆者はこの事件はドゴール自身に完全なシナリオがあったとはいえないが、賭けに近い意図的なものであったと考える。危機の真只中で「政治家」ドゴールの智略が光った一幕であった。

ドゴール政治の終わり——正統性の喪失

幸いなことに、ドゴールが提案した五月危機直後の国民議会選挙（六月三〇日第二回投票）はドゴール派のかつてない勝利をもたらした。ドゴールは差し迫って進退を問われる立場は逃れた。むしろ五月騒動があったにもかかわらず、ドゴールの政治的立場は安泰であった。ドゴール派（共和国防衛連合＝ＵＤＲ）が二九三議席を占め、単独過半数を制したのに対して、共産党とＦＧＤＳはそれぞれ三四議席、五七議席とその議席をおよそ半減させた。独立共和派（ジスカールデスタン派）は六一議席と前回の五割増の好成績であった。左翼は五月危機の反乱共謀説の疑惑を突きつけられ、選挙期間中から防戦気味の選挙戦を展開せざるをえなかった。

しかし、ドゴール大統領の権威は二重に傷つけられていた。事件そのものがドゴール政治の弱体化を露呈させた。そして、誰の眼にも明らかだった治安回復の立役者であるポンピドー首相に対する人気が、この事件を契機に急速に高まってきたのである。

五月危機が突きつけた現実をドゴールが理解できなかったわけではなかった。五月二三日閣議の席で、彼は高度経済成長を果たしたフランス社会が曲がり角に来ていること、それは国民の「参加」をより一層不可欠のものとしていることを説いたのである。ドゴールは「われわれは過渡期の国、いや社会にいます。もはや貧困も戦争の恐れもない国、何の苦難も知らない国にいるのです。しかし、人々はこの新しい文明の変化に取り残されてしまいました。国民はあらゆる層で、とりわけ青年層で顕著に見られるように動揺していま す。精神の動揺が国民的なレベルで形となって表われるにはすべての点で機は熟しているといえます。行動を起こし始めたのは若者たちだったのです」（Guichard 386）と語っていた。

そして、国民の間には「参加」の欲求が強くある。それは組織のメカニズムに拘束されず、埋没することに対する嫌悪である。そして、そのためにドゴールは大学の改革、公民部門を含む、責任をもち、成果をもたらしうる団体の組織化、そして地方の組織化の問題を解決することなどをすでに具体的に指摘していた。ポンピドー首相もドゴール大統領と意見を同じくしており、機械化、中央集権化、テクノクラート化への対応を訴えていた。

その上で、ドゴールにとって第一の関心事は、自らの統治に対する国民の不信感に対して、責任＝任務をいかに全うすることができるか、ということであった。この場合、まず、秩序を回復し、時代の交差点にさしかかったフランス社会を新しい改革の方向に導いていけるのか、ということだった。それには、自らの指導力、権力に対して正統性が明らかにされなければならない。「再正統化」（Berstein 331）にその狙いはあった。その上で自らの去就は決めればよい。繰り返しドゴールが周囲に問い続けた国民投票という手段はその回答を得る最も明解な方法だった。ドゴールにとって国民投票に訴えることは、そのまま自らに対する信任投票を意味した。国民議会選挙でドゴール派は勝利したが、ドゴールの国民に対する不信感は完全に消えたわけではなかった。

そうして、ドゴールは再び国民に信を問おうとした。二月一九日国民投票の実施が閣議で決定した。しかし、それはその後の長期政権の維持を考えたからでは必ずしもなかった。ドゴールはむしろ引き際を探っていたのである。その意味では、ドゴールが周囲の反対を押し切って実施した国民投票における敗北は、ドゴール自らの手による政治活劇そのものの敗北を意味した。この国民投票は五月危機への対応とその危機からの脱出に成功した後になって、結果いかんにかかわらず、自らの潔い退陣のためにドゴール自身が演出した大団円でもあった。

こうしたドゴール自身のシナリオに加えて、五月危機以後人気を高めていったポンピドー首相との角逐が加わった。ポンピドー人気の高まりに反発を覚えたドゴールが首相更迭を決めたという見方がずっと通例となっていた。しかし、ド・ラ・ゴルスは、ドゴールがポンピドーの手腕を高く買って彼に首相を続けてほしかったというのが実際であるという。後々までポンピドーが去ったことをドゴールは惜しんだ。ポンピドーは、「首相の任期が長くなり疲れ果てた」ことを理由として去った。

それではポンピドーに野心がなかったかと言えばそれは正しくない。ポンピドーは大統領との会見で首相から大統領に直接スライドしていくやり方には反対したが、ポンピドーが首相を辞めた後、「大統領になるまでの時間は長くなりすぎない方がよい」とドゴールに迫ったことがあった。ドゴール大統領はそれに対して「あなたは私がいつ椅子を放り出すかを知りたいのだね」と答えていた。

ポンピドーはフォカールに「ドゴールはどんどん気難しくなってきている。たった一人で決定する。今でも私に話すこともなく閣議にかけることもなく閣議後のコミュニケで上院改革について促している」と語っている。七月二一日、六年間首相に在任したポンピドーに代わってドゴール派の古参クーヴ・ド・ミュルヴィルが首相に着任した。最後の第五次ポンピドー内閣はわずかに五二日間の短命であった。こうしてドゴールとポンピドーとの関係は決裂した。

ドゴールは、五月危機の経験から二つの改革を提案した。ひとつは大学改革であり、もうひとつは地方行政および制度改革であった。教育相にはA・ペイルフィットに代わってE・フォールが、クリスチャン・フーシェ内相の後を襲ったのはJ-M・ジャンネイ制度改革国務相であった。

六八年一一月に採択された大学改革法(フォール法)は大学数の増加、選抜制廃止などを定めたが、この改革の原理は参加と自治であった。大学と教育・研究組織の管理は教職・事務職・学生など大学関係者すべての代表によって構成される選抜評議会に委ねられた。また、大学の自治は、学際的な新しい教育を実施し、教育計画と方法を改革するのは各大学に任せられることになった。しかし、一方で国家が大学修了資格を与えることは従来通りで、各大学には財政上の自治が与えられなかったことはこの改革の限界を示していた。この高等教育改革法は左翼学生にも保守派にも受けいれられず、高等教育改革をめぐる論争に決着がついたわけではなかった。

大学改革が急務の課題であったのに対して、地方制度改革と憲法改正は現実の要請に迫られたものではなく、むしろドゴール大統領自身の正統性を国民投票によって改めて確認するためのものとして提案された。ドゴールは新たに「地域(レジオン)」の創設を提案していた。新たな「地域」は、代議士や市長・町長、さらに、職業団体、商工会議所、労組など種々の団体による代表で構成される評議会によって管理・運営される。これは国家主導型の行政に対して地域住民参加の理念に基づく体制の模索であった。

さらに、経済社会評議会とこれまでの上院に代わって、地方評議会(conseil regional)と同じタイプの立法権限をもたない新たな諮問機関的上院が提案された。各地域の地方公共団体の代表と経済・社会・文化の分野選出の全国区代表がこの上院を構成する。

しかし、六七年の国民議会選挙でもドゴール派が絶対過半数を獲得できなかったことや問いかけの質問が複雑であることなどから判断すると、この国民投票は冒険以外の何ものでもなかった。しかも、上院の改革は終始ドゴールが対立してきた議会の役割を減じようというものだったから、議会勢力はこぞってこの改革に反対の姿勢を示した。その上、政治・社会・経済的情勢は逆風であった。物価の急騰はグルネル協定による賃上げを無効にしたし、ドゴールがフラン通貨切り下げを拒否したことは経済界の反発を買った。与党内部でも不協和音が聞こえていた。ジスカールデスタンは政権を離れ、政府に攻撃の矛先を向け、「拒否(ノン)」に投票する意志を公然と表明した。先の選挙で敗北した左翼、中道派ルカニエら野党側からの攻勢も厳しかった。

こうした多くの負の要因にポンピドーの態度が加わった。ポンピドーは、六九年一月、記者会見で自分が将来大統領候補になるだろうと明言した。ポンピドー自身の真意がどこにあったかはともかく、このポンピドーの発言は有権者の心理に大きく影響を与えた。つまり、ドゴール自身が敗北しても、ポンピドーがその意志を継承するならば、政治的混乱は避けられる。いや、事態はむしろ改善されるだろうと国民は考えた。

国民投票の敗北から退陣へ

ドゴールは念願の国民投票の実施を決めた。なぜ、今上院改革と地方改革が必要なのか。国民の自分に対する信を問い、さらに強い指導力で第五共和制の永久の安定を確立したかったのである。

しかし当初自信満々であったドゴールだったが、日が経つにつれて不安は募っていた。四月二〇日、国民投票の一週間前ドゴールは子供たちの前で、「今度の国民投票では私は負けると思う」と語った。その一週間前にジスカールデスタン（前蔵相・ポンピドー死後の選挙で大統領に就任）が今回の国民投票に反対の意見を表明したからであった。それまでドゴール派与党を支持してきた「独立派」はジスカールデスタンの意見を支持して反対派に回ると考えられた。

ドゴールは二月一九日、閣議で国民投票日が決まった頃までは勝利を信じていたようだったが、その後は次第に不安を強めていたことが多くの人々によって語られていた。投票の延期が俎上に上っていた。クーヴ・ド・ミュルヴィル首相やそのほかの何人かの閣僚は何カ月も前から国民投票はもっと後で実施されるべきだと主張していたし、ポンピドーも国民投票は負けるのでやめたほうがよいという意見であった。

しかしもうすでに機を逸した感もあった。延期をするにも、この時点での予定変更はかえって権威の失墜につながることは確実だった。ドゴール自身「ほかにとるべき道はない。できものを手術するか、自分が消えてなくなるかだ」と言うしかなかった。ドゴールはこの頃、国民投票での敗北を確信しているかのような、後悔ともあきらめとも取れるような自嘲的な発言を側近に繰り返している。

四月二三日、最後の閣議を終えたドゴールは、側近たちと最後の内輪の食事をとった。食後のコーヒーのときに、ドゴールは「私は国民投票を実施しなくてもよかったであろう。しかし私には、何にもしないで七年の任期を全うするか、私がしなければならないと信じることを行なうか、という選択があった。この国民投票には差し迫った深刻な事件という切迫感はない。それゆえに、この投票は政治的には大きな意味をもっている。幸いなことに私たちが過半数を獲得したならば、第五共和制の未来は保証されることになるだろう」（モーリヤック 七：Mauriac 664）と語った。国民投票のテーマである上院の改革と地方自治は今日いずれも政治的に重要なテーマであったことをわれわれは確認している。しかしたしかに差し迫った案件ではなかった。ドゴールは前年の総選挙で大勝している。国民投票の賭けに出なければならぬほどドゴールの体制が揺らいでいるわけではなかった。しかし五月危機のときに揺らいだドゴールに対する国民の信頼をドゴール自身が疑っていた。自分は本当にフランスにとって必要なのか。自らをフランスに体現しようとする高慢な老将の意固地なまでの矜持がそこにはあった。「フランス国民よ。私は第五共和制、そしてフランスをもっと確固たる政治体制にしたい。そのためには私をとるのか。そのことを明確に示してほしい」――ドゴールの真意はおそらくそこにあった。

しかしそうした発想は近代的な代議制民主主義の世界にあってはあまりにも傲岸で、不釣合いな発想であった。豊かさと自由という禁断の果実を手にした二〇世紀後半の先進国民の眼にはドゴールの政治スタイルはもはや古色蒼然たる時代錯誤にしか映らなかった。そしてドゴールにはその国民の判断は祖国の英雄に対する「裏切り」でしかなかった。ドゴールは家族に言っていた。「自分は八〇歳を過ぎても仕事を続けようとは思っていない」と。ドゴールはその年の一一月二二日には八〇歳になる。そのときか、その年の大晦日の演説で引退発表を考えていたといわれる。権力に恋々たる気持ちはさらさらなかった。自分が生みの親である第五共和制の将来に更なる安定した道筋をつけて政界から引退したいというのがその本音ではなかったか。それだけに国民投票の敗北による引退は、無念であったし、ドゴールを深く傷つけたことは確かであろう。自分が誇りに思い、自らと重ねて深く信頼したフランス国民が自分の意を理解することなく、自分の政治的生命を葬ったのである。軍人ドゴールの潔さはここでは見事に国民の嫌気を買っただけであった。

実はこれと似たことをすでにドゴールは経験していた。終戦後臨時政府首班となり、戦後のフランスを率いるかに見えた矢先、ドゴールが自ら身を引いたことがあった。ドゴール自身はいずれ自分が戻ることになるだろう。そのときに自分をもっと高く売りつけようと考えていた節があったが、実際はそこからいわゆる「砂漠の横断」という不遇をかこつ時期が始まった。ドゴールはいつも自分が国民に実際以上に高く評価されていると過信する傾向があった。あるいはフランスを自分と重ね合わせているこの男にとっては自分とフランス国民が一体であるという虚構がつねにあった。それこそドゴールを英雄に仕立て上げた原動力であったが、そのことによって最も傷つけられたのもドゴールその人であった。大衆というのは、いつも移り気である。ドゴールは国民的英雄であったが、堂々たる勇退とはいかなかった――裏切られ、傷ついた英雄。そこにこの人物のもうひとつの顔があった。

本来はその週末土曜日にドゴールは荷物をまとめて大統領府を引き払い、コロンベ村に戻るつもりであったが、敗北を確信したドゴールは二五日金曜日に出発することに決めた。この朝、国民投票に向けた最後の呼びかけとなるラジオ・テレビ放送の録画を行なった。録画が終わり、モニターに映った自分の姿を見て、ドゴールは「何の役にも立たないだろう。馬鹿みたいだ」とつぶやいた（モーリヤック 一五：Mauriac 670）。

ドゴールはイヴォンヌと一緒に週末よりは少し多い程度の荷物をもって出発した。衣類と枕元に置く読みかけの本以外は私的なものをほとんど持ち合わせなかった。イヴォンヌはいつも「大統領官邸にいるときはホテルに住んでいるような気がする」と言っていた。

四月二七日日曜日、国民投票日午後一時三五分、ドゴール夫妻は投票所である村会議場に現れたが、何もしゃべらなかった。誰も一言も口を利かなかった。五〇人ほどのカメラマンが待機していたが、これが大統領としての最後の写真となるだろうと誰もが思っていた。

国民投票の結果は、「拒否」が五二・四一％を示し、反ドゴール陣営の勝利であった。国民投票を通して直接国民からの信任を得ていると考えていたドゴールにとって、この拒絶は彼自身の権力基盤の瓦解を意味した。かつて（一九四六年）、フランス国民が政党政治の党利党略から犠牲（いけにえ）の祭壇に献じたこの「解放の英雄」は、今度は自らの頑迷さゆえに、彼が敬愛し、同時に「勤勉な無精者」と痛烈に皮肉った「偉大な国民」に再び見捨てられたのである。

その夜ボワスリーは静かだった。イヴォンヌと家政婦が二人いただけだった。トリコ大統領府事務局長が国民投票の結果は大統領の提案を否決する見通しが確実となったことを電話で知らせてきた。その後ドゴールの指示に従ってトリコは再び夜一〇時に電話をかけてきた。そこでドゴールは翌日午前一一時の予定を早めて、零時をすぎたら直ちに自分の声明を発表するように伝えた。四月二八日零時一〇分、フランス通信はたった二行の大統領からの声明を発表した。「私は共和国大統領の権限の行使を停止する。この決定は本日正午に発効する」。――実に簡単なものだった。

ドゴールはパリにはいない。国民に対する演説もない。周囲のものに対する惜別の言葉もなかった。予想されていた敗北だが、ドゴールは忽然と姿を消したのであった。エリゼ宮からの引越しはすでに終わっていた。大統領府とボワスリーの間の直通電話回線は切断された。

大統領の傷心は大きかった。ドゴールは軍人としての年金、前大統領としての給付金、憲法評議会議員の報酬を断った。国家から養ってもらいたくはなかった。自分は祖国のために無私の立場から働いてきたのである。報酬のためではない。それはドゴールの矜持であった。しかし、自業自得ではあったが、不本意な形で退陣したドゴールは深く傷ついていた。自分は大統領としての最後の花道を飾れなかった。いや国民に心から祝福され、誰からも十分だとして身を引いたわけではなかった。最後の賭けに失敗したことに変わりはなかった。だとすれば、引き際は見事にやらなければならない。そのことを気にしており、結果的には「うまくやった」という感慨をドゴールはもっていた。去って行く者の余韻を断ち切るような、決然とした勇者の引き際はドゴール自身の演出であった。少なくとも後世にそう伝わるようでなければならない。ドゴールの脳裏にはそうした配慮があったことも想像に難くない。

しかしその一方で、ドゴールが国家の将来をやはり心から憂えていたことは確かであった。国民投票の翌日ボワスリーを訪れた義弟のジャック・ヴァンドルーはドゴールがフランスの将来を懸念していたと述べている。ドゴールは公式行事とは一切関係をもたないことを述べつつも、「(フランスが) 第四共和制の時代へ戻ってしまい」「過去の過ち」を繰り返すことになろう、と繰り返しその不安を語った。表向き事前に大統領は敗北を確信していたといわれる。しかし側近筋の話だとややニュアンスは異なる。家族の一人は「是が非でも過半数を超えたいと彼は考えていた。そしてまだ続けたいと考えていた」という。クーヴ・ド・ミュルヴィルは、将軍は理性では国民投票の一カ月前にすべては終わったことを知っていたが、気持ちの上で「最後まで希望を捨てていなかった」(モーリヤック 三四–三五) と語っている。

残されたドゴールの仕事は、回想録(『希望の回想』)を書くことであった。そして救国のヒーロー「ドゴール」が誕生した六月一八日をどこでどう過ごすか、であった。

ドゴールはこの日を国内で過ごさないように考えていたかのようだった。国民投票一三日目の五月一九日にドゴールはイヴォンヌとともにアイルランドに旅立った。うち捨てられた老人のように憔悴したドゴールの姿が人々の前に映し出された。六月一八日、アイルランド共和国の生みの親、デ・ヴァレラ大統領官邸の庭で植樹をし、アイルランド国立博物館を見学、午後にはアイルランドで最も有名な史跡のひとつであり、七つの教会がある六世紀の町、グレンダロッホの廃墟を訪問した。そしてその翌日ドゴールは帰国した。七〇年六月三日から二五日間、ドゴールはスペイン旅行中だった。マドリードでは独裁者フランコ将軍に会った。この会見でドゴールはフランコに大変好感を抱いた。そして六月一八日にはコスタ・デル・ソルにかかるシェラ・ブランカ（白い山脈）の村に宿泊していた。厳しい自然の中でドゴールは夫人と二人でひっそりと過ごした。そして翌年には中国を訪問する予定だった。しかし、それは叶わなかった。翌年の六月一八日にはドゴールはこの世に存在しなかったからである。

現代フランスの父の死

ドゴールの引退を喜んでいた身内がいた。それはイヴォンヌだった。「もう心配ごともなく、将軍はやっと静かな老境に入ることができるでしょう」と語った。引退を喜ぶ妻のはしゃいだ様子にドゴールは気がついていたであろう。イヴォンヌにすれば「今度こそ」という気持ちだった。彼女の喜びようが大きいので、家族の中ではイヴォンヌは国民投票では「ノン」に投票したのでないか、と密かに言われていた。しかし、そうした穏やかな日々は長くは続かなかった。引退した老将軍には残された運命の時間はわずかしかなかったからである。

一九七〇年一一月九日、この日もボワスリーでのドゴールの生活はいつもどおりだった。午前一〇時少し前にドゴールはいつものように書斎に入った。『希望の回想』第二巻『努力、一九六二年八月―六五年一二月』を書くためであった。一〇月七日に『希望の回想』第一巻『再生』は出版されていた。ドゴールは『希望の回想』三部作を最後の仕事と考え、「神が命を許すなら四年間で書き上げたい」と望んでいた。ドゴールは大統領を辞めた後、自身のすべての演説、メッセージ、声明、記者会見の記録を集め、八〇〇の文書に分類して再読、訂正して出版した（『演説と書簡集』はその年の四月から発行され、最後の巻は九月に出版された。本書においてドゴールの公的発言の多くはこの文書集に負っている）。第一部の評判をドゴールは気にしていたが、売れ行きは驚くほどだった。反響は大きかった。ドゴールはそれを伝えたドボワシューに対して教えられた発行部数が「水増しではないか」と疑って見せた。

いずれにせよ、命尽きるとも『希望の回想』は完成させなければならなかった。それまでの時間が自分に残されているのか。第二巻は一年で書き終えたい。そしてこの仕事は死ぬ前のドゴールの最後の「使命」だった。「八四歳になったら仕事も生命も終わる」――ドゴールはこれまでと同様に自分の仕事に使命を見出し、いのちと戦い続けようとした。しかし今度ばかりはその大願は成就しなかった。この三部作はついに完成しなかった。

運命を予見したかのように、一一月三日ドゴール将軍の一家は万聖節の日に集まった。フィリップは当時第二軍管区海軍航空隊司令官としてブレストに住んでいたので来られなかったが、娘のエリザベートと娘婿のドボワシュー将軍、その娘アン、長男フィリップの息子のひとりジャンが集まった。ドゴールは子供たちを車のところまで送ってきたが、いつものようにもう二度と会えないかのように別れを告げた。

一一月九日月曜日にはドゴールはイヴォンヌ夫人と二人だけで昼食をとった。食欲はあった。いつもと変わりはなかった。イヴォンヌ夫人と庭を散策した後、午後二時半にコロンベ村の農夫ルネ・ピオの来訪に応じた。ドゴールは最近になって近くに土地を買ったが、この土地をボワスリーに隣接する土地と交換することができるようになったのでそのための契約などの手続きをこの農夫に頼んでいた。ドゴールはこの新しい土地に沢山の植樹を予定していた。その後ドゴールはこの日は回想録の執筆をやめて手紙を書いた。死の二時間前にドゴールは不動産税の書類、五通から一〇通におよぶ返事の手紙を書いた。ドゴールは午後六時四五分ごろ書斎を離れ、隣室の図書室でイヴォンヌと一緒になった。そして普段着のダークグレーのダブルの背広のままで、食卓の用意ができるまでいつものようにレュエシット（ペイシェンス、トランプの一人占い）をはじめた。

六時五〇分を過ぎた頃突然ドゴールは苦しみ始めた。「おっ、痛い、ここだ。背中だ」と叫び、呻いた。そして手を背中の右方にあてた。肘掛け椅子の腕にすがるようにして頭からゆっくりと崩れていった。眼鏡が床に落ちた。そしてその言葉を最後に、ドゴールは意識を失い、めざめることはなかった。ドゴールは天に召されたのだ。

その後たった三〇分の間に、ことは迅速に、あらかじめ申し合わされていたかのように粛々と行なわれた。イヴォンヌは二人の家政婦のひとりに主治医のギ・ラシュニー医師に電話をするように、もう一人の家政婦には電話でボワスリーの真向かいの家に住んでいる運転手のマルーを呼ぶように頼んだ。マルーは飛んできて、女たちが肘掛け椅子に持たれかけさせていたドゴールを腕のない長椅子のマットレスの上に寝かせ、コロンベ村の司祭ジョジェイ神父を呼びに行った。神父は事務室で仕事中だったが、病床で秘蹟を行なうための道具入れをもってすぐに家を出た。医師は診療中だったが、三人の患者の診察を断り、一目散に車を飛ばし、一五キロの道のりをたった一〇分でボワスリーまでやって来た。二人は七時一〇分、ほぼ同時に到着、まずラシュニー医師が部屋に入り、神父は客間で控えていた。

ラシュニー医師がドゴールを診断したとき、ドゴールの心臓はまだ動いていた。しかし脈拍は弱く、医師はドゴールの状態がすでに絶望的であることを悟った。医師はドゴールが苦痛を感じていることを懸念してモルヒネの注射を打った。そして客間からジョジェィ神父が呼び込まれた。医師も神父もドゴールの前に膝まづき秘蹟を行なった。「終油の秘蹟によって主があなたのすべての罪を許されますように」と、神父は型どおりの文句を唱えた。

イヴォンヌは言った。「彼は二年来とても苦しんでいました」と。部屋の中にはドゴール夫人、二人の家政婦、運転手、そして医師と神父がいるだけだった。そしてみんなひざまづいていた。動脈瘤による腹部大動脈の破裂が死の直接の原因だった。突然の破裂でドゴールは意識を失った。ドゴールは苦しまず、死ぬときも意識はなかったはずだと、ラシュニー医師は語った。イヴォンヌは取り乱すことなく、堂々と采配を振るった。パリのドボワシュー将軍にドゴールの死を知らせ、ドボワシューから長男フィリップにも連絡してもらうようにジョジェイ神父に頼んだ。また夫人は夫の死をポンピドー大統領に伝えるように娘婿に頼んでいた。ドボワシューはドゴール大統領の遺言を公表するように大統領に伝えることになっていた。

実はポンピドー大統領はドゴールのふたりの子供とともに、一九五二年以来遺書を預かっていた。長男フィリップは九日夜八時過ぎ、赴任地ブレストで父の死を知った。夫人がパリから電話をかけてきたのである。翌朝パリのアパートに着くと、今度は母のイヴォンヌからの電話で、ポンピドー大統領にドゴールの遺志を伝えるよう指示された。しかし、大統領府の電話はなかなか大統領につながらなかった。そこで、フィリップはピエール・ルフランに頼んで一〇日の朝早くポンピドー大統領に面会して父の遺志を伝えるように頼んだ。そして自分はその日の午後妻と三人の子供をつれて自分で運転してコロンベに向かった。

フィリップ・ドゴール海軍大佐は奇妙な孤独感を味わっていた。アパートには誰も姿を見せなかった。大統領府からも首相府からも誰も来なかった。ドゴール大統領の息子と誰も連絡をとろうとしなかったのである。オリオール元大統領が三年前に死んだときには大統領専用機がその子息のために手配され、大統領官房の一員がただちに彼に面会を求めていた。それに比べて、自分に対する扱いはなんと言うことであろうか。救国の英雄は、否応なくひとつのカリスマだったが、ドゴールが終生貫いた純朴な頑迷さと強靭な個性は人を寄せつけない一面をもっていたのである。

一一月一〇日早朝、ピエール・ルフランはポンピドー大統領に面会した。大統領はその遺書を確認した。ポンピドー大統領はすでにテレビ放送の草稿を準備していた。大統領の原稿には「フランスは寡婦となった。(……)国民の心の中でドゴールが永遠に生き続けますように」と記されていた。フランス大統領は「国父」となったのである。

ドゴールはその遺書の中で、国葬を拒んでいた。仰々しい葬儀はまったく望んでいなかった。葬儀というのは私的なもので宗教的でなければいけない。村人たちに列席してもらい、質素にコロンベ村の家族の墓に埋葬されればそれでよい、と考えていた。すでにそのドゴール家の墓にはあの不憫なアンヌが眠っている。自分はそこで娘と一緒になろう。いずれ妻もここに来るのだ。フィリップは生前父にこの遺書が有効であるのか、二年に一度は質問していた。

実際にドゴールの葬儀は一二日午後コロンベ村で行なわれた。砲塔を外した装甲車輛にドゴールの遺体は載せられ、墓地まで運ばれた。人々は厳かに畏敬をもってそれについて行なった。小さな村に沢山の人が詰めかけた。世紀の一大イベントを目に焼きつけて伝えねばならないかのような使命感を誰もが意識した。この日の午前にはパリのノートル・ダム大聖堂で盛大なミサが行なわれた。エリゼ宮(大統領府)の決定だった。ここにも人が沢山集まった。

ドゴールは生前、喧騒の中賛否両論、にぎやかに人々を引き連れていくつもの危機の瞬間群衆の先陣をきって颯爽と歩いた。ドイツ占領から解放されたパリを群衆の先頭を切ってドゴールは歩いた。アルジェリア問題でフランスという国が揺れた時代、ドゴールは祖国とアルジェリアを飛びまわり、歓声に沸く群衆の中を泳ぐように沢山の人々と握手し、「あなたたちの言うことは理解した。フランス万歳」と叫んだ。自分はフランス人民を代表するドゴールなのだ。それがドゴールの自負であり、自らに課した存在理由《レーゾン・デートル》だった。そのドゴールがいなくなった瞬間、人々は突然その存在の大きさに気がついたのである。そしてもう二度と現れない時代のヒーローの喪失を改めて確認するためにこうして集まってきた。

しかし、ノートル・ダム大聖堂に参列した人々の間に遺族は一人もいなかった。彼らは故人の命に従ってパリには行かなかった。自分たちの家父長をひっそりと自分たちだけで見送った。そしてひとつの時代が確実に幕を閉じた。巨木の倒壊であった。時代の英雄は、沢山の神話を人々に残し、そして土に帰っていった。

おわりに

現代史に生きるドゴール

本書はいくつかの新しい側面からドゴールの全生涯を、現代フランス政治・外交・社会および先進社会の民主主義的リーダーシップのあり方を念頭におきつつ、描いた作品である。

わが国では、ドゴールという人物は一面的に語られる場合が多い。ドゴールは祖国を危機から救った英雄であるが、一九六八年五月騒動の際には、新しい時代の息吹を理解できなかった老政治家として学生たちの反抗の対象となった。したがって解放の軍事的英雄であるが、新しい時代にはついていけなかった、頑迷固陋の軍人政治家、「墜落したカリスマ」という単純なイメージをもって見られているのが普通ではなかろうか。

しかし、ドゴールという人物ははたしてそれだけの人間でしかないのであろうか。わが国では、ドゴールについてその全体像を明らかにした業績はほとんどない。この数年になって、その時代と人柄に触れた作品、核戦略や独仏関係のような、範囲を限定した研究書が出版されているが、本書のようにドゴールという人物の全体像を歴史的文脈の中で解明しようという試みではない。

ドゴールの生涯を考えるうえで、筆者にとって感慨深いエピソードがある。

二〇一〇年はドゴール没後四〇周年の年であった。パリ・ドゴール空港に降りたつや、通路の壁やパネルに映った様々なドゴールの写真とビデオ映像が目に飛び込んできた。周知のように、フランス人は今でも歴史上の人物名を掲げた通り名を愛用する。全国津々浦々の小さな村落にまで「ドゴール通り」や「(第二次大戦)解放通り」がある。ドゴールが没して、四〇年以上が経つ。今日のような時代、よほどのことがない限り、それだけの時間を経て人口に膾炙される人物は数少ない。歴史の中に名前を残そうとして、晩年に自分がヴィシー体制の対独協力者であったことを自ら告白したミッテラン大統領が亡くなってから一六年がたつが、人々は彼についてどれだけのことを語っているだろうか。書店にミッテランについての新しい本が並ぶことはもうほとんどない。しかし新しい発見はそれほどないものの、まるで人々が彼を忘れてはならないと思っているかのように、毎年ドゴール物の本が何冊も出版される。

それはフランス国民の単なるノスタルジアなのであろうか。筆者はそうは思わない。三年ほど前にパリの廃兵院(アンヴァリッド)に付設されたドゴール・センターを訪れる機会があった。そこではお馴染みのドゴールの写真や肉声の録音・映像が公開されている。意外な写真も掲示されており、記録映画の上映も行なっている。案内嬢はドゴールの名前が歴史でしかないはずの世代であるが、「この映画には現代世界の映像が一杯ですよ」と言って筆者にも「ぜひともご覧ください」と、鑑賞を勧めてくれた。

そのときふと、いまさらながらに思い当たった。ドゴールはフランス人の心にまだ生存する。ドゴールを語ることはその案内嬢の言うように、文字通り「現代のフランス」を語ることだからである。人々はドゴールを通して現代のフランスの「起源」を繰り返し確認しているのである。ここから自分たちは再スタートしたのだ、と。

そのことを示す数字がある。二〇一〇年に実施した世論調査(*Centre d'Information sur le Gaullisme, 2010.11.08*)では、フランス人の七〇%がドゴールをフランスで最も重要な歴史的人物と考えている。とくにフランスの偉大さを「フランスの独立（六〇％）」、「防衛（五八％）」、「フランス人の結集（五七％）」の分野で成しとげた人物として支持されている。シャルルマーニュ（三四％）やナポレオン（三八％）はともかくとして、歴代大統領でドゴールに続くのは、ポンピドー（四六％）、シラク（三九％）、ミッテラン（二七％）、ジスカールデスタン（二一％）、サルコジ（一〇％）の順となる。

加えて、ドゴールの人物像の第一のイメージは「六月一八日の男（BBCで対独レジスタンスを呼びかけた男）」であると評価するフランス人が四四％で、「解放の男」（二六％）、「第五共和制の大統領」（二〇％）がそれに続く。フランス人はドゴールを一徹で頑迷な人物とみなしつつ、他方で祖国のために生命を投げうった無私の勇気ある者として敬意を表しているのである。ドゴールはもはや歴史上の人物といってもよいが、今なおしっかりと現代のフランスに、そしてフランス人の心に生きているということができるであろう。

ドゴール研究の概観

それでは、フランスではドゴールという人物は、研究史上どのように捉えられているのであろうか。ドゴールに関する研究動向について以下で触れてみよう。

最も古いドゴールの伝記はドゴール自身にも強い影響を与えた保守派の著名な思想家モーリス・バレスの息子でジャーナリストのフィリップ・バレス（Barrès）のものである。戦時中の一九四一年にアメリカや連合諸国で出版され、終戦後一九四五年にフランスでも刊行された。ドゴールに対する評価がまだ定まっていない時期の勇気ある出版であった。初期の生い立ちから大戦の時期について書かれたものである。

この業績は例外として、ドゴール研究については大きく四つの時期に分けて考えることができよう。

第一の時期は、一九五〇年代から第五共和制が発足し、安定し始めたころまでの研究である。第二次世界大戦の解放のヒーローとしてのドゴール論である。本書でも紹介した、ワース（Werth）、ボヌール（Bonheur）、フランソワ・モーリヤック（F. Mauriac）らの作品やレジスタンス時代の側近者の作品（アモン（Hamon））などがある。中でも大戦期の経緯については一九五四年に第一巻が刊行されたドゴール自身の『第二次大戦回顧録』が最もよくドゴール周辺の事情を明らかにしたものである。後年、この著作の記憶違いや誤りを指摘した業績もあるが、一般的にはこの時代の最良の資料と見られている。この時期の研究は主に、戦前から解放までの時期がよくカバーされていることはいうまでもないが、生い立ちや青年期のドゴールについては今でもこの時期の研究が参照されている。

第二の時期は、第五共和制が安定し、ドゴールの引退、死亡後、一九七〇年代までの研究である。ドゴールという人物の終着点を確認した上で、それぞれの局面の評価が明らかにされていった時期である。この時期の研究は、アルジェリア戦争、第五共和制の変遷、ドゴール外交、そして第五共和制の特質とドゴールの政治理念やスタイルに関する分析など研究領域が拡大し、アプローチも多様化した。単なるドゴールという人物の個人研究としてではなく、フランス政治・社会・外交体制などとの関連で、ドゴールが論じられるようになる。ドゴール論が多様化した時期である。

ラクチュール（Lacouture）最初に刊行されたドゴール伝）、パスロン（Passeron）、ド・ラ・ゴルス（De La Gorce）、ヴァンサン・ポンテ（Viansson-Ponté）などの評伝の業績、シャルロ（Charlot）らの世論調査や統計に基づく政治社会学的な業績、それに加えて、側近の軍人スーステル（Soustelle）、マシュー（Massu）、同じく側近のトゥシャール（Touchard）、甥ヴァンドルー（Vendroux）らのドゴール回顧録などが出た時期であり、ようやくドゴールという人物の全貌が明らかにされ、ドゴールに関する史実の大部分が発掘された時期だった。

第三の時期は、その後九〇年代までの研究で、ラクチュールの大作に代表されるようにドゴールの全生涯の決定版が幾冊か出版された。ド・ラ・ゴルスの加筆修正版などの業績は本書でもかなり参照した。それまで未開拓の領域であったRPF時代のドゴール研究（ドゴール財団）、八〇年代半ばのドゴール外交を客観的にとらえようとしたセルニ（Cerny）、独仏関係を総合的にとらえようとしたビノシュ（Binoche）、ストゥー（Soutou）らの体系的な業績がある。このころになると、ドゴールの生涯研究の成果を背景にしつつ、ドゴール研究の集大成化が進んだ。同時に、ドコールの思想・外交・政治などの特定の領域を論じつつ、今日的時代の傾向から相対的にドゴールの業績を評価する研究が発表されるようになる。

第四の時期は、九〇年代末から今日までの時期にあたり、ドゴール研究が生々しい現実による同時代史的な拘束をまぬがれて、研究そのものが創造的かつ自由な解釈の幅を広げるようになった。ときには時代的な背景が軽んじられたり、誇張されたりしているのではないかと思われるような業績も含まれてくるが、こうした中で外交分野に比重をおいてドゴールの全生涯を問い直したルーセル（Roussel）の業績はわかりやすい。ボゾ（Bozo）は大西洋同盟という広い枠組みから構造的にドゴール外交を研究した労作を発表し、ロズー（Rosoux）も思想面での新しいドゴール解釈を進め、バレ（Barré）は戦時中のドゴール解釈の修正を主張した。

誤解されるドゴール像

フランスでのこうした豊かな研究成果があるにもかかわらず、わが国のドゴール評価には依然として誤解と極端な思い込みがある。

第一に、ドゴールに対する多くのネガティブなイメージが特殊日本的な状況の中で醸成されてきたことである。それは、六八年世代の反権威主義的な風潮によるところが大きい。

六八年五月の学生暴動の中で批判されたドゴールであったが、その直後の国民議会選挙ではドゴール派は快勝し、国民の支持を得て逆に安定政権を約束された。しばしば誤解されているのであるが、ドゴールは五月暴動で失脚したのではなかった。その後に自ら演出した強引な自己正統化のための、勝機に乏しい国民投票の結果、辞任したのである。

権力に固執することが政治家の本性であるとすれば、このドゴールの行為は政治家の行為ではない。ある意味では自己陶酔的で、稚拙な行為であったともいえよう。そこに軍人政治家としての頑迷さを指摘することもできるが、同時にそれはドゴールを権謀術数の政治家として断じ切れない一面でもある。ドゴールに対する反発は、独りよがりで、傲慢さを隠そうともしない、その行動スタイルにあったのであろう。

第二に、核兵器を擁した対米自立政策の解釈についてである。ドゴールの外交は独自の核兵力を保持し、アメリカに対して正面から議論を挑んだ「自立外交」と称されるが、本書で論述したように、その「自立」はあくまでも巧妙な論理に支えられた「行動の自由」を少しでも得るための「演出」であった。核兵器の保有は、それ自体で自立を意味するのではなく、自立を演出するためのひとつの重要な手段であった。

その一方で、ドゴールの対米「自立外交」には、思想信条面での左右を問わず、喝采が送られる向きもある。しかしそれはわれわれ日本人の判官びいきとアメリカに対するコンプレックスの裏返しの表現である場合が多い。つまり冷戦期のアメリカの絶対的優位を背景にした力の不釣り合いな「覇権的同盟（日米・米欧）関係」の中でアメリカに大きく依存しつつ、他方でアメリカの対応へのフラストレーションを弱者の反発感情として日欧は共有しているのである。日米同盟が日本外交にとって不可欠の要素であることは十分に承知していながら、強大な同盟国アメリカに対する圧迫感からの解放をドゴール外交が小気味良いまでに表現していたことに人々はエールを送るのである。実際にはドゴールはフランスの偉大さを貫いたのではなく、フランスをいかに「偉大」に見せるかに腐心した。そしてそのドゴールの志を人々は高く評価したのである。

筆者は「ドゴール主義」の定義をめぐる議論にそれほど意味があるとは思わない。論者が思い思いのイメージを語っていることが多いからである。外交面でのドゴール主義とはイメージが先行した表現である。ドゴール主義とは不退転の決意をもって正当性を主張していく中で、存在感を示していくスタイル（処世訓）を意味している。それは、大勢に靡《なび》いていく後ろめたさに苛まれつつも、自己弁護のための巧みな言辞で自らの不実を糊塗する心理とは一線を画している。第二次大戦に突入していった時期のフランス外交論議やアルジェリア解放戦争の混乱の時期の退嬰主義《イモビリスム》とよばれた停滞感、「失われた二〇年」と言いつつ、今なお根底的な社会改革に逡巡する今日のわが国の国民意識と対極の姿勢であった。その意味では、左右どちらの側の人にとっても、ドゴールは「天晴れな人物」なのである。

民主的リーダーシップの模索

ドゴールの功績の大きなひとつは、先のフランス人の世論調査に見られたように、ドゴールが第五共和制を創設したことである。その事実にたいする認識が、日本人の対ドゴール観にはしばしば欠如している。

多くの日本人には、第五共和制がフランスの伝統に根ざした既存の典型的な政治体制のあり方のように思われている。しかしそれは、必ずしも正しい認識ではない。フランスの政治史上、むしろこのような強い行政権力による政治指導体制は例外である。フランス革命以後二回にわたるナポレオン帝政とヴィシー政権以外には、フランスの共和制では多くの政党が合従連衡を繰り返す不安定な政治体制の方が普通であった。そうした歴史的な政治の不安定を解消するための手段が、この第五共和制なのである。そしてこの第五共和制がすでに五五年という長きにわたって存続していることこそ、ドゴールの大きな業績のひとつである。

この制度は多党制で混乱し続けた第三・第四共和制下での政治体制からフランスの秩序を回復し、維持するための制度であり、悪しき過去の記憶からの決別を意味していた。今日においても、民主的な合法権力として強い指導力をもつフランス大統領制度は依然として国民の多くの支持を得ている。

しかし民主政治におけるリーダーシップの発揮は簡単ではない。民主主義政治とはプラトンを引くまでもなく、つねに「衆愚政治」に至る危険性を孕んでいる。まして今日のような情報化の行き届いた大衆社会の時代には、政治はマスメディアの極端な論調にしばしば左右される。

こうした中で定見を維持し、見識を明示しつつ、民主的リーダーシップを発揮することは容易ではない。まして軍人出身のドゴールにとってそれは大変な努力を要することであった。民意をどのように掌握していくのか。ドゴールはそのために苦闘することになる。本書で論じた大半の部分は、そうしたドゴールの試行錯誤の歴史であったといってもよい。とくに「砂漠の横断」の時期とRPF（フランス国民連合）の失敗からドゴールは多くを学んだ。そして改めて言うまでもなく、初志の貫徹には、不撓不屈の意志の力も必要であった。

繰り返すが、ドゴール政治とは、今日の民主主義社会において内外の政策をめぐる執拗なリーダーシップを求めた闘いであった。戦時中の米英首脳との角逐、レジスタンス運動内部での権力争い、解放直後に自ら演じた退陣劇による主導権回復の試みの挫折、アルジェリア危機の中で安定のための「理想の政治」を実現するための権謀術数などはいずれもリーダーシップの今日的なあり方の複雑な位相を物語っている。

ヴィジョンと意志の人

ドゴールは、軍人として世に出、一兵士、戦略思想家、「敗戦国」の悲劇の指導者、祖国を解放し、勝利の凱旋をした「救国」の英雄であった。そしてその後不遇を囲う退役した老将軍としての一時期を経て、再度政治家として復活した。そして軍人的英雄から、第五共和制という新たな政治体制の創設者、植民地の解放者へと姿を変え、国父の風貌を帯びたトップリーダーとなり、最後には頑迷固陋な時代遅れの政治家としてフランス国民に拒否され、潔く身を引いた。俗に波乱万丈の生涯であったことに間違いはなかったが、ドゴールの頑なな性格は時に人の不興を買った。その意味では評価の難しい人物である。

しかし本書はいわゆる人格崇拝の偉人伝ではない。第一次大戦後から軍事戦略の論客として頭角を表わし、その後、半世紀近くもフランス政治の中心ないし、ひとつの核となる存在として生き続けた、多面的で複雑な一筋縄ではいかない、ドゴールの人物像をリアルに描写することが本書の大きな目的のひとつである。それにはドゴールと彼が生きた時代を理解することも不可欠である。ドゴールの日々の生活の断片や大きな決断をするに当たっての内的葛藤や苦悩は、決して神格化されうる「カリスマ」の姿ではない。

ドゴールの生涯は、動揺し、怒り、悲しみ、そして策略と戦術に満ちた局面の連続であった。多くの過ちを犯したが、時に滑稽なほど自分がどう見られているのかということにこだわった。自己顕示欲の強い一人のフランス人でもあった。そしてフランス国民全体を自己実現の巻き添えにしたともいえた。結果的に国民を幾度となく怒らせ、多大な期待感をもたせては落胆もさせた。危機に臨んで慌てふためき、策を労し、それでも失敗しながら、自分を貫こうとする。それは信念の戦いであり、一徹で不器用な生涯であった。頼りになるのは意志の力でしかなかった。人生を自らドラマ化したがるフランス人気質がそこにはあった。そこにフランス人は自分自身を見出し、呆れ果てながらも惹かれていった。まさしく「ゴール人（フランス人の祖先)」の気質をそこに見るからである。

他方で、ドゴールは屈強の軍人でありながら、繊細な感受性豊かな、思索の人であった。彼の書いた『第二次大戦回顧録』はベストセラーとなった。彼は文人政治家でもあった。ドゴールの思考・行動様式はフランス人によくあるひとつのタイプであった。彼は敬虔なカトリックであり、自分を律し、家族を慈しむ典型的なフランス人であった。威厳ある父親であり、仕事に邁進した頼りがいのある夫であった。いや、そうあろうと努めた。筆者の描きたかったドゴールは、ステレオタイプの軍人政治家としてではなく、そうしたひとりの平均的なフランスの生活人という視点を原点とする人物像でもあった。

しかしそこに一貫していたのはこの人物の意志の力と時々に見せる長期的ヴィジョンと、危機の時々に光彩を放った炯眼であった。ドゴールが青年期にベルクソンの「生命の飛躍」という発想に啓発されたのも故なしとはしない。早い時期の機構化師団導入の主張、フランス的国民性を見抜いた上での第五共和制の構想、アルジェリア植民地独立の容認、国家連合を通じた欧州統合構想などはドゴールが世論をリードしたテーマであった。

孤独な「追放された王様」、ドゴール

ドゴールは無私の人であった。コロンベ村で簡素な葬儀が行われたが、パリのノートルダム寺院での盛大な追悼のミサに遺族の姿はなかった。ドゴールの遺言があったからである。あれだけ国家に貢献していながら、それに値する報いをドゴールは拒否した。政治的戦略と策謀はすべて国家のための必要悪であるが、自分自身は高潔であろうとした孤高の人の姿がそこにあった。かつて「追放された王様」と呼ばれた所以でもある。

また加えて、彼は徹底した信念の人であった。そして勇敢、無私、清廉、高潔をドゴールは常に追い求め

続けた。「公」に対する無私の純粋さは人の心を打つ。そして無私や高潔さが影響力を伴ったときに、威信となって表れる。ドゴールが常に自分の行動の正統性を追い続けた理由もそこにあった。

しかしそれこそドゴールの最大の弱点であった。ドゴールが体現しようとした威信は負の面も併せもっていた。人々はいつも威信や権威に従って行動するとは限らないからである。混乱の中から秩序を回復しなければならないときには、正統性に基づいた権威や人々の心を支配する有無を言わせぬ精神的力が不可欠である。しかし実はそれはいつも必要なものではない。人は普段はそれを意識しないで暮らすほうが心地よいのである。威信を常に意識しなければならないというのは多くの人々にとって息苦しいのである。権威を恃み、縋《すが》りながら、やがてそれに飽き飽きとしてくるのが人の常である。正しく、厳かなばかりのものは煙たくもある。ドゴールを最後に迎えたのは、そうした人の心に巣食う抗いがたい無辜の罪だった。

したがって、ドゴールが常に危機時の指導者として現れたのは不思議なことではなかった。ドゴールがその真骨頂を発揮するのはフランスが国難に遭遇したときであり、ドゴールの政治活動は常に煽られた危機感の中で高揚したのである。著名なフランス・ヨーロッパ研究者スタンレイ・ホフマンはドゴールを「危機時のリーダー」と称した。そしてドゴール自身も不本意ながらそのことを心得ていた。戦後の政治活動の基盤となったＲＰＦの集会はしばしば擬似的な危機の雰囲気によって演出された。アルジェリア危機のときにパラシュート部隊の降下と爆弾騒ぎでパリは緊張した。学生暴動で再びパリが燃えた。危機の真っただ中で、人々は救世主を求めた。

――そのとき、ドゴールは真に「ドゴール」だった。なぜならドゴールの活躍と危機は常に結びついていたからである。そして危機が去ったとき、ドゴールの時代も去っていたのである。

あとがき

本書は私が十年以上かけて書いた本である。本書のようなものにそんなにも多くの時間をかけたのかと言われれば、返す言葉もないが、それは私自身の性格から来たものであるといまさらながらに思う。

かつて第二次大戦後のフランス現代史を政治・経済・社会政策によってクロノロジカルに辿る形でまとめた本を出版した後、ちょっとした偶然から「ドゴールとフランス」をテーマにしたものを書き始めたが、フランスの戦後史をまとめた先の本で、ドゴールに関する叙述は全体の四分の一を占めていた。それに少し書き足していけば、そんなに時間をかけずともドゴールについて一冊にまとめることはそれほど大変なことでもなさそうだと思ったのである。

しかし改めて調べ始めてみると、私の悪い癖で、「あれもこれも」と関心が膨らんで、未知の部分が余りに多いことに気がつき、整理がつかなくなりそうになった。しかもドゴールが活躍した時期は長く、史実の詳細にいたる理解がないとドゴールの言動についての判断は難しい。邦語で読めるものは、ドゴール全盛時代に書かれたフランス語からのいくつかの書物の翻訳と日本人ジャーナリスト・政治学者の業績が多少あるだけで、邦語でドゴールの全貌を描写したものを読むことはほとんどできない。結局、第二次大戦から七〇年代の歴史を改めて確認しながら、ドゴール論の何冊かの仏語の大部の著作から読み始めることにし、その後で各論に当たることにした。

そうした作業を少しずつ進めていっていたのだが、その一方で現実のヨーロッパはユーロの発行や共通防衛政策の急速な進展、イラク戦争をめぐる米欧対立などいくつもの大きな試練に晒されることになった。私の中の生来の野次馬根性はそうした眼前の現実を追跡する魅力に抵抗することができなかった。結局、ドゴール論の執筆は何度も中断し、その後に取り掛かろうと思っていた米欧同盟関係についての著作の出版のほうが先になってしまった。

加えて、そうこうするうちに私は在仏日本大使館で実務につくことになり、本書の執筆は再び中断してしまった。帰国後、今度は私の新たな研究テーマとなった文化外交の分野の仕事も進めつつ並行して、ドゴール外交について改めて外交文書を調べて書き直し、このたびようやくその刊行に至った。

生来の怠惰と移り気はいつも私の研究計画を狂わせてきた。しかし遅々としたそんな私の仕事ぶりではあったが、慶應義塾大学出版会の乗みどりさんには忍耐強くお付き合いいただいた。御礼の気持ちは筆舌に尽しがたいが、記して感謝の意とさせていただきたい。

本書は、評伝のスタイルをとっているが、私自身としては単なる評伝にとどまらず、現代日本の政治外交の現状に対する批判とそこからの脱出への希望を託して意識的に叙述した箇所も多々ある。そうした気持ちを少しでも多くの読者と分かち合えることができたら筆者として望外の喜びである。しかし本書の内容の行き届かない点や意図せざる誤りは筆者である私自身の責任以外の何ものでもない。大方の批判を仰ぐことに吝かではない気持ちを最後に記して、筆を擱きたいと思う。

平成二五年六月二日

恩師中嶋嶺雄先生の「お別れの会」の夜、そのご冥福を祈りながら

渡邊啓貴

Valette, Jacques, *Le 13 mai du général salon,* l'esprit de libre, 2008.
Vendroux, Jacques, *Cette chance que j'ai eue...,* Plon, 1974.
Viansson-Ponté, Pierre, *Histoire de la République gaullienne,* I, 1970, II, 1971, Pluriel.
Weisenfeld, Ernest, *Quelle Allemagne pour la France?,* Armand Colin, 1989.
Williams, Charles, *The Last Great Frenchman: A Life of General De Gaulle,* Wiley, 1993.
Yost, David, France's Deterrent Posture and Security in Europe, Adelphi paper, December 1984.
Winock, Michel, "De Gaulle and the Algerian Crisis 1958–1962", Gough, Hugh, and John Horne (eds.), *De Gaulle and Twentieth-Century France,* Edward Arnold, 1994, p. 72.

Nay, Catherine, *Le Noir et le Rouge*: ou l'histoire d'une ambition, Grasset, 1984.
Ollivier, Jean-Paul, *De Gaulle à Colombey,* Plon, 1998.
Oulmont, Philippe, *De Gaulle, idées reçues*, Le Cavalier Bleu, 2008.
Passeron, André, *De Gaulle parle 1962–1966,* Fayard, 1966.
Payrefitte, Alain, *C'était de Gaulle I–III,* Fayard, 1994/1996/2000.
Péan, Pierre, *Une jeunesse française*: François Mitterand, 1934–1947, Pluriel, 1995.
Ratte, Philippe, *De Gaulle La vie, La légende,* Larousse, 2000.
Rémond, René, *1958, Le retour de De Gaulle,* Editions Complexe, 1998.
Reynaud, Paul, *La politique étrangère de Gaullisme*, Juilliard, 1964.
Rioux, Jean-Pierre（sous la direction）a, *La guerre d'Algérie et les Français,* Fayard, 1990.
Rioux, Jean-Pierre（présenté par）b, *De Gaulle portraits,* Omnibus, 2008.
Rosoux, Valerie-Barbara, *La mémoire du General de Gaulle*: Culte ou instrument, Bryant-Academia, 1998.
Roussel, Éric, *Charles de Gaulle I, II,* Gallimard, 2002.
Saint Robert, Philippe de, *De Gaulle et ses temoins*, Bartillat, 1999.
Saint Robert, Philippe de, *De Gaulle et ses temoins*: *Rencontre historiques et litteraires,* Bartillat, 1999.
Schuman, Maurice, *Uncertain 18 juin,* Plon, 1980.
Soustelle, Jacques, *Vingt-huit ans de Gaullisme,* La table ronde, 1968.
Soutou, Georges-Henri, *L'alliance incertaine, les rapports politico-stratégiques franco-allemands, 1954–1996,* Fayard, 1996.
Terrenoire, Louis, *De Gaulle 1947–1954, Pourquoi d'échec? Du RPR à la traversé du désert*, Plon, 1981.
Torikata, Yuko, "The U.S. Escalation in Vietnam and de Gaulle's secret search for peace, 1964–1966", Nuenlist, C., Locher, A., and Martin, G.（eds.）, *Globalizing de Gaulle*, Lexington Books, 2010.
Touchard, Jean, *Le Gaullisme 1940–1969,* Seuil, 1978.
Tournoux, Jean-Raymond, *La tragedie du General,* Plon, 1967.
Ullman, Richard, "The Covert French Connection", *Foreign Policy,* no. 75, Summer 1989, pp. 3–33.
Vaisse, Maurice, *La grandeur politique étrangère du Général de Gaulle 1958–1959,* Fayard, 1998.
Vaïsse, Maurice, *La puissance ou l'Influence? la france dans le monde depuis 1958*, Fayard, 2009.

Jackson, Julian b, *De Gaulle,* Life & Times, 2003.
Jullian, Marcel a, *De Gaulle, pensée, République et méthodes,* le cherche midi édition 1994.
Jullian, Marcel b, *De Gaulle, pensée, repliques et anecdotes,* le cherche midi édition, 1994.
Jullian, Marcel c, *De Gaulle, traits d'ésprit,* le cherche midi édition, 2000.
Kersandy, François, *De Gaulle et Charchill,* Plon, 1981.
Knapp, Andrew, *Le Gaullisme après de Gaulle,* Seuil, 1996.
Kusterer, Hermann, *Le Général et le Chancelier,* Economica, 2001.
Lacouture, Jean, *De Gaulle*
1. *Le rebelle, 1890–1944,* (*1984*),
2. *La politique 1944–1959,* (*1985*),
3. *Le sovérain 1959–1970,* (*1986*), Seuil.
La Gorce, Paul-Marie de, *De Gaulle,* Perrin 1999.
Larcan, Alain, *De Gaulle inventaire, la culture l'ésprit, la foi,* Bertillat, 2003.
Lefort, Bernard, *Souvenirs et secrets des années Gaulliennees 1958–1969,* A. Michel, 1999.
Lellouche, Pierre, *L'Avenir de la guerre,* Mazarine, 1985.
Mahoney, Daniel J., *De Gaulle, Statementship, Golden, and Modern Domocracy,* Proegen, 1996.
Maillard, Pierre, *De Gaulle et l'Europe entre la nation et Maastricht,* Tallandier, 1995.
Martin-Pannetier, Andrée, *La défense de la France-Interdépendence et solidarité,* Charles-Lavauzelle, 1985.
Massu, *Le torrent et la digue,* Plon, 1972.
Massu, *Baden 68, souvenirs d'une fidélité qualité,* Plon 1983.
Massu, *Avec De Gaulle du Tchad 1941 à Baden 1968,* Edition de Pocher, 1998.
Mauriac, Jean a, "Mort du Général de Gaulle" pp. 659–758, Rioux, Jean-Pierre (présenté par).
Mauriac, Jean b, *De Gaulle: portraits,* Omnibus, 2008.
Mauriac, François, *De Gaulle,* Grasset, 1964.
Miguel, Pierre, *La guerre d'Algérie,* Fayard, 1993.
Moll, Geneviève, *Yvone de Gaulle Biographie,* Ramsay, 1999.
Montagnon, Pierre, *La guerre d'Algérie*: genèse et engrenage d'une tragédie, Pygmalion, 1984.
Morelle, Chantal, *Le Gaullisme pour les nuls,* First edition, 2010.

Debré, Jean-Louis, *Le Gaullisme n'est pas une nostalgie,* Rovert Laffont, 1999.
Defrance, Corine et Pfeil, Ulrich (sous la direction), *La France, l'Allemagne et le Traité de l'Elysée,* CNRS Biblis, 2012.
Dubly, Anne, *La politique extérieure de la France depuis 1945*, Nathan. Univ., 1994.
Duroselle, Jean-Bapteste, *La France et les Etats-Unis des origines a nos jours,* Seuil, 1976.
Fernoit, Jeann, *8h de De Gaulle à Pompidou*, Plan, 1972.
Foccart, Jacques, *Journal de l'Elysée Le General en mai,* t.2, Fayard/Jeune Afrique, 1998.
Foulon a, Charles-Louis, *De Gaulle Itinéraires,* CNRS, 2010.
Foulon b, Charles-Louis (dir.), *André Malraux et le rayonnement culturel de la France*, complex, 2004.
Gallo, Max, *De Gaulle I–IV,* Robert Laffort, 1998.
Gaulle, Philippe de a, *De Gaulle mon père, I・II,* Plon, 2004.
Gaulle, Philippe de b, *Mémoires accessoires 1947–1979,* Plon, 2000.
Germain-Thomas, Olivier, *Charle de Gaulle, jour après jour,* Philippe Barthelet Nathan, 1990.
Goguel, François, "Charles de Gaulle du 24 au 29 mai 1968", *Espoir* no.115, (pp.87–104) avril 1998.
Gordon, Philip. H., *A Certain Idea of France,* Princeton University Press, 1993.
Gough, Hugh and Horne, John, *De Gaulle and Twentieth Century France,* Edward Arnold, 1994.
Grosser, Alfred, *La politique extérieure de la Quatrième République,* Armand Colin, 1972.
Groussard, Serge, *L'Algerie des adieux,* Plon, 1972.
Guichard, Olivier, *Mon Général,* Grasset, 1980.
Guichard, Jean-Pierre, *De Gaulle face aux Crises 1940–1968,* le cherche midi édition, 2000.
Guy, Claude, *En écoutant de Gaulle, Journal 1946–1949,* Grasset, 1996.
Hamon, Léo, *De Gaulle dans la République*, Plon, 1958.
Herman, Lebovics, "L'Opération Joconde: Malraux séduit Les Etats-Unis" Foulon ed. cit., 2004.
Huard, Paul, *Le colonel de Gaulle et ses blindés,* Plon, 1980.
Jackson, Julian a, "De Gaulle and may 1968" Gough, Hugh and John Horne (eds.), *De Gaulle and Twentieth-Century France*, Edward Arnold, 1994.

Aglion, Raoul, *De Gaulle et Roosevelt,* Plon 1984.
Agulhon, Maurice, *De Gaulle: Histoire, symbole, mythe,* Plon, 2000.
Alexandre, Philippe, *L'Elysee en péril 2/30 mai 1968,* Fayard, 1969.
Alphand, Hervé, *L'Etonnement d'etre: Journal, 1939–1973,* Fayard, 1977.
Andrieu, Claire, Brand, Philippe et Piketty, Guillaume (sous la direction), *Dictionnaire De Gaulle,* Robert Laffont, 2006.
Bahu-Leyser, Danielle, *De Gaulle, les Français et l'Europe,* PUF, 1981.
Balladur, Eduard, *L'Arbre de mai,* Plon, 1968.
Barré, Jean-Luc, *Devenir de Gaulle 1939–1943,* Perrin, 2003.
Barrès, Philippe, *Charles De Gaulle,* Plon, 1941.
Beaufre, André, *Introduction à la stratégie,* Economica, 1985 (1963).
Bernard, Héliane and Faure, Alexandre, *De Gaulle and France,* Fontaine/Mango, 1995.
Berstein, Serge, *Histoire du gaullisme,* Perrin, 2001.
Binoches, Jacques, *De Gaulle et les Allemands,* Edtions Complexe, 1990.
Boisdeffre, Pierre de, *De Gaulle malgre lui,* Albin Michel, 1978.
Boisseu, Alain de a, "Entretien avec le général Alain de Boissieu, Compte-Rendu des Journées des 28 et 29 mai 1968" pp.69–86, *Espoir, mai 68.*
Boisseu Alain de b, *Au pour servir le espoir, General,* Plon, 1982. p. 188.
Bonheur, Gaston, "Charles de Gaulle: Biographie" (1946). *DE GAULLE portraits,* Omnibus, 2008.
Bozo, Frederic, *Two Strategies for Europe: De Galle,* the United States and the Atlantic Alliance Rowman & Littlefield Publishers, INC, 2001.
Branca, Eric, *Charles de Gaulles,* PUF, 2008.
Broche, François, *Le dernier jour du général de Gaulle,* l'Archipel, 2010.
Cazenave, Michel et Germain-Thomas, Olivier, *Charles de Gaulle,* Editions de l'Herme, 1973.
Cerny, Philip, *Une politique de Grandeur,* Flammarion, 1986.
Charlot, Jean, *Le Gaullisme d'opposition, 1946–1958 Historie politique du gaullisme,* Fayard, 1983.
Cholet, Jean, *Le Gaullisme d'opposition,* Fayard, 1983.
Cogan, Charles G., *Charles de Gaulle: A Brief Biography with Documents,* Harvard University, The Bedford series in history and culture, Bedford Books of St. Martin's Press, 1996.
David, Dominique, *La politique de défense de la France,* Fondation pour les Etudes de Défense Nationale, 1989.

欧文文献

Documents Diplomatiques Français (*DDF*), *Depuis 1954* (*jusqu'à 1969*), sous la direction de Maurice Vaïsse, Ministère des Archives étrangères, Commission des Archives diplomatiques, Peter Lang, 1987–2012.

DDF 1954 (1987), *DDF* 1954 Annexes (1987), *DDF* 1955 I (1987), *DDF* 1955II (1988), *DDF* 1955 Annexes (1988), *DDF* 1956 I (1988), *DDF* 1956 II (1989), *DDF* 1956 III (1990), *DDF* 1957 I (1990), *DDF* 1957 II (1991), *DDF* 1958 I (1992), *DDF* 1958 II (1993), *DDF* 1959 I (1994), *DDF* 1959 I Annexes (1994), *DDF* 1959 II (1995), *DDF* 1960 I (1995), *DDF* 1960 II (1996), *DDF* 1961 I (1997), *DDF* 1961 II (1998), *DDF* 1962 I (1998), *DDF* 1962 II (1999), *DDF* 1963 I (2000), *DDF* 1963 II (2001), *DDF* 1964 I (2002), *DDF* 1964 II (2002), *DDF* 1965 I (2003), *DDF* 1965 II (2004), *DDF* 1966 I (2006), *DDF* 1966 II (2006), *DDF* 1967 I (2008), *DDF* 1967 II (2008), *DDF* 1968 I (2009), *DDF* 1968 II (2010), *DDF* 1969 I (2011), *DDF* 1969 II (2012)

Gaulle, Charles de a, *Discours et Messages.*

I 1940–1946 (1920) aDans l'attente, Plon, 1970
II 1946–1958
III 1958–1962
IV 1962–1966
V 1966–1969

Gaulle, Charles de b, Lettres, notes et carnets (*LNC*), tome2, Fondation de Charles de Gaulle.

Gaulle, Charles de c, *Memoires de Gaulle*, I–III, Plon, 1954–1959.

Discours d'Etats, Perrin, 1970.

Espoir mai 68 avril 1998.

Espoir vers le renouveau 1958, octobre 1998.

Espoir L'independence nationale, novembre 1998.

Espoir 1958 vers le renouveau II, mars 1999.

Espoir 1944–1994 temoignages, janvier 1995.

Espoir 1945–1995 II De Gaulle et la reforme de l'Etat, juillet 1995.

Chroniques de l'histoire, Charles de Gaulle, Editions Chronique, 1997.

Les Dossiers De Gaulle 1940–1958, Historia, 1998.

Fondation Charles de Gaulle, Univ. de Bordeaux III, *De Gaulle de le RPF, 1947–1955,* Armand Colin, 1998.

櫻井陽二『フランス政治体制論―政治文化とゴーリズム』芦書房 1985 年
土倉莞爾『フランス急進社会党研究序説』関西大学出版部　1999 年。

鳥潟優子「ドゴールの外交戦略とベトナム和平仲介」『国際政治』第 156 号 2009 年 3 月。

中山洋平『戦後フランス政治の実験―第四共和制と「組織政党」1944–1952 年』東京大学出版会　2002 年。

藤井篤「第四共和制下のアルジェリア政策―レジームの崩壊との関連で (1)-(8)」大阪市立大学法学会『法学雑誌』35 巻 2 号、36 巻 1-2 号、37 巻 2-3 号、38 巻 2 号、43 巻 2-3 号　1988 年 12 月、1989 年 8 月、1989 年 11 月、1990 年 10 月、1991 年 1 月、1992 年 2 月、1996 年 12 月、1997 年 2 月。

松尾邦之助『ドゴール―米ソを震撼させた世紀の風雲児』七曜社　1963 年。

武者小路公秀『ケネディからドゴールへ―国際政治のビジョンと戦略』弘文堂 1964 年。

山口昌子『ドゴールのいるフランス―危機の時代のリーダーの条件』河出書房新社　2010 年。

山本健太郎『ドゴールの核政策と同盟戦略―同盟と自立の狭間で』関西大学出版部　2012 年。

山本武彦「〈核〉中級国家フランスの安全保障政策―大西洋同盟との関係を中心にして」『国際政治―現代の安全保障』有斐閣　1979 年。

渡邊啓貴 a「一九三八年一二月六日仏独声明―『四国協調』にみるフランスの宥和政策」慶應義塾大学法学会『法学研究』第 55 巻 8 号　1982 年 8 月。

渡邊啓貴 b「フランス　ダラディエ政権下のフランス外交」『国際政治』第 72 号、1982 年 10 月。

渡邊啓貴 c「フランスの西側同盟政策の構造」『世界経済』1985 年 8 月号
渡邊啓貴 d「同盟も自立も―ミッテラン政権の対外政策　上・下」『世界経済』1989 年 3 月・5 月号。

渡邊啓貴 e『ミッテラン時代のフランス』芦書房　1991 年。

渡邊啓貴 f『フランス現代史―英雄の時代から保革共存へ』(中公新書) 中央公論社　1998 年。

渡邊啓貴 g「第二次大戦への道とフランス―最近の研究動向を中心に」『国際政治』122 号　1999 年 9 月。

渡邊啓貴 h「ミュンヘン会談をめぐるフランス外交」『日仏政治研究』第 2 号 2006 年 12 月。

渡邊啓貴 i『米欧同盟の協調と対応―二十一世紀国際社会の構造』有斐閣　2008 年。

雄訳）白水社　1977年（原著1974年）。

ムニエ，ピエール『我が友ジャン・ムーラン―レジスタンスの英雄の生と死』（福本秀子訳）東洋書林　1995年（原著1993年）。

モーリアック，ジャン『ドゴールの最期　開かれなかったページ』サイマル出版会　1973年（原著1972年）。

ラクチュール，ジャン（持田坦訳）『ドゴール』河出書房新社　1972年（原著1969年）。

ラピエール，D・コリンズ，L『パリは燃えているか？（上）（下）』（志摩隆訳）早川書房　1977年（原著1965年）。

リュエフ，ジャック『ドル体制の崩壊―金本位制の擁護者、フランスの碩学による《国際通貨改革論》』（長谷川公昭・林瀬満男訳）サイマル出版会　1973年（原著1965年）。

ルーセル，エリック『ドゴール』（山口俊章・山口俊洋訳）祥伝社　2010年（原著2000年）。

ワース，アレクサンダーa『二十世紀の大政治家7　ドゴール』（内山敏訳）紀伊国屋書店　1965年（原著1965年）。

ワース，アレグザンダーb『フランス現代史』（野口名隆・高坂正尭訳）みすず書房　1958年（全2巻）（原著1956/58年）。

今林直樹a「ドゴールのアルジェリア政策の理念―コンスタンティーヌ・プランを中心に」神戸大学大学院法学研究会『六甲台論集』第42巻第1号　1995年10月。

今林直樹b「ゴーリスムとフランスの脱植民地化」神戸大学大学院法学研究会『六甲台論集』第43巻第1号　1996年7月。

今林直樹d「アフリカの独立をめぐる国際関係―ドゴール政権のアフリカ政策を中心に」中部大学『国際関係学部紀要』No.20　1998年3月。

嬉野満州雄a『ドゴール―フランスの栄光と試練』筑摩書房　1964年。

嬉野満州雄b『ドゴールの言葉―その演説表明・談話から』（財）日本国際問題研究所　1964年。

大井孝『欧州の国際関係1919–1946―フランス外交の視角から』たちばな出版　2008年。

尾立要子「フランスの海外領土―海外県・海外領・特別共同体」神戸大学大学院法学研究会『六甲台論集』第47巻第2号　2000年11月。

川嶋周一『独仏関係と戦後ヨーロッパ国際秩序―ドゴール外交とヨーロッパの構築1958–1969』創文社　2007年。

黒田友哉「モレ政権の対フランス連合政策―ユーラフリック共同体構想を中心に」『法学政治学論究』第72号　2007年2月。

主要参照文献一覧

※本文中では参照文献を（著者名 ページ数）と表記している。
※原則として引用は翻訳書の訳を使用しているが、一部著者の訳を用いたところがある。

邦語文献

ド・ゴール，シャルル a『ド・ゴール大戦回顧録　I～VI』（村上光彦・山崎庸一郎）みすず書房　1960–1965 年［新装版 1999 年。引用頁は新装版のもの。］（原著 1954–1959 年）。
ドゴール，シャルル b『剣の刃』（小野繁訳）葦書房　1984 年（原著 1932 年）。
ドゴール，シャルル c『希望の回想　第一部・再生』（朝日新聞外報部訳）朝日新聞社　1971 年（原著 1970–71 年）。

クロード，アンリ a『ドゴール体制と大資本』（牧野純夫・上杉聡彦訳）東京経済大学産業貿易研究所　1965 年（原著 1960 年）。

クロード，アンリ b『フランスの独占資本―ドゴールの経済的基盤』法政大学出版局　1968 年（原著 1960 年）。

グロセール，アルフレート『米欧同盟の歴史（上）（下）』（土倉完爾訳）法律文化社　1987、89 年（原著 1978 年）。

シャルロ，ジャン『保守支配の構造』（野地孝一訳）みすず書房　1976 年（原著 1970 年）。

シュレベール，セルバン『アメリカの挑戦』（林信太郎・吉崎英男訳）タイムライフインターナショナル 1968 年（原著 1967 年）。

ティント，ハーバート『現代フランス外交史』（藤木登訳）御茶の水書房　1977 年（原著 1972 年）。

ファブル＝リュス，アルフレッド『ドゴール裁判』（内山敏訳）文芸春秋新社　1964 年（原著 1963 年）。

ベッツ，レイモンド・F『フランスと脱植民地化』（今林直樹・加茂省三訳）晃洋書房　2004 年。

ホーン，アリステア『サハラの砂、オーレスの石―アルジェリア独立革命史』（北村美都穂訳）第三書館、1994（原著 1977 年）。

ボヌール，ガストン『ド・ゴール』（宗左近訳）角川書店　1969 年（原著 1946 年）。

ホフマン，スタンレイ『フランス現代史２　政治の芸術家ド・ゴール』（天野恒

「ヨーロッパ連邦」 267
抑止力 245, 248, 281
(ベルリン・ドイツ問題解決のための)四カ国委員会 262, 282

ラ行
ラ・ブラスリィ(ドゴールの住居) 27
ラ・マルセイエーズ 137
ラインラント(ライン川非武装=緩衝地帯) 34, 36, 109
ランブイエ西国首脳会議 209
陸軍大学校 19
リベラリズム 11, 13
ルノー 94, 110, 302, 322
——ビアンクール工場 316
レジスタンス 55, 67, 81, 89–92, 98, 111, 113, 129, 159, 254
——「解放派」 67
——「義勇兵(フランティルール)」 68
——「抵抗派」 67
——「フランスの防衛」
——「北部リベラシオン」 67
——「民・軍組織」 67
——「リベラシオン」 68
——綱領 94
連合軍海軍参謀本部 231
連邦主義 259
労働時間短縮 318
労働総同盟(CGT) 116, 309
労働民主連合(UDT) 193
ローマ条約 260, 274
ロカルノ条約 34
「六月一八日の男」 30, 89
ロレーヌ赤十字 59
ロレーヌの十字架 38, 58, 85, 103, 112

ワ行
ワイマール共和国 34
『わが闘争』 147
ワシントン条約(NATO 条約) 229
「私は弾劾する」 8

英数字
BBC →英国放送協会
EEC →欧州経済共同体
FGDS →民主社会左翼連盟
FLN →アルジェリア民族解放戦線
IMF →国際通貨基金
MLF →多角的核戦力構想
MRP →人民共和運動
NATO →北大西洋条約機構
OAS →アルジェリア独立反対派秘密軍事組織
OECD →経済協力開発機構
RPF →フランス国民連合
U2 スパイ機撃墜事件 208, 262, 269
UDT →労働民主連合
UNR →新共和国連合
USDR 124, 161
Z 作戦 185

フランスNATO海軍協定　205
ブルム＝バーンズ協定（米仏協定）　107
フランス・ポーランド同盟　19
フランス連合　108, 273
——協議会　102
ブリアール英仏最高戦争会議
ブリュッセル協定　284
フルケ・ドクトリン　248
ブルターニュの隠遁　42
プルネヴァル　111
文化外交　224, 225
米軍機 RF110　226
米スパイ機 KC135　226
米仏核兵器開発協定　249, 250
米仏軍事条約　231
米仏相互防衛援助条約（MSA）　107
ペシネ・ユジーヌ・キュールマン　312
ベル・エポック　6
ベルリン危機（'61, ベルリンの壁構築）
208, 209, 262, 269, 287, 289
保安局（DS）　182
（フランス）防衛委員会　205
報復力（核兵器）　216
ボーヌ　168
ホービィエツァウ奪取の戦い　19
ポーランド・ハンガリー動乱　265
保革共存政権（コアビタシオン）　164
ホテル・ラ・ペルーズ　134
ボナパルティズム　113, 132
ポラリス・ミサイル　213, 215, 262, 271
ボルドー（レイノー政府）　42, 43
ボワスリー　127, 128, 182, 185, 188, 324, 325, 337–341
ポン・シュル・セーヌのテロ　182, 186, 187
ボン宣言　273

マ行

マーシャルプラン　106, 107, 110
マジノ線　28, 31, 32
マリ連邦　166
マルチニック島　81
ミクロン島　69
ミサイル・ギャップ　203, 261, 262
ミュンヘン会談　37, 39
ミラージュⅢ戦闘機　269
民主社会左翼連盟（FGDS）　330
民主主義センター　309, 310
民主的自由の勝利のための運動（MTLD）　143
「六日戦争」（第三次中東戦争）　286, 311
ムルーズ第七師団　319
ムルムロン平原　279
メール・エル・ケビル軍港　63
毛沢東主義者　313
モスタガネム　168, 169
「モナリザ」　222–224
モリス線　152
モルレイ郡庁占拠事件　303
モロッコ　142, 287

ヤ行

ヤルタ会談　82, 287
勇者の和平　170,
（英仏）宥和政策　35, 36, 105, 197
ユニオン（連合）　190
『ユマニテ』　157
「ヨーロッパ宣言」　192

パリ会談（ヴェトナム和平会議） 315
パリ協定（'54） 265
バリケードの一週間 172, 175, 177
バリケードの夜 314
『パリは燃えているか』 88
パリ四カ国首脳会談 207, 208
ハルシュタイン・プラン 285
バルバロッサ作戦 67
バルブーズ（秘密結社） 182
バンドワゴン論理 255
パンテオン 68
バンドン会議（第1回アジア・アフリカ会議） 148
引き金（トリガー）論 248
非共産党系左翼 322
『ひとつのフランスの青春』 61
ピネ＝リュエフ・プラン 299
「一二一人宣言」 177
フーシェ委員会 273, 274
フーシェ・プラン 269, 272–275, 278, 282, 283
ブーディエニ戦 19
ブーランジスム 8
封じ込め政策 106
（スペインへの）不干渉政策 34
（イスラエルに対する）武器禁輸措置 294
『不吉な出会い』 4
プジャード派 147, 149
「二つの拒絶」 278
仏伊休戦協定 52
仏ソ相互援助条約 34
仏独休戦協定 52
プティ・クラマール狙撃事件 185–187, 192
プティット・カビリ暴動 142
プノンペン演説 285
部分的核実験禁止条約（モスクワ条約） 198, 218
ブラザビル会議 108, 157, 159
ブラックアフリカ 148
（ソ連の）プラハ侵攻（プラハの春） 241, 242, 294–296
（アルジェリアの）フランス化 173
「フランス共同体」 165, 166
フランス共和国臨時政府 83, 91
『フランス軍事評論』 20
フランス系植民者（コロン） 169
フランス国内軍（FFI） 92
フランス国民解放委員会（CFLN） 83, 91
フランス国民戦線 174
フランス国民連合（RPF） 109–129, 190
フランス石炭公社 94
フランス全国学生連盟（UNEF） 177
「フランス知識人のマニフェスト」
フランス＝チュニジア協定 142
『フランスとその軍隊』 35
「フランスのアルジェリア」 147, 154, 162, 165, 169, 173, 174, 179, 182, 183
フランスのアルジェリア救済と刷新の同盟（USRAF） 147
フランスのアルジェリア連合 174
フランス民主労働連盟（CFDT） 309
フランス連合 102, 140, 141, 165
——海外県（DOM） 140
——海外領土（TOM） 140
——参加国（旧保護国） 140
——参加領土 140
フランス・アフリカ共同体 165

低アルザス軍戦車部隊　38
ディエップ攻撃作戦　72
ディエンビエンフー　138, 141
帝国防衛評議会　65
低家賃住宅（HLM）　304
ディリジスム（統制経済）　301
『敵陣の中の不和』　20
鉄のカーテン　106
テヘラン会談　82
デルタコマンド　181
同位体分離工場施設　226, 266
東西不可侵条約　282
トゥール英仏最高戦争会議　41
トゥールーズ軍管区　154
トゥーロン港　74
ドゥオーモン戦場　16, 19
統一行動革命委員会（CRUA）　142
同化　177
統合　169, 173
東西不可侵条約　262
東方外交（オストポリティーク）　283, 296
独奥合邦（アンシュルス）　35
独ソ戦　71
独仏会談（'60）　247
独仏会談（'64）　283
独仏休戦協定　63
独仏協定（'59）　269
独仏協力条約→エリゼ条約
独仏合同戦車演習　279
独仏国防相会談（'60）　270
独仏首脳会議（'60ランブイエ）　280
独仏戦略的運命共同体　271
独立共和主義者連合　309
独立派　193
ドゴール主義（ゴーリスム）　113, 194, 308
　反――　116
ドゴール将軍への呼びかけのための共和派委員会　152
『ドゴール大戦回顧録』　47, 55, 100, 130
ドフェール法　148, 166
「トランジスタの勝利」　179
トルーマン・ドクトリン　106
ドルへの挑戦　236
ドレフュス事件　9
「トロイの木馬」　276
トロツキスト　313, 314

ナ行

ナチス（政権／体制）　33, 34, 111, 210, 252, 263
ナッソー会談　214, 215, 222
ナッソー協定　215, 217, 224
（パリ大学）ナンテール校　313
ニクソンショック　241
二重信任　104
ヌメア（ニューカレドニア）　133
農業共同市場　284
ノルマンディー上陸作戦　71, 83

ハ行

ハーグ西欧同盟外相会議　211
バーデンバーデン　275, 319, 320, 323–328
バイユー　86, 99, 102, 110
　――憲法　102
バカロレア合格者（数）　304
覇権的な同盟関係　279
パックス・アメリカーナ　90
バブ・エル・ケウェフトの騒乱　183

先制攻撃　246
潜水艦発射ミサイル M-4　251
全方位（核）戦略　235, 248
「相互依存の中の独立」協定　142
相互確証破壊　216
（パリ大学）ソルボンヌ校　314, 315, 317, 322

タ行

第三共和制　81, 95, 104, 162, 192, 197
第四共和制　81, 104, 105, 167, 197, 198, 206, 264, 300
——憲法　104
——のためのドゴール主義連合　110
第四装甲師団　38
第五共和制　287, 303, 335, 336
——行動委員会　309
第五共和制憲法　163
——第 8 条（首相任命権）　163
——第 11 条（法律案の国民投票付託権）163
——第 12 条（国民議会解散権）　163
——第 16 条（緊急措置発動権）　163, 179
——第 49 条（国民議会の政府不信任決定）　164
第五軍戦車部　38
第三三歩兵連隊　14, 15
第五〇七戦車連隊　27, 35
第一次世界大戦　15, 18, 31
第一次保革共存　189
第二次バリケード事件　317
第三次バリケード事件　322
第三次中東戦争　294
第四次（経済）計画　302
第五次（経済）計画（マッセ・プラン）302
第六次（経済）計画　302
（NATO）第 5 条任務（集団防衛義務）234, 251
大学改革法（フォール法）　332
大衆組織（OM）　181
「大西洋からウラルまでのヨーロッパ」289
大西洋同盟　198
対ソ等距離外交　200
ダイナモ作戦　40
対米自立　249, 256, 257
大陸間弾道ミサイル　261, 262
ダカール軍港　64
多角的核戦力構想（MLF）　213–216, 218, 258, 262, 278, 283, 289, 290
タヒチ　132
タルズネーフ砂漠（サハラ）　212
ダルラン・クラーク協定　73
ダンケルク条約　107, 109
ダンケルクの脱出劇　40
地域経済開発委員会（CODER）　302
地方（レジオン）　333
地方評議会　333
（フォンテンブロー）中央欧州連合軍（AFCENT）　229
（フランスの）中華人民共和国承認　285
中部欧州相互均衡兵力削減交渉（MBFR）241
チュニジア　142
諜報作戦機関（ORO）　181
直接行動主義者（アクティビスト）　174

295, 319, 324, 325, 328, 336, 340, 343
コンゴ共和国　245
コンコルド広場　180, 321
コンスタンティーヌ　168
コンチネンタル・ホテル　134, 136
コンピエーヌの集会　116

サ行

ザール地方　264
——関税経済同盟化　109
サキエト村爆撃事件　152, 203
「砂漠の横断」 127, 131, 336
「三月二二日の運動」 314
(英仏独) 三国共同管理体制　206
サンシール (陸軍士官学校)　5, 13, 19, 22, 29, 150
サンジェルマンデプレ　314
サンテティエンヌ　116
三党政治　101, 105
サンピエール島　69
士官学校の巡回　177
自主外交　237, 242, 246
七人グループ　153, 154
シトロエン　302
——DS　186, 187, 305, 306
「ジブラルタルからウラルまで」 259
シムカ 1000　187
社会共和派国民センター (CNRS)　123
社会党 (SFIO)　34, 95, 116, 120, 135, 164
社会党系全学連 (UNEF)　313
社会民主主義連合　307
弱者の恐喝　248
『ジャッカルの日』 304
『シャレード』 305, 306
「自由ケベック万歳」事件　286, 311
自由フランス (→戦うフランス)　52–54, 58, 63–66, 69–71, 75, 76, 80, 85, 103, 111, 133, 197, 254
柔軟反応戦略　214, 236, 272
シューマンプラン　107, 260
ジュネーブ協定　141, 290
準大統領制　164
(英米仏) 常設核管理グループ　205
小選挙区・二回投票制　164
焦土作戦　184
「職業軍隊のために」 28, 31, 33
諸国の国家連合 (コンフェデラシオン) 260
新共和国連合 (UNR)　164, 190, 191, 193
信任決議権　104
人民共和運動 (MRP)　95, 98, 101, 102, 105, 110, 116, 123, 164, 193, 194, 278
(スペイン) 人民戦線　34
スエズ運河国有化 (スエズ危機)　108, 146, 202, 204, 265
スカイボルト地対空ミサイル　215
ズデーテン地方　35
ストラスブール　111
(人口衛星) スプートニク打ち上げ　203, 261
政治行動及び宣伝 (APP)　181
政治的統合　284
政治統合委員会　273
政治同盟 (ユニオン)　278
ゼネラル・エレクトリック (GE) 社　237
全欧安保協力会議　294, 296
全国雇用庁 (ANPE)　311
全国抵抗評議会 (CNR)　69, 92, 183, 184

——非軍事的活動　251
——防衛学校　233
——防空警戒管制システム（NADGE）　252
——理事会　216, 233, 252
——理事会外相会議　235
ギニア　166
『希望の回想』　103, 131, 157, 171, 173, 192, 242, 244, 260, 340
奇妙な戦争　55
急進派労組（CGT）　322
キューバ危機　115, 217, 220, 224, 262, 280, 285, 287, 289
共産党　95, 118, 164, 330
——系左翼　322
共通農業政策（CAP）　260, 268, 284
共同市場政策　268
共同体のための運動（MPC）　182
恐怖の均衡　244
共和国監察官　92
共和国評議会　104
共和国保安隊（CRS）　314
共和国防衛連合（UDR）　330
共和主義右派　164
キリスト教学生団体　313
キリスト教人民民主派　95
切り離し（decoupling）　230
緊張緩和（デタント）　285, 288, 294, 297
金本位制　238, 240
『剣の刃』　28
グアドループ　81
グルネル交渉（協定）　318, 333
クレディリヨネ　94
グローバリズム　200
軍事高等裁判所　184
軍事・防衛協力　268
軍事法廷　184
契約的共同体　167
結社（アソシアシオン）　115, 116
結集（ルサンブルマン）　111, 122
協同（アソシアシオン）　167, 172, 173, 178
経済協力開発機構（OECD）　239, 307
ケベック独立運動　286
現実主義者　242
航空機エンジン開発製造公社（SNECMA）　94
コーチシナ植民地　141
（外交上の）行動の自由　199, 254
五月危機（騒動）　198, 310, 323
——シャルレティ競馬場での集会　318
国際通貨基金（IMF）　238–240
国土整備庁（DATAR）　302
国民委員会　73
国民議会　104
国民投票　98, 101–103, 193, 334, 335, 337
国有化　94
国立商工業銀行　94
国立割引銀行　94
国連常任理事国　84
国家元首兼陸海空軍部隊総司令官　73
国家経済評議会　101
国家主権　253
国家の威信　255
国家連合　272, 274
個別誘導複数目標再突入ミサイル（MIRV）　251
コロンベ・レ・ドゥゼグリーズ（村）　26, 27, 38, 50, 60, 98, 99, 127, 160, 185, 267,

英仏同盟（ユニオン） 42
『エコー・ダルジェ』 153, 177
エジプト 147
エビアン協定 180, 184, 185
エピナルの集会 101
エピュラシオン（粛正・追放） 90, 91
エリゼ宮（大統領府） 185, 318, 320, 337, 343
エリゼ条約（独仏協力条約） 198, 283, 284
「演出された自立」 249
欧州委員会 284, 285
欧州議会 272, 274, 285
——への予算監督権付与 285
欧州共同市場 218, 283
欧州経済会合 273
欧州経済共同体（EEC） 109, 260, 261, 268, 270, 275–277, 289, 301
——イギリス加盟問題 218, 275
——六カ国会議 274
欧州原子力共同体（EURATOM） 261
欧州指標保証基金 285
欧州自由貿易圏（EFTA） 276, 277
欧州石炭鉄鋼共同体（ECSC） 107, 260
欧州統合 106, 107
欧州の父（ジャン・モネ） 242, 261
欧州防衛共同体（EDC）（構想） 108, 109, 135, 136, 204, 261, 282
オーデルナイセ川西側国境 107
オーレス山地 142
オデオン劇場 314, 322
オルドナンス（時限立法・政令） 90, 311
穏健派労組（(CFDT) 322

カ行

カールトン・ガーデン（ロンドン） 59
解放委員会（CDL） 92
解放区 315
カイロ会談 82
（米ソ）核拡散防止条約 219, 244
核抑止力 201, 216, 218, 281, 282
カグラール団 152
カサブランカ会議 76
カタパルト作戦 63
カフェ・ド・フォーラム 175
カルタゴ 142
カルチェ・ラタン 314, 317, 322
『カルフール』紙 151
カンボジア保護国 141
ギアナ 81
機械化部隊 31–33, 252
議会政治体制 104
議会万能主義 165
北ヴェトナム 141
北大西洋条約機構（NATO） 198–200, 203–206, 211–222, 227–236, 243, 249, 250, 252, 257, 262, 263, 265, 267, 268, 270–272, 274, 275, 279, 280, 282, 283, 287, 288, 291, 295
——欧州連合軍最高司令部（SHAPE） 229, 234
——欧州連合軍最高司令官（SACEUR） 251
——外相会議 250
——核戦略準備委員会 231
——軍事委員会 233
——経済委員会 252
——政治委員会 252

〈事　項〉

ア行
愛国衛兵（ギャルド・パトリック）　92
アイユレ＝レームニッツア協定　235, 251, 284
青の計画　113
アクシオン・フランセーズ　8, 10, 11, 113
アスワンダム　202
新しい労働者階級　304
アパラントマン　118
アブヴィルの戦い　38
「アメリカ帝国」　286
『アメリカの挑戦』　237
アルジェ　79–82, 90, 91, 146, 155, 156, 168, 180
——のウルトラ（過激派）分子　168
——の反乱　316
アルジェリア　179, 180, 256
新生——　180
——会社（オルティツの本部）　175
——改善五カ年計画（コンスタンティーヌ計画）　170
——共産党（PCA）　143
——共和国臨時政府（GPRA）　170
——公安委員会　154
——人　174, 176, 181
「——人のアルジェリア」　172, 173
——宣言民主同盟（UDMA）　143
——（独立）戦争　162, 264, 300
——独立反対派秘密軍事（テロ）組織（OAS）　178, 180–185, 192, 372
——の独立　163, 180
——紛争，問題　167, 205, 265, 344
——民族解放戦線（FLN）　149, 150, 152, 153, 164, 170, 174, 182, 184, 185
——民族自決権　192
「あるひとつの考え」　196, 197
アルプス軽装師団　55
アルメル報告（「同盟の役割の将来像」）　236, 241
安全保障共同体　226
アンナン・トンキン保護国　141
アンヌ・ドゴール財団　26, 130
アンファ会談　77
『怒りの手帳』　153
生き残り戦略（としてのドゴール外交）　254
イズリ通りの銃撃戦　183
（フランスの）偉大さ　105, 133, 196, 197, 202, 255
イモビリズム（退嬰主義）　36
インゴルシュタット捕虜収容所　17, 18
インドシナ総督　141
インドシナ連邦　141
ヴァレンヌ逃亡事件　319
ヴァンランタン＝ファバー協定　252
ヴィシー政府　53–58, 61–64, 66, 67, 69, 76, 78–90, 121, 141
ヴィシー派　81
ヴェトナム戦争　141, 241, 290, 292, 293, 295, 296, 313
ヴェルダン防衛戦　16, 57
ウルトラ　175
「永遠のフランス」　71
英国放送協会（BBC）　86
英仏協定（1940）　40
英仏首脳会議（'62）　258

318, 320, 323–325, 327
マルクーゼ，ヘルベルト　316
マルテル，ロベール　152
マルロー，アンドレ　114, 180, 193, 222, 223
マレ，セルジュ　304
マンデスフランス，ピエール　81, 93, 94, 123, 134, 142, 144, 145, 150, 156, 160, 164, 194, 211, 265, 266, 318
ミシュレ，エドモンド　134, 150
ミシュレ，ジュール　128
ミッテラン，フランソワ　61, 62, 89, 143, 147, 160, 233, 251, 254, 257, 284, 302, 307, 308, 309, 318, 322
ミュズリエ，エミール　54, 66, 69
ミュン，アルベール・ド　11
ムーラン，ジャン　68, 69, 92, 183
メスメル，ピエール　310
モーラス，シャルル　10, 12
モーリヤック，ジャン　131
モーリヤック，フランソワ　156
モーロワ，アンドレ　54
モック，ジュール　116, 117, 156, 165
モネ，ジャン　42, 43 , 54, 79, 93, 94, 149, 162, 243, 261
モノリ，ブルジェ　266
モル，ジュヌヴィエーヴ　22
モレ，ギ　115, 116, 145, 148, 149, 158, 163, 176, 233
モンタランベール，アンリエット　129

ラ行

ラヴァル，ピエール　57, 82, 91
ラガイヤルド，ピエール　153, 154, 175, 179
ラクチュール，ジャン　10, 48, 98, 114, 130, 161, 173, 323
ラコスト，ロベール　154, 165, 183
ラ・ゴルス，ポール・マリー・ド　327, 331, 350
ラスク，ディーン　219, 232, 237
ラニエル，ジョセフ　123, 136
ラバリエ，ポール　148
ラマディエ，ポール　105, 110, 111, 115
リッペントロープ，ヨアヒム・フォン　32, 33
リュエフ，ジャック　238, 301
ルーセル，エリック　208
ルカニエ，ジャン　233, 308–310, 333
ルクレール，フィリップ・ド・オートクロック　89
ルジャンティヨム，ポール　54
ルフラン，ピエール　343
ルブラン，アルベール　57, 82
ルメール，モーリス　123
ルルーシュ，ピエール　236
レイノー，ポール　33, 35, 39–43, 46, 121, 193, 194
レームニッツア，ライマン　234
レモン，ルネ　124–126
ローズヴェルト，フランクリン　63, 70, 72, 75–78, 82–84, 128, 137, 217
ロズー，ヴァレリー・バルバラ　11
ロル，アンリ　89

ワ行

ワース，アレキサンダー　97, 168, 173
ワイナント，ジョン　71, 79

ビルンボーム，ピエール　305
フィリップ，アンドレ　96
フィリップ，ジュリアン（祖父）　2, 9
フーシェ，クリスチャン　119, 123, 184, 134, 273, 319, 332
ブーランジェ，ジョルジュ　8
ブールジェ・モーヌリ，モーリス　149, 183
フェール，ガストン・ド　147, 165, 307
フォール，エドガー　120, 121, 123, 142, 145, 164, 171, 233, 319, 332
フォール，モーリス　232
フォカール，ジャック　134, 151, 317, 332
フォッシュ，フェルディナン　253
フォレスト，マルグリット（義母）　24
フォンタネ，ジョゼフ　278
ブラール，アルマン　295
フランコ，フランシスコ　34, 339
ブラント，ヴィリー　296
ブリッド，ウィリアム　41
ブリノン，フェルナン・ド　91
フリムラン，ピエール　153, 154, 158, 160, 162, 163, 192, 278, 300
プルードン，ピエール＝ジョゼフ　11
ブルギバ，ハビーブ　142, 203
フルシチョフ，ニキータ　209, 210, 219, 289
フルブライト，ウィリアム・J　226
ブルム，レオン　95, 107
プレヴァン，ルネ　54, 70, 94, 107, 120, 135, 149
ブレジネフ，レオニード・イリイチ　289, 291, 292
フロイク，フランソワ　319, 323
フロベール，ギュスターヴ　17
ペイルフィット，アラン　220, 290, 314, 332
ペギー，シャルル　10, 11, 13
ペタン，フィリップ　14–17, 20, 21, 30, 31, 40, 47, 49, 52, 55–57, 61, 74, 75, 90, 157
ヘプバーン，オードリー　305
ベラール，アルマン　218, 219
ベルクソン，アンリ　10, 12, 14, 128
ベルシュタイン，セルジュ　125, 260
ペレス，ジャン・クロード　181
ベンベラ，モハメッド　142, 147
ボウィ，ロバート　215
ボーフル，アンドレ　248
ボーレン（駐仏アメリカ大使）　222, 229
ボナパルト，ルイ　289
ボネ，アンリ　54
ポピー，ピエール　179
ホフマン，スタンレー　254
ポメル，ジャック　125
ホリデー，ジョニー　306
ボワシュー，アラン・ド　97, 320, 323, 325, 328, 340, 342
ポンピドー，ジョルジュ　132, 134, 151, 188, 191, 240, 310, 311, 315–317, 319–322, 324, 326, 328, 330, 331, 333, 334, 342, 343

マ行

マーフィ，ロバート　75
マイエル，ルネ　54, 121, 123, 134
マクナマラ，ロバート　214, 216, 231
マクミラン，ハロルド　157, 204, 209, 218, 258
マジノ，アンドレ　31
マスー，ジャック　146, 154, 155, 158, 175,

ゼイ，ジャン　35
ゼラー，アンドレ　179
セリニ，アラン・ド　153, 177
セルネイ，フィリップ　253
ゾーリン，ヴァレリアン　292, 295

タ行

ダラディエ，エドワール　35, 39, 54, 160, 164
ダルク，ジャンヌ　38, 131
タルデュー，アンドレ　102
ダルラン，フランソワ　57, 63, 72, 74
タレーラン・ペリゴール，シャルル＝モーリス・ド　255
ダレス，ジョン・フォスター　270
チャーチル，ウィンストン　41, 42, 62, 65, 66, 70, 77, 78, 82–84, 106, 136
ティエール，ルイ・アドルフ　128
ティリー，バスチャン　187, 188
デュヴェルジェ，モーリス　153, 156
デュクロ，ジャック　165
デュラック，アンドレ　160
テルノワール，ルイ　134
デルベック，レオン　151, 183
トゥーレ，セク　166
トハチェフスキー，ミカエル・ニコライヴィッチ　17
ドブレ，ミシェル　153, 163, 165, 180, 182, 191, 240, 242, 311
ドリオ，ジャック　118
ドルーヴリエ，ポール　170, 175, 176
トレーズ，モーリス　92, 96
ドレフュス，アルフレド　10

ナ行

ナセル（アブドゥル＝ナセル，ガマール）146, 147, 202
ナディエ，シャルル　10
ナドー，ギュスターヴ　5
ナポレオン，ルイ　161
ニクソン，リチャード　190, 241, 242, 250
ネイ，カトリーヌ　62
ノエル，レオン　134
ノースタッド，ローリス　214, 271
ノゲス，シャルル　53
ノボトニー，アントニン　295

ハ行

パーカー，ギブソン　46
ハーター，クリスティアン・アーチボルド　215
パーマストン，ヘンリー　59
ハジ，メアリ　143
バスティア，フルヘンシオ　186
パポン，モーリス　182
バラデュール，エドゥアール　326
バルビー，クラウス　68
バレス，フィリップ　32
バンディ，マクジョージ　222, 226
ピック，ジェラール　326
ビドー，ジョルジュ　92, 95, 102, 107, 147, 174, 183, 185
ヒトラー，アドルフ　31, 34, 39, 55, 56, 88, 147, 256, 263
ピネ，アントワンヌ　121, 135, 149, 162, 191
ピノ，クリスチャン　165
ビノシュ，ジャック　264
ヒムラー，ハインリヒ　263

グロムイコ，アンドレイ・アンドレーエヴィチ　290, 291
ケーニング，マリ・ピエール　123
ケネディ，ジャックリーヌ　219, 223
ケネディ，ジョン・F　190, 211, 215, 218–222, 226, 250, 262
ケリリス，アンリ　54
ゴードン，フィリップ　253
ゴール，アンヌ・ド（次女）　24–26, 50, 51, 58, 59, 129, 130, 343
ゴール，アンリ・ド（父）　2, 10
ゴール，イヴォンヌ・ド（妻）　21–25, 27, 49–51, 58–60, 64, 101, 128, 188, 325, 331, 336, 337, 339–342
ゴール，エリザベート・ド（長女）　24, 50, 51, 58, 59, 129, 130, 186, 340
ゴール，グザヴィエ・ド（長兄）　4
ゴール，ジャン・バプテスト＝フィリップ・ド（曾祖父）　9
ゴール，ジャンヌ・ド（母）　2
ゴール，ジュリアン・フィリップ・ド（祖父）　9
ゴール，ピエール・ド（末弟）　3, 114
ゴール，フィリップ・ド（長男）　24, 50, 51, 58–60, 129, 342
ゴール，リシャール・ド（先祖）　2
コーン＝バンディット，ダニエル（赤毛のダニー）　313, 315
ゴゲル，フランソワ　323, 324
コスイギン，アレクセイ　293
コット，ピエール　54, 69
コティ，ルネ　123, 150, 151, 160
コルティッツ，フォン　88
コルバン，シャルル　54

サ行

サイヤン，ルイ　92
サバリ，アラン　147
サラン，ラウル　153–156, 160, 165, 170, 175, 180, 181, 183, 184
サルトル，ジャン＝ポール　177, 316
サンニエ，マルク　12
ジスカールデスタン，ヴァレリー　151, 238, 251, 289, 303, 309, 311, 333, 334
ジャクソン，ジュリアン　327, 328
シャバンデルマス，ジャック　123, 134, 153, 266
シャル，モーリス　176, 179
ジャンネイ，ジャン・マルセル　332
ジュオー，エドモン　181, 184
シューマン，モーリス　86
シューマン，ロベール　54, 108, 116, 136, 278
シェヴィニエ，ピエール・ド　86
ジョックス，ルイ　178
ジョルジュ・セギ　318
ジョワン将軍　73, 150, 174, 177
ジョンソン，リンドン・B　216, 224, 225, 229, 232, 239, 241, 250
ジョンティ，コルニュ　191
シラク，ジャック　318
ジロー，アンリ　74, 76–82
シロップシャー（ガドラス・モール）　59
スーステル，ジャック　113–125, 144, 145, 147, 153, 170, 182
スシニ，ジャン・ジャック　181
スターリン，ヨシフ　71
スタンダール　17
スチューアト・メアリ　23

索　引

〈人　名〉

ア行

アイゼンハワー，ドワイト・D　84, 85, 89, 185, 204, 206–210, 213, 215, 217, 242, 244, 262

アイユレ，シャルル　234, 242

アニエス，マリー（姉）3

アチソン，ディーン　232

アデナウアー，コンラート　220, 224, 225, 242, 247, 262, 264, 266, 267, 269–273, 277, 278, 280, 281, 283, 288, 293

アバス，フェルハト　143, 170

アルファン，エルベ　224

アルメル，ピエール　236

アロン，レーモン　108, 287

イーデン，アンソニー　42, 79

イヨネスコ，ウジェーヌ　8

ヴァイス，モーリス　228, 235

ヴァレラ，エアモン・デ　339

ヴァンドルー家　23, 27

ヴァンドルー，ジャック（義弟）119, 319, 338

ヴィニヤンクール，ジャン・ルイ=T　147, 307

ヴィノック，ミッシェル　172

ウィルソン，ハロルド　277

ウェイガン，マキシム　40, 41, 53, 76

ヴォルテール，フランソワ＝マリー　128

ウルマン，リチャード　250

ヴルマンディ，マルシャル・ド　182

エアハルト，ルートヴィヒ　281, 283

エリオ，エドワール　82

オスマン，ジョルジュ・ユジェーヌ　6

オリオール，ヴォンサン　115, 120, 123

オルティッツ，ジョセフ　152, 175, 177

カ行

ガイヤール，フェリックス　149, 152, 203, 300

カイヨー，ミッシェル　98

カシャン，リュシアン　28

カッサン，ルネ　54

カトルー，ジョルジュ　54, 66, 145

ガロワ，ピエール・マリー　248

ギ，クロード　99, 134

ギシャール，オリヴィエ　119, 132, 151, 154

クイユ，アンリ　81, 118

グーアン，フェリックス　101, 107

クーヴ・ド・ミュルヴィル　219, 222, 227, 229, 231, 237, 294, 310, 332, 334, 338

グーデリアン，ハインツ　32

クーパー，ダフ　83

クールセル，ジョフロワ・ド　43, 49, 206, 217

グリビウス，アンドレ　154

グリモー，モーリス　314

クレマンソー，ジョルジュ　102

クロード，アンリ　13

渡邊啓貴（わたなべ ひろたか）
東京外国語大学大学院教授。1954年生まれ。東京外国語大学外国語学部フランス語学科卒業、同大学院地域研究科修士課程、慶應義塾大学大学院法学研究科博士課程、パリ第1大学大学院博士課程修了（DEA）。パリ高等研究院・リヨン高等師範大学院客員教授、ジョージ・ワシントン大学シグールセンター客員研究員、『外交』『Cahiers du Japon』編集委員長、日仏政治学会理事長、在仏日本大使館公使（2008-2010年）などを歴任。
主要著作：『ミッテラン時代のフランス』（芦書房、1991年 渋沢クローデル賞）、『フランス現代史―英雄の時代から保革共存へ』（中央公論社、1998年）、『ポスト帝国―二つの普遍主義の衝突』（駿河台出版社、2006年）、『米欧同盟の協調と対立―二十一世紀国際社会の構造』（有斐閣、2008年）、『フランスの「文化外交」戦略に学ぶ―「文化の時代」の日本文化発信』（大修館書店、2013年）、（編著）『国際政治の基礎知識』（芦書房、1997年）、『ヨーロッパ国際関係史―繁栄と凋落、そして再生』（有斐閣、2002年）、ほか。

シャルル・ドゴール
――民主主義の中のリーダーシップへの苦闘

2013年7月20日 初版第1刷発行

著 者――――渡邊啓貴
発行者――――坂上 弘
発行所――――慶應義塾大学出版会株式会社
〒108-8346 東京都港区三田2-19-30
TEL〔編集部〕03-3451-0931
〔営業部〕03-3451-3584〈ご注文〉
〔 〃 〕03-3451-6926
FAX〔営業部〕03-3451-3122
振替 00190-8-155497
http://www.keio-up.co.jp/
装 丁――――鈴木 衛（写真提供・EPA＝時事【米議会図書館提供】）
印刷・製本――株式会社理想社
カバー印刷――株式会社太平印刷社

Printed in Japan ISBN978-4-7664-2045-6